Ancien chirurgien, Éric Hazan a repris la direction de la maison d'édition de son père (Fernand Hazan). Avec un groupe d'amis, il a fondé sa maison d'édition La Fabrique, en 1998, afin publier des livres d'histoire, de philosophie et de politique. Son premier livre est *L'Invention de Paris. Il n'y a pas de pas perdus* (Seuil, 2002). Plus récemment, il a écrit *Changement de propriétaire. La guerre civile continue* (Seuil, 2007).

DU MÊME AUTEUR

Chronique de la guerre civile
La Fabrique, 2004

Faire mouvement
Entretiens avec Mathieu Potte-Bonneville
Les Prairies ordinaires, 2005

LQR
La propagande du quotidien
Raisons d'agir éditions, 2006

Notes sur l'occupation
Naplouse, Kalkilyia, Hébron
La Fabrique, 2006

Changement de propriétaire
La guerre civile continue
Seuil, 2007

L'Antisémitisme partout
Aujourd'hui en France
(avec Alain Badiou)
La Fabrique, 2011

Paris sous tension
La Fabrique, 2011

Un État commun
Entre le Jourdain et la mer
(avec Eyal Sivan)
La Fabrique, 2012

Une histoire de la Révolution française
La Fabrique, 2012

Views of Paris
Bibliothèque de l'image/Bibliothèque nationale de France, 2013

La Barricade
Histoire d'un objet révolutionnaire
Autrement, 2013

Premières mesures révolutionnaires
Après l'insurrection
La Fabrique, 2013

Éric Hazan

L'INVENTION DE PARIS

Il n'y a pas de pas perdus

Éditions du Seuil

TEXTE INTÉGRAL

ISBN 978-2-02-068535-1
(ISBN 2-02-054093-2, 1re publication)

Sommaire

« Les Pas perdus ? Mais il n'y en a pas. »
André Breton, *Nadja*

Jean-Christophe Bailly, Dominique Eddé et Stéphanie Grégoire ont eu la patience de plonger dans ce texte à diverses étapes du manuscrit. Leurs encouragements et leurs suggestions ont beaucoup fait pour lui donner sa forme définitive. Sophie Wahnich et Jean-Christophe Bailly ont trouvé en trois minutes le titre et le sous-titre que je cherchais depuis des mois. Les auteurs des livres sur Paris que j'ai publiés aux éditions Hazan (Jean-Pierre Babelon, Laure Beaumont, Maurice Culot, François Loyer, Pierre Pinon, Marie de Thézy) pourront reconnaître au passage tous les emprunts qui leur ont été faits. Enfin mon éditeur, Denis Roche, m'a témoigné une confiance immédiate et de plus il a accueilli le livre dans sa propre collection, ce dont je ne suis pas encore tout à fait revenu.

PREMIÈRE PARTIE

Chemins de ronde

Psychogéographie de la limite

> La ville n'est homogène qu'en apparence. Son nom même prend un accent différent selon les endroits où l'on se trouve. Nulle part – si ce n'est dans les rêves – il n'est possible d'avoir une expérience du phénomène de la limite aussi originaire que dans les villes. Connaître celles-ci, c'est savoir où passent les lignes qui servent de démarcation, le long des viaducs, au travers des immeubles, au cœur du parc, sur la berge du fleuve ; c'est connaître ces limites comme aussi les enclaves des différents domaines. La limite traverse les rues ; c'est un seuil ; on entre dans un nouveau fief en faisant un pas dans le vide, comme si on avait franchi une marche qu'on ne voyait pas.
>
> WALTER BENJAMIN, *Le Livre des passages*[1].

Celui qui traverse le boulevard Beaumarchais et descend vers la rue Amelot sait qu'il quitte le Marais pour le quartier de la Bastille. Celui qui dépasse la statue de Danton et longe le grand mur arrière de l'École de médecine sait qu'il quitte Saint-Germain-des-Prés pour entrer au quartier Latin. Souvent les frontières entre les quartiers de Paris sont tracées avec cette précision chirurgicale. Les repères sont tantôt des monuments – la rotonde de la Villette, le lion de Denfert-Rochereau, la porte Saint-Denis –, tantôt des accidents de terrain – la cassure de la colline de

1. *Le Livre des passages*, trad. fr. Jean Lacoste, Paris, Éditions du Cerf, 1989.

Chaillot sur la plaine d'Auteuil, la trouée des routes d'Allemagne et de Flandre entre la Goutte-d'Or et les Buttes-Chaumont –, tantôt encore de grandes artères dont les boulevards de Rochechouart et de Clichy sont un exemple extrême, formant entre Montmartre et la Nouvelle-Athènes une démarcation si tranchée que de part et d'autre ce ne sont pas deux quartiers qui s'observent mais deux mondes.

Les frontières dans Paris ne sont pas toutes des lignes sans épaisseur. Pour passer d'un quartier à un autre, il faut parfois traverser des zones franches, des micro-quartiers de transition. Il n'est pas rare qu'ils aient la forme de coins enfoncés dans la ville : le triangle de l'Arsenal entre le boulevard Henri-IV et le boulevard Bourdon – là où commence, sur un banc, par une chaleur de trente-trois degrés, *Bouvard et Pécuchet* – dont la pointe effilée est à la Bastille et qui sépare le quartier Saint-Paul des abords de la gare de Lyon ; les Épinettes, dans l'écartement des avenues de Saint-Ouen et de Clichy, qui assurent le passage en douceur des Batignolles à Montmartre ; ou encore, encastré entre le Sentier et le Marais, le triangle rectangle des Arts-et-Métiers, dont l'angle droit est à la porte Saint-Martin et l'hypoténuse rue de Turbigo, avec pour signal, vers le centre de la ville, le clocher de Saint-Nicolas-des-Champs.

Les transitions peuvent être de limites plus floues, comme cette région de missions et de couvents centrée sur la rue de Sèvres, qu'il faut franchir pour passer du faubourg Saint-Germain à Montparnasse et que les vieux chauffeurs de taxi appellent le Vatican. Ou les rues qui, au-delà du Luxembourg, comblent l'espace entre le quartier Latin et Montparnasse, entre le Val-de-Grâce et la Grande-Chaumière, entre l'allégorie de la Quinine, rue de l'Abbé-de-l'Épée, et l'héroïque effigie du maréchal Ney devant la Closerie des Lilas. Déjà, à la fin de *Ferragus*, quand l'ancien *chef des Dévorants* passe là ses journées, regardant en silence les joueurs de boules et leur prêtant parfois sa canne pour mesurer les coups, Balzac note que

« l'espace enfermé entre la grille sud du Luxembourg et la grille nord de l'Observatoire *(est un)* espace sans genre, espace neutre dans Paris. En effet, là, Paris n'est plus ; et là, Paris est encore. Ce lieu tient à la fois de la place, de la rue, du boulevard, de la fortification, du jardin, de l'avenue, de la route, de la province, de la capitale ; certes il y a de tout cela ; mais ce n'est rien de tout cela : c'est un désert[1] ».

Comme le fond neutre de certains photomontages dadaïstes où s'entrechoquent des morceaux photographiques de villes, les transitions les plus banales sont celles qui ménagent parfois les chocs les plus surprenants. Quittant la grisaille de la gare de l'Est le long de l'ancien couvent des Récollets, quoi de plus inattendu que de tomber soudain sur le plan d'eau scintillant du canal Saint-Martin, sur l'écluse de la Grange-aux-Belles, le pont tournant, la passerelle enfouie dans les marronniers avec au fond l'ardoise des toits pointus de l'hôpital Saint-Louis ? Et à l'autre extrémité de Paris, quel contraste entre le vacarme de l'avenue d'Italie et, à peine contournée la manufacture des Gobelins, le square ombreux au fond duquel coule la Bièvre et où commence le quartier de la Glacière.

Certains quartiers, même s'ils comptent parmi les plus anciens et les mieux définis, peuvent garder une part indécise dans leurs limites. Pour bien des Parisiens, le quartier Latin s'arrête au sommet de la montagne Sainte-

1. Victor Hugo s'est peut-être souvenu de ce passage lorsque, dans *Les Misérables*, il décrit les alentours de la Salpêtrière : « Ce n'était pas la solitude, il y avait des passants ; ce n'était pas la campagne, il y avait des maisons et des rues ; ce n'était pas une ville, les rues avaient des ornières comme les grandes routes et l'herbe y poussait ; ce n'était pas un village, les maisons étaient trop hautes. Qu'était-ce donc ? C'était un lieu habité où il n'y avait personne, c'était un lieu désert où il y avait quelqu'un ; c'était un boulevard de la grande ville, une rue de Paris, plus farouche la nuit qu'une forêt, plus morne le jour qu'un cimetière. »

Geneviève comme au temps d'Abélard. Balzac situe la pension Vauquer rue Neuve-Sainte-Geneviève [Tournefort] « entre le Quartier Latin et le faubourg Saint-Marceau.... dans ces rues serrées entre le dôme du Val-de-Grâce et le dôme du Panthéon, deux monuments qui changent les conditions de l'atmosphère en y jetant des tons jaunes, en y assombrissant tout par les teintes sévères que projettent leurs coupoles[1] ». Mais aujourd'hui, sur le versant sud de la Montagne, l'École normale supérieure, les instituts de recherche et les foyers d'étudiants, les laboratoires historiques de Pasteur et des Curie, l'université Censier, justifient peut-être que l'on étende le quartier Latin jusqu'aux Gobelins.

Les divergences sur les limites peuvent être beaucoup plus graves, jusqu'à remettre en question l'identité même du quartier considéré. Quand on s'éloigne du centre en marchant vers le nord, où commence Montmartre ? L'histoire – les limites du village avant son annexion à Paris – concorde avec le sentiment commun pour répondre qu'on entre à Montmartre en franchissant le tracé de la ligne de métro n° 2, dont les stations Barbès-Rochechouart, Anvers, Pigalle, Blanche, Clichy, balisent exactement la courbe de l'ancien mur des Fermiers généraux. Mais Louis Chevalier, dans *Montmartre du plaisir et du crime*, ce chef-d'œuvre[2], fixe à Montmartre une limite beaucoup plus basse, sur les Grands Boulevards, si bien qu'il inclut dans le propos du livre la Chaussée-d'Antin, le quartier Saint-Georges, le Casino de Paris et le faubourg Poissonnière. En dehors même du *plaisir et du crime*, la géographie physique est en faveur d'un tel tracé, car les pentes de Montmartre commencent bien au-dessous des boulevards de Rochechouart et de Clichy. Le terrain s'élève dès l'ancien bras mort de la Seine, quelques dizaines de mètres après

1. *Le Père Goriot*, 1835.

2. Louis Chevalier, *Montmartre du plaisir et du crime*, Paris, Robert Laffont, 1980.

les Grands Boulevards. Walter Benjamin, incomparable piéton de Paris, l'avait remarqué : « Il *(le flâneur)* est devant Notre-Dame-de-Lorette et les semelles de ses chaussures lui rappellent que c'est ici l'endroit où, jadis, l'on attelait le "cheval de renfort" à l'omnibus qui remontait la rue des Martyrs en direction de Montmartre[1]. »

On pourrait objecter que Montmartre est un cas à part, qu'il ne s'agit pas d'un quartier comme les autres, que c'est à la fois une région sur un plan de Paris *et* un mythe historico-culturel, avec pour chacune de ces acceptions une frontière différente. Mais cette ambiguïté n'est-elle pas la marque des quartiers à forte identité ? Et sans forte identité peut-on vraiment parler de quartier ? De telles questions amènent, on le voit, à une interrogation plus générale : qu'est-ce, au fond, qu'un quartier parisien ?

Le découpage de l'administration – quatre-vingts quartiers, quatre par arrondissement – apporte un début de réponse *a contrario* : une telle liste d'unités non hiérarchisées, un quadrillage aussi abstrait, n'ont de sens que pour le fisc et la police. Mais il n'est pas sûr que des démarches plus subtiles puissent définir une unité urbaine de base à Paris, où le terme de quartier, malgré son ancienneté dans la langue et sa simplicité apparente, est loin de recouvrir de l'homogène et du comparable. Par exemple, Saint-Germain-des-Prés, la plaine Monceau et l'Évangile sont tous trois des quartiers parisiens : chacun a son histoire, ses limites, son plan, son architecture, sa population, ses activités. Le premier, organisé au fil des siècles sur le territoire de la grande abbaye, groupant des rues très anciennes autour de la croix « moderne » du boulevard Saint-Germain et de la rue de Rennes, n'a rien conservé des années de l'après-guerre qui ont fait sa gloire mondiale, et il a subi depuis une muséification complète. Le deuxième, loti au milieu du XIXe siècle par les frères Pereire, « quartier de

1. *Le Livre des passages*, *op. cit.* Toutes les citations de Benjamin qui suivent sont, sauf mention contraire, extraites de cet ouvrage.

luxe en train de pousser au milieu des terrains vagues de l'ancienne plaine Monceau », est celui de *Nana*, dans son hôtel « de style Renaissance, avec un air de palais ». Marqué du souvenir des artistes pompiers qui furent parmi ses premiers habitants – Meissonier, Rochegrosse, Boldini, Carrier-Belleuse –, c'est le quartier résidentiel type, et les successeurs de la bourgeoisie d'affaires du Second Empire occupent aujourd'hui encore ses hôtels particuliers néogothiques et néopalladiens. L'Évangile, au bout du monde, entre les voies de chemin de fer du Nord et celles de l'Est, est bâti sur un coin de l'ancien village de La Chapelle, où les entrepreneurs chargés de l'enlèvement des boues de Paris venaient vider leurs récoltes (« Des tombereaux enlèvent les boues et les immondices ; on les verse dans les campagnes voisines : malheur à qui se trouve voisin de ces dépôts infects », écrit Sébastien Mercier[1]). On n'y voit plus les grands gazomètres, ces monstres alignés rue de l'Évangile, mais le calvaire photographié par Atget est toujours debout et le marché couvert de la Chapelle est l'un des plus bariolés de Paris.

Pour rendre compte de cette diversité, les oppositions habituelles – est / ouest, rive droite / rive gauche, centre / périphérie – sont simplistes et parfois périmées. C'est ailleurs qu'il faut chercher, et en particulier dans le mode de croissance de la ville. Dans tout l'Occident, aucune grande capitale ne s'est développée comme Paris, de façon aussi discontinue, sur un rythme aussi irrégulier. Et ce qui a impulsé ce rythme, c'est la succession centrifuge des enceintes de la ville. Les cités sans murailles – mis à part celles qu'une grille orthogonale organise strictement, comme la Lisbonne du marquis de Pombal, Turin ou Manhattan – grandissent *n'importe comment*, comme un poulpe pousse ses tentacules, comme une souche bactérienne se multiplie sur son milieu. À Londres, à Berlin, à Los Angeles, les limites urbaines, les formes des quartiers

1. Louis Sébastien Mercier, *Tableau de Paris*, 1781.

sont floues et variables. « La prolifération rampante de l'immense mégalopole de Tokyo fait penser à un ver à soie mangeant une feuille de mûrier.... La forme d'une telle ville est instable, sa frontière est une zone ambiguë en perpétuel mouvement.... C'est un espace incohérent qui se répand sans ordre et sans bornes, avec des limites mal définies [1]. »

Paris au contraire, tant de fois menacé, assiégé, envahi, est soumis depuis la nuit des temps à la contrainte de ses enceintes. De ce fait, il a toujours eu une forme régulière apparentée au cercle et n'a pu s'étendre que par strates successives, denses et concentriques. De la muraille de Philippe Auguste au boulevard périphérique, six enceintes se sont succédé en huit siècles – sans compter les retouches, les renforcements, les rectifications partielles de tracé. Le scénario est toujours le même. Une nouvelle enceinte vient d'être construite, elle est taillée large, elle réserve de l'espace libre autour du bâti existant. Mais rapidement cet espace se couvre de constructions. Le terrain disponible à l'intérieur des murs se fait de plus en plus rare, les habitations se serrent, se surélèvent, les parcelles se comblent, la densité croissante rend la vie difficile. Pendant ce temps, à l'extérieur du mur, malgré l'interdiction – constante quels que soient le siècle et le régime politique et jamais respectée (c'est la zone *non aedificandi*, que les Parisiens peu familiers du latin ont vite appelée la *zone* tout court, mot dont la fortune dure

1. Yoshinobu Ashihara, *L'Ordre caché. Tokyo, la ville du* XXI*e siècle ?*, Paris, Hazan, 1994.

2. Par exemple une ordonnance de 1548 (citée *in* Pierre Lavedan, *Histoire de l'urbanisme à Paris*, Paris, Association pour la publication d'une histoire de Paris, 1975) prescrit : « Dorénavant il ne sera plus édifié ni bâti de neuf ès faubourgs, par aucune personne de quelque qualité ou condition que ce soit, sous peine de confiscation du fonds et du bâtiment, qui sera incontinent démoli. » À la fin du XVIIIe siècle, Mercier écrit : « La circonférence de Paris est de dix mille toises. On a tenté plusieurs fois de

encore [2]) –, il se construit des maisons avec des jardins et du bon air, dans les faubourgs. Lorsque la concentration intra-muros devient intolérable, on démolit l'enceinte, on en construit une nouvelle plus loin, les faubourgs sont absorbés dans la ville et le cycle recommence. « Philippe Auguste.... emprisonne Paris dans une chaîne circulaire de grosses tours, hautes et solides. Pendant plus d'un siècle, les maisons se pressent, s'accumulent et haussent leur niveau dans ce bassin comme l'eau dans un réservoir. Elles commencent à devenir profondes, elles mettent étages sur étages, elles montent les unes sur les autres, elles jaillissent en hauteur comme toute sève comprimée, et c'est à qui passera la tête par-dessus ses voisines pour avoir un peu d'air. La rue de plus en plus se creuse et se rétrécit ; toute place se comble et disparaît. Les maisons enfin sautent par-dessus le mur de Philippe Auguste, et s'éparpillent joyeusement dans la plaine sans ordre et tout de travers, comme des échappées. Là, elles se carrent, se taillent des jardins dans les champs, prennent leurs aises. Dès 1367, la ville se répand tellement dans le faubourg qu'il faut une nouvelle clôture, surtout sur la rive droite. Charles V la bâtit. Mais une ville comme Paris est dans une crue perpétuelle.... L'enceinte de Charles V a donc le sort de l'enceinte de Philippe Auguste. Dès la fin du quinzième siècle, elle est enjambée, dépassée, et le faubourg court plus loin [1]. »

Comme les années sur la souche d'un arbre, les quartiers entre deux enceintes sont contemporains, même si le remplissage ne se fait pas à la même vitesse sur toute la circonférence – toujours en retard à l'ouest et sur la rive gauche. Même époque et donc même conception de la

borner son enceinte ; les édifices ont franchi les limites ; les marais ont disparu et les campagnes reculent de jour en jour devant le marteau et l'équerre. »

1. Victor Hugo, *Notre-Dame de Paris*, « Paris à vol d'oiseau », 1832. Pour les coupes dans les citations, plutôt que le traditionnel et lourd (…), j'ai utilisé le signe.... (quatre points).

ville, et c'est pourquoi il y a bien des points communs entre Belleville et Passy, inclus dans la même strate, tardivement annexés à Paris et qui ont tous deux gardé des traits de villages de l'Île-de-France – la grande rue commerçante, l'église et le cimetière, le théâtre qu'on dirait aujourd'hui municipal, la place centrale animée où l'on achète les gâteaux du dimanche. De telles analogies, on pourrait en trouver dans les faubourgs comme dans le noyau le plus central de la ville, mais comme les déplacements dans Paris se font plus souvent selon des rayons que selon des arcs de cercle, ils font mieux voir la diversité diachronique que la parenté entre quartiers contemporains.

Des deux enceintes médiévales de Paris[1], la plus ancienne, construite sous Philippe Auguste autour de 1200, a laissé ses traces les plus nettes sur la rive gauche où, sur la pente nord de la montagne Sainte-Geneviève, elle circonscrivait « l'Université » (*traces* ne renvoie pas ici aux vieilles pierres, aux vestiges archéologiques – d'ailleurs répartis sur les deux rives –, mais aux conséquences urbaines encore manifestes, lisibles sur un plan ou sensibles en marchant). Cette muraille partait de la Seine à la tour de Nesle, sur l'emplacement actuel de l'Institut. Son chemin de contrescarpe suivait le tracé de l'actuelle rue Mazarine (anciennement « des Fossés-Saint-Germain ») jusqu'à la porte de Buci par laquelle Paris s'ouvrait vers l'abbaye de Saint-Germain-des-Prés. L'enceinte longeait ensuite la rue Monsieur-le-Prince (anciennement « des Fossés-Monsieur-le-Prince ») qui marque toujours, nullement par hasard, la limite entre quartier Latin et quartier de l'Odéon. Elle gagnait ensuite le sommet de la montagne Sainte-Geneviève où les noms des rues et des places perpétuent eux aussi le souvenir de la muraille : Fossés-Saint-Jacques, Estrapade, Contrescarpe. De là-haut, la descente vers la Seine suivait en ligne droite

1. Il a existé des enceintes avant le XIIIe siècle, mais elles se perdent dans la nuit des temps.

les rues des Fossés-Saint-Victor [du Cardinal-Lemoine] et des Fossés-Saint-Bernard jusqu'à la tour de la Tournelle sur le fleuve[1].

Malgré les percées et les destructions, huit siècles plus tard le fantôme de la muraille sert toujours à définir le quartier Latin. C'est dans cette demi-ellipse – au voisinage du réfectoire des Cordeliers, du charnier de Saint-Séverin, du robinier de Saint-Julien-le-Pauvre, autour de la rue de la Harpe, de la place Maubert et derrière le Collège de France – que subsiste sur la rive gauche une disposition médiévale : parcelles étroites, tissu très dense sans respirations, rues tourbillonnant en tous sens. Pour s'en convaincre, il suffit de sortir de l'ancienne *Université*, de passer de l'autre côté de l'enceinte, de monter la rue Saint-Jacques vers la rue des Ursulines, la rue des Feuillantines chère à Victor Hugo, la rue Lhomond, la rue de l'Abbé-de-l'Épée. Là, les grands murs, les arbres, les jardins entraperçus à travers les grilles, le quadrillage calme et régulier du plan, montrent que l'on est *extra-muros*, dans un espace détendu, sur les terrains des anciens couvents, le long des routes qui menaient vers Orléans et vers l'Italie.

* * *

Depuis l'été 1789 où la Bastille fut détruite et ses pierres transformées en souvenirs – comme on vendra les fragments de béton du mur de Berlin, deux siècles plus tard exactement –, il ne reste plus rien de la muraille de Charles V, de sa courtine, ses chemins de ronde, ses portes-forteresses, ses bastions où l'on se promenait le

1. Sur la rive droite, l'enceinte de Philippe Auguste partait du Louvre (son donjon en faisait partie) et suivait un tracé correspondant aux rues Jean-Jacques-Rousseau, Montmartre, Réaumur. Puis elle s'infléchissait vers le sud-est jusqu'à la rue de Sévigné et parvenait à la Seine au milieu du quai des Célestins vers la rue de l'Ave-Maria.

soir, ses fossés où l'on pêchait à la ligne. Rien de physique s'entend[1]. Mais elle a inscrit le long de l'ancien bras mort de la Seine l'un des tracés fondamentaux de Paris, complétant par un grand arc de cercle le plan en croix hérité des Romains. Entre la Bastille et la porte Saint-Denis, la noble courbe des boulevards qui portent aujourd'hui les noms de Beaumarchais, des Filles-du-Calvaire, du Temple et de Saint-Martin, correspond exactement à l'ancienne muraille. Le dessin des Grands Boulevards était ainsi préfiguré[2].

Cette muraille allait servir longtemps. Renforcée par de gros bastions sous Henri II, doublée çà et là pour faire face à la menace de l'artillerie espagnole, c'est elle qui défendra le Paris de la Ligue contre les troupes d'Henri III puis d'Henri IV. Un demi-siècle plus tard elle défiera une dernière fois le pouvoir royal, et l'on se souvient de ce magnifique épisode de la Fronde, la Grande Mademoiselle faisant tirer le canon de la Bastille sur l'armée de Turenne pour couvrir la retraite des troupes de Condé par la porte Saint-Antoine.

Louis XIV enfant avait été obligé de fuir le Paris frondeur. Dans les années 1670, il ordonne de raser l'ancienne muraille et d'aménager sur son emplacement un cours planté d'arbres, une promenade de plus de trente mètres de large tout autour de la ville. Les responsables de ce projet sans précédent, François Blondel et Pierre Bullet, dessinent un tracé qui reprend la vieille enceinte depuis

1. Sauf ce qui a été découvert lors des travaux du Grand Louvre et qui se trouve englobé dans le décor du centre commercial souterrain, et un petit tas de pierres de la Bastille qui orne le square à l'angle du boulevard Henri-IV et du quai des Célestins.

2. Après la porte Saint-Denis, l'enceinte de Charles V piquait droit vers le Louvre, suivant une ligne passant par la rue d'Aboukir et la place des Victoires. Elle aboutissait à la Seine vers l'actuel pont du Carrousel. Sur la rive gauche, qui ne s'était guère développée dans l'intervalle, l'enceinte de Charles V reprenait le tracé de Philippe Auguste.

l'Arsenal et la Bastille jusqu'à la porte Saint-Denis, puis se prolonge suivant une ligne qui est celle des Grands Boulevards actuels jusque vers l'emplacement de la Madeleine. Le cours rejoint ensuite la Seine par la rue des Fossés-des-Tuileries, tangente à l'extrémité du jardin comme l'actuelle rue Royale[1]. C'est « un cours planté d'arbres en trois allées, dont celle du milieu a seize toises de large...., revêtu de murs de pierre de taille, par les soins de messieurs les Prévôts des marchands, qui ont aussi le soin de la conduite de tous ces remparts et cours, qui servent de promenade au public. Il a été ordonné qu'il sera laissé des fossés de douze toises de large, dans lesquels passera l'égout de la ville.... et en dedans le rempart sera laissée une rue pavée de trois à quatre toises de large[2] ».

Implanté sur d'anciennes fortifications, le cours de Louis XIV reçoit le nom militaire de *boulevard* qui aura bien du succès et sera utilisé pour diverses enceintes de Paris, avec des glissements qui peuvent aujourd'hui prêter à confusion. Au XIXe siècle, le boulevard qui prend la place du mur des Fermiers généraux est appelé *extérieur* (*Journal* des Goncourt, juste après la destruction du mur : « Je me promène sur les boulevards extérieurs élargis par la suppression du chemin de ronde. L'aspect est tout changé. Les guinguettes s'en vont »). *Extérieur* est pris ici par opposition au boulevard *intérieur*, celui de Louis XIV, qui, dans son segment compris entre le Château-d'Eau et la Madeleine, s'appellera pour toujours Grands Boulevards ou Boulevards tout court (« On peut comparer les

1. Sur la rive gauche, le tracé correspond à peu près aux boulevards des Invalides, Montparnasse, Port-Royal, Saint-Marcel et de l'Hôpital, mais de ce côté, qu'on appelait les « boulevards du Midi », la réalisation ne viendra que bien plus tard, et sur les plans de la fin du XVIIIe siècle on voit encore le boulevard cheminer en pleins champs, bien au-delà des premières constructions de la ville.

2. Henri Sauval (1620-1670), *Histoire et recherches des antiquités de la ville de Paris*, Paris, 1724 (édition posthume).

Boulevards à deux hémisphères. Les antipodes sont la Madeleine et la Bastille. L'équateur, c'est le boulevard Montmartre où s'épanouissent la chaleur et la vie[1] »). Puis, dans les années 1920, quand les fortifications de Thiers sont détruites, le qualificatif d'*extérieur* glisse et vient s'appliquer au boulevard construit sur leur emplacement (Francis Carco : « Dans les bars écartés des boulevards extérieurs et des rues en pente qui viennent y déboucher, il entrait et avait l'air d'attendre on ne savait qui[2] »). Du coup, le boulevard des Fermiers généraux perd son qualificatif et il n'a toujours pas retrouvé de dénomination dans le vocabulaire parisien. Dans les années 1960, après la construction du périphérique – sans doute pour éviter la confusion entre « boulevard extérieur » et ce « périphérique extérieur » cher aux dames qui renseignent à la radio sur les embouteillages parisiens – une nouvelle expression apparaît, celle de « boulevards des maréchaux », pour désigner ceux qui ont pris la place des « fortifs ».

* * *

Pour qu'on s'y retrouve, j'appellerai *Ancien Paris* la partie comprise à l'intérieur du boulevard de Louis XIV et *Nouveau Paris*, ce qui se trouve à l'extérieur. Ce Nouveau Paris est lui-même divisé en deux anneaux concentriques. Entre le boulevard de Louis XIV et le mur des Fermiers généraux, c'est l'anneau des faubourgs. Entre le mur des Fermiers généraux et les boulevards des maréchaux, c'est l'anneau des villages de la couronne. Il ne faut pas voir là une variante du jeu de l'oie. Quand Paris passe d'une limite à une autre, c'est un moment de mutations techniques, sociales, politiques. Elles n'ont pas pour

1. Émile de La Bédollière in *Paris Guide, par les principaux écrivains et artistes de la France*, 1867. Ce guide, rédigé à l'intention des visiteurs de l'Exposition universelle, était préfacé par Victor Hugo.
2. Francis Carco, *L'Équipe, roman des fortifs*, Paris, Albin Michel, 1925.

cause le déplacement des pierres et des fossés : tout se passe comme si l'émergence d'une nouvelle époque entraînait à la fois l'obsolescence de la vieille muraille *et* des bouleversements dans la vie de la cité.

Prenons l'éclairage public et le maintien de l'ordre, si importants, qu'il s'agisse de se divertir ou de *surveiller et punir*. Au Moyen Âge, seuls trois lieux étaient éclairés en permanence dans la nuit de Paris : la porte du tribunal du Châtelet, où Philippe le Bel avait fait placer une lanterne à carcasse de bois garnie de vessies de porc pour déjouer les entreprises des malfaiteurs qui se perpétraient jusque sur la place ; la tour de Nesle, où un fanal indiquait l'entrée de la ville aux mariniers remontant la Seine, et la lanterne des morts du cimetière des Innocents. Pour se lancer dans l'obscurité, il était prudent de prévoir une escorte de porte-flambeaux armés, car on ne pouvait guère se fier à la protection du guet, qu'il fût bourgeois ou royal.

En même temps que Louis XIV fait de Paris une ville ouverte en lançant la construction du nouveau cours, il prend deux mesures qui marquent l'entrée dans les temps modernes : il fait installer dans les rues près de trois mille lanternes – cages de verre protégeant des chandelles, accrochées par des cordes à hauteur du premier étage des maisons – et il crée le poste de lieutenant général de police, qui commande à une importante force armée (le premier titulaire de cette charge, La Reynie, videra les cours des Miracles et dirigera le « grand enfermement », conduisant mendiants et déviants dans les nouveaux hôpitaux-prisons de La Salpêtrière et de Bicêtre).

Un siècle plus tard, parallèlement à la construction du mur des Fermiers généraux, les progrès techniques de l'époque des Lumières eurent leur effet sur l'éclairage des rues : les vieilles lanternes et leurs chandelles furent remplacées par des réverbères à huile munis de réflecteurs métalliques qui en augmentaient la portée. Sartine, le lieutenant général de l'époque, estimait que « la très grande quantité de lumière qu'ils donnent ne permet pas de penser que l'on puisse jamais en trouver de mieux ». Sébastien Mercier était d'un avis différent : « Les réverbères sont mal posés.... De loin, cette flamme rougeâtre blesse les yeux, de près, elle donne peu de lumière, et dessous, vous êtes dans l'obscurité. »

C'est dans les années 1840, moment où les fortifications de Thiers enfermaient une nouvelle fois la ville, que se généralisèrent l'éclairage au gaz et les sergents de ville en uniforme. Et l'éclairage électrique prit la place du gaz au lendemain de la guerre de 1914, quand les « fortifs » furent démolies. Dans les années 1960, la construction du boulevard périphérique, la dernière en date mais non la moins redoutable des enceintes parisiennes, s'accompagna du remplacement des lampes à incandescence par l'éclairage au néon, de la disparition des agents cyclistes en pèlerine qu'on appelait les *hirondelles*, de la prolifération des patrouilles motorisées, en attendant les bienfaits de la police de proximité.

On pourrait ainsi écrire une histoire de Paris politique et architecturale, artistique et technique, littéraire et sociale, dont les chapitres ne seraient pas les siècles – découpage particulièrement inadapté en l'occurrence – ni les règnes ni les républiques, mais les enceintes, qui scandent un temps discontinu et souterrain. Dans la seizième des *Thèses sur le concept d'histoire*, Walter Benjamin note que « les calendriers ne comptent point du tout le temps à la façon des horloges[1] ». Le temps des enceintes ressemble au temps des calendriers.

1. *Écrits français*, Paris, Gallimard, 1991.

L'Ancien Paris, les quartiers

> Tandis que l'arc de triomphe de la porte Saint-Denis et la statue équestre de Henri le Grand, ces deux ponts, ce Louvre, ces Tuileries, ces Champs-Élysées égalent ou surpassent les beautés de l'ancienne Rome, le centre de la ville, obscur, resserré, hideux, représente le temps de la plus honteuse barbarie.
>
> VOLTAIRE, *Des embellissements de Paris*[1].

> Hélas ! le vieux Paris disparaît avec une effrayante rapidité.
>
> BALZAC, *Les Petits Bourgeois*.

« Je gagnais d'abord, après bien des détours, la rue Montmartre et la pointe Saint-Eustache ; je traversais le carreau des Halles, alors à ciel ouvert, au milieu des grands parapluies rouges des marchandes de poisson ; puis les rues des Lavandières, Saint-Honoré et Saint-Denis ; la place du Châtelet était bien mesquine à cette époque et la renommée du *Veau qui Tette* en éclipsait les souvenirs historiques. Je franchissais le vieux Pont-au-Change que je devais plus tard faire également reconstruire, abaisser, élargir ; je longeais ensuite l'ancien palais de justice, ayant à ma gauche l'amas ignoble de tapis francs qui déshonorait naguère encore la Cité, et que j'eus la joie de raser plus tard, de fond en comble – repaire de voleurs et d'as-

1. Les deux ponts en question sont le Pont-Neuf et le Pont-Royal. *Des embellissements de Paris* sont de 1739.

sassins, qui semblaient là braver la Police correctionnelle et la Cour d'assises. Poursuivant ma route par le pont Saint-Michel, il me fallait franchir la pauvre petite place où se déversaient, comme dans un cloaque, les eaux des rues de la Harpe, de la Huchette, Saint-André-des-Arts et de l'Hirondelle... Enfin, je m'engageais dans les méandres de la rue de la Harpe, pour gravir ensuite la Montagne Sainte-Geneviève et arriver, par le passage de l'hôtel d'Harcourt, la rue des Maçons-Sorbonne, la place Richelieu, la rue de Cluny et la rue des Grès, sur la place du Panthéon, à l'angle de l'École de Droit[1]. » Tel est l'itinéraire d'Haussmann, étudiant en droit habitant la Chaussée-d'Antin, au début de la monarchie de Juillet. À son époque, le centre de la ville n'a guère changé depuis trois cents ans. Le Paris inscrit dans le boulevard de Louis XIV, ce carré aux angles légèrement émoussés où l'on peut voir une figure de la densité et de la contrainte, est encore une ville du Moyen Âge. Comme le couteau de Jeannot dont on change tantôt le manche et tantôt la lame mais qui reste toujours le couteau de Jeannot, les rues de Paris, dont les maisons avaient été une par une remplacées au fil du temps, restaient des rues médiévales, tortueuses et sombres. « Hugo évoquant le Paris de Louis XI n'avait qu'à regarder autour de lui ; les rues noyées d'ombre où se perdent Gringoire et Claude Frollo ne sont pas tellement différentes de ces rues du Marais, de la Cité, des boulevards eux-mêmes où il allait errant dans les années 1830 et qu'il nous décrit, en phrases également chargées de ténèbres, d'obscurité, de danger, en un mot de nuit, dans *Choses vues*[2]. » Dans les années 1850, Privat d'Anglemont décrit, « derrière le Collège de France, entre la bibliothèque Sainte-Geneviève, les bâtiments de l'ancienne École normale, le collège Sainte-Barbe et la rue Saint-Jean-de-Latran, tout un gros pâté de maisons connu sous le nom de Mont-Saint-Hilaire.... quartier tout emmêlé de petites

1. E. G. Haussmann, *Mémoires*, 1890-1893.
2. Chevalier, *Montmartre du plaisir et du crime*, *op. cit.*

rues sales et étroites.... vieilles, noires et tortueuses[1] ». Et les métiers qu'on y pratique – fabricants d'asticots, cuiseurs de légumes, loueurs de viandes, peintres de pattes de dindons, culotteurs de pipes – sont issus eux aussi des tréfonds du Moyen Âge.

Sous le Second Empire, en vingt ans, l'éclairage au gaz, les grandes percées, l'eau en abondance, les nouveaux égouts bouleversent la physionomie de la ville plus que les trois siècles précédents (« Demandez à tout bon Français qui lit tous les jours *son* journal dans son estaminet, ce qu'il entend par progrès, il répondra que c'est la vapeur, l'électricité et l'éclairage au gaz, miracles inconnus aux Romains, et que ces découvertes témoignent pleinement de notre supériorité sur les anciens », écrit Baudelaire dans l'*Exposition universelle* de 1855). Pourtant le Moyen Âge n'a pas disparu de Paris au XIXe siècle. Juste avant la guerre de 1914, Carco décrit encore un quartier Latin où Villon ne se serait pas senti si dépaysé : « Rue de l'Hirondelle, à deux pas de la Seine que l'on gagnait par l'étroit et puant couloir de la rue Gît-le-Cœur, la clientèle, composée d'anarchistes, de rôdeurs, d'étudiants, de drôles, de trottins, de pauvresses, festoyait à bon marché.... S'il existe quelque part au monde, dans les ports, des quartiers réservés à la perversité humaine qui passent l'ignominie de ceux qui avoisinent la Seine et s'étendent autour de la rue Mazarine, où sont-ils ?[2] » Et jusqu'à la fin des années 1950, les ruelles entre Maubert et la Seine – rues de Bièvre, Maître-Albert, Frédéric-Sauton –, le quartier Saint-Séverin, la rue Mouffetard, étaient encore sales et misérables. Dans son parcours parisien du côté des pauvres, Jean-Paul Clébert décrit les cuisines de la rue Maître-Albert, « cette ruelle en coude qu'évitent les inhabitués, invisibles de la chaussée et dans lesquelles on pénètre par

1. Alexandre Privat d'Anglemont, *Paris anecdote*, Paris, 1854 ; rééd. Les Éditions de Paris, 1984.

2. Francis Carco, *De Montmartre au Quartier Latin*, Paris, Albin Michel, 1927.

le côté, empruntant le couloir d'accès aux étages, et il faut pousser une porte au hasard, la première à tâtons, pour tomber d'une marche dans une salle grande comme une cage à poules, en pleine famille[1] ». À la Contrescarpe on rencontrait plus de clochards que de situationnistes, et dans certains cafés il n'était pas facile d'entrer pour qui n'était pas alcoolique et déguenillé. Il n'y avait là ni touristes, ni restaurants, ni boutiques. Les hôtels louaient des chambres à la journée à des travailleurs immigrés auxquels on ne demandait pas leurs papiers. Les locaux du MTLD de Messali Hadj étaient rue Xavier-Privas, à deux pas de Notre-Dame. Contrairement à une idée répandue, la véritable éradication du Moyen Âge à Paris n'a pas été menée à son terme par Haussmann et Napoléon III mais par Malraux et Pompidou, et l'œuvre emblématique de cette disparition définitive n'est pas *Le Cygne* de Baudelaire mais plutôt *Les Choses* de Perec.

* * *

Ville de formation médiévale, l'Ancien Paris en garde le caractère dans la façon dont ses quartiers sont assemblés. Sur la rive droite, ils sont quatre gros noyaux compacts : le Palais-Royal, le plus récent, avec ses satellites que sont le quartier Tuileries-Saint-Honoré et le quartier de la Bourse ; les Halles, le plus ancien des quatre et le plus maltraité ; le Sentier, qui change sous nos yeux ; et le Marais, qui n'est pas un quartier mais plusieurs. Entre ces grandes régions s'insinuent des zones de transition qui comblent tous les interstices. C'est la région la plus dense de Paris[2].

1. *Paris insolite*, Paris, Denoël, 1952.

2. Une ordonnance de Louis XIV datée de décembre 1702 définit vingt quartiers, dont quinze sont sur la rive droite. Ce sont la Cité, le Louvre, le Palais-Royal, Montmartre (autour de la place des Victoires), Saint-Eustache, les Halles, Sainte-Opportune (autour de Saint-Germain-l'Auxerrois), Saint-Jacques-de-la-Boucherie (Châtelet), Saint-Denis, Saint-Martin, Saint-Avoye (rues de la

Que le monde ait eu jadis son centre là où gisent aujourd'hui les colonnes ruinées d'Athènes et de Rome, il est facile de le concevoir, justement parce qu'il s'agit de ruines. Au Palais-Royal au contraire, dans les allées du jardin, sous les arcades où les boutiques de soldats de plomb, de croix et de rubans, de pipes, de jouets en peluche, de tapisserie au point, forment un décor dignement démodé, rien ne permet d'imaginer que le lieu fut pendant cinquante ans l'agora, le forum de Paris, et que son prestige s'étendait dans l'Europe entière. Quand les troupes alliées entrèrent dans la ville après Waterloo, « À Paris, que demandaient-ils d'abord ? Le Palais-Royal ! Un officier russe y entra à cheval. Au Palais-Royal, quel était leur premier désir ? Celui de se mettre à table chez les restaurateurs, dont ils citaient les noms glorieusement venus jusqu'à eux[1] ».

Le début du *Neveu de Rameau* – « Qu'il fasse beau, qu'il fasse laid, c'est mon habitude d'aller sur les cinq heures du soir me promener au Palais-Royal. C'est moi qu'on voit, toujours seul, rêvant sur le banc d'Argenson » – date des années 1760 et c'est donc encore du vieux Palais-Royal qu'il s'agit. Le cardinal de Richelieu avait acheté à l'extrémité de la rue Saint-Honoré un ensemble de maisons, d'hôtels et de parcelles de terrain qu'il avait réunies en un seul domaine, un quadrilatère qui serait aujourd'hui limité par les rues Saint-Honoré, des Petits-Champs, de Richelieu et des Bons-Enfants[2]. Le Palais-Cardinal construit par Lemer-

---

Verrerie, Vieille-du-Temple, Sainte-Croix-de-la-Bretonnerie...), le Marais, la Grève (Hôtel de Ville, Saint-Gervais), Saint-Antoine, Saint-Paul. Sur la rive gauche, les cinq quartiers sont Maubert, Saint-Benoît (le quartier des Écoles – il existe encore, derrière le Collège de France, une impasse du Cimetière-Saint-Benoît), Saint-André-des-Arts, le Luxembourg et Saint-Germain-des-Prés qui fait alors depuis peu partie de Paris.

1. Eugène Briffault, *Paris à table*, 1846.

2. Pour que son nouveau quartier soit inclus dans les murs de

cier se trouvait à peu près à l'emplacement actuel du Conseil d'État. Le reste du terrain formait un jardin : à droite, du côté de ce qui sera la galerie de Valois, c'était l'allée d'Argenson dont parle Diderot ; en face, l'allée tirait son nom du café de Foy, le premier en date des établissements qui feront la gloire du Palais-Royal (juste après lui sera fondé le Caveau. Le vieux Diderot écrit à sa fille, le 28 juin 1781 : « Je m'ennuie chez moi. J'en sors pour m'ennuyer encore davantage. Le suprême et seul bonheur dont je jouisse, c'est d'aller régulièrement à cinq heures tous les jours prendre la tasse de glace au Petit-Caveau »). La même année, le duc de Chartres, le futur Philippe-Égalité, charge Victor Louis de construire les bâtiments qui encadrent aujourd'hui le jardin sur trois côtés[1]. Les cent quatre-vingts arcades terminées, le succès est immédiat. « Point unique sur le globe. Visitez Londres, Amsterdam, Madrid, Vienne, vous ne verrez rien de pareil : un prisonnier pourrait y vivre sans ennui, et ne songer à la liberté qu'au bout de plusieurs années.... On l'appelle *la capitale de Paris*. Tout s'y trouve ; mais mettez là un jeune homme ayant vingt ans et cinquante mille livres de rente, il ne voudra plus, il ne pourra

---

Paris, Richelieu fit déplacer l'enceinte (qui, on s'en souvient, allait en ligne droite de la porte Saint-Denis à la place des Victoires et au Louvre) à peu près sur le tracé des Boulevards de la porte Saint-Denis à la Madeleine. C'est l'enceinte « des Fossés jaunes », du nom de la couleur de la terre remuée. Son existence fut brève car l'entrepreneur fit faillite et bientôt toutes les murailles allaient être abattues.

1.Le palais de Richelieu est alors démoli. Il n'en subsiste que la galerie des Proues, entre la cour d'honneur où Buren a installé ses colonnes et la rue de Valois. Les attributs nautiques y rappellent que Richelieu était aussi surintendant général de la Navigation. Les bâtiments qui ferment le quatrième côté, vers la rue Saint-Honoré, sont plus tardifs. Richelieu avait fait donation du Palais-Cardinal à Louis XIII. Louis XIV l'avait donné à son frère, Monsieur, devenu duc d'Orléans. Le Palais, devenu Royal, restera à la famille d'Orléans jusqu'en 1848, avec une parenthèse de 1789 à 1815.

plus sortir de ce lieu de féerie.... Ce séjour enchanté est une petite ville luxueuse, renfermée dans une grande ; c'est le temple de la volupté, d'où les vices brillants ont banni jusqu'au fantôme de la pudeur : il n'y a pas de guinguette dans le monde plus gracieusement dépravée[1]. »

Vers la fin du règne de Louis XVI, les clubs se multiplient au Palais-Royal. En juillet 1789, l'agitation est permanente et le Palais devient *le noyau de la comète Révolution*, comme dira Hugo. Camille Desmoulins raconte la journée du 13 juillet : « Il était deux heures et demie. Je venais de sonder le peuple. Ma colère contre les despotes était tournée au désespoir. Je ne voyais pas les groupes, quoique vivement émus ou consternés, assez disposés au soulèvement. Trois jeunes gens me parurent agités d'un plus véhément courage ; ils se tenaient par la main. Je vis qu'ils étaient venus au Palais-Royal dans le même dessein que moi. Quelques citoyens passifs les suivaient.

– Messieurs, leur dis-je, voici un commencement d'attroupement civique : il faut que l'un de nous se dévoue et monte sur une table pour haranguer le peuple.

– Montez-y !

– J'y consens. Aussitôt je fus porté sur la table *(du café de Foy)* plutôt que je n'y montai. À peine y étais-je que je me vis entouré d'une foule immense. Voici ma harangue, que je n'oublierai jamais :

– Citoyens, il n'y a pas un moment à perdre. J'arrive de Versailles, Necker est renvoyé ; ce renvoi est le tocsin d'une Saint-Barthélemy de patriotes. Ce soir, tous les bataillons suisses et allemands sortiront du Champ-de-Mars pour nous égorger. Il ne nous reste qu'une seule ressource, c'est de courir aux armes et de prendre une cocarde pour nous reconnaître[1]. »

Pourtant, au cours de la Révolution, le Palais-Royal

1. Mercier, *Tableau de Paris*.

1. Cité *in* Victor Champier et G.-Roger Sandoz, *Le Palais-Royal d'après des documents inédits*, Paris, Société de propagation des livres d'art, 1900.

rebaptisé Palais-Égalité devient vite le lieu de ralliement des royalistes, modérés, feuillants, de tous ceux que Robespierre appelle les *fripons*. Au restaurant Mafs, les collaborateurs du journal royaliste *Les Actes des apôtres* – l'abbé Maury, Montlausier, Rivarol – font chaque semaine leur « dîner évangélique ». Ils écrivent la conversation sur un coin de table, et « le numéro ainsi fait est laissé sur la carte de Mafs, et de Mafs passe chez Gattey, à la fameuse boutique des galeries de bois[1] ». Le 20 janvier 1793, jour où la Convention décide d'envoyer Louis Capet à la guillotine, c'est dans un modeste restaurant de la galerie de Valois, chez Février, que le garde du corps Pâris assassine Le Peletier de Saint-Fargeau. À la Convention, le 19 nivôse an II, « le Comité révolutionnaire de la Montagne dénonce les traiteurs et restaurateurs du Palais de l'Égalité, qui n'a changé que de dénomination et qui pourrait porter encore celle de Palais-Royal par le luxe insolent qu'on y étale[2] ». Barras – qui habite au Palais-Royal, au-dessus du Véfour – et ses amis préparent le 9 Thermidor au glacier Corazza et sous le Directoire les incroyables font la chasse aux républicains dans les jardins, cocarde blanche au chapeau et gourdin à la main.

L'apogée du Palais-Royal, l'époque qui en fit un mythe sans équivalent dans toute l'Europe moderne, ce furent les vingt ans suivant l'entrée des Alliés dans Paris en 1815. L'arrivée des soldats et des officiers russes, autrichiens, prussiens, anglais, donna une impulsion nouvelle aux deux activités nourricières du lieu, la prostitution et le jeu. Les galeries de bois, baraques alignées transversalement sur l'emplacement actuel de la double colonnade de la galerie d'Orléans, eurent alors leur moment de gloire[3].

1. Edmond et Jules de Goncourt, *La Société française pendant la Révolution*. Gattey était un libraire royaliste.

2. Champier et Sandoz, *Le Palais-Royal*..., *op. cit.*

3. La galerie d'Orléans fut construite par Fontaine, architecte officiel du Palais-Royal à la Restauration, après la destruction des galeries de bois en 1828.

« Il n'est pas inutile de peindre ce bazar ignoble ; car, pendant trente-six ans, il a joué dans la vie parisienne un si grand rôle, qu'il est peu d'hommes âgés de quarante ans à qui cette description incroyable pour les jeunes gens, ne fasse encore plaisir. En place de la froide, haute et large galerie d'Orléans, espèce de serre sans fleurs, se trouvaient des baraques, ou, pour être plus exact, des huttes en planches, assez mal couvertes, petites, mal éclairées sur la cour et sur le jardin par des jours de souffrance appelés croisées, mais qui ressemblaient aux plus sales ouvertures des guinguettes hors barrière. Une triple rangée de boutiques y formait deux galeries, hautes d'environ douze pieds. Les boutiques sises au milieu donnaient sur les deux galeries dont l'atmosphère leur livrait un air méphitique, et dont la toiture laissait passer peu de jour à travers des vitres toujours sales.... Ce sinistre amas de crottes.... allait admirablement aux différents commerces qui grouillaient sous ce hangar impudique, effronté, plein de gazouillements et d'une gaieté folle, où, depuis la Révolution de 1789 jusqu'à la Révolution de 1830, il s'est fait d'immenses affaires. Pendant vingt années, la Bourse s'est tenue en face, au rez-de-chaussée du Palais.... On se donnait rendez-vous dans ces galeries avant et après la Bourse. Le Paris des banquiers et des commerçants encombrait souvent la cour du Palais-Royal, et refluait sous ces abris par les temps de pluie.... Il n'y avait là que des libraires, de la poésie, de la politique et de la prose, des marchandes de modes, enfin des filles de joie qui venaient seulement le soir. Là fleurissaient les nouvelles et les livres, les jeunes et les vieilles gloires, les conspirations de la Tribune et les mensonges de la Librairie[1]. »

1. Balzac, *Illusions perdues*, « Un grand homme de province à Paris ». Jules Janin en fait le compte rendu dans la *Revue de Paris* en 1839 : « On sait que M. de Balzac excelle dans ces sortes de descriptions fangeuses : le bois pourri, l'eau stagnante, le linge lavé dans des cuvettes étendu sur des cordes, digne lessive des lieux vicieux. Rien ne lui échappe, pas une ride, pas une croûte

À cette époque bénie où les métiers de libraire et d'éditeur étaient encore confondus (avec parfois l'imprimerie de surcroît), les galeries de bois virent les débuts de maisons dont certaines étaient destinées à un bel avenir, Stock, Garnier, Le Dentu, qui fut dit-on le modèle du Dauriat des *Illusions perdues*, auquel Lucien de Rubempré essaie de vendre ses sonnets sur les *Marguerites* (« Pour moi, la question.... n'est pas de savoir si vous êtes un grand poète ; vous avez beaucoup, mais beaucoup de mérite ; si je commençais la librairie, je commettrais la faute de vous éditer. Mais d'abord, aujourd'hui, mes commanditaires et mes bailleurs de fonds me couperaient les vivres.... »).

Sous les arcades on ne lit pas, on joue, au creps, au passe-dix, au trente-et-un, au biribi. Le tripot numéro 9 (qui occupe les arcades 9 à 12) offre deux tapis de trente-et-quarante, une table de creps, et les joueurs peuvent y boire du punch flambé. Au début de *La Peau de Chagrin*, Raphaël monte pour son malheur l'escalier du numéro 36 (« Quand vous entrez dans une maison de jeu, la loi commence par vous dépouiller de votre chapeau. Est-ce une parabole évangélique et providentielle ? »). Mais l'établissement le plus célèbre est sans conteste le 113 : huit salles, six tables de roulette. Blücher, l'un des deux vainqueurs de Waterloo, ne quittait pas le tripot du 113. Il dépensa six millions pendant son séjour, et toutes ses terres étaient gagées lorsqu'il quitta Paris. Autour des tripots sont installés des prêteurs sur gages, et le soir les filles se mêlent aux joueurs. Celles qui se promènent sous la galerie de bois et dans les petites allées du jardin s'appellent les « demi-castors », celles des galeries sont des « castors » et celles de la terrasse du Caveau sont des « castors finis ».

On peut aussi boire et manger dans les galeries du

gluante de cette lèpre immonde. Malgré toute la puissance que doit avoir un écrivain pour en arriver là, l'on se demande quels plaisirs peuvent donc trouver les lecteurs de M. de Balzac à ces affreux détails. »

Palais-Royal. Le café de Foy est le seul à servir dans un pavillon du jardin. Au premier étage, son club d'échecs, qui a compté Talleyrand et David parmi ses clients, fait concurrence à celui du café de la Régence, où se déroule *Le Neveu de Rameau*. Le café des Mille Colonnes, dont la patronne est une beauté célèbre, est le préféré de Balzac. Près du passage du Perron, le café de la Rotonde avait été pendant la Révolution le quartier général des brissotins (on ne disait pas les « girondins » à l'époque), après avoir abrité sous Louis XVI les controverses entre gluckistes et piccinistes. Le café Lemblin est fréquenté par les nostalgiques de l'Empire. Philippe Brideau « fut un des bonapartistes les plus assidus du café Lemblin, véritable Béotie constitutionnelle ; il y prit les habitudes, les manières, le style et la vie des officiers à demi-solde [1] ». Les garçons tiennent des épées à la disposition des consommateurs, derrière le comptoir, enveloppées de serge verte. Certains soirs la demande est telle qu'ils doivent s'excuser : « Messieurs, elles sont en main. » Parmi les établissements spécialisés dans la prostitution, le plus célèbre est le café des Aveugles, qui tire son nom de la composition de son orchestre (« Pourquoi des aveugles, direz-vous, dans ce seul café, qui est un caveau ? C'est que, vers la fondation, qui remonte à l'époque révolutionnaire, il se passait là des choses qui eussent révolté la pudeur d'un orchestre [2] »).

Des trois grands restaurants de *La Comédie humaine*, deux sont au Palais-Royal – le troisième étant le Rocher de Cancale rue Montorgueil. « S'agit-il d'un dîner d'étrangers ou de provinciaux à qui l'on veut donner une haute idée de la capitale ? C'est chez Véry qu'il faut les conduire.... C'est le premier des traiteurs par la cherté, d'où il est permis de conclure qu'il doit être le premier dans la hiérarchie des gens de mérite de sa profession, un des artistes les mieux éclairés de ceux qui veillent au maintien du bon goût, et qui s'opposent aux invasions de

1. Balzac, *La Rabouilleuse*, 1842.
2. Gérard de Nerval, *Les Nuits d'octobre*, 1852.

la cuisine bourgeoise[1]. » Lucien de Rubempré arrivant d'Angoulême, malheureux et humilié, « prit la route du Palais-Royal, après l'avoir demandée, car il ne connaissait pas encore la topographie de son quartier. Il entra chez Véry, commanda, pour s'initier aux plaisirs de Paris, un dîner qui le consolât de son désespoir. Une bouteille de vin de Bordeaux, des huîtres d'Ostende, un poisson, une perdrix, un macaroni, des fruits furent le *nec plus ultra* de ses désirs. Il savoura cette petite débauche en pensant à faire preuve d'esprit ce soir auprès de la marquise d'Espard, et à racheter la mesquinerie de son bizarre accoutrement par le déploiement de ses richesses intellectuelles. Il fut tiré de ses rêves par le total de la carte qui lui enleva les cinquante francs avec lesquels il croyait aller fort loin dans Paris. Ce dîner coûtait un mois de son existence d'Angoulême[2] ».

Véry finira absorbé par son voisin Véfour, l'ancien café de Chartres où Alexandre de Humboldt, de retour d'Amérique « équinoxiale », dînait très souvent sous l'Empire. En 1815, Rostopchine, l'homme qui avait fait brûler Moscou, y festoyait souvent avec son professeur de français, Flore, une belle actrice des Variétés. Quant aux Frères Provençaux, « il n'est point d'étranger, de femme galante, pas même de bourgeois de la place Royale qui ne connaisse ces trois enfants de la Durance, arrivés à Paris sans autre ressource que le secret des brandades de morue, dont ils ont fini par rendre tributaire toute l'Europe civilisée, de l'embouchure du Tage aux bords de la Neva[3] ».

1. Honoré Blanc, *Le Guide des dîneurs, ou statistique des principaux restaurants de Paris*, 1814.

2. Balzac, *Illusions perdues*, « Un grand homme de province à Paris ».

3. *Le Guide des dîneurs*, *op. cit.* Dans *Le Lys dans la vallée*, quand le très jeune Félix de Vandenesse rêve de Paris, il imagine que « le premier jour nous irions dîner au Palais-Royal afin d'être tout près du Théâtre-Français », mais, ayant été obligé d'avouer une dette, « mon frère me reconduisit à ma pension, je perdis le dîner aux Frères Provençaux et fus privé de voir Talma dans *Britannicus* ».

La fin de la vogue du Palais-Royal peut se dater avec précision : le 31 décembre 1836 à minuit, les jeux de hasard furent interdits à Paris. Dès lors le déclin fut rapide. Les dandys, les badauds, les viveurs et les filles émigrèrent à quelques centaines de mètres de là, vers la nouvelle *promenade enchantée*, vers les Boulevards.

Autrefois, quand les quartiers passaient de mode, ils tombaient dans une sorte de léthargie qui pouvait durer très longtemps. Au temps de leur gloire, ils n'avaient pas été en proie à ce métabolisme commercial accéléré qui a ravagé depuis les années 1960 le quartier Saint-Séverin, le quartier Mouffetard, la Bastille et le Marais, et qui est actuellement à l'œuvre à la Butte-aux-Cailles, dans le quartier Saint-Blaise à Charonne, rue Montorgueil ou rue Oberkampf. Le Palais-Royal est donc resté tel qu'il était lorsque les foules l'ont quitté pour partir vers le nord. L'essentiel de son charme ne tient pas aux travées de Victor Louis, dont la monotonie est comme redoublée par l'impeccable alignement des quatre allées de tilleuls. Ce qui ménage des surprises, c'est la façon dont le Palais-Royal, espace fermé, communique avec les rues qui l'entourent. Certains passages sont d'une beauté monumentale, avec statues, candélabres et grilles dorées – comme celui qui mène par la place de Valois vers l'entrée de la galerie Véro-Dodat ; ou comme les deux colonnades couvertes par lesquelles on accède du fond du jardin à la rue de Beaujolais, celle de gauche le long du restaurant Véfour, celle de droite menant vers le passage des Deux-Pavillons, le passage Colbert et la Bibliothèque nationale. D'autres se faufilent au contraire de façon presque clandestine, comme le passage du Perron ouvrant une échappée vers la rue Vivienne entre poupées anciennes et boîtes à musique, ou les trois gracieux passages-escaliers qui montent de la rue de Montpensier vers la rue de Richelieu.

* * *

Pour Diderot, pour Camille Desmoulins, il était tout simple de passer du Palais-Royal aux Tuileries. Trente ans

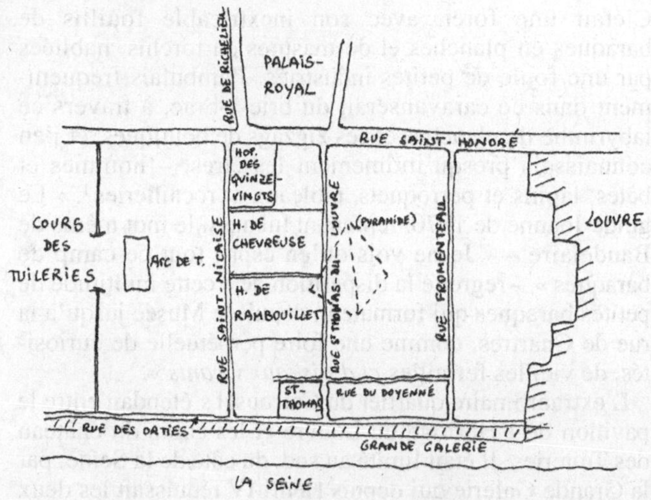

plus tard, Géricault, Henri de Marsay ou Stendhal devaient traverser la nouvelle grande artère du quartier, la rue de Rivoli, mais ils n'avaient pas à affronter l'avenue de l'Opéra ni à contourner l'énorme masse du Louvre de Napoléon III. Le Palais-Royal n'était pas enclavé comme aujourd'hui, il était en liaison avec le quartier Tuileries-Saint-Honoré. Liaison directe ou presque car il fallait traverser en oblique un quartier qui, fait unique dans le centre de Paris, a *disparu sans laisser la moindre trace*, y compris dans les mémoires : le Carrousel. La strophe du *Cygne* (« Là s'étalait jadis une ménagerie ; / Là je vis, un matin, à l'heure où sous les cieux / Froids et clairs le Travail s'éveille, où la voirie / Pousse un sombre ouragan dans l'air silencieux, / Un cygne qui s'était évadé de sa cage ») n'est pas une vision purement poétique comme *L'Albatros*. Alfred Delvau, chroniqueur-badaud du Second Empire, se souvient : « Elle était charmante autrefois, cette place du Carrousel – aujourd'hui peuplée de grands hommes en pierre de Saint-Leu. Charmante comme le désordre et pittoresque comme les ruines !

C'était une forêt, avec son inextricable fouillis de baraques en planches et de masures en torchis, habitées par une foule de petites industries. J'ambulais fréquemment dans ce caravansérail du bric-à-brac, à travers ce labyrinthe de planches et ces zigzags de boutiques, et j'en connaissais presqu'intimement les êtres, – hommes et bêtes, lapins et perroquets, tableaux et rocailleries[1]. » Le guide Joanne de 1870, reprenant lui aussi le mot même de Baudelaire – « Je ne vois qu'en esprit tout ce camp de baraques » – regrette la disparition de « cette multitude de petites baraques qui formaient, depuis le Musée jusqu'à la rue de Chartres, comme une foire perpétuelle de curiosités, de vieilles ferrailles *et d'oiseaux vivants* ».

L'extraordinaire quartier du Carrousel s'étendait entre le pavillon de l'Horloge du Louvre et les cours du château des Tuileries. Il était limité au sud, du côté de la Seine, par la Grande Galerie qui depuis Henri IV réunissait les deux châteaux. Une rue longeait cette galerie du côté intérieur, qui portait le nom de rue des Orties. Au nord, la limite du Carrousel était la rue Saint-Honoré. Trois rues perpendiculaires au fleuve joignaient la rue des Orties à la rue Saint-Honoré : la rue Saint-Nicaise, la rue Saint-Thomas-du-Louvre et la rue Fromenteau.

La rue Saint-Nicaise, dans la continuité de la rue de Richelieu, serait aujourd'hui sur la ligne des guichets du Louvre. Du côté de la rue Saint-Honoré, elle bordait un grand hôpital, les Quinze-Vingts, fondé par Louis IX pour soigner, dit la légende, trois cents chevaliers – quinze fois vingt font trois cents – revenus aveugles de la croisade, les Sarrasins leur ayant crevé les yeux (curieusement, la plupart des historiens du vieux Paris rapportent cette histoire comme s'il s'agissait d'un fait historiquement établi, de même d'ailleurs que celle du juif Jonathas qui, vers la même époque, avait fait bouillir du côté des Billettes une hostie dont il était sorti du sang, ce pourquoi on l'avait brûlé vif, comme on peut le voir sur la prédelle de Paolo

1. *Les Dessous de Paris*, 1865.

Uccello à Urbino[1]). L'enclos de l'hôpital abritait toute une population d'artisans, exempts d'impôts comme au Temple. En 1780, les Quinze-Vingts furent transférés dans l'ancienne caserne des mousquetaires noirs de la rue de Charenton, où ils se trouvent toujours.

La rue Saint-Thomas-du-Louvre passerait aujourd'hui par la pyramide de Ieoh Ming Pei. Elle desservait, outre l'hôtel de Chevreuse, une demeure d'une importance sans égale dans toute la littérature française, l'hôtel de Rambouillet. « Je ne dirai point que c'est le plus renommé du royaume, car personne n'en doute, écrit Sauval qui était un habitué. Tout le beau monde a lu son éloge et sa description dans le *Grand Cyrus*, et dans les ouvrages des plus délicats esprits du siècle. Peut-être même ne serait-il pas besoin de faire ressouvenir que dans le *Cyrus* c'est lui qui est nommé le palais de Cléomire, et que partout ailleurs on l'appelle le palais d'Arthénice, qui est l'anagramme de Catherine, nom de baptême de Catherine de Vivonne, marquise de Rambouillet, et qui a été fait par Malherbe. Tous les illustres ont publié à l'envi le nom de cette héroïne et ne m'ont presque rien laissé à dire de son hôtel.... et de plus nous ont appris qu'elle en a fait et donné le dessin, qu'elle seule l'a entrepris, conduit et achevé : son goût fin et savant tout ensemble a découvert à nos architectes des agréments, des commodités et des perfections ignorées même des Anciens, et que depuis ils ont répandus dans tous les logis propres et superbes[2]. Par les découvertes qu'Arthénice a faites dans l'Architecture, en

1. Jean-Marc Léri, par exemple, en rend compte dans ces termes : « Ce sacrilège fut, semble-t-il, commis le jour de Pâques, 2 avril 1290, dans la demeure du juif Jonathas qui dès lors reçut le nom de Maison du miracle » (in *Le Marais, mythe et réalité*, cat. exp., Paris, 1987). Dans ce texte, *semble-t-il* introduit un doute sur la date mais nullement sur la réalité des faits.

2. Elle avait eu l'idée de placer l'escalier sur le côté du bâtiment, ce qui libérait l'espace central et permettait une enfilade continue des pièces.

se divertissant, on peut juger de celles qu'elle a faites dans les Belles-Lettres, où elle est consommée. La vertu et le mérite de Catherine de Vivonne ont attiré dans sa maison, pendant plusieurs années, tous les gens d'esprit de la cour et du siècle. Dans sa chambre bleue, tous les jours il se tenait un cercle de personnes illustres, ou pour mieux dire, l'Académie ; car c'est là que l'Académie française a tiré son origine ; et c'est des grands génies qui s'y rendaient, dont la plus noble partie de ce Corps si considérable est composée. Aussi est-ce pour cela que l'hôtel de Rambouillet a été appelé longtemps le Parnasse français.... Ceux qui n'y étaient pas connus ne passaient que pour des personnes ordinaires, et il suffisait d'y avoir entrée pour être mis entre les illustres du siècle [1]. »

La rue Fromenteau longeait le fossé du Louvre, le long du pavillon de l'Horloge, et aboutissait à la rue Saint-Honoré à peu près au niveau de la rue de Valois. Elle était depuis toujours mal famée : « La rue Fromenteau n'est-elle pas à la fois meurtrière et de mauvaise vie ? » demande Balzac au début de *Ferragus*. Reliant les rues Fromenteau et Saint-Thomas-du-Louvre, la petite rue du Doyenné était occupée par une foire à la peinture où, à l'époque romantique, on pouvait acheter à bas prix des toiles du XVIIIe siècle français. C'est là qu'habite la cousine Bette au début du roman : « Lorsqu'on passe en

1. Parmi les familiers de la célèbre *chambre bleue*, Malherbe, La Rochefoucauld, Descartes, Saint-Amant, Mme de Lafayette, Mme de Sévigné, Scarron, Vaugelas, Corneille, Rotrou, Ménage, Racan, Voiture... La fille de Catherine, Julie d'Angennes, fut courtisée pendant quinze ans par Montausier, qui fut, dit-on, le modèle de l'Alceste du *Misanthrope*. Il eut l'idée d'offrir à sa bien-aimée un album dont chaque page était consacrée à une fleur et chaque fleur comparée à Julie : soixante et un madrigaux, écrits par Montausier lui-même et dix-sept poètes familiers de l'hôtel, tracés sur vélin par Nicolas Jarry, le plus grand calligraphe du temps, et illustrés par Nicolas Robert. Telle était la fameuse *Guirlande de Julie*, qu'elle trouva un matin déposée sur son lit. Il lui fallut pourtant encore quatre ans pour accepter d'épouser Montausier.

cabriolet le long de ce demi-quartier mort, et que le regard s'engage dans la ruelle du Doyenné, l'âme a froid, l'on se demande qui peut demeurer là, ce qui doit s'y passer le soir, à l'heure où cette ruelle se change en coupe-gorge, et où les vices de Paris, enveloppés du manteau de la nuit, se donnent pleine carrière. » Dans les années 1830, un groupe de jeunes écrivains et d'artistes encore peu connus s'installe rue du Doyenné dans une sorte de *squat*. Parmi eux, Gérard de Nerval : « C'était dans notre logement commun de la rue du Doyenné que nous nous étions reconnus frères.... dans un coin du vieux Louvre des Médicis, bien près de l'endroit où exista l'ancien hôtel de Rambouillet.... Le bon Rogier souriait dans sa barbe, du haut d'une échelle, où il peignait sur un des trois dessus-de-glace un Neptune – qui lui ressemblait ! Puis les deux battants d'une porte s'ouvraient avec fracas : c'était Théophile *(Gautier)*. On s'empressait de lui offrir un fauteuil Louis XIII, et il lisait, à son tour, ses premiers vers, pendant que Cydalise Ire, ou Lorry, ou Victorine, se balançaient nonchalamment dans le hamac de Sarah la blonde, tendu à travers l'immense salon.... Quels temps heureux ! On donnait des bals, des soupers, des fêtes costumées.... Nous étions jeunes, toujours gais, souvent riches... Mais je viens de faire vibrer la corde sombre : notre palais est rasé. J'en ai foulé les débris l'automne passé. Les ruines mêmes de la chapelle *(du Doyenné, qui faisait partie de Saint-Thomas-du-Louvre)* qui se découpaient si gracieusement sur le vert des arbres.... n'ont pas été respectées. Vers cette époque, je me suis trouvé, un jour encore, assez riche pour enlever aux démolisseurs et racheter deux lots de boiseries du salon, peintes par nos amis. J'ai les deux dessus-de-porte de Nanteuil ; le *Watteau* de Vattier, signé ; les deux panneaux longs de Corot, représentant deux paysages de Provence ; le *Moine rouge*, de Châtillon, lisant la Bible sur la hanche cambrée d'une femme nue qui dort ; les *Bacchantes*, de Chassériau, qui tiennent des tigres en laisse comme des chiens.... Quant au lit Renaissance, à la console Médicis, aux deux buffets, au Ribera, aux tapisseries des *Quatre Éléments*, il y a longtemps que tout cela s'était dispersé. Où avez-vous perdu tant de belles choses ? me dit un jour Balzac. – Dans les malheurs ! lui répondis-je en citant un de ses mots favoris [1]. »

Rue Saint-Nicaise, le 24 décembre 1800, des conspirateurs royalistes firent exploser une machine infernale sur le passage du Premier consul qui se rendait des Tuileries à l'opéra de la rue de Richelieu. L'attentat, qui fit huit morts, marqua le début de la fin pour le quartier du Carrousel. Bonaparte, conscient du danger d'avoir de tels coupe-gorge à proximité du château, fit détruire les maisons endommagées et quelques autres. Plus tard, il démolit les baraques et les barrières de planches qui fermaient les cours des Tuileries [2] et fit construire l'arc de triomphe du Carrousel, pour servir d'entrée d'honneur au palais. Les démolitions continuèrent lentement jusqu'en 1848, où le rythme s'accéléra car il fallait trouver du travail pour les ateliers nationaux. « Les trois quarts de la place étaient déblayés en 1850. Il ne restait plus que l'ancien bâtiment des écuries du roi *(sur la rue Saint-Nicaise)*.... et au beau milieu de la nouvelle esplanade, l'hôtel de Nantes, qui avait résisté jusqu'au bout à toutes les propositions du jury d'expropriation. L'hôtel est maintenant démoli ; les écuries du roi sont tombées à leur tour [3]. »

1. Gérard de Nerval, *Petits Châteaux de Bohême*, 1852.

2. C'est entre ces barrières et la rue Saint-Nicaise que se trouvait la petite place du Carrousel, « qui retient encore ce nom – écrit Germain Brice dans les années 1720 –, parce que l'on y fit les courses du superbe carrousel de l'année 1662, pour la naissance de Monseigneur le Dauphin ». Sous l'Empire, les destructions l'avaient élargie si bien qu'au début de *La Femme de trente ans*, c'est là que se déroule, juste avant la campagne de Russie, « la magnifique parade commandée par l'empereur, la dernière de celles qui excitèrent si longtemps l'admiration des Parisiens et des étrangers ».

3. Adolphe Joanne, *Paris illustré en 1870. Guide de l'étranger et du Parisien*. Un daguerréotype anonyme de 1850 montre l'hôtel de Nantes, bâtisse haute de six étages au milieu de l'esplanade vide, entourée de fiacres et de diligences. La légende précise qu'il

Le Carrousel actuel est une steppe poussiéreuse entre la pyramide du Louvre et les grilles du jardin des Tuileries, traversée par le flot des voitures – qui doivent contourner, curieuse idée, un rond-point unidirectionnel – et en sous-sol par un tunnel dont les accès bétonnés apportent à l'ensemble sa touche finale. L'arc de triomphe n'ayant plus de sens au milieu de ce désert, il a été imaginé de le relier aux jardins des Tuileries et aux ailes du Louvre de Napoléon III par de petites plantations en éventail au-dessus desquelles émergent les têtes ou les fesses des grosses dames de Maillol : il y a des jardins pompiers comme il y a des tableaux pompiers. Heureusement, quelques très beaux marronniers ont été sauvegardés, qui pendant l'été donnent de l'ombre aux marchands de glaces et de cartes postales autour du monument de Percier et Fontaine.

* * *

En 1946, la place du Marché-Saint-Honoré reçut le nom de place Robespierre, décision annulée en 1950 quand la bourgeoisie française redressa la tête. Sa haine envers Robespierre n'a jamais faibli depuis Thermidor. Outre l'Incorruptible lui-même – qui logeait chez le menuisier Duplay avec sa sœur Charlotte et son frère Augustin, au bout de la rue Saint-Honoré –, d'autres acteurs de la Révolution habitaient le quartier Tuileries-Saint-Honoré : Sieyès, Olympe de Gouges, Héron, Barère dont Robespierre faisait l'éloge ambigu : « Il sait tout, il connaît tout, il est propre à tout. » Ce n'était pas que ce quartier fût spécialement révolutionnaire, mais la rue Saint-Honoré était l'axe géographique de la vie politique. Dans les années 1789-1791, le club de La Fayette et des modérés tenait ses séances dans l'ancien couvent des Feuillants, sur l'emplacement de la rue de Castiglione. La Société des Amis de la Liberté et de l'Égalité est restée dans l'histoire sous le

---

a été démoli le 1er octobre 1850 « pour le dégagement des abords du Louvre et des Tuileries ». Reproduit in *Paris et le daguerréotype*, cat. exp. musée Carnavalet, Paris-Musées, 1989.

nom de club des Jacobins, dont les terrains occupaient l'actuelle place du Marché-Saint-Honoré jusqu'à la rue Gomboust. La Constituante, la Législative et la Convention à ses débuts siégeaient salle du Manège, dans les jardins des Tuileries, vers l'abouchement de la rue Saint-Roch dans la rue de Rivoli. Après le 10 août, la Convention s'installa au Château dans la salle des Machines que Soufflot avait transformée et où Sophie Arnould avait autrefois triomphé dans *Castor et Pollux* de Rameau. La tribune de la Convention, qui, d'après les devis, était une construction basse, peinte en vert antique, ornée de pilastres jaunes avec des chapiteaux bronzés et trois couronnes en porphyre feint, se situait près de l'actuel pavillon de Marsan. Le Comité de salut public se réunissait dans l'aile opposée, au sud du palais.

Après Thermidor, la Convention fit démolir les Jacobins – que Merlin de Thionville dénonçait comme « un repaire de brigands » –, et le vide ainsi créé devint pour quelque temps la place du Neuf-Thermidor. Pourtant, lorsque la pression royaliste se fit inquiétante, Barras s'assura les services d'un jeune officier passant pour robespierriste, Napoléon Bonaparte, qui prit les dispositions pour protéger l'Assemblée pendant l'émeute royaliste du 13 vendémiaire an IV (5 octobre 1795) : les insurgés furent écrasés sur les marches de l'église Saint-Roch par la mitraille d'une pièce de huit mise en batterie au bout du cul-de-sac Dauphin, qui est aujourd'hui la partie de la rue Saint-Roch comprise entre la rue Saint-Honoré et les Tuileries.

Les deux principales places du quartier Saint-Honoré, la place du Marché-Saint-Honoré et la place Vendôme, toutes différentes qu'elles sont, ont en commun d'avoir été défigurées ces derniers temps. Dans la première, un attentat urbanistique avait déjà eu lieu à la fin des années 1950 lorsqu'on avait démoli le marché construit par Molinos sous l'Empire – quatre halles, avec au milieu une fontaine alimentée par la pompe à feu de Chaillot – et construit à sa place un bloc de béton servant de caserne de pompiers et de commissariat de police. Récemment, la banque Paribas a chargé Bofill d'y édifier un nouveau bâtiment. Conscient de ce que ses colonnes creuses et ses frontons pseudo-classiques commençaient à lasser, l'architecte a conçu un édifice pseudo-high-tech, mal proportionné et parfaitement étranger à l'esprit du lieu, provoquant une glaciation de la place que la prolifération des restaurants ne parvient pas à masquer.

La place Vendôme a reçu des mains d'architectes des bâtiments publics et palais nationaux un indescriptible pavage parsemé de plots d'acier brossé, et pour son parking souterrain des entrées de bunker. Les chauffeurs qui attendent en époussetant leur limousine devant Cartier, le Ritz ou le Crédit foncier ont des costumes sombres, des lunettes noires et des allures de gardes du corps. En passant par là, il me vient toujours une affectueuse pensée pour les gardes nationaux, les cantinières, les gavroches, les civils en armes et les canonniers sur leur affût, qui posaient en groupes pour le photographe devant les débris de la colonne en mai 1871.

* * *

Entre les jardins du Palais-Royal et les Boulevards, la région qu'on appelle souvent le quartier de la Bourse est l'une des plus homogènes, des plus harmonieuses de l'Ancien Paris. Dans ce bâti qu'on qualifie faute de mieux de néoclassique, beaucoup d'immeubles datent du règne de Louis XVI, d'autres de la période révolutionnaire – la rue des Colonnes, dont le vocabulaire néo-grec miniature, les colonnes doriques sans base, les arcades à palmettes et les étranges balustres aux fenêtres forment un ensemble si original que des architectes parmi les plus grands, Gilly, Soane, Schinkel, vinrent de toute l'Europe l'admirer et la dessiner. D'autres encore furent construits sous l'Empire, comme la Bourse de Brongniart. Le paradoxe d'un bâtiment aussi grandiose voué à une activité aussi méprisable n'avait pas échappé aux contemporains : « Je me courrouce toutes les fois que j'entre à la Bourse, ce bel édifice de marbre, bâti dans le style grec le plus noble et consacré à cet ignoble trafic des fonds publics.... C'est ici, dans cette immense salle, que s'agite l'agiotage avec ses mille figures tristes et ses dissonances criardes, comme le bouillonnement d'une mer d'égoïsme. Du milieu des flots d'hommes s'élancent les grands banquiers, pareils à des requins, créatures monstrueuses qui s'entre-dévorent[1]. »

Le quartier de la Bourse est quadrillé par trois parallèles d'orientation à peu près nord-sud – les rues Vivienne, de Richelieu et Sainte-Anne – et deux transversales. L'une des deux est très ancienne, c'est la rue des Petits-Champs qui réunit deux places royales, la place des Victoires et la place Vendôme[2]. L'autre est la rue du Quatre-Septembre, qui est parmi les moins réussies des percées haussmanniennes. Sous le Second Empire, elle s'appelait rue du Dix-Décembre, commémorant le jour de l'élection de Louis Bonaparte à la présidence de la République en 1848. La société du Dix-Décembre, fondée par le prince-président, recrutait dans le *Lumpenproletariat* parisien caricaturé par Daumier avec *Ratapoil* et jouait un rôle comparable à celui du SAC gaulliste dans les années 1960.

Depuis très longtemps le quartier est voué à trois activités qui résistent tant bien que mal au déferlement de la mode et du luxe : le livre, la finance et la musique. « Depuis le règne d'Henri IV, raconte Germain Brice, *(la Bibliothèque royale)* avait été gardée avec beaucoup

1. Henri Heine, *De la France*, chronique du 27 mai 1832.

Et, presque la même année, Hugo dans *Notre-Dame de Paris* : « S'il est de règle que l'architecture d'un édifice soit adaptée à sa destination.... on ne saurait trop s'émerveiller d'un monument qui peut être indifféremment un palais de roi, une chambre des communes, un hôtel de ville, un collège, un manège, une académie, un entrepôt, un tribunal, une caserne, un sépulcre, un temple, un théâtre. En attendant, c'est une Bourse. »

2. Après la Libération, on a donné le nom d'une héroïne prolétarienne, Danielle Casanova, à la partie de la rue des Petits-Champs au-delà de l'avenue de l'Opéra.

de négligence dans une maison particulière de la rue de la Harpe. En 1666, elle fut transportée dans une autre de la rue Vivienne, par les ordres de Jean-Baptiste Colbert, surintendant des bâtiments.... On a pris la résolution en l'année 1722 de la mettre dans l'hôtel de Nevers, ou plutôt dans les appartements qui avaient servi à la Banque pendant quelque temps, auxquels on en a ajouté d'autres où l'on travaille encore, qui ont été pris sur des jardins négligés qui se trouvaient assez proches, de manière que le public aura la satisfaction de la voir bien plus avantageusement qu'autrefois qu'elle était distribuée dans diverses chambres de cette vilaine maison de la rue Vivienne[1]. » De la Régence aux années 1990, la Bibliothèque – royale, impériale, nationale – est restée dans ce quadrilatère entre la rue Vivienne et la rue de Richelieu. Pour résumer l'esprit de cette institution archaïque, exaspérante et bénie, je choisirais la photographie de Gisèle Freund montrant Walter Benjamin au travail, avec ses lunettes et ses cheveux ébouriffés, voûté sur un livre qu'il tient ouvert avec son coude gauche, prenant des notes avec un gros stylo noir. Et comme légende je citerais un connaisseur en bibliothèques : « Il se peut qu'en faisant peindre de légers branchages en haut des très hauts murs de la Bibliothèque nationale de la rue de Richelieu, Henri Labrouste, un architecte à qui, sans doute, il arrivait de lire, ait eu l'intuition de ce lien *(entre lecture et nature)*. C'est en tout cas ce que l'on peut croire en lisant cette remarque que Benjamin écrivit à propos de cette salle qu'il connaissait bien et qui aura été au fond le seul véritable "appartement" dont il ait disposé à Paris : "Lorsqu'on feuillette les pages en bas, un murmure se fait entendre en haut"[2]. »

Les liens du quartier avec la finance datent eux aussi du XVIIIe siècle. Pour Sébastien Mercier, « il y a plus d'argent

1. Germain Brice, *Nouvelle Description de la ville de Paris et de tout ce qu'elle contient de plus remarquable*, Paris, 1725.

2. Jean-Christophe Bailly, *Panoramiques. La tâche du lecteur*, Paris, Christian Bourgois, 2000.

dans cette seule rue *(Vivienne)* que dans tout le reste de la ville ; c'est la poche de la capitale. Les grandes caisses y résident, notamment la Caisse d'escompte. C'est là que trottent les banquiers, les agents de change, les courtiers, tous ceux enfin qui font marchandise de l'argent monnayé.... Les catins y sont plus financières que dans tout autre quartier, et distinguent un suppôt de la Bourse à ne pas s'y tromper. Là, tous ces hommes à argent auraient besoin de lire plus que les autres, pour ne pas perdre tout à fait la faculté de penser ; mais ils ne lisent point du tout ; ils donnent à manger à ceux qui écrivent.... Tous les habitants de cette rue sont à la lettre des hommes qui travaillent contre leurs citoyens, et qui n'en éprouvent aucun remords.... » Depuis, les banques ont quitté la rue Vivienne pour les Boulevards mais on y trouve encore de nombreuses boutiques où l'on vend des monnaies et où l'on change de l'or comme au temps de Balzac.

La rue de la Banque mène de la Bourse à l'autre institution financière locale, la Banque de France. L'hôtel de La Vrillière, construit par François Mansart, avait été confisqué à la Révolution pour y installer l'Imprimerie nationale. On y tirait à 400 000 exemplaires les discours de Robespierre, et Marat faisait tourner trois presses dans la cour pour imprimer *L'Ami du peuple*. La célèbre Galerie dorée – d'où l'on avait transféré au Louvre pour les offrir aux regards du peuple les tableaux de Pierre de Cortone, du Tintoret, de Véronèse – servait de magasin à papier. La Banque de France prit la place de l'Imprimerie en 1808[1] et, comme le font toutes les banques, elle détruisit la merveille qui lui avait été confiée. Disparu, le portail de Mansart qui, dit Germain Brice, « passe pour son chef-d'œuvre parce qu'il a su conserver la régularité de l'ordre ionique, malgré l'accouplement des colonnes, ce qui jusqu'alors avait été considéré comme très difficile ». Détruits, les jar-

1. L'Imprimerie partit alors pour une dépendance de l'hôtel de Rohan, rue Vieille-du-Temple, où elle resta jusqu'à son émigration en 1925 vers la rue de la Convention.

dins qui faisaient dire à Sauval que « les regards se perdent dans deux perspectives admirables : d'un côté ils découvrent un grand parterre entouré de phillyreas, et accompagné tant de statues que de bustes antiques et modernes, de bronze et de marbres ; de l'autre, ils glissent le long de la rue des Fossés-Montmartre [d'Aboukir] et se vont enfin égarer vers la rue Montmartre.... De tous les palais qui sont à Paris, il n'y a que le palais d'Orléans [Royal] et celui-ci qui possèdent une si longue avenue et jouissent d'une perspective si rare ». Démolie dans les années 1870, la Galerie dorée, « la plus achevée de Paris et peut-être de toute la France » pour Sauval, et dont les cinquante mètres se terminaient en surplomb, portés par une trompe, sur la rue Radziwill.

Ce quartier qui ne possède qu'une seule église (Notre-Dame-des-Victoires, où se réunissaient les agents de change pendant le chantier de la Bourse) a connu trois opéras – sans compter l'opéra Garnier qui n'est pas loin si l'on ne tient compte que des distances à vol d'oiseau. Sur le square face à l'entrée principale de la Bibliothèque nationale, à l'emplacement de l'ancien hôtel Louvois, là où se rencontrent trois rues dédiées à de grands ministres de l'Ancien Régime – Richelieu, Colbert, Louvois –, s'élevait une salle de spectacle construite par Victor Louis pour la Montansier. L'entrée était un péristyle de treize arcades surmonté d'un balcon sur la rue. Le vestibule était supporté par deux rangs de colonnes doriques ; quatre escaliers monumentaux peints en blanc et or desservaient les cinq étages. Sous un prétexte assez fallacieux – Chaumette à la Commune le 14 novembre 1793 : « Je dénonce la citoyenne Montansier comme ayant fait bâtir sa salle de spectacle rue de la Loi [Richelieu] pour mettre le feu à la Bibliothèque nationale ; l'argent de l'Anglais a beaucoup contribué à la construction de cet édifice et la ci-devant reine y a fourni 50 000 écus » –, la Convention confisqua la salle et décida d'y transférer l'Opéra national, qui s'y installa le 20 thermidor, onze jours après la chute de Robespierre. C'est en s'y rendant pour la première française de *La Création* de Haydn que Bonaparte faillit sauter rue Saint-Nicaise, et c'est un autre attentat qui causa la perte du lieu : le 13 février 1820, le duc de Berry fut poignardé à la sortie du spectacle. De même que le château des Tournelles avait été rasé après que Montgomery y eut tué Henri II d'un coup de lance malheureux, la salle de la Montansier fut démolie après la mort de l'héritier du trône. Il était prévu d'élever sur l'emplacement un monument expiatoire, mais Louis-Philippe préféra faire construire par Visconti la gracieuse fontaine des Fleuves. Comme vestiges de cet opéra, il reste les noms des rues bordant le square, Cherubini, Rameau, Lulli – dont la maison n'était pas loin, à l'angle des rues Sainte-Anne et des Petits-Champs, « ornée par le dehors de grands pilastres d'ordre composé, et de quelques sculptures qui ne sont pas mal imaginées[1] ».

Après cette catastrophe, l'Opéra émigra pour quelques mois à la salle Favart, construite dans les années 1780 sur les terrains du duc de Choiseul et qui était jusque-là consacrée à la comédie italienne. Sa curieuse situation, tournant le dos au boulevard des Italiens et ouvrant sur la petite place Boieldieu, s'explique par le désir des comédiens de ne pas être confondus avec les bateleurs du boulevard du Temple[2]. En 1821, l'Opéra s'éloigna de quelques mètres, traversant le boulevard des Italiens pour se fixer à l'angle de la rue Le Peletier. Ce fut là le grand Opéra du XIXe siècle, la salle mythique de Rossini, de Boieldieu, de Meyerbeer, de Donizetti, de Berlioz, de Balzac, de Manet. Elle brûla elle aussi en 1873, et l'Opéra revint alors quelques mois dans le quartier de la Bourse, salle Ventadour[3], avant de se fixer dans la nouvelle salle construite par Garnier, inaugurée en 1875 avec *La Juive* de Scribe et Halévy.

1. Brice, *Nouvelle Description...*, *op. cit.*
2. C'est depuis le XIXe siècle, remodelée après deux incendies, la salle de l'Opéra-Comique.
3. Ce bâtiment est aujourd'hui occupé par les services sociaux de la Banque de France, mais là encore les rues alentour – Monsigny, Méhul – rappellent son passé musical.

Finance et opéra n'étaient pas des activités exclusives. À l'ouest de la rue de Richelieu (« la rue des affaires et du plaisir », pour Alfred Delvau), débordant le tracé de ce qui sera plus tard l'avenue de l'Opéra, s'élevait une butte de gravats, fruit entre autres de la démolition de la vieille enceinte de Charles V et de la porte Saint-Honoré. Cette butte des Moulins était l'un des grands lieux de la prostitution parisienne. Au début de *Splendeurs et misères des courtisanes*, la touchante Esther habite rue Langlade, minuscule ruelle entre la rue de Richelieu et la rue Traversière-Saint-Honoré [Molière]. « Ces rues étroites, sombres et boueuses, où s'exercent des industries peu soigneuses de leurs dehors, prennent à la nuit une physionomie mystérieuse et pleine de contrastes. En venant des endroits lumineux de la rue Saint-Honoré, de la rue Neuve-des-Petits-Champs et de la rue de Richelieu, où se presse une foule incessante, où reluisent les chefs-d'œuvre de l'Industrie, de la Mode et des Arts, tout homme à qui le Paris du soir est inconnu serait saisi d'une terreur triste en tombant dans le lacis de petites rues qui cercle cette lueur reflétée jusque sur le ciel.... En y passant pendant la journée, on ne peut se figurer ce que toutes ces rues deviennent à la nuit ; elles sont sillonnées par des êtres bizarres qui ne sont d'aucun monde ; des formes à demi nues et blanches meublent les murs, l'ombre est animée. Il se coule entre la muraille et le passant des toilettes qui marchent et qui parlent. Certaines portes entrebâillées se mettent à rire aux éclats.... Des ritournelles sortent d'entre les pavés.... Cet ensemble de choses donne le vertige. » La butte des Moulins sera arasée pour permettre la jonction de l'avenue de l'Opéra avec la rue Saint-Honoré. Une photographie de Marville montre ces travaux gigantesques, avec au fond la façade du nouvel Opéra entrevue à travers la poussière. Mais la tradition de l'amour vénal survivra longtemps rue des Moulins, dont Toulouse-Lautrec a peint le célèbre *Salon*, ou encore rue Chabanais, qui abritait avant-guerre encore l'une des maisons closes les plus sélectes de Paris – d'où l'expression autrefois fréquente dans *Le Canard enchaîné* : « C'était un beau chabanais. »

* * *

La plupart des grands passages parisiens sont groupés entre l'avenue de l'Opéra, la place des Victoires, la rue des Petits-Champs et les Grands Boulevards. Certains sont rénovés, muséifiés, glacés, comme le passage Colbert. D'autres sont devenus des galeries marchandes de semi-luxe, comme la galerie Vivienne. Mais quelques-uns, si différents qu'ils soient du temps de leur splendeur, gardent un charme particulier : la galerie Véro-Dodat – où habita Rachel et où se trouvaient les bureaux de *La Caricature* de Philipon –, avec ses boiseries sombres et le damier de son pavage[1] ; le passage Choiseul, où Lemerre éditait les Parnassiens et où le pêle-mêle maintient des possibilités d'inattendu ; et surtout l'ancêtre, le passage des Panoramas. Son nom provient de deux tourelles de bois qui encadraient son entrée sur le boulevard Montmartre. Un groupe de peintres, parmi lesquels Daguerre, avait exécuté sur d'immenses toiles – près de cent mètres de circonférence et vingt mètres de haut – des vues *panoramiques* de Toulon, de Tilsit, du camp de Boulogne, de la bataille de Navarin... Les spectateurs, au centre de la rotonde, étaient immergés dans le spectacle éclairé par le haut. Chateaubriand, dans l'*Itinéraire de Paris à Jérusalem* : « L'illusion était complète, je reconnus au premier coup d'œil les monuments que j'avais indiqués. Jamais voyageur ne fut mis à si rude épreuve : je ne pouvais m'attendre qu'on transportât Jérusalem et Athènes à Paris pour me convaincre de mensonge ou de vérité. » Les rotondes ont disparu mais il reste le théâtre des Variétés, où triompha

1. Elle doit son nom à deux riches charcutiers, MM. Véro et Dodat qui entreprirent en 1823 son percement, ce qui fit dire que ce passage était « un beau morceau de l'art pris entre deux quartiers ».

Offenbach avant Meilhac et Halévy, Lavedan, Capus, de Flers et Caillavet. C'est devant son entrée que le pauvre comte Muffat attend Nana, « sous les vitres blanchies de reflets, un violent éclairage, une coulée de clartés, des globes blancs, des lanternes rouges, des transparents bleus, des rampes de gaz, des montres et des éventails géants en traits de flamme, brûlant en l'air ; et le bariolage des étalages, l'or des bijoutiers, les cristaux des confiseurs, les soies claires des modistes, flambaient derrière la pureté des glaces, dans le coup de lumière crue des réflecteurs ; tandis que, parmi la débandade peinturlurée des enseignes, un énorme gant de pourpre, au loin, semblait une main saignante, coupée et attachée par une manchette jaune ».

La mélancolique beauté du passage des Panoramas se prolonge au-delà du boulevard Montmartre par le passage Jouffroy et le passage Verdeau jusqu'à la rue de Provence, un long parcours sans se mouiller quand il pleut. Telle est bien la principale raison de la vogue des passages, du Directoire à la fin du Second Empire : on pouvait y flâner sans patauger dans la célèbre boue parisienne ni risquer de se faire tuer par les voitures (au début du XXe siècle encore : « Gourmont m'expliquait que lorsqu'il était à la Bibliothèque nationale, il habitait rue Richer et pouvait venir à la Bibliothèque, les jours de mauvais temps, presque sans subir celui-ci, par les passages Verdeau, Jouffroy, des Panoramas, la rue des Colonnes, etc. » [1]). En 1800, il n'existait dans Paris que trois rues pourvues de trottoirs : la rue de l'Odéon, la rue Louvois et la rue de la Chaussée-d'Antin. Ailleurs, le caniveau était le plus souvent au milieu de la chaussée comme au Moyen Âge. « À la moindre averse, écrit Sébastien Mercier, il faut dresser des ponts tremblants », c'est-à-dire des planches sur lesquelles les petits Savoyards faisaient traverser moyennant péage. Frochot, préfet de la Seine sous l'Empire, pouvait se lamenter : « La capitale de la France,

1. Paul Léautaud, *Journal*, 23 janvier 1906.

ornée de monuments admirables et qui possède tant d'établissements utiles, n'offre à ceux qui la parcourent à pied qu'une voie excessivement pénible, ou même dangereuse, et qui semble avoir été exclusivement destinée au mouvement des voitures[1]. » Cinquante ans plus tard, le tableau n'a guère changé : « Mon cher, écrit Baudelaire dans le "petit poème en prose" intitulé *Perte d'auréole*, vous connaissez ma terreur des chevaux et des voitures. Tout à l'heure, comme je traversais le boulevard, en grande hâte, et que je sautillais dans la boue, à travers ce chaos mouvant où la mort arrive au galop de tous les côtés à la fois.... » Le déclin des passages coïncide avec l'achèvement des premières percées haussmanniennes : « Nos rues plus larges et nos trottoirs plus spacieux ont rendu aisée la douce flânerie impossible à nos pères ailleurs que dans les passages[2]. » À la fin du siècle on parlait déjà des passages au passé : « Le passage, qui fut pour le Parisien une sorte de salon-promenoir où l'on fumait, où l'on causait, n'est plus qu'une sorte d'asile dont on se souvient tout à coup, quand il pleut. Certains passages gardent une certaine attraction à cause de tel ou tel magasin célèbre qu'on y trouve encore. Mais c'est la renommée du locataire qui prolonge la vogue, ou plutôt l'agonie du lieu[3]. »

Délaissés, délabrés, les passages parisiens sont pourtant présents dans la littérature du XXe siècle – le passage de l'Opéra dans *Le Paysan de Paris* d'Aragon, qui donna à Walter Benjamin l'idée d'entreprendre le *Passagenwerk*, l'extraordinaire passage des Bérésinas [Choiseul] dans *Mort à crédit* de Céline, « pas croyable comme croupissure ». Ce qui est plus étrange, c'est qu'on n'en trouve guère de traces dans les œuvres écrites au temps de leur gloire. À ma connaissance, il n'est question des passages ni dans *La Comédie humaine* – ni d'ailleurs dans des textes

1. Cité *in* Henry Bidou, *Paris*, Gallimard, 1937.

2. Edmond Beaurepaire, *Paris d'hier et d'aujourd'hui*, Paris, Sevin et Rey, 1900.

3. Jules Claretie, *La Vie à Paris*, Paris, 1895.

de Balzac comme *Histoire et physiologie des boulevards de Paris* –, ni chez Nerval, ni dans les *Tableaux parisiens* ou les *Petits Poèmes en prose* bien que Poulet-Malassis, l'éditeur des *Fleurs du mal*, eût ses bureaux passage Mirès [des Princes, qu'on vient de démolir], ni dans *Les Misérables*, ni dans *Les Mystères de Paris*. Peut-être le passage, lieu si poétique aujourd'hui, n'était-il pour les contemporains qu'un détail urbain commode mais peu digne d'intérêt, comme sont pour nous les galeries commerciales, les cinémas multisalles ou les parkings souterrains.

* * *

Passer du Palais-Royal aux Halles, c'est passer du quartier le plus récent de l'Ancien Paris, le plus élégant aussi et le mieux préservé, à un autre qui est tout son contraire. Entre eux, la frontière la plus évidente est la rue du Louvre, élargissement de la très ancienne rue des Poulies. Une autre, plus précise peut-être car elle suit le tracé de l'enceinte de Philippe Auguste, est la rue Jean-Jacques-Rousseau, qui se nommait rue Plâtrière quand Jean-Jacques y habitait, gagnant sa vie en copiant de la musique. « Son imagination, écrit Sébastien Mercier, ne se reposait que dans les prés, les eaux, les bois et leur solitude animée. Cependant il est venu presque sexagénaire se loger à Paris, rue Plâtrière, c'est-à-dire dans la rue la plus bruyante, la plus incommode, la plus passagère et la plus infestée de mauvais lieux. »

La destruction des Halles dans les années 1970 a été un tel traumatisme qu'on en a oublié les démolitions de Baltard au début du Second Empire[1]. Près de quatre cents maisons avaient pourtant été rasées pour percer les voies des nouvelles halles : la rue axiale (rue Baltard), qui pro-

1. Voir Jean-Pierre Babelon, « Les relevés d'architecture du quartier des Halles avant les destructions de 1852-1854 », *Gazette des Beaux-Arts*, juillet-août 1967. Cet article reproduit les dessins commandés par Davioud pour garder trace des bâtiments qui allaient être détruits.

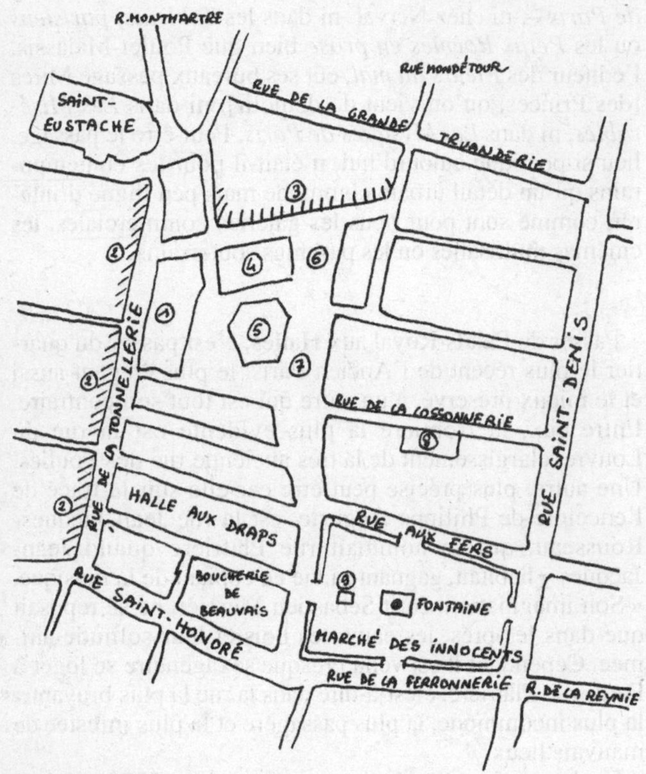

① HALLE À LA VIANDE
② PILIERS DE LA TONNELLERIE
③ PETITS PILIERS DE LA TONNELLERIE
④ MARCHÉ AUX POISSONS
⑤ MARCHÉ AUX ŒUFS
⑥ CARREAU DES HALLES
⑦ MARCHÉ AUX POIRÉES
⑧ HALLE AUX POISSONS D'EAU DOUCE
⑨ TOMBE DES MORTS DE JUILLET

longeait la rue du Pont-Neuf vers la pointe Saint-Eustache ; la rue des Halles, qui arrivait en oblique du Châtelet, et la rue Rambuteau, déjà percée sous Louis-Philippe mais qu'il avait fallu élargir. Le terrain devait être dégagé pour construire les dix pavillons métalliques dessinés par Baltard, six à l'est et quatre à l'ouest de l'axe médian[1]. C'était une intervention brutale en plein cœur de la ville mais, à la différence du désastre de 1970, elle ne faisait que perpétuer une vieille tradition voulant que ce quartier fût périodiquement bouleversé sans jamais perdre son rôle ni son esprit.

Les premières halles dataient de Philippe Auguste. Il avait fait construire deux grandes bâtisses pour abriter un marché qui se tenait là, en plein air, sur une petite éminence appelée les Champeaux. Ces *halles* étaient entourées de murs et les portes étaient fermées pendant la nuit : on entrait là comme dans une ville. Les maisons tout autour avaient un rez-de-chaussée en retrait et des étages soutenus par des piliers, ce qui formait une galerie où s'ouvraient des boutiques. On distinguait les *grands piliers* de la rue de la Tonnellerie – dans l'axe du futur Pont-Neuf – et les *petits piliers*, ceux des potiers d'étain, qui donnaient sur une placette triangulaire au chevet de la petite église Saint-Eustache primitive. On appelait *carreau des Halles* ce marché en plein air au point de convergence des trois rues – Coquillière, Montmartre et Montorgueil – par lesquelles arrivaient de l'ouest et du nord le blé et la marée. Au centre de la place voisinaient une fontaine et un pilori qui était comme un panopticum de Bentham inversé, « une ancienne tour de pierre octogone, dont l'étage supérieur est percé de grandes fenêtres dans toutes les faces. Au milieu de cette tour est une machine de bois, tournante, et percée de trous où l'on fait passer la tête et les bras des banqueroutiers frauduleux, des concussion-

1. Baltard avait commencé par construire un lourd pavillon de pierre, que les Parisiens avaient vite baptisé « le fort des Halles » et qui avait été refusé et démoli.

naires et autres criminels de cette espèce, qu'on y condamne. On les y expose pendant trois jours de marché consécutifs, deux heures chaque jour ; et de demi-heure en demi-heure on leur fait faire le tour du pilori où ils sont vus en face et exposés aux insultes de la populace[1] ».

Le cimetière des Innocents, le plus important de Paris pendant des siècles, occupait l'angle de la rue Saint-Denis et de la rue de la Ferronnerie[2]. Philippe Auguste l'avait fait entourer lui aussi d'un mur percé de quatre portes. Les morts étaient jetés dans des fosses communes profondes de plusieurs mètres, qui pouvaient accueillir jusqu'à mille cadavres. Quand une fosse était pleine, on la fermait et on en creusait une autre. Au XVe siècle, l'intérieur du mur d'enceinte fut doublé de galeries à arcades surmontées de combles, les *charniers*, où l'on entassait les ossements des fosses les plus anciennes pour faire de la place. Du côté de la rue de la Ferronnerie, les murs de la galerie étaient décorés d'une *danse macabre* comme ce siècle en a dispersé dans toute la France. En ce temps où l'on vivait en familiarité avec la mort, le cimetière était l'un des lieux les plus fréquentés de Paris, comme plus tard la galerie Mercière du Palais de Justice et les jardins du Palais-Royal. On y trouvait des lingères, des écrivains publics, des marchandes à la toilette, des vendeurs de livres et de tableaux et toutes sortes de charlatans.

Dans le marché, un certain désordre avait commencé sous Louis IX, qui avait autorisé les « pauvres femmes » à vendre le poisson de mer au détail près de la halle aux poissons frais, privilège qui s'est maintenu jusqu'à la destruction finale : ce sont elles et leurs grands parapluies rouges que rencontrait le jeune Haussmann sur le chemin

1. Jean-Aymar Piganiol de La Force, *Description historique de la ville de Paris et de ses environs*, Paris, 1765.

2. Cette partie de la rue de la Ferronnerie a reçu depuis le nom de La Reynie, qui fut, on l'a vu, le premier à tenir la charge de lieutenant général de police dans les dernières années du XVIIe siècle.

de la faculté de droit. Le long du mur du cimetière, les lingères et les fripiers pouvaient eux aussi exposer gratis leurs marchandises. Au nord des Innocents, près de l'église Saint-Leu-Saint-Gilles, la rue de la Grande-Truanderie n'a cessé au cours des siècles de justifier son nom : Sauval écrit qu'elle « a pris le nom des gueux qui y sont autrefois demeurés et ce n'était pas seulement une Cour des miracles, mais peut-être la première et la plus ancienne de Paris ».

La première grande « réformation » des Halles fut menée sous Henri II, à partir des années 1550, en même temps que l'on commençait à construire l'église Saint-Eustache. « En 1551, écrit Gilles Corrozet, les Halles de Paris furent entièrement baillées et rebâties de neuf, et furent dressés, bâtis et continués d'excellents édifices, hôtels et maisons somptueuses pour les bourgeois preneurs de vieilles places [1]. » L'ancien mur d'enceinte des Halles est alors abattu, et l'on y accède désormais par de vraies rues. La répartition des denrées se fait plus claire. Au sud, du côté où sont aujourd'hui les rues des Bourdonnais, Sainte-Opportune, des Deux-Boules, des Lavandières, c'est la Halle aux draps et aux toiles. On y trouve aussi des boucheries, bien que l'essentiel de cette activité ait lieu dans le quartier de Saint-Jacques-de-la-Boucherie – la tour Saint-Jacques est un vestige de cette grande église –, où les troupeaux sont conduits sur pied jusqu'aux écorcheries.

Au nord-ouest, aux alentours de l'actuelle Bourse du commerce, c'est la Halle aux blés, près de l'hôtel que Catherine de Médicis a fait construire par Philibert de l'Orme (« Un écrivain moderne, écrit Germain Brice deux siècles plus tard, que l'on peut suivre en cette occasion, dit qu'il n'y a pas après le Louvre de maison plus noble dans le royaume que cet hôtel »). Au nord-est, vers la pointe Saint-Eustache, c'est le carreau des Halles, qui se

1. Cité *in* Jean-Pierre Babelon, « Le XVIe siècle », in *Nouvelle Histoire de Paris*, Paris, Association pour la publication d'une histoire de Paris, 1986.

prolonge par le marché *aux poirées* : « On y vend en toutes saisons, et tous les jours, toutes sortes d'herbes, tant médicinales que potagères, et toutes sortes de fruits et de fleurs, en sorte que cette place est un jardin, où l'on voit les fleurs et les fruits de toutes les saisons[1]. » Cette disposition – textiles et viande au sud ; blé, poisson et légumes au nord – persistera jusqu'à Baltard.

À la fin de l'Ancien Régime, les Halles vont être une nouvelle fois bouleversées de fond en comble. L'hôtel de Catherine de Médicis – l'hôtel de Soissons – est démoli et sur son emplacement Le Camus de Mézières construit une nouvelle Halle aux blés, grand bâtiment circulaire que Molinos, dans les années 1780, couvre d'une immense coupole de bois selon une technique nouvelle à Paris. Les halles datant de la Renaissance sont remplacées par des bâtiments neufs. Et surtout on abat les maisons qui entourent le cimetière des Innocents, sur la rue aux Fers[2] [Berger], la rue de la Lingerie, la rue Saint-Denis.

Les destructions emportent l'église des Innocents mais épargnent la fontaine qui lui était adossée. C'était un monument très admiré : « Le cavalier Laurent Bernin, un des plus renommés architectes de ces derniers siècles, d'ailleurs fort avare de louanges et qui affectait de ne rien estimer de tout ce qu'il voyait de beau en cette ville, ne put s'empêcher de se récrier en examinant cet incomparable ouvrage, et déclara qu'il n'avait rien remarqué de pareil en France[3]. » La fontaine des Innocents reçoit alors une quatrième arcade qui complète celles que Jean Goujon avait sculptées, ce qui permet de la placer non plus contre un mur mais au centre du nouveau marché des

1. Piganiol de La Force, *op. cit.*

2. « La rue aux Fers, passant comme une rivière qui charrie des fruits, des fleurs et des légumes, entre les cent cabarets qui étaient à sa droite et les mille petites boutiques qui étaient à sa gauche.... » (Alexandre Dumas, *Les Mohicans de Paris*, 1854).

3. Brice, *Nouvelle Description...*, *op. cit.* L'un des principaux défenseurs de la fontaine était Quatremère de Quincy.

Innocents. Le cimetière, en effet, a été fermé. Dans une veine écologique, Mercier écrit que « l'infection, dans cette étroite enceinte, attaquait la vie et la santé des habitants. Les connaissances nouvellement acquises sur la nature de l'air *(Lavoisier!)* avaient mis dans un jour évident le danger de ce méphitisme.... Le danger était imminent ; le bouillon, le lait, se gâtaient en peu d'heures dans les maisons voisines du cimetière : le vin s'aigrissait lorsqu'il était en vidange ; et les miasmes cadavéreux menaçaient d'empoisonner l'atmosphère ». Les ossements sont alors emportés vers les carrières du sud de Paris, qui deviennent les Catacombes. « Qu'on se représente des flambeaux allumés, cette fosse immense, ouverte pour la première fois, ces différents lits de cadavres, tout à coup remués, ces débris d'ossements, ces feux épars que nourrissent des planches de cercueil, les ombres mouvantes de ces croix funéraires, cette redoutable enceinte subitement éclairée dans le silence de la nuit ![1] »

C'était en observant l'évolution du site des Halles au fil des siècles que l'on pouvait comprendre le paysage de Paris. Il est impossible de se consoler de la fin stupide de ce lieu qui, comme l'écrivait Sauval trois siècles plus tôt, « est plein de tout : les légumes, les fruits des jardins et des marais, le poisson de mer et de rivière, les choses qui peuvent contribuer à la commodité et aux délices de la vie, enfin ce que l'air et la terre ont de plus excellent, de plus exquis et de plus rare, arrivant à Paris, s'amène là ». Mais, tout inconsolable que l'on soit, il ne faut pas pour autant oublier le déroulement de cette fin. Louis Chevalier l'a observé de l'intérieur, il a entendu tous les arguments que la mauvaise foi faisait valoir en faveur de la destruction : « L'argument économique, le plus mystérieux et le plus obscur… était le plus souvent cité. Et puis l'hygiène. La saleté légendaire des Halles… Je cite en vrac les mots tels que je les trouve dans les discours, sans chercher à les

1. Mercier, *Tableau de Paris*.

mettre en ordre, comme on arrangeait les marchandises, les légumes par exemple, en harmonieux édifices qui, dans la lumière éclatante des lampes, respiraient l'ordre, la beauté, le goût, et bien évidemment la propreté : si frais, si propres, que c'était même dommage de les éplucher. Mais la saleté arrangeait tout le monde.... Pour dramatiser davantage, les rats. La vieille peur moyenâgeuse des rats.... Et pour compléter ce spectacle à la Gustave Doré, les grosses prostituées de Villon, peu discrètes il est vrai, certaines étalant leurs charmes jusque sur les marches de Saint-Eustache[1]. » Chevalier revoit son condisciple à l'École normale supérieure, Georges Pompidou, avec lequel il dînait de temps en temps : « Il me sembla – simple illusion peut-être – que Pompidou, connaissant mes idées sur la question, à l'exact opposé des siennes, me lança un regard inflexible et goguenard qui signifiait sans doute qu'avec des gens de mon espèce les Parisiens camperaient encore dans les huttes où les avait trouvés César. »

Une fois prise la décision de transférer les Halles à Rungis, le désastre était écrit. Dans les années 1960-1970, l'architecture française était au plus bas. Les grandes commandes allaient aux membres de l'Institut, auxquels on doit – entre autres – l'immeuble administratif du boulevard Morland et sa pergola, le palais des Congrès de la porte Maillot, la tour Montparnasse, la maison de la Radio et la faculté des Sciences de Jussieu. Et dans un néfaste effet de ciseau, la corruption, la collusion au sein des sociétés d'économie mixte entre les promoteurs et les truands du gaullisme parisien étaient au plus haut. On ne se contenta donc pas d'abattre les pavillons de Baltard : pour *rentabiliser l'opération* la destruction s'étendit largement aux alentours. La pointe entre la rue de Turbigo et ce qui restait de la rue Rambuteau, toute la région entre feu la rue Berger et la rue de la Ferronnerie, furent remplacées par des hôtels et des immeubles de bureaux d'une laideur si

1. Louis Chevalier, *L'Assassinat de Paris*, Paris, Calmann-Lévy, 1977.

agressive qu'il faut aller loin, au fond du quartier Italie ou sur le Front de Seine, pour en trouver l'équivalent, et encore. Les « jardins » sur l'emplacement des Halles montrent eux aussi à quelle *décrépitude de leur art* en étaient arrivés les paysagistes français. Cernés de rues mutilées, affublés de la pire panoplie du postmodernisme, ces « espaces » transforment les vieux itinéraires parisiens en parcours du combattant grâce à un dispositif complexe de barrières métalliques, de colonnes d'aération, de passerelles surplombant des fosses où végètent de misérables plantations, d'orifices de voies souterraines, de fontaines où flottent des cannettes vides. Quant au centre commercial souterrain auquel a été attribué le noble nom de *forum*, le plus étonnant est que son auteur soit encore classé parmi les architectes. Mais l'ensemble est si mal construit, avec des matériaux si pauvres, que sa ruine prochaine est inéluctable. On peut même dire qu'elle a déjà commencé.

Le plateau Beaubourg, entre la rue Beaubourg et la rue Saint-Martin, limité au nord par la rue du Grenier-Saint-Lazare et au sud par l'église Saint-Merri, est une dépendance des Halles auxquelles le relient, à travers le boulevard de Sébastopol, les très anciennes rues de La Reynie et Aubry-le-Boucher. Doisneau a photographié dans les années 1950 ce « vieux dépotoir des Halles où les camions se garaient, où tout un peuple de la nuit venait s'embaucher, se débaucher quelquefois, dans la pénombre, loin des pavillons éblouissants de lumière, comme des acteurs s'échauffent dans la coulisse avant d'entrer en scène[1] ». Cette immense esplanade pavée, cet étrange vide dans une région si dense, était l'œuvre d'Haussmann, achevée dans les années 1930. Il avait soigneusement détruit le lacis de ruelles – rues Maubuée, de la Corroierie, des Vieilles-Étuves, du Poirier, du Maure… – qui avait servi de *scène tragique* à presque toutes les insurrections de la première moitié du XIXe siècle. La minuscule rue de

1. *Ibid.*

Venise, face au centre Beaubourg, est le seul vestige de cet ensemble qu'on appelait le cloître Saint-Merri et que les journées de juin 1832 avaient rendu célèbre dans toute l'Europe. Autour du Centre lui-même, qui fait désormais partie du paysage parisien – tant il est vrai que la bonne architecture finit toujours par avoir raison des criailleries –, les sociétés d'économie mixte ont exercé leurs ravages : le « quartier de l'Horloge », avec ses sombres boyaux, ses boutiques en faillite, ses pauvres gadgets, ses odeurs suspectes, est à un vrai quartier ce qu'une cafétéria d'entreprise est à un vieux bistrot parisien.

* * *

La région comprise entre les Halles et les Grands Boulevards est sous-tendue et organisée par la rue Montmartre, qui sert de tuteur à deux enclaves successives, de part et d'autre de la rue Réaumur. Avant, c'est le quartier Montorgueil qui s'appuie sur la rue Montmartre par l'intermédiaire de la rue Tiquetonne, de la rue Bachaumont construite sur l'emplacement du passage du Saumon, de la rue Léopold-Bellan qui portait au XVIIIe siècle le beau nom de *rue du Bout-du-Monde*. Malgré son travestissement de zone piétonne, Montorgueil reste vivant grâce à son marché qui, même s'il n'est plus tout à fait vrai, joue le même rôle protecteur que rue Mouffetard ou – de moins en moins – rue de Buci. Plus loin, entre la rue Réaumur et le boulevard Montmartre, c'est l'ancien quartier de la presse, qui date de bien avant les rotatives. Lucien de Rubempré, lorsqu'il « sortit un matin avec la triomphante idée d'aller demander du service à quelque colonel de ces troupes légères de la Presse.... arriva rue Saint-Fiacre auprès du boulevard Montmartre, devant la maison où se trouvaient les bureaux du petit journal et dont l'aspect lui fit éprouver les palpitations du jeune homme entrant dans un mauvais lieu[1] ».

À la belle époque de la presse quotidienne, entre la fin

1. *Illusions perdues*, « Un grand homme de province à Paris ».

du Second Empire et la guerre de 1914, tous les grands journaux et les moins grands avaient là leur rédaction et leur imprimerie, superposées dans les mêmes bâtiments. *Le Petit Journal* était à l'angle de la rue de Richelieu et du boulevard Montmartre, à l'emplacement du fameux Frascati. Le rez-de-chaussée était occupé par une librairie et un gigantesque bazar où un aquarium de poissons exotiques voisinait avec des œuvres de Corot et de Meissonier. Rue Montmartre, à la fin du siècle, on trouvait *La Presse*, *La France*, *La Liberté*, *Le Journal des voyages*, l'imprimerie Paul Dupont dont l'immeuble abritait *L'Univers*, *Le Jockey*, *Le Radical*, *L'Aurore*. Rue du Croissant logeaient *La Patrie*, *Le Hanneton*, *Le Père Duchesne*, *Le Siècle*, *La République*, *L'Écho de l'armée*, *L'Intransigeant*. *Le Soleil* était rue Saint-Joseph, *L'Illustration* rue de Richelieu, *La Rue* et *Le Cri du peuple* rue d'Aboukir. Certains journaux avaient franchi le boulevard Montmartre : *Le Temps* était rue du Faubourg-Montmartre, *La Marseillaise* rue Bergère et *Le Figaro* au n° 26 de la rue Drouot dans un bel immeuble néogothique. Léon Daudet raconte : « C'est là que j'ai fait mes débuts en 1892 sous Magnard. Je signais "un jeune homme moderne" des petites moralités un peu là et des filets assez acerbes. Dans le même temps, Barrès, jeune homme, aussi gai et blagueur que moi, collaborait à l'illustre maison. Nous étions les chouchous de Magnard qui nous gardait dans son cabinet pendant que se morfondaient à l'étage au-dessous, orné du buste de Villemessant, les plus importants personnages. Un jour nous aperçûmes, à la caisse, Verlaine, avec sa bobine de satyre retraité – nous lui faisions une petite pension, à quelques-uns – qui venait palper ses pépètes, pas bien nombreuses. Naturellement il était saoul et, levant en l'air un gros doigt sale, il riait et répétait d'un air malicieux, indescriptible : "nonobstant... pourtant."[1] »

Le temps n'est pas si loin où l'on n'imaginait même pas de passer en voiture rue du Croissant, où des camions

1. Léon Daudet, *Paris vécu*, Paris, 1929.

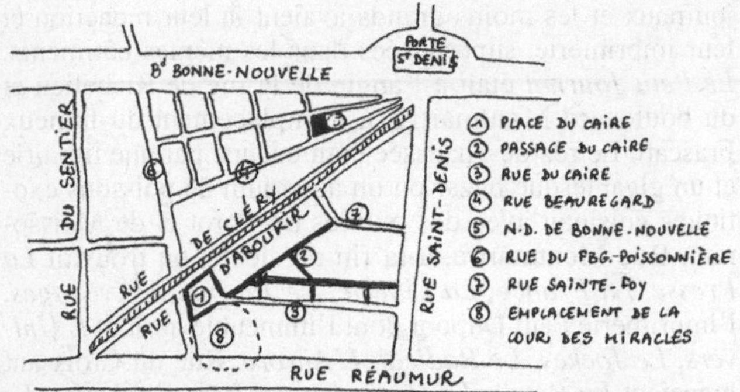

déchargeaient en permanence les bobines de papier pour les rotatives de l'Imprimerie de la Presse. La crise de la presse écrite, la concentration des titres, la migration des imprimeries vers la banlieue n'ont laissé derrière elles que des vestiges de cette glorieuse époque : l'immeuble du *Figaro* à l'angle de la rue du Mail, celui de *La Tribune*, les belles cariatides de l'immeuble de *La France, journal du soir* et la plaque du café du Croissant rappelant qu'« ici, le 31 juillet 1914, Jean Jaurès fut assassiné ». Le long de la rue du Croissant, de la rue des Jeûneurs, de la rue Saint-Joseph, le Sentier voisin s'est infiltré dans les vides laissés par la presse.

Le Sentier est aujourd'hui le seul quartier parisien dont le nom désigne à la fois un territoire, une activité économique exclusive jusqu'à ces derniers temps – le commerce des tissus et la confection – et un type social. L'implantation récente des « nouvelles technologies » a fait monter les prix de l'immobilier mais n'a pas encore ébranlé le monopole séfarade ni diminué les embouteillages, qui sont de loin les pires de Paris. D'autres noms de quartiers avaient autrefois ce pouvoir de caractériser leurs habitants. De l'Ancien Régime jusqu'à l'époque des *Misérables*, être *du faubourg Saint-Marcel*, c'était pour Sébastien Mercier faire partie de « la populace de Paris la plus pauvre, la plus remuante et la plus indisciplinable ». Jusqu'aux années 1950, être de Belleville et même de Montmartre, c'était aussi annoncer quelque peu la couleur. Ces particularismes ont disparu, sauf au Sentier, qui reste un quartier d'entrée difficile, physiquement isolé, socialement à l'écart, peu étudié, peu visité, célèbre mais mal connu[1].

On pense souvent que, dans le commerce des tissus et la confection, les juifs arrivés à la fin de la guerre d'Algérie ont pris la relève des juifs de l'Est, venus par vagues successives entre les grands pogroms du début du siècle et les années 1930. En réalité le Sentier a une tradition textile bien plus ancienne. Au XVIIIe siècle, la Compagnie des Indes, qui importait entre autres des cotonnades, avait son siège près de la rue du Sentier. Les fabricants locaux et les teinturiers étaient mécontents de cette concurrence à laquelle ils livrèrent une véritable « bataille des cotonnades ». La marquise de Pompadour, fille du quartier – née rue de Cléry, elle habitait au n° 33 de la rue du Sentier quand elle était mariée au fermier général Le Normant d'Étioles –, assura la promotion des tissus locaux en les utilisant pour décorer son intérieur. Le développement de l'activité textile entraîna alors la construction d'immeubles très particuliers dont on trouve encore beaucoup d'exemples. Dans les détails, leur vocabulaire est celui du néoclassicisme, mais ce qui est inhabituel, ce qui donne à la rue de Cléry, à la rue d'Aboukir, à la rue d'Alexandrie

1. L'origine même du nom n'est pas claire : *sentier* menant au rempart, ou corruption de *chantier*, l'urbanisation ayant commencé sur l'emplacement d'un grand chantier de bois. Récemment sont parus *Le Sentier-Bonne-Nouvelle, de l'architecture à la mode*, dir. Werner Szambien et Simona Talenti, Paris, Action artistique de la Ville de Paris, 1999, et Nancy Green, *Du Sentier à la 7e Avenue, la confection et les immigrés, Paris-New York, 1880-1980*, Paris, Le Seuil, 1998. Le livre de Nadine Vasseur, *Il était une fois le Sentier*, Paris, Liana Levi, 2000, donne des indications intéressantes sur le fonctionnement économique du quartier actuel.

une physionomie si particulière, c'est la densité du plan et la grande hauteur des immeubles : il fallait faire tenir dans le même bâtiment la boutique, le dépôt sur la cour, les ateliers de production dans les étages et le logement. Cette disposition (densité-hauteur) est une caractéristique des quartiers d'immigration ouvrière des grandes villes : les immeubles du Sentier rappellent ceux du ghetto de Venise et ceux d'un autre quartier historique du textile, la Croix-Rousse de Lyon.

Au XXe siècle, chaque période historique a vu arriver ici de nouveaux immigrants. Depuis une vingtaine d'années, Turcs (souvent des Kurdes), Serbes, Asiatiques du Sud-Est et Chinois, Pakistanais, Sri Lankais, Bangladais, Sénégalais et Maliens sont venus louer leur force de travail comme manutentionnaires ou presseurs-finisseurs, quand ils ne sont pas simplement employés à l'heure ou à la journée pour charger un camion ou vider un entrepôt.

Le Sentier a la forme d'un carré avec comme limites la rue Réaumur, la rue Saint-Denis, le boulevard de Bonne-Nouvelle et la rue du Sentier. Il est divisé en deux par la diagonale des rues de Cléry et d'Aboukir, droite tendue entre la porte Saint-Denis et la place des Victoires sur un segment de l'enceinte de Charles V dont les traces se lisent avec grande clarté : la rue de Cléry est construite sur la contrescarpe de l'enceinte et la rue d'Aboukir, très nettement en contrebas, est tracée dans le fossé (elle s'est d'ailleurs appelée rue « du Milieu-du-Fossé », avant de prendre le nom de Bourbon-Villeneuve, puis celui d'Aboukir en 1848).

Des deux triangles délimités par cette diagonale, le plus frénétique est du côté de la rue Réaumur et de la rue Saint-Denis. C'est le quartier *retour d'Égypte* de Paris[1]. Le nom des rues (du Nil, d'Alexandrie, de Damiette, du Caire) et surtout l'extraordinaire façade encadrant l'entrée du passage sur la place du Caire – les colonnes à chapiteaux-lotus, la frise en

1. On peut dire *le* quartier car, en dehors de la modeste fontaine du Palmier rue de Sèvres près du métro Vaneau, je ne vois pas d'autre témoin architectural de l'égyptomanie de l'époque.

creux, à l'égyptienne, les trois têtes de la déesse Hathor – témoignent de l'engouement des Parisiens pour l'Égypte lors de l'expédition de Bonaparte, engouement qui dure toujours.

La place du Caire, où attendent à longueur de journée des Pakistanais et des Maliens appuyés sur leur diable, occupe l'emplacement de la principale cour des Miracles de Paris [1], « une place d'une grandeur très considérable, écrit Sauval, et un très grand cul-de-sac puant, boueux, irrégulier, qui n'est point pavé. Autrefois il confinait aux dernières extrémités de Paris, à présent il est situé dans l'un des quartiers les plus mal bâtis, des plus sales et des plus reculés de la ville.... comme dans un autre monde.... Quand en 1630 on porta les fossés et les remparts de la porte Saint-Denis au lieu où nous les voyons maintenant [2], les Commissaires députés à la conduite de cette entreprise résolurent de traverser la cour des Miracles d'une rue qui devait monter de la rue Saint-Sauveur à la rue Neuve-Saint-Sauveur ; mais quoi qu'ils pussent faire, il leur fut impossible d'en venir à bout : les maçons qui commençaient la rue furent battus par les gueux et ces fripons menacèrent de pis les entrepreneurs et les conducteurs de l'ouvrage ». Magnifique époque.

Au cœur du quartier, dans le passage du Caire qui est le doyen des passages parisiens (1798), beaucoup de boutiques, et ce sont les plus belles, exposent du matériel pour vitrines – mannequins, bustes, porte-étiquettes et portants dorés, arbres en plastique et fourrures en papier. Cette activité correspond à la tradition la plus ancienne du passage, spécialisé à ses débuts dans la lithographie pour *calicots*, qui étaient les banderoles par lesquelles les boutiques annonçaient leur commerce [3].

1. Il y en avait plusieurs autres, notamment rue de la Truanderie, on l'a vu, rue des Tournelles, rue Saint-Denis, rue de la Jussienne et sur la butte Saint-Roch, spécialisée dans la prostitution.

2. C'est de l'enceinte « des Fossés jaunes » qu'il s'agit ici.

3. Par extension, le mot en vint à désigner les garçons de magasin. « Je n'hésite pas à l'écrire, si énorme que cela puisse paraître aux sérieux écrivains d'art, ce fut le calicot qui lança la lithogra-

Le triangle opposé, dans tous les sens du terme – la partie du Sentier bordée par le boulevard de Bonne-Nouvelle –, est construit sur une butte artificielle faite de gravats, de boues et d'immondices divers accumulés pendant des siècles et qu'on appelait la Butte-aux-Gravois[1]. Pendant la Ligue, les moulins et la petite église qui couronnaient cette butte avaient été rasés pour fortifier le rempart. C'est d'ailleurs encore avec des airs de muraille que les immeubles surplombent le boulevard du côté de la rue de la Lune ou de la rue Notre-Dame-de-Bonne-Nouvelle, et la rue Beauregard rappelle la vue qui s'étendait sur la campagne du nord avec au loin les moulins de Montmartre.

On grimpe de la porte Saint-Denis à la Butte-aux-Gravois en croisant les pointes étrangement effilées des immeubles au bout des rues de la Lune, Beauregard et de Cléry. Un peu plus avant dans le quartier, la rue Notre-Dame-de-Recouvrance, la rue de la Ville-Neuve, la rue Thorel sont de très vieilles ruelles où certains murs ont des percées basses qui ne sont ni des portes ni des fenêtres mais les étals d'anciennes boutiques. En Égypte, les boulangeries donnent encore ainsi sur la rue par des soupiraux dont les grilles s'ouvrent lorsque le pain est cuit.

De l'église Notre-Dame-de-Bonne-Nouvelle construite au XVIIe siècle, il ne reste que le clocher dont l'inclinaison sur la rue Beauregard dénote un sous-sol peu stable[2]. Le

---

phie », Henri Bouchot, *La Lithographie*, Paris, 1895, cité *in* Walter Benjamin, *Le Livre des passages*.

1. Il existait – il existe encore – plusieurs buttes de même nature dans Paris : le labyrinthe du Jardin des Plantes sur lequel Verniquet construisit son belvédère, la butte des Moulins dont on a vu la terrible faune nocturne, l'éminence qui surélève la rue Meslay et les trottoirs du boulevard Saint-Martin près de la République.

2. Hillairet note que « les fouilles effectuées en 1824 pour asseoir les fondations de la nouvelle église ont montré les stratifications qui, sur une hauteur de près de 16 mètres, recouvrent le sol naturel. Celui-ci était un ancien vignoble dont on a retiré des

corps du bâtiment actuel date des années 1820, et c'est donc dans une église presque neuve qu'ont lieu à la fin de la deuxième partie des *Illusions perdues* les funérailles de la douce Coralie, que les frasques de Lucien de Rubempré avaient fait quitter sa belle demeure de la rue de Vendôme [Béranger] pour un quatrième étage rue de la Lune.

* * *

Entre les Halles et le Sentier d'un côté, le Marais de l'autre, la frontière est formée par les trois axes nord-sud de Paris en parallèles serrées : les rues Saint-Denis et Saint-Martin, qui sont d'anciennes voies romaines, et au milieu la percée haussmannienne par excellence, le boulevard de Sébastopol. Le contraste entre la rue Saint-Denis, ses amours tarifées, ses souvenirs sanglants, ses tapages nocturnes, et la chaste et paisible rue Saint-Martin se lit dès les Boulevards, sur les deux portes dédiées par les édiles parisiens à *Ludovico Magno*. Avec ses bossages vermiculés et ses bas-reliefs calmes, la porte Saint-Martin est aussi modeste que peut l'être un arc de triomphe. La « très belle et très inutile porte Saint-Denis », comme dit André Breton dans *Nadja*, expose au contraire le programme décoratif-politique de la monarchie absolue à son apogée. « Sa porte principale est entre deux pyramides engagées dans l'épaisseur de l'ouvrage et chargées de chutes de trophées d'armes, et terminées par deux globes aux armes de France.... Au bas de ces pyramides sont deux statues colossales dont l'une représente la Hollande sous la figure d'une femme consternée et assise sur un lion terrassé et mourant, qui tient dans ses pattes les sept flèches qui désignent les Provinces-Unies. La statue qui fait symétrie avec celle-ci est celle d'un fleuve qui tient une corne d'abondance et représente le Rhin. Dans les tympans sont deux Renommées dont l'une, par le son de la trompette, annonce à toute

---

sarments encore intacts » (*Connaissance du Vieux Paris*, Paris, Éditions Princesse, 1956).

la terre que l'armée du roi vient de passer le Rhin à la nage et en présence des ennemis.... Sur la face de cette porte qui est du côté du faubourg, le bas-relief représente la prise de Maastricht[1]. » Le parallèle est intéressant avec le plafond du Painted Hall au Royal Naval College de Greenwich où Louis XIV vaincu se traîne misérablement aux pieds de Guillaume III.

Bien qu'elle soit assez délabrée et que les commerces n'y soient pas tous reluisants, la rue Saint-Denis garde l'unité et les nobles restes d'une voie royale. « La rue Saint-Denis anciennement et très longtemps s'est appelée la Grand'Rue, comme par excellence, écrit Sauval. En 1273, elle se nommait encore *magnus vicus*... C'était avec grand sujet car non seulement elle a été pendant plusieurs siècles la seule grande rue du quartier que nous appelons la Ville, mais encore la seule qui conduisait à la Cité, en quoi consistait tout Paris. Et même depuis, ç'a été comme une autre rue triomphale par où nos rois ont fait ordinairement leurs entrées magnifiques, à leur avènement à la couronne, après leur sacre, à leurs mariages, ou en revenant victorieux de leurs ennemis ; et enfin depuis plus de trois cents ans, c'est par là qu'après leur mort on les a portés à Saint-Denis, où sont leurs mausolées. » Les bâtiments qui bordent la rue sont très anciens, branlants et irréguliers près des Halles où prolifèrent sex-shops et peep-shows, et deviennent de beaux immeubles néoclassiques à mesure qu'on s'approche de la Porte.

En comparaison, la rue Saint-Martin est presque villageoise. Ce n'est pas seulement affaire de toponymie, parce qu'elle longe Saint-Martin-des-Champs et Saint-Nicolas-des-Champs. Elle est large, aérée, avec une belle halte sous les marronniers dans le square face au grand mur du Conservatoire des arts et métiers. Vers le centre, elle reprend l'étroitesse d'une rue médiévale, mais très détériorée. Mieux vaut passer par la rue Quincampoix, qui n'a guère changé depuis que John Law y avait établi sa

1. Piganiol de La Force, *op. cit.*

Banque centrale et qu'« on se portait en foule dans cette rue étroite pour convertir en papier les espèces monnayées [1] ».

* * *

Une fois franchie la rue Saint-Martin – certains diraient peut-être plutôt la rue Beaubourg –, on entre dans le Marais [2]. L'apparition du mot pour désigner une région de Paris est assez récente : c'est au XVIIe siècle seulement que l'on trouve ainsi dénommée la seule zone encore vraiment marécageuse du Marais, vers l'actuelle convergence des rues de Turenne, Vieille-du-Temple, de Bretagne et des Filles-du-Calvaire, non loin du cirque d'Hiver [3]. Quand il s'agit du quartier parisien, *marais* signifie région de jardins *maraîchers* plutôt que marécage. Si marécage il y avait eu, si la bataille de Lutèce entre Camulogène et César s'était déroulée tout autour, depuis lors on avait construit l'enceinte de Charles V, qui servait de digue, et ses fossés, de canal de drainage. Cette disposition est toujours très lisible : le boulevard Beaumarchais, bâti sur

1. « Il fallait expulser le soir les porteurs de sacs et les demandeurs de feuilles de papier. On avait dans sa poche des millions ; tel croyait en posséder douze, vingt, trente. Le bossu qui prêtait sa bosse aux agioteurs en forme de pupitre, s'enrichissait en peu de jours ; le laquais achetait l'équipage de son maître ; le démon de la cupidité faisait sortir le philosophe de sa retraite, et on le voyait se mêler à la foule des joueurs, et négocier un papier idéal » (Mercier, *Tableau de Paris*).

2. Sauf au nord, près des Boulevards, où s'intercalent, entre la rue Saint-Martin et la rue de Turbigo, le triangle des Arts-et-Métiers et les magnifiques parallèles des rues Meslay, Notre-Dame-de-Nazareth et du Vertbois, qui forment une transition entre le Sentier et le Marais.

3. Ce marécage était un vestige du vieux bras de la Seine, qui suivait ensuite le trajet des rues du Château-d'Eau, Richer, des Petites-Écuries, de Provence, Saint-Lazare, La Boétie, et rejoignait le fleuve actuel à l'Alma. Il décrivait ainsi un grand méandre au pied des collines de Belleville, de Montmartre et de Chaillot.

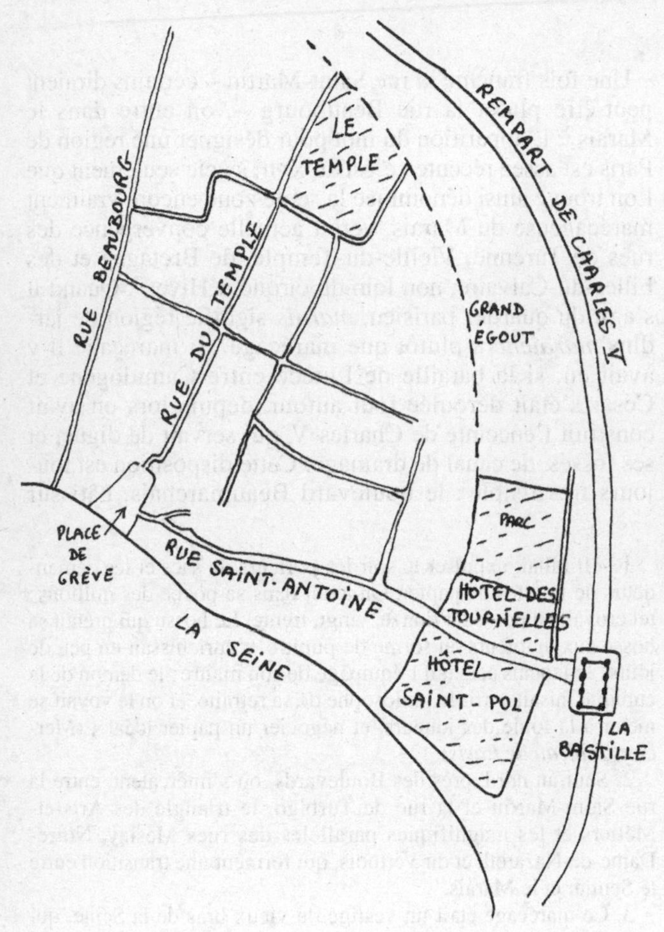
RUE BEAUBOURG
RUE DU TEMPLE
LE TEMPLE
REMPART DE CHARLES V
GRAND EGOUT
PARC
HÔTEL DES TOURNELLES
HÔTEL SAINT-POL
PLACE DE GRÈVE
RUE SAINT-ANTOINE
LA SEINE
LA BASTILLE

l'enceinte, est en situation si surélevée qu'en venant du Marais les rues des Tournelles et Saint-Gilles doivent monter très fort dans leurs derniers mètres pour l'atteindre. Et de l'autre côté, pour descendre vers la rue Amelot – anciennement rue des Fossés-du-Temple –, il a même fallu construire des escaliers.

Fait étrange et sans équivalent à Paris, la physionomie du Marais actuel est hantée par les fantômes de trois grands domaines dont il reste beaucoup de noms mais pas une seule pierre : le Temple, l'hôtel Saint-Pol et l'hôtel des Tournelles.

La maison mère de l'ordre militaire des Templiers, fondé à Jérusalem au XIIe siècle, était située à l'extrémité du grand axe nord-sud de la région, la rue du Temple[1]. Ses terrains comprenaient deux parties distinctes. Le cœur était l'*enclos* du Temple, quadrilatère fortifié dont les limites seraient la rue du Temple, la rue de Bretagne, la rue Charlot et la rue Béranger. Au milieu de l'enclos s'élevait le donjon qui allait servir de prison à Louis XVI et à sa famille après le 10 août, et plus tard à Babeuf et à Cadoudal. Une grande partie de cet enclos était louée à des artisans, exempts d'impôts comme dans tous les enclos religieux de Paris.

Au sud et à l'est de l'enclos, les Templiers possédaient de vastes terrains agricoles : c'était la *censive* du Temple dont les limites dessinaient un autre quadrilatère, étendu jusqu'à la rue du Roi-de-Sicile et qui correspond donc à une grande partie du Marais d'aujourd'hui. La muraille de Philippe Auguste traversait cette censive, sur le trajet de la rue des Francs-Bourgeois[2]. Du côté de la ville, ces ter-

1. Jusqu'au XIXe siècle, la rue du Temple actuelle prenait successivement, en allant vers le nord, les noms de rue Barre-du-Bec, rue Saint-Avoye, puis rue du Temple à partir de la rue Michel-le-Comte.

2. À l'emplacement actuel de l'hôtel d'Almeyras se trouvait au XVe siècle une « maison d'aumône ». « Ce fut cet asile qui fit donner à cette rue le nom de Francs-Bourgeois, ceux qui demeuraient dans cet hôpital étant par leur pauvreté, francs, c'est-à-dire

rains se peuplaient peu à peu le long des axes – en particulier le long de la rue Vieille-du-Temple qui s'appelait alors rue de la Couture (culture)-du-Temple – mais du côté extérieur on n'y voyait jusqu'au XVIe siècle que des jardins de maraîchers.

L'autre grand axe du Marais, orienté est-ouest, était – est toujours – la rue Saint-Antoine. À son extrémité, à la limite de Paris, deux demeures royales se faisaient face, l'hôtel Saint-Pol et les Tournelles. Saint-Pol était une création du dauphin, le futur Charles V. Lassé du vieux palais de la Cité, où il avait eu à affronter les insurrections populaires et Étienne Marcel, il décida de s'installer au calme. Il acheta au comte d'Étampes, à l'archevêque de Sens, aux abbés de Saint-Maur, des bâtiments et des jardins et finit par acquérir tout le terrain entre la rue Saint-Antoine et la Seine, depuis la rue Saint-Paul jusqu'à la rue du Petit-Musc. Saint-Pol n'était pas un *hôtel* au sens habituel mais un ensemble de constructions dans des jardins, réunies par des galeries couvertes encadrant une succession de préaux, une cerisaie, une vigne, un *sauvoir* pour l'élevage des saumons, des volières et une ménagerie où l'on nourrissait des lions, pensionnaires de l'hôtel jusqu'à sa fin (dans les *Vies des dames galantes*, Brantôme raconte qu'« un jour que François Ier s'amusait à regarder un combat de ses lions, une dame ayant laissé tomber son gant, dit à de Lorges, si vous voulez que je croie que vous m'aimez autant que vous me le jurez tous les jours, allez ramasser mon gant. De Lorges descend, ramasse le gant au milieu de ces terribles animaux, remonte, le jette au nez de la dame et depuis, malgré toutes les agaceries et les avances qu'elle lui faisait, ne voulut jamais la voir »).

De la porte principale de l'hôtel Saint-Pol on pouvait voir de l'autre côté de la rue Saint-Antoine le portail de l'hôtel des Tournelles, qui, selon Piganiol de La Force,

---

exempts de toutes taxes et impositions » (Jaillot, *Recherches critiques, historiques et topographiques sur la ville de Paris*, Paris, 1782, rééd. Paris, Berger-Levrault, 1977).

« avait pris son nom de la quantité de tours dont il était environné ». Dans les années 1420, pendant l'occupation anglaise, le duc de Bedford, régent du royaume, avait fait sa résidence d'un petit hôtel qui se situerait entre la rue de Birague et l'impasse Guéménée. « Jean, duc de Bedford, y logea pendant les troubles des Bourguignons et des Armagnacs, écrit Sauval. Il l'agrandit et le fit bâtir magnifiquement, que depuis ç'a été une maison royale, que nos rois ont préférée à celle de Saint-Pol, et où Charles VII, Louis XI, Charles VIII, Louis XII et François Ier ont longtemps demeuré.... » Piganiol de La Force rapporte que « l'on comptait dans ce palais plusieurs préaux, plusieurs chapelles, douze galeries, deux parcs, six grands jardins, sans compter un labyrinthe qu'on nommait *Dédale*, non plus qu'un autre jardin ou parc de neuf arpents, que le duc de Bedford faisait labourer à la charrue par son jardinier[1] ». L'hôtel, revenu à la couronne de France, était donc entouré d'un grand parc, où François Ier élevait des chameaux et des autruches, et qui a donné son nom à la rue du Parc-Royal. Il servait également aux sports équestres, mais les tournois avaient lieu sur la rue Saint-Antoine qui s'élargissait entre les deux hôtels, disposition qui existe toujours à hauteur de la statue de Beaumarchais.

La manière dont ces trois grands ensembles ont disparu explique en grande partie le Marais contemporain. L'hôtel Saint-Pol fut le premier sacrifié : François Ier, toujours à court d'argent et qui avait décidé de rénover le Louvre pour en faire sa résidence, entreprit de le vendre par lots. « On ne voit à présent aucun reste de ces édifices qui étaient composés d'un grand nombre d'hôtels, tels que celui de la Pissotte, de Beautreillis, de l'Hôtel-de-la-Reine, de l'Hôtel Neuf, appelé d'Étampes, etc. Et c'est sur

1. Il écrit bien après la destruction, mais il a encore accès à des archives disparues depuis. Bedford avait acquis des terrains vers l'ouest, jusqu'à l'actuelle rue de Turenne (encore égout à ciel ouvert à l'époque) et vers l'est presque jusqu'au rempart. La rue des Tournelles se glissait entre les terrains de l'hôtel et la muraille.

leurs ruines que se sont formées les rues qui sont depuis celles de Saint-Paul jusqu'aux fossés de l'Arsenal, lesquelles conservent les noms des bâtiments qui y étaient au temps de l'hôtel Saint-Pol, comme celles de Beautreillis, des Lions, du Petit-Musc et de la Cerisaie [1]. » Comme tout le Marais construit à la Renaissance, cette partie du quartier Saint-Paul, malgré les noms des rues qu'on dirait issus de manuscrits enluminés, est dessinée de façon moderne : les lots sont réguliers, le quadrillage des rues est orthogonal, contrastant avec le lacis médiéval du côté de l'hôtel de Sens, des rues des Nonnains-d'Hyères et de l'Ave-Maria.

La destruction des Tournelles ne fut pas provoquée par des difficultés financières mais par un accident : en 1559, rue Saint-Antoine, lors du tournoi pour le mariage des princesses, le roi Henri II fut mortellement blessé devant ce palais d'un éclat de lance, par Gabriel de Montgomery, « le plus bel homme et le meilleur gendarme de ce temps-là », selon Sauval. Catherine de Médicis, sa veuve, décida de faire raser les Tournelles et s'installa dans son nouvel hôtel aux Halles. Dans le parc à l'abandon, un marché aux chevaux s'installa pour de longues années.

Mais pendant ce temps, dans la partie du Marais plus proche du centre, un quartier neuf se construisait entre les deux enceintes, celle de Philippe Auguste autour de la ville à forte densité, et celle de Charles V, qui passait en pleins champs. Une fois franchies les « fausses portes » de la vieille enceinte, on entrait dans une région où les maraîchers cultivaient en paix leurs choux et leurs poireaux. C'était là un paradis pour les promoteurs car la demande était forte dans la première moitié du XVIe siècle avant les guerres de Religion. François Ier donna l'exemple en lotissant l'hôtel de Tancarville, dont les terrains se situaient de part et d'autre de l'enceinte de Philippe Auguste, à l'angle de la rue Vieille-du-Temple et de la rue des Rosiers. Les

1. Hurtaut et Magny, *Dictionnaire historique de la ville de Paris et de ses environs*, Paris, Moutard, 1779 ; rééd. Genève, Reprint Minkoff, 1973.

communautés religieuses – en particulier Sainte-Catherine-du-Val-des-Écoliers, qui possédait la vaste couture Sainte-Catherine, vers la rue Payenne – lotirent également leurs terrains[1]. Le mouvement s'étendait du côté des rues Barbette et Elzévir. C'était un quartier moderne qui se constituait là, très influencé par le nouveau goût venu d'Italie, avec des demeures dont l'hôtel Carnavalet reste un somptueux exemple.

Cet essor, longtemps bloqué par les guerres de Religion, par la Ligue et le terrible siège, reprend avec l'entrée d'Henri IV à Paris en 1594. Par la voix du prévôt des marchands, il fait annoncer que « son intention est de passer les années en cette ville, et y demeurer comme vrai patriote, rendre cette ville belle, placide et pleine de toutes les commodités et ornements qu'il sera possible, voulant le parachèvement du Pont-Neuf et le rétablissement des fontaines.... *(désirant même)* faire un monde entier de cette ville et un miracle du monde, en quoi certainement il nous fait connaître un amour plus que paternel[2] ».

Ce qui manque alors au Marais – et à Paris en général –, c'est une grande place « pour les habitants de notre ville, lesquels sont fort pressés en leurs maisons à cause de la multitude du peuple qui y afflue de tous côtés[3] ». Henri IV et Sully ont l'idée de construire cette *place Royale* [des Vosges] sur le parc des Tournelles, alors délaissé car loin du centre. Et pour faire coup double, le roi décide d'implanter sur le côté nord de la place une manufacture de draps de soie, brodés d'or et d'argent, produits de luxe jusque-là importés de Milan. « Et de fait en 1605 les entre-

1. Les communautés religieuses sont nombreuses à avoir laissé leur nom à des rues du Marais : les Blancs-Manteaux, les Guillemites, les Hospitalières de Saint-Gervais, les Minimes, les Haudriettes, les Célestins…

2. Cité *in* J.-P. Babelon, « Henri IV urbaniste de Paris », in *Festival du Marais*, cat. exp. Paris, 1966.

3. *In* « Lettres patentes pour la place Royale », 1605, *in* J.-P. Babelon, « Henri IV urbaniste… », *op. cit.*

preneurs de ces manufactures y avaient fait un grand logis qui occupait tout un côté. Le Roi vis-à-vis y fit marquer une grande place de soixante-douze toises en carré qu'il voulut être appelée la place Royale et pour un écu d'or de cens donna les places des trois autres côtés, à la charge de les couvrir de pavillons selon l'élévation qui leur serait fournie. De plus il fit percer les rues qui y conduisaient et commença à ses dépens tant le pavillon Royal situé au bout de la rue Royale [de Birague], que celui de la Reine, placé au bout de la rue du Parc-Royal.... Tous les pavillons consistent en trois étages, sont tous bâtis de brique, rehaussés d'arcades, de chaînes, d'embrasures, d'entablements et de pilastres de pierre, d'ailleurs tous couverts d'un comble d'ardoise à deux coupes, terminé d'un faîte garni de plomb.... On trouvait dans la rougeur des briques, la blancheur de la pierre et la noirceur de l'ardoise et du plomb un mélange, ou si cela peut se dire, une certaine nuance de couleurs si agréable.... que depuis elle a passé jusqu'aux maisons bourgeoises [1]. »

Sous les arcades s'alignaient des boutiques élégantes, mais on y trouvait aussi – comme plus tard au Palais-Royal – des tripots, et les prostituées en avaient fait l'un de leurs lieux favoris [2]. Le centre de la place, inaugurée par Louis XIII lors du grand carrousel de 1612, était plat, sablé, dégagé : il servait de terrain aux cavalcades, aux tournois, aux jeux de bagues et parfois aussi à des duels dont certains sont restés célèbres [3].

1. Sauval, *Histoire et recherches...*, *op. cit.* La manufacture périclitera rapidement et le quatrième côté de la place sera alors construit en conformité avec les trois autres.

2. Comme l'indique Babelon, *tripot* désigne à l'époque le local où l'on joue à la paume. Mais le mot est pris ici dans son sens actuel.

3. C'est plus tard, en 1639, que Richelieu fit ériger au centre une statue équestre de Louis XIII, dont il espérait qu'elle intimiderait les duellistes. Les grilles ont été installées à la fin du XVIIe siècle.

Non loin de là, Henri IV et Sully avaient imaginé une autre place, une sorte de cité administrative pour abriter entre autres le Grand Conseil. Il y avait une occasion à saisir car le grand prieur du Temple lotissait son immense censive. Le projet de cette *place de France* était un demi-cercle dont le diamètre – près de deux cents mètres – se confondait avec l'enceinte. Une nouvelle porte royale, percée entre les rues du Pont-aux-Choux et des Filles- du-Calvaire, ouvrait vers la route de Meaux et d'Allemagne. Six rues rayonnaient de la place vers l'intérieur de la ville, portant les noms des provinces sièges de cours souveraines – premier exemple, dit Sauval, de rues dénommées d'après la géographie. Le dessin de voies divergentes depuis une porte de ville était à la mode depuis le trident de la Porta del Popolo à Rome[1]. De ce projet interrompu par la mort d'Henri IV, il persiste le nom de certaines rues (Poitou, Picardie, Saintonge, Perche, Normandie…) qui, même si elles ne correspondent pas au plan d'origine, en perpétuent la toponymie. Le dessin initial est également rappelé par le tracé rayonnant de la rue de Bretagne et surtout le demi-cercle formé par la rue Debelleyme. Il reste

1. Le détail en est conservé grâce à une gravure d'après Claude Chastillon, le responsable technique du projet, déjà à l'œuvre comme ingénieur sur les alignements de la place Royale. Au premier plan de cette vue à vol d'oiseau, sur un large canal parallèle au bord inférieur de l'image (le fossé de l'enceinte), naviguent des barges chargées de barriques. Tout en bas, sur la berge du côté campagne (c'est le terrain du couvent des Filles du Calvaire), des carrosses, des cavaliers, des promeneurs. Un pont franchit le canal, portant un arc triomphal dans le goût italien avec bossages, niches et statues. De l'autre côté, sur la berge côté ville, un long bâtiment bas parallèle au canal est percé en son centre d'une porte imposante qui donne accès à la place. Bordée de sept pavillons identiques, elle est comme une version archaïque de la place Royale, avec des tourelles d'angle et de hauts toits pointus à lanternons. Entre les pavillons partent six rues qui divergent vers le Louvre, Notre-Dame, Saint-Paul et vers des collines au loin, couronnées d'églises et de moulins.

aussi le marché des Enfants-Rouges[1], conçu pour alimenter ces vastes aménagements. Ravaillac a eu plus d'influence qu'on ne le pense sur l'urbanisme parisien car, si ce grand projet avait été mené à terme, le centre de gravité de la ville s'en serait trouvé de façon durable déplacé vers l'est.

Comme le temps des lieux n'est ni continu ni homogène, un quartier peut soudain prendre de l'accélération et il s'y passe alors plus d'événements en vingt ans qu'en deux siècles. Avec la place Royale et ses alentours, c'est la première fois qu'on aménage à Paris un quartier destiné à ce qui ne s'appelle pas encore la *flânerie*, un « promenoir » offert à une société qui revit après le cauchemar des guerres de Religion. Ce n'est pas la paix pourtant : au moment où la mode de l'Espagne est au plus haut, lors de la première du *Cid* en 1636, l'armée espagnole est à Corbie, à trois jours de marche de Paris, et le danger ne sera écarté que bien plus tard, après Rocroi. Ce n'est pas non plus la tolérance religieuse : en 1614, dans le cahier de la Ville de Paris aux États généraux, le vœu est exprimé que les juifs, les anabaptistes et autres ne professant point la foi catholique ou ne pratiquant pas la religion prétendue réformée, « tolérée par les édictz », soient punis de mort[2]. Il n'empêche : entre le nouveau quartier et une certaine aristocratie cultivée, une haute bourgeoisie ouverte, un milieu intellectuel et artistique en pleine ébullition, c'est une histoire d'amour qui se noue. Dans l'une des premières comédies de Corneille, *La Place Royale* (1633), il n'est guère question de la place elle-même mais il est révélateur de choisir son nom pour titre d'une pièce sur la jeunesse à la mode[3]. Dix ans plus tard, le valet de Dorante

1. Les Enfants-Rouges étaient un orphelinat fondé par François Ier, dont les petits pensionnaires étaient vêtus de rouge.

2. Marcel Poëte, *Une vie de cité, Paris de sa naissance à nos jours*, vol. III, Paris, Auguste Picard, 1931.

3.Tout au plus Alidor, *l'amoureux extravagant* selon le sous-titre de la pièce, rencontrant son ami Cléandre, lui manifeste-t-il sa

le Menteur, chargé d'enquêter sur une belle rencontrée dans la rue : « La langue du cocher a bien fait son devoir, / La plus belle des deux, dit-il, est ma maîtresse, / Elle loge à la place, et son nom est Lucrèce. / – Quelle place ? – Royale, et l'autre y loge aussi.... » Scarron, quittant le quartier, fait ses *Adieux aux Marets et à la place Royale* : « Adieu donc jusqu'après la foire / Que vous me verrez revenir / Car qui peut longtemps se tenir / Si loin de la Place Royale ? / Adieu belle Place où n'habite / Que mainte personne d'élite, / Or adieu Place très illustre / D'une illustre ville le lustre. »

C'est au Marais que l'*intelligentsia* du Paris baroque tient ses réunions. Rue de Béarn, derrière la place Royale, le nouveau couvent des Minimes vient d'être achevé, avec une chapelle décorée par Vouet, La Hyre et Champaigne et un portail qui passe pour le chef-d'œuvre de François Mansart. Le père Mersenne – « *a savant in whom there was more than in all the universities together* », dit de lui Hobbes en exil à Paris – y donne l'hospitalité à son ami Descartes qui passe là plusieurs mois avant de partir pour la Hollande. Il recevra aussi Gérard Desargues, savant géomètre spécialiste du dessin des escaliers, accompagné d'un jeune élève, Blaise Pascal, qui habite non loin de là, rue de Touraine. Curieux couvent, en pointe à la fois dans la lutte contre les mal-pensants – la « Confrérie des bouteilles », Théophile de Viau, Saint-Amant, Guez de Balzac – et dans la recherche scientifique, avec une bibliothèque de 25 000 volumes. À l'hôtel de Montmort, rue du Temple, on rencontre Huygens, Gassendi – qui léguera à Hubert de Montmort, conseiller au Parlement, la lunette personnelle de Galilée –, Claude Tardy, le médecin qui introduit en France les idées nouvelles de William Harvey sur la circulation du sang et le rôle du cœur : une controverse passionnée oppose dans les salons *circulateurs* et

---

surprise : « .... Te rencontrer dans la place Royale / Solitaire et si près de ta douce prison / Montre bien que Philis n'est pas à la maison.... »

anticirculateurs qui défendent le système de Galien. Tous les lundis, le président Lamoignon réunit des écrivains dans son hôtel de la rue Pavée[1] – Racine, Boileau, La Rochefoucauld, Bourdaloue – auxquels se joint souvent Guy Patin, médecin du roi et professeur au Collège de France.

Les femmes elles aussi tiennent salon. Certaines sont des demi-mondaines, comme on dira plus tard : Marion Delorme, qui reçoit place Royale et Ninon de Lenclos, dont la demeure de la rue des Tournelles est le rendez-vous des libertins – des libres-penseurs –, ce qui ne l'empêche pas d'avoir parmi ses habitués La Rochefoucauld et Mme de Lafayette, Boileau, Mignard et Lulli. La légende veut que Molière y ait lu pour la première fois le *Tartuffe*, devant La Fontaine et Racine venu avec la Champmeslé. Mme de Sévigné écrit à sa fille (à propos de son fils, 1er avril 1671) : « Mais qu'elle est dangereuse, cette Ninon ! Si vous saviez comme elle dogmatise sur la religion, cela vous ferait horreur.... nous faisons tous nos efforts, Mme de la Fayette et moi, pour le dépêtrer d'un engagement si dangereux. » On trouve aussi au Marais des intellectuelles vertueuses : Mlle de Scudéry, la précieuse par excellence, reçoit tous les samedis dans son petit hôtel de la rue de Beauce, dont la cour est ornée d'un acacia – une rareté – et d'une volière. C'est là qu'elle écrit avec son frère le *Grand Cyrus* et la *Clélie*, illustrée de la fameuse carte du Tendre. Mme de Sévigné passe toute sa vie parisienne au Marais. Elle naît chez son grand-père, à l'angle de la place Royale et de la rue de Birague. Orpheline, elle habite chez son oncle, rue Barbette puis rue des Francs-Bourgeois. Après son mariage à Saint-Gervais, elle s'installe rue des Lions. Bientôt veuve, elle emménage avec ses deux enfants rue de Thorigny, face à l'ambassade de Venise, puis rue des Trois-Pavillons [Elzévir] et enfin à l'hôtel Carnavalet : « C'est une affaire admirable, nous y tiendrons tous et nous aurons le bel air.

1. Actuellement Bibliothèque historique de la Ville de Paris.

Comme on ne peut pas tout avoir, il faut se passer des parquets et des petites cheminées à la mode ; mais nous avons du moins une belle cour, un beau jardin et de bonnes petites filles bleues qui sont fort commodes[1]. »

Chaque grande demeure de la place Royale cache, dit Scarron, « Ses dedans somptueux, ses superbes lambris, / Ses riches ornements, ses peintures sans prix, / Ses rares cabinets, ses dais et ses balustres ». Le duc de Richelieu, petit-neveu du Cardinal, a réuni dans son hôtel (actuel n° 21) une collection qui comprend plus de dix tableaux de Poussin, dont *Élièzer et Rébecca* – sujet d'une célèbre conférence de Philippe de Champaigne devant l'Académie – et le *Moïse sauvé des eaux* qui sera acheté par Louis XIV et qui est aujourd'hui au Louvre. Le Bernin, grand admirateur de Poussin, rend visite au duc lors de son séjour parisien comme il va voir les *Sacrements* chez Chantelou. Ayant vendu les Poussin, le duc achètera des Rubens, dont *Le Massacre des Innocents* et la *Chasse aux lions* qui est aujourd'hui à Munich. Au n° 10 de la place habite le président Amelot de Gournay. Son fils a pour précepteur Roger de Piles, dont les écrits théoriques sont à l'origine d'une controverse célèbre, celle des poussinistes – la majorité de l'Académie – contre les rubénistes, défenseurs de la couleur et dénoncés comme corrupteurs des arts visuels, eux qui ont « introduit par leur cabale je ne sais quelle peinture libertine et entièrement dégagée de toutes les sujétions qui rendaient autrefois cet art si admirable et si difficile[2] ».

Beaucoup d'artistes choisissent d'habiter le Marais, près

1. Ces religieuses, dont le couvent se trouvait entre l'hôtel Carnavalet et l'hôtel Le Peletier sur la rue Sainte-Catherine [de Sévigné] à l'emplacement du lycée Victor-Hugo, « portent un habit blanc, un manteau et un scapulaire bleus, ce qui leur a fait donner le nom d'Annonciades célestes ou Filles bleues » (Jaillot, *Recherches critiques, historiques et topographiques…*, *op. cit.*).

2. Roland Fréart de Chambray, *Idée de la perfection de la peinture démontrée par les principes de l'art*, Le Mans, 1662.

de leurs commanditaires civils et religieux. On y trouve des peintres comme Quentin Varin, dont l'atelier est rue Saint-Antoine à l'angle de la rue de Birague ; Claude Vignon, dans la même rue près de la Visitation ; La Hyre, qui loge rue d'Angoumois [Charlot] et peint une *Nativité* pour l'église de ses voisins, les capucins du Marais, à l'angle de sa rue et de la rue du Perche. Un peu plus tard, tous les grands noms de l'architecture sont réunis au Marais : François Mansart, qui se fait construire rue Payenne une maison très simple (actuel n° 5) ; son neveu par alliance, Jules Hardouin-Mansart, qui habite rue des Tournelles un hôtel décoré par Mignard, Le Brun et La Fosse ; Libéral Bruant, rue Saint-Louis [de Turenne] [1] ; Le Vau dans la même rue, et Jacques II Gabriel, rue Saint-Antoine.

Le quartier a son théâtre, qui est le plus couru de Paris, narguant les Comédiens du roi de l'hôtel de Bourgogne. Il est inauguré en 1629 dans un jeu de paume de l'impasse Berthaud – derrière le centre Beaubourg – avec *Mélite ou les Fausses Lettres*, comédie d'un jeune provincial inconnu, Pierre Corneille. Le succès est immédiat grâce au talent du principal comédien de la troupe, Montdory. Lorsque le théâtre aura déménagé au jeu de paume des Maretz, rue Vieille-du-Temple [2], c'est lui qui interprétera le rôle-titre du *Cid*. Après les premières représentations, il écrit à Guez de Balzac : « Le Cid a charmé tout Paris. Il est si beau qu'il a donné de l'amour aux dames les plus continentes, dont la passion a même plusieurs fois éclaté au théâtre public.... La foule a été si grande à nos portes....

1. Au n° 34 actuel – et non dans le splendide petit hôtel qu'il a construit à l'angle de la rue de la Perle et de la rue des Trois-Pavillons [Elzévir], où Perronet installera dans les années 1770 l'École des ponts et chaussées.

2. À l'emplacement du n° 90 actuel. Entre-temps, la troupe a occupé deux autres jeux de paume, rue Vieille-du-Temple (à un autre endroit) et rue Michel-le-Comte. Pour la question du théâtre, voir Babelon, *op. cit.*

que les recoins du théâtre, qui servaient les autres fois comme niches aux pages, ont été des places de faveur pour les Cordons bleus et la scène y a été d'ordinaire parée de croix de chevaliers de l'Ordre[1]. »

Dans la seconde moitié du XVIIe siècle, l'*impetus* du Paris baroque se calme et les grands hôtels que l'on construit désormais au Marais, en pierre de taille, entre cour et jardin, n'ont plus rien de fantaisies à l'italienne. Avec l'hôtel d'Aumont, rue de Jouy (Le Vau), l'hôtel Guénégaud de Brosses, rue des Archives (François Mansart), l'hôtel de Beauvais, rue Saint-Antoine (Le Pautre), l'hôtel Amelot de Bisseuil, rue Vieille-du-Temple (Cottard), l'hôtel d'Avaux, rue du Temple (Le Muet), l'hôtel Salé, rue de Thorigny (de Bourges), ce qui s'élabore à ce moment et dans ce quartier, c'est l'hôtel classique français.

Mais vers la fin du règne de Louis XIV, fermiers généraux et conseillers au Parlement, maréchaux, ducs et pairs se sentent à l'étroit dans le parcellaire serré du Marais et commencent à investir le faubourg Saint-Honoré et surtout le faubourg Saint-Germain, où il reste encore de grands terrains à bâtir. Cette migration a des conséquences définitives sur la physionomie de Paris : le centre résidentiel élégant se déplace en quelques années de l'est à l'ouest, et il y restera. Balzac, bien plus tard, a encore la conscience de ce bouleversement : « .... la noblesse, compromise au milieu des boutiques, abandonna la place Royale, les alentours du centre parisien, et passa la rivière afin de pouvoir respirer à son aise dans le faubourg Saint-Germain, où déjà des palais s'étaient élevés autour de l'hôtel bâti par Louis XIV au duc du Maine, le benjamin de ses légitimés[2]. » La décadence du Marais est consommée à la fin de l'Ancien Régime, au moment où Mercier écrit le *Tableau de Paris* : « Ici, vous retrouvez du moins le siècle de Louis XIII, tant pour les mœurs que pour les opinions surannées. Le

1. Cité *in* Jacques Wilhelm, *La Vie quotidienne au Marais au XVIIe siècle*, Paris, Hachette, 1966.

2. *La Duchesse de Langeais*, 1833-1834.

Marais est au quartier brillant du Palais-Royal, ce que Vienne est à Londres. Là règne, non la misère, mais l'amas complet de tous les vieux préjugés : les demi-fortunes s'y réfugient. Là, se voient les vieillards grondeurs, sombres, ennemis de toutes les idées nouvelles ; et des conseillères bien impérieuses y frondent, sans savoir lire, les auteurs dont les noms parviennent jusqu'à elles : on y appelle les philosophes des *gens à brûler*. »

Pendant la Révolution, l'émigration finit de vider le quartier de ce qui y restait d'aristocratie. Dans *La Comédie humaine*, Balzac loge au Marais les déclassés, les laissés-pour-compte humbles, dignes et solitaires. Déjà, dans les « Prolégomènes » du *Traité de la vie élégante*, Balzac explique que « le petit détaillant, le sous-lieutenant, le commis rédacteur.... s'ils ne thésaurisent pas comme les manouvriers, afin d'assurer à leur vieillesse le vivre et le couvert, l'espérance de leur vie d'abeille ne va guère au-delà : car c'est la possession d'une chambre bien froide, au quatrième, rue Boucherat [de Turenne] ». Le comte Octave (*Honorine*), qui « occupait l'une des plus hautes places de la magistrature », menait une vie « plus obscure car il demeurait au Marais, rue Payenne, et ne recevait presque jamais ». Le cousin Pons, le grand personnage balzacien du Marais, dont le caractère et la condition s'identifient avec le quartier, habite rue de Normandie, « une de ces vieilles rues à chaussée fendue, où la ville de Paris n'a pas encore mis de bornes-fontaines, et dont le ruisseau noir roule péniblement les eaux ménagères de toutes les maisons, qui s'infiltrent sous les pavés et y produisent cette boue particulière à la ville de Paris ».

Ayant échappé aux percées haussmanniennes – de peu : le baron projetait de prolonger la rue Étienne-Marcel jusqu'au boulevard Beaumarchais –, le Marais est resté en déshérence jusqu'au milieu du XXe siècle. Dans les années 1945-1950, c'était encore un quartier pauvre, où les cours des grands hôtels étaient encombrées de fourgonnettes, d'appentis à toits de tôle, de piles de palettes et de charrettes à roues en bois cerclées de fer. Les années de Gaulle-

Malraux-Pompidou ont vite corrigé cet archaïsme. Les promoteurs n'ont pas tardé à voir le parti à tirer de bâtiments si historiques, si délabrés et habités par une population si peu capable de se défendre. En vingt ans le Marais devint méconnaissable, et depuis les vieux hôtels – patine décapée, modénatures abrasées, huisseries plastifiées, sécurité et parking assurés – sont aux mains d'une bourgeoisie fortunée, en un mouvement inverse de celui qui, deux siècles auparavant, l'avait vue émigrer en masse vers l'ouest.

Les limites assignées au Marais ont fluctué au fil du temps. Au XVIIIe siècle, il s'étendait jusqu'aux limites de la ville. Pour Piganiol de La Force, « bordé à l'orient par les remparts et la rue du Mesnil-Montant [Oberkampf], au septentrion par les extrémités du faubourg du Temple et de la Courtille [boulevard de Belleville], à l'occident par la grande rue des mêmes faubourgs [rue du Faubourg-du-Temple] », il comprenait une grande partie de l'actuel XIe arrondissement. Aujourd'hui, *Marais* désigne tout ce qui se trouve entre les Boulevards, la rue Beaubourg et la Seine, avec un petit décrochement le long de la rue de la Verrerie pour ce qui reste du quartier de l'Hôtel de Ville. Mais la double origine du Marais – le nord artisanal autour de l'enclos du Temple, le sud aristocratique autour des hôtels royaux – a laissé de si profondes traces qu'il y a comme un abus de langage à tout recouvrir du même nom. Tout compte fait, le quartier, bien qu'il date presque entièrement de la même et brève époque, comporte tant de particularismes régionaux qu'il ne peut se lire que comme un archipel.

Le Marais des artisans commence au nord de l'axe que forme la séquence des rues Saint-Gilles, du Parc-Royal, de la Perle, des Quatre-Fils, des Haudriettes et Michel-le-Comte. Il est divisé en trois par le T que forment la rue de Bretagne et la rue du Temple. 1°) Entre la rue de Bretagne et la République, sur l'emplacement de l'enclos du Temple, c'est l'équipement municipal type de la IIIe République, la mairie, le commissariat de police, le square et le marché, ici représenté à la fois par les Enfants-Rouges et le carreau du Temple, de très ancienne tradition fripière[1]. 2°) Entre la rue de Bretagne, la rue du Temple et le boulevard, c'est un dédale de rues courtes, étroites, orientées en tous sens comme si l'abandon du projet de place de France avait laissé le chaos derrière lui. La rue Charlot et la rue de Saintonge, rectilignes et parallèles, sont comme superposées à cette trame anarchique. « La rue Charlot et toutes les rues des environs, écrit Sauval, ont été bordées de maisons par Claude Charlot, pauvre paysan de Languedoc que de nos jours la fortune a nourri, engraissé et étouffé entre ses bras puisqu'enfin d'adjudicataire général des gabelles et des cinq grosses Fermes et de seigneur du duché de Fronta, il est retombé mort dans la boue d'où la fortune l'avait tiré. » L'ancien artisanat du métal, voisinant avec de bonnes galeries d'art contemporain, subsiste dans ces rues calmes où des typographies dorées annoncent des activités d'un autre âge, gravure et estampage, poinçons et matrices, placages, électrolyse, basse fusion, cire perdue et polissage. 3°) En un de ces contrastes qui font le charme du quartier, de l'autre côté de la rue du Temple et jusqu'à la rue Beaubourg inclusivement, c'est le domaine agité de l'horlogerie, de la joaillerie et de la maroquinerie en gros. Juifs et Asiatiques coexistent pacifiquement sur le territoire de la section révolutionnaire des Gravilliers, le fief des Enragés, « des âmes chaudes, véhémentes, des hommes qui éclairent, entraînent et subjuguent », comme écrivait Jacques Roux à Marat[2].

1. « Dans ce bazar, toute marchandise neuve est généralement prohibée ; mais la plus infime rognure d'étoffe quelconque.... y trouve son vendeur et son acheteur. Il y a là des négociants en bribes de drap de toutes couleurs, de toutes nuances, de toutes qualités, de tout âge, destinées à assortir les pièces que l'on met aux habits troués ou déchirés.... Plus loin, à l'enseigne du *Goût du jour*, sont appendues comme des ex-voto des myriades de vêtements de couleurs, de formes et de tournures encore plus exorbitantes.... » (Eugène Sue, *Les Mystères de Paris*, 1842-1843).

2. Roland Gotlib, « Les Gravilliers, plate-forme des Enragés »,

Rue Volta, rue au Maire, rue des Gravilliers, rue Chapon, les cours sont encore celles du vieux Marais : portes grandes ouvertes, camionnettes et diables, amoncellements de cartons, embouteillages et klaxons, tous les signes cliniques de la vie.

Le sud du quartier, le Marais des rois, des promoteurs, des historiens et des touristes, est traversé et organisé par la rue Saint-Antoine, l'une des plus belles de Paris – vraie ville de rues, ce qui ne se dirait pas de New York, de Tokyo ni même de Rome, plutôt faite de ruelles entre des places. La rue Saint-Antoine est au point d'équilibre entre *régularité* – dans l'alignement des bâtiments, le gabarit, l'harmonie colorée – et *tension*, par sa double courbe et son évasement terminal (pour les rues, il n'est pas de beauté sans régularité : la rue des Archives, désarticulée par d'incessantes variations de largeur, des dents creuses et des ajouts hétéroclites, ne tient pas la comparaison avec sa contemporaine et voisine, la très régulière rue du Temple. Inversement, la régularité sans tension peut devenir ennuyeuse sur de longs trajets, comme les arcades de la rue de Rivoli ou le boulevard Magenta. La beauté dans la répétition modulaire stricte se rencontre surtout dans les rues courtes, comme – dans des styles évidemment différents – la rue du Cirque, la rue des Colonnes, la rue de Marseille ou la rue des Immeubles-Industriels qui intriguait tant Walter Benjamin).

Les courbes de la rue Saint-Antoine (*les* courbes, car la rue François-Miron est historiquement son segment initial) sont ponctuées par deux dômes qui ne sont pas pour moi – et pour bien d'autres, assurément – de simples silhouettes mais des amis. Celui de Saint-Paul-Saint-Louis, l'église des Jésuites, est le premier grand dôme parisien, encore un peu maladroit, trop petit sur un tambour trop haut, ce qui donne à l'église le charme d'une adolescente montée en graine, surtout de dos depuis la rue des Jardins-

in *Paris et la Révolution*, Michel Vovelle (dir.), Paris, Publications de la Sorbonne, 1989.

Saint-Paul[1]. La Visitation de François Mansart, vestige du couvent des Visitandines qui s'étendait jusqu'à la porte de la Bastille, est au contraire la plus parfaite coupole sur plan centré qu'on puisse trouver à Paris, avec la chapelle de la Salpêtrière de Libéral Bruant.

De part et d'autre de la rue Saint-Antoine s'étend l'archipel du Marais. Du côté de la Seine, ce sont les rues silencieuses du quartier Saint-Paul. De l'autre côté se succèdent d'est en ouest la place des Vosges, la grande île des musées[2] et l'île aux Juifs. « La rue de la Juiverie [Ferdinand-Duval depuis 1900] est ainsi appelée pour ce que le temps passé les Juifs y habitaient, avant qu'ils fussent chassés de France par le roi Philippe Auguste pour leurs usures excessives, et les impiétés et crimes exécrables qu'ils exerçaient contre les chrétiens », écrit l'abbé Du Breuil[3]. Sauval, dont l'opinion est différente, note que, « à l'égard des rues de cette juiverie, quelques-unes sont fort étroites, tortues et obscures.... Toutes les maisons qui les bordent sont fort petites, hautes, malfaites, et semblables aux juiveries de Rome, Metz ou Avignon ». Le quartier juif actuel est prospère et animé, malgré la pression des boutiques de mode d'un côté et des bars homosexuels de l'autre. Et l'inéluctable disparition des vieux bundistes à casquette n'empêche pas la civilisation du *pickelfleish* et du *gefiltefish* de résister vaille que vaille à celle du falafel[4].

1. Il y avait eu auparavant le dôme des Petits-Augustins [École des beaux-arts], « la première *(église)*, dit Félibien, qu'on eût vue à Paris bâtie de cette forme », et celui de Saint-Joseph-des-Carmes [Institut catholique], mais ils étaient petits et rudimentaires.

2. On y trouve sur quelques dizaines de mètres les musées Carnavalet, de l'Histoire de France, Victor-Hugo, Picasso, de la Chasse et de la Nature, de la Serrurerie, Cognacq-Jay, du Judaïsme…

3. R. P. Jacques Du Breuil, *Le Théâtre des Antiquités de Paris*, 1639.

4. Le *Bund* est le mouvement syndicaliste-révolutionnaire des ouvriers juifs du Yiddishland. Voir Henri Minczeles, *Histoire générale du Bund*, Paris, Austral, 1995, et visiter la belle bibliothèque Medem, 52, rue René-Boulanger.

Sur la rive droite, l'Ancien Paris forme approximativement un demi-cercle. Sa circonférence est bordée par l'arc des Boulevards et son diamètre par une bande étroite le long de la Seine, entre la rue de Rivoli et les quais, depuis la colonnade du Louvre jusqu'à l'Hôtel de Ville, ou, pour le dire autrement, du gothique flamboyant de Saint-Germain-l'Auxerrois à la façade classique de Saint-Gervais. Cette bande est un cas à part où les couches successives, au lieu d'entrer comme ailleurs en résonance comme des harmoniques, forment un ensemble discordant et confus. Ce n'est pas faute de beaux bâtiments, de détails pittoresques, de souvenirs historiques, mais ils sont perdus dans un *patchwork* si hétéroclite que le sens général n'est plus lisible. On y trouve pêle-mêle des percées haussmanniennes avortées (l'avenue Victoria) ou ravagées par les bretelles et entrées de souterrains (la rue du Pont-Neuf, la rue des Halles), des places éventrées (la place du Châtelet, encore ravissante en 1860 sur une photographie de Marville, toute petite, presque close autour de sa fontaine) ou aménagées de façon ridicule (la place de l'Hôtel-de-Ville, le square de la tour Saint-Jacques), des rues anciennes massacrées par la rénovation (rue Bertin-Poirée) ou par la circulation automobile (rue des Lavandières-Sainte-Opportune dans laquelle un rond-point déguisé en jardin zen dérive tout le flot de la rue Saint-Honoré). Même Haussmann, d'ordinaire plutôt content de lui, sent confusément qu'il y a là quelque chose qui ne va pas et qu'il attribue aux difficultés du terrain : « Le dénivellement de tout le quartier environnant la place du Châtelet, motivé par l'abaissement à l'est de la butte que dominait la tour Saint-Jacques, et par le rehaussement, à l'ouest, du quai de la Mégisserie et de ses abords, avait nécessité la démolition de toutes les maisons comprises de la rue des Lavandières à la rue des Arcis [Saint-Martin], entre la ligne des quais et la rue de Rivoli », une manière de justification qui n'est pas fréquente dans les *Mémoires* de celui qui se disait « artiste démolisseur ».

Le pire avait pourtant été évité : il était fortement question de faire partir le prolongement de la rue de Rivoli du milieu de la colonnade du Louvre. « Guerre aux démolisseurs ! » écrit Hugo dans *La Revue des Deux Mondes* du 1er mars 1832. « Le vandalisme a son idée à lui. Il veut faire tout à travers Paris une grande, grande, grande rue. Une rue d'une lieue ! Que de magnifiques dévastations chemin faisant ! Saint-Germain-l'Auxerrois y passera, l'admirable tour de Saint-Jacques-de-la-Boucherie y passera peut-être aussi. Mais qu'importe ! une rue d'une lieue !.... une ligne droite tirée du Louvre à la barrière du Trône ! » Haussmann, qui était protestant, refusa le projet, craignant que la destruction de Saint-Germain-l'Auxerrois fût interprétée comme une revanche de la Saint-Barthélemy, dont le signal fut donné, dit-on, par les cloches de cette église.

* * *

« La vie de Paris, sa physionomie, a été, en 1500, rue Saint-Antoine ; en 1600, à la place Royale ; en 1700, au Pont-Neuf ; en 1800, au Palais-Royal. Tous ces endroits ont été tour à tour les Boulevards ! La terre a été passionnée là, comme l'asphalte l'est aujourd'hui sous les pieds des boursiers, au perron de Tortoni. » Quand Balzac écrit en 1844 *Histoire et physiologie des boulevards de Paris*, il y a près de dix ans que la mode a quitté le Palais-Royal, dix ans que le Paris de Manon Lescaut, d'Adolphe, d'Henry de Marsay a disparu avec les quinquets, les demi-solde, la vogue de Cherubini et les succès de Byron, Walter Scott et Fenimore Cooper. Dans un mouvement du goût accompagnant les dandys, les filles, les journalistes et les gourmets dans leur migration vers les Boulevards, c'est un autre romantisme qui apparaît alors, celui de Berlioz, de Frédérick Lemaître et de la Fanfarlo. Mais, par une des mille façons qu'ont les données sensibles de narguer les catégories de l'histoire de l'art, il se trouve que les Boulevards, la grande scène du romantisme parisien, sont un long déroulé d'architecture néoclassique (paradoxe qui rejoint celui que le malin Lousteau expliquait à Lucien de Rubempré vers 1830 : « .... nos grands hommes sont divisés en deux camps. Les Royalistes sont romantiques, les Libéraux sont classiques. La divergence des opinions littéraires se joint à la divergence des opinions politiques, et il s'ensuit une guerre à toutes armes, encre à torrents, bons mots à fer aiguisé, calomnies pointues, sobriquets à outrance, entre les gloires naissantes et les gloires déchues. Par une singulière bizarrerie, les Royalistes romantiques demandent la liberté littéraire et la révocation des lois qui donnent des formes convenues à notre littérature ; tandis que les Libéraux veulent maintenir les unités, l'allure de l'alexandrin et le thème classique[1] »).

De la Madeleine à la Bastille, il ne reste rien des demeures de légende construites à la fin de l'Ancien Régime sur le rempart, d'où la vue s'étendait sur la ville d'un côté et sur les jardins maraîchers de l'autre : rien de la maison de Beaumarchais, dans son jardin dessiné par Bellanger, où Mme de Genlis vint assister à la démolition de la Bastille avec les enfants du duc d'Orléans, rien du pavillon de Hanovre construit pour les soupers fins du maréchal de Richelieu – « le pavillon des fées », disait Voltaire –, rien de l'hôtel bâti par Ledoux pour le prince de Montmorency à l'angle de la Chaussée-d'Antin, dont l'entablement portait, comme un hommage à Palladio, les statues des huit connétables de Montmorency, « vertus héroïques que le vandalisme a détruites, impression profonde que le temps n'efface pas[2] ». Sur le boulevard de la

1. Balzac, *Illusions perdues*, « Un grand homme de province à Paris ».

2. Ledoux, in *L'Architecture*, en 1804. Les jardins de la maison de Beaumarchais – qui a donné son nom à l'ancien boulevard Saint-Antoine – s'étendaient largement sur le bastion Saint-Antoine, c'est-à-dire sur un triangle limité par l'actuel boulevard Richard-Lenoir, le boulevard Beaumarchais et la rue du Pasteur-Wagner. La maison fut démolie au moment du percement du canal Saint-Martin. Le pavillon de Hanovre a été remonté dans le parc

Madeleine, on pouvait encore récemment admirer les deux rotondes encadrant l'abouchement de la rue Caumartin, celle de l'hôtel du duc d'Aumont et celle de l'hôtel du fermier général Marin de La Haye – dont le toit portait jadis un jardin suspendu où, selon Hillairet, deux petits ponts chinois chevauchaient un ruisselet qui, après avoir formé une île, distribuait l'eau dans les salles à manger et les bains de l'immeuble. Elles viennent d'être *façadisées*, ce qui est peut-être pire que démolies[1].

Mais malgré les destructions, le parcours des Boulevards reste un grand catalogue déambulatoire de l'architecture néoclassique parisienne de Louis XVI à Louis-Philippe, surtout vers la ville, du côté des numéros impairs (sud si l'on veut), où les propriétaires étaient aux premières loges sur la promenade. Beaucoup firent même construire des terrasses qui surplombaient l'animation du boulevard[2]. Là alternent le pur Louis XVI – l'hôtel Montholon, boulevard Poissonnière, avec ses six colonnes ioniques colossales supportant le balcon du troisième étage, et sa terrasse-jardin –, le style de l'Empire et de la Restauration, plus dépouillé encore, plus archéologique, et celui de la monar-

---

de Sceaux au cours des années 1930, quand fut construit à sa place le palais Berlitz.

1. La façadisation consiste à conserver (plus ou moins) la façade d'un bâtiment et à le vider comme une volaille pour y installer des plateaux de bureaux. Un bâtiment façadisé est au bâtiment d'origine ce qu'est un animal empaillé à sa forme vivante. Voir à ce sujet F. Laisney, « Crimes et façadisme », in *Les Grands Boulevards, un parcours d'innovation et de modernité*, cat. exp., Action artistique de la Ville de Paris, Paris, février 2000.

2. En face, vers la campagne, l'urbanisation fut plus tardive car l'alignement était troublé par les triangles des anciens bastions – voir le tracé angulaire de la rue de Bondy [René-Boulanger]. De plus, le boulevard était souvent doublé en contrebas par des rues extérieures tracées dans les anciens fossés. La rue Amelot – anciennement rue des Fossés-du-Temple – est l'une de ces « rues basses » dont la plus célèbre est la rue Basse-du-Rempart où partit, on le verra, le coup de feu décisif de la révolution de février 1848.

chie de Juillet, orné et souriant, avec de grands immeubles de rapport aux allures de palais italiens où l'on sent l'éclectisme pointer derrière le goût de l'Antique[1].

S'il est si difficile d'imaginer le pouvoir de séduction des Boulevards au temps de leur splendeur, c'est que leur séquence comportait alors des scansions rythmiques mais non des ruptures. Malgré leur longueur, ils avaient une continuité, quelque chose d'un espace clos, ce qui avait fait le succès de la place Royale et du Palais-Royal. Ils étaient comme l'enfilade des pièces d'un immense palais, avec pour chacune son décor, ses horaires, ses habitués. Or, d'Haussmann à Poincaré, cette intimité urbaine a été éventrée. L'opéra Garnier et son rond-point giratoire, l'abouchement du boulevard Haussmann dans le boulevard Montmartre créant l'informe carrefour « Richelieu-Drouot » et la brutale implantation de la place de la République sur la rencontre du faubourg du Temple et du boulevard du Crime ont remplacé de subtiles césures par des vides béants. Le père de Lucien Leuwen, cet homme exquis, providence des danseuses de l'Opéra, quand il se « *(promenait)* sur le boulevard, son laquais lui donnait un manteau pour passer devant la rue de la Chaussée-d'Antin ». Quelles précautions n'aurait-il pas dû prendre pour traverser la place de la République !

La segmentation des Boulevards est devenue très sèche. Entre la Madeleine et l'Opéra, les grands hôtels et les agences de voyages. De l'Opéra à Richelieu-Drouot, les banques. Puis, jusqu'à la République, une portion qui,

1. Pour l'Ancien Régime, outre l'hôtel Montholon, voir aussi le n° 41 boulevard Saint-Martin, le n° 39 boulevard de Bonne-Nouvelle, l'hôtel Cousin de Méricourt, 19, boulevard Poissonnière. Pour le style Empire et Restauration, les n° 1, 11 et 19 boulevard de Bonne-Nouvelle, les n° 9 et 9 *bis* boulevard Poissonnière. Pour la monarchie de Juillet, les exemples sont très nombreux. Sur l'architecture des Boulevards, voir P. Prost, « Une vitrine néoclassique » et F. Loyer, « La ville sur elle-même », in *Les Grands Boulevards*, *op. cit.*

bien qu'assez détériorée, est sans doute la plus proche en esprit des anciens Boulevards. Enfin, entre la République et la Bastille, c'est le domaine de la motocyclette, de la photographie et de la musique, qui ne manque ni de charme ni de lieux singuliers mais ne fait plus vraiment partie des Boulevards.

Comme point d'inflexion dans le temps, comme amorce de la longue descente des Boulevards aux enfers, l'image qui me vient est la mort de Nana dans une chambre du Grand-Hôtel, boulevard des Capucines. « "Voyons, il faut partir, dit Clarisse. Nous ne la ressusciterons pas... Viens-tu, Simonne ? " Toutes regardaient le lit du coin de l'œil, sans bouger. Pourtant, elles s'apprêtaient, elles donnaient de légères tapes sur leurs jupes. À la fenêtre, Lucy s'était accoudée de nouveau, toute seule. Une tristesse peu à peu la serrait à la gorge, comme si une mélancolie profonde eût monté de cette foule hurlante. Des torches passaient encore, secouant des flammèches ; au loin, les bandes moutonnaient, allongées dans les ténèbres, pareilles à des troupeaux menés de nuit à l'abattoir ; et ce vertige, ces masses confuses, roulées par le flot, exhalaient une terreur, une grande pitié de massacres futurs. Ils s'étourdissaient, les cris se brisaient dans l'ivresse de leur fièvre se ruant à l'inconnu, là-bas, derrière le mur noir de l'horizon. "À Berlin ! à Berlin ! à Berlin !" »

C'est sur les Boulevards que sont apparues une par une les nouveautés de la ville moderne : la première ligne parisienne de transports en commun, la célèbre Madeleine-Bastille, les urinoirs, les stations de fiacres, les kiosques à journaux, les colonnes Morris. Mais le grand bouleversement qui pointe en 1817 dans le passage des Panoramas et se répand sur les Boulevards dans les années 1840, c'est l'éclairage au gaz. On peut saisir chez Baudelaire le basculement des *Fleurs du mal*, éclairées à la lumière tremblotante de l'huile (« À travers les lueurs que tourmente le vent/La Prostitution s'allume dans les rues »), au *Spleen de Paris*, illuminé au gaz (« Le café étincelait. Le gaz lui-même y déployait toute l'ardeur d'un début, et éclairait de toutes ses forces les murs aveuglants de blancheur....[1] »). C'est le gaz qui permet de vivre les heures les plus profondes de la nuit. « Traversez la ligne qui fait l'axe de la rue de la Chaussée-d'Antin et de la rue Louis-le-Grand, et vous voilà entré dans le domaine de la foule. Le long de ce boulevard, du côté droit particulièrement, tout est magasins brillants, pompeux étalages, cafés dorés, illumination permanente. De la rue Louis-le-Grand à la rue de Richelieu le flot de lumières qui jaillit des boutiques vous permettrait de lire le journal en vous promenant », écrit Julien Lemer dans *Paris au gaz*, publié chez Le Dentu en 1861[2]. À l'heure de la fermeture, « sur les boulevards, à l'intérieur des cafés, les papillons de gaz des girandoles s'envolaient très vite, un à un, dans l'obscurité. L'on entendait du dehors le brouhaha des chaises portées en quatuors sur les tables de marbre[3] ». Mais, grâce au gaz, la vie nocturne ne s'interrompt pas. Alfred Delvau, noctambule professionnel, propose un guide du couche-tard sur les Boulevards du Second Empire : « On peut se replier, passé minuit, vers le café Leblond, dont l'entrée du boulevard des Italiens ferme à minuit, mais dont la sortie passage de l'Opéra reste ouverte jusqu'à deux heures. Le café des Variétés *(dans le passage des Panoramas)*, qui a la permission de 1 h 30, reçoit de nombreux soupeurs à la sortie

1. *Le Crépuscule du soir* et *Les Yeux des pauvres*.

2. Voir l'excellent livre de Simone Delattre, *Les Douze Heures noires, la nuit à Paris au XIXe siècle*, Paris, Albin Michel, 2000. Lemer était aussi éditeur, de Baudelaire en particulier. « Vous passez souvent sur le boulevard des Italiens. Si vous rencontrez Julien Lemer, faites-lui donc part de mon état d'esprit ; dites-lui que je me figure : – que je ne pourrai plus jamais rien faire imprimer, – que je ne pourrai plus gagner un sou, – que je ne verrai plus jamais ma mère et mes amis, – et qu'enfin s'il a des nouvelles désastreuses à m'annoncer, qu'il me les annonce plutôt que de me laisser dans l'incertitude » (lettre à Champfleury, Bruxelles, 13 novembre 1865).

3. Villiers de L'Isle-Adam, *Contes cruels*, « Le désir d'être un homme », paru dans *L'Étoile de France*, 1882.

des théâtres. Au café Wolf, 10, rue du Faubourg-Montmartre, les noctambules du quartier Bréda se rabattent vers minuit pour.... boire de la bière et manger des saucisses à l'oignon, en attendant l'heure de la fermeture. À deux heures restent ouverts Brabant, au coin du boulevard et du faubourg Montmartre, Bignon, au coin de la Chaussée-d'Antin, et surtout Hill's Tavern, boulevard des Capucines, où se mêlent la *fashion* et la bohème débraillée. »

Une coutume se répand sur les Boulevards des années 1850 – si enracinée depuis dans la vie des Parisiens qu'il est difficile d'imaginer la ville sans elle : les cafés installent des tables en terrasse. « Tous les cafés garnissent de sièges le trottoir qui longe leur devanture ; on en établit un groupe notable entre la rue Laffitte et la rue Le Peletier, et il n'est pas rare de voir, pendant les chaleurs de l'été, les flâneurs accablés rester, jusqu'à une heure du matin, à la porte des cafés à humer des glaces, de la bière, des limonades et des *soda-waters*[1]. » Quand Georges Leroy, *Bel-Ami*, « la poche vide et le sang bouillant », traînait sur le boulevard des Italiens par une soirée étouffante, « les grands cafés, pleins de monde, débordaient sur le trottoir, étalant leur public de buveurs sous la lumière éclatante et crue de leur devanture illuminée. Devant eux, sur de petites tables carrées ou rondes, les verres contenaient des liquides rouges, jaunes, verts, bruns, de toutes les nuances ; et dans l'intérieur des carafes on voyait briller les gros cylindres transparents de glace qui refroidissaient la belle eau claire ».

« Rien de plus facile ni de plus agréable qu'une telle promenade *(sur les Boulevards)*. Les chaussées réservées aux piétons sont dallées ou bitumées, ombragées d'arbres et garnies de sièges. Les cafés sont peu éloignés l'un de l'autre. De distance en distance, des fiacres stationnent sur la chaussée. Enfin, des omnibus vont incessamment de la Bastille à la Madeleine. » En partant dans le sens inverse

1. Lemer, *Paris au gaz*, *op. cit.*

de ce que propose ainsi le guide Joanne de 1870, la promenade commençait par les boulevards de la Madeleine et des Capucines. Pendant longtemps tout ce segment, jusqu'à la césure de la rue de la Chaussée-d'Antin, était à l'écart de la vie des Boulevards. « De la Madeleine à la rue Caumartin, on ne flâne pas, écrit Balzac. C'est un passage dominé par notre imitation du Parthénon, grande et belle chose, quoi qu'on en dise, mais gâtée par les infâmes sculptures de café qui déshonorent les frises latérales.... Toute cette zone est sacrifiée. On y passe, on ne s'y promène pas[1]. »

Une quinzaine d'années plus tard, on sent pointer une certaine animation : « Vous venez de la Madeleine, vous n'avez encore qu'un seul côté de trottoir qui soit véritablement vivant, le côté droit ; l'autre est occupé par une rue, la rue Basse-du-Rempart, aujourd'hui ravagée par la démolition pour faire place à la future salle de l'Opéra[2]. » Et lors de l'Exposition universelle de 1867, d'après le *Paris Guide* tout semble changé : « De nos jours, la partie la plus monumentale des boulevards est celle qui va de la rue de la Chaussée-d'Antin à la Madeleine. Le nouvel Opéra est entouré de palais. La richesse et le confort des aménagements intérieurs du Grand-Hôtel, de l'hôtel où s'est transféré le Jockey-Club, répondent à la magnificence du dehors. Il ne reste plus de vestiges de l'humide rue Basse qu'encombra de morts et de blessés la décharge du 23 février *(1848)*. Les édifices, les magasins rivalisent de somptuosité. » Mais le tableau se termine par une singulière conclusion où La Bédollière retrouve les mots mêmes de Balzac : « Et pourtant, sur les boulevards des Capucines et de la Madeleine, il semble que le froid du pôle se fasse sentir. On y passe sans s'y promener ; on y demeure, mais on n'y stationne pas. Les files de voitures

1. *Histoire et physiologie des Boulevards de Paris*, in *Le Diable à Paris*, 1844 ; rééd. in *Honoré de Balzac, À Paris !*, Bruxelles, Complexe, 1993.

2. Lemer, *Paris au gaz*, *op. cit*.

qui reviennent de Vincennes, dans l'après-midi des jours de courses, tournent court et quittent les boulevards à la hauteur de la rue de la Paix. Enfin, pour nous servir d'une locution toute parisienne, *ça n'est plus ça !*[1] »

Petit-Coblentz en 1815, dénommé d'après la ville-symbole de l'émigration, boulevard de *Gand*, où s'était réfugié Louis XVIII pendant les Cent-Jours, le boulevard *des Italiens* tire son nom définitif de l'ancien théâtre des Comédiens-Italiens, la salle Favart – qui pourtant, on l'a vu, lui tourne le dos. Entre la rue de la Chaussée-d'Antin et la rue de Richelieu, c'est le Boulevard par excellence pour « ceux qu'on a appelés tour à tour raffinés, beaux, merveilleux, incroyables, dandys, fashionables, lions, gandins, cocodès, petits crevés[2] ». Là, dit Balzac, « commencent ces édifices bizarres et merveilleux qui sont tous un conte fantastique ou quelques pages des *Mille et Une Nuits*.... Une fois que vous avez mis le pied là, votre journée est perdue si vous êtes un homme de pensée. C'est un rêve d'or et d'une distraction invincible. Les gravures des marchands d'estampes, les spectacles du jour, les friandises des cafés, les brillants des bijoutiers, tout vous grise et vous surexcite[3] ». Quand Bixiou et Léon de Lora veulent montrer Paris à un cousin de province, c'est là qu'ils l'amènent, devant « cette nappe d'asphalte sur laquelle, de une heure à deux, il est difficile de ne pas voir passer quelques-uns des personnages pour lesquels la Renommée embouche l'une ou l'autre de ses trompettes[4] ».

Les cafés et les restaurants élégants étaient plus nombreux sur le boulevard des Italiens que partout ailleurs – le Helder, fréquenté surtout par des officiers (« Sont-ce encore des gandins, ces hommes d'une tenue sévère, attablés au café du Helder ? Ne remarquez-vous pas sur le

1. La Bédollière, « Les Boulevards de la porte Saint-Martin à la Madeleine », in *Paris Guide*..., *op. cit.*
2. Joanne, *Paris illustré en 1870*..., *op. cit.*
3. *Histoire et physiologie des Boulevards de Paris*, *op. cit.*
4. Balzac, *Les Comédiens sans le savoir*, 1845.

front de la plupart les traces du soleil de l'Algérie, de la Cochinchine ou du Mexique ?[1] »), le café de Foy à l'angle de la Chaussée-d'Antin, le café Anglais et ses vingt-deux salons particuliers dont le fameux Grand-Seize, le Grand-Balcon entre les rues Favart et de Marivaux, le café Riche, le café Hardy, la pâtisserie Frascati à la place de la célèbre maison de jeu fermée en 1837, les Bains chinois au coin de la rue de La Michodière, le restaurant de la Maison dorée à l'angle de la rue Laffitte… L'épicentre était précisément localisé entre la rue Le Peletier et la rue Taitbout, encadrée à son abouchement par deux établissements mythiques : à gauche le café de Paris et à droite Tortoni dont le perron, auquel on accédait par trois marches, fut l'un des lieux les plus célèbres du monde pendant cinquante ans. Tortoni était fréquenté par les dandys, les artistes – Manet y était tous les soirs – et les financiers : « On sort du champ de bataille de la Bourse pour aller aux restaurants, en passant d'une digestion à l'autre. Tortoni n'est-il pas à la fois la préface et le dénouement de la Bourse ? » Et ce sont deux des plus belles crapules de *La Comédie humaine* qu'on y retrouve naturellement : « Vers une heure Maxime *(de Trailles)* mâchonnait son cure-dents en causant avec du Tillet sur le perron de Tortoni où se tient, entre spéculateurs, cette petite Bourse, préface de la grande[2]. » L'entrée principale de l'Opéra était à deux pas de là, rue Le Peletier, et le passage de l'Opéra avec ses deux galeries – du Thermomètre et du Baromètre – permettait l'accès direct depuis le boulevard.

Dans la partie des rues Laffitte et Le Peletier attenante aux Boulevards, on vit se former dans les années 1870 ce qui ne s'était encore jamais vu à Paris, un rassemblement de marchands de tableaux sur les mêmes trottoirs. En 1867, Paul Durand-Ruel transféra sa galerie de la rue de la

1. La Bédollière, « Les Boulevards de la porte Saint-Martin à la Madeleine », *op. cit.*

2. Balzac, *Histoire et physiologie des Boulevards de Paris*, *op. cit.*, et *Béatrix*, 1839.

Paix au n° 16 de la rue Laffitte, avec des locaux rue Le Peletier[1]. Au n° 8 de la même rue se trouvait déjà la galerie d'Alexandre Bernheim, fils d'un marchand de couleurs de Besançon, qui vendait des toiles de son ami Courbet, de Corot, d'Harpignies et de Rousseau. Malgré les sarcasmes que l'on sait (Albert Wolff dans *Le Figaro* en 1876 : « La rue Le Peletier a du malheur. Après l'incendie de l'Opéra, voici un nouveau désastre qui s'abat sur le quartier. On vient d'ouvrir chez Durand-Ruel une exposition qu'on dit être de peinture.... »), d'autres suivirent, et en peu de temps ces quelques mètres étaient devenus le territoire de l'art à Paris. Baudelaire à Nadar : « Si tu étais un ange, tu irais faire ta cour à un nommé Moreau, marchand de tableaux, rue Laffitte.... et tu obtiendrais de cet homme la permission de faire une double belle épreuve photographique d'après *La Duchesse d'Albe*, de Goya (archi-Goya, archi-authentique). » Manet disait souvent qu'« il est bon d'aller rue Laffitte ». Degas, descendu de Pigalle par l'omnibus, la parcourait souvent, en client. « Il contemplait, dit Romi, les Corot de Bernheim, critiquait les Fantin-Latour chez Tempelaere et s'offrait un Delacroix qu'il faisait livrer chez lui, en grand seigneur. » Gauguin, qui travaillait chez un agent de change de cette même rue Laffitte, s'arrêta pendant douze ans devant ces vitrines magiques jusqu'au jour où, n'y tenant plus, il abandonna la Bourse pour la peinture. Certaines galeries étaient consacrées à Boudin, à Corot, à Daumier, d'autres montraient les tableaux coûteux de Henner, de Bouguereau et de Meissonier. Près de la boutique révolutionnaire de Durand-Ruel se trouvait la respectable galerie de M. Beugnet, qui exposait en permanence les bouquets de fleurs léchés de Madeleine Lemaire. Chaque mois, un

1. Son père, papetier rue Saint-Jacques sous l'Empire, avait imaginé de compléter par quelques tableaux son rayon de fournitures pour artistes. Il déménagea rue des Petits-Champs, où il montrait des toiles de Delacroix, de Decamps et de Diaz. Paul transféra la galerie au 1, rue de la Paix, puis rue Laffitte.

admirateur de l'artiste mondaine venait vaporiser sur ses violettes, ses œillets et ses roses un léger nuage du parfum correspondant. « Réclame poétique ! » disait M. Beugnet. En 1895 Ambroise Vollard déclencha un scandale en montrant cinquante toiles de Cézanne dans sa nouvelle galerie au 39, rue Laffitte (la précédente était au n° 8 de la même rue). Vollard y invitait à dîner dans sa cave. « Tout le monde, raconte Apollinaire dans *Le Flâneur des deux rives*, a entendu parler de ce fameux hypogée.... Bonnard a peint un tableau représentant la cave et, autant qu'il m'en souvienne, Odilon Redon y figure. » Dans la même rue se trouvaient les bureaux de « l'amicale, à tous prête » *Revue blanche*, où passaient chaque jour des chroniqueurs, des illustrateurs, des amis, Mallarmé ou Jarry, Blum ou Gide, Lautrec, Vallotton ou Bonnard.

Deux raisons expliquent la catastrophe qui s'est abattue sur le boulevard des Italiens et sur ses coulisses artistiques, faisant de celui-là un haut lieu de la *fast food* et de celles-ci un sinistre désert. La première est la prolifération des banques et des compagnies d'assurances, qui envahirent le quartier au tournant du siècle. De la construction, dans les années 1890, du lourd bâtiment du Crédit lyonnais – qui a si opportunément pris feu au moment du scandale précipitant cette banque dans la honte publique –, à la dénaturation de la Maison dorée dans les années 1970 par l'un des premiers et pires exemples de *façadisation*, chacun des trottoirs où s'alignaient ces « édifices bizarres et merveilleux » a été saccagé. La Banque nationale de Paris, qui possède à elle seule tout le nord du boulevard, de la rue Laffitte au carrefour Richelieu-Drouot, ne s'est pas contentée de défigurer la Maison dorée : elle offre là un concentré de ce qu'elle a répandu dans des centaines de rues et de carrefours parisiens. Les assurances, elles, se sont partagé les rues de l'art moderne et les ont transformées en canyons grisâtres, peuplés de vigiles et traversés par des flots de voitures. Elles ont été aidées – c'est la deuxième raison – par le prolongement du boulevard Haussmann dans les années 1920, seule percée réalisée au

XXe siècle dans le centre de Paris, qui a entraîné de gigantesques démolitions et en particulier celle du fameux passage de l'Opéra. « "Le boulevard Haussmann est arrivé aujourd'hui rue Laffitte", disait l'autre jour *L'Intransigeant.* Encore quelques pas de ce grand rongeur, et, mangé le pâté de maisons qui le sépare de la rue Le Peletier, il viendra éventrer le buisson que traverse de sa double galerie le passage de l'Opéra, pour aboutir obliquement sur le boulevard des Italiens. C'est à peu près au niveau du café Louis XVI qu'il s'abouchera à cette voie par une espèce singulière de baiser, de laquelle on ne peut prévoir les suites ni le retentissement dans le vaste corps de Paris[1]. »

Le boulevard des Italiens se termine à la rue de Richelieu, c'est un fait. Mais la vie élégante ne s'étendait-elle pas au-delà, sur le boulevard Montmartre ? Ne se poursuivait-elle pas jusqu'au carrefour formé par l'intersection de la rue Montmartre, du faubourg et du Boulevard, si terrible qu'on l'appelait le *carrefour des écrasés* ? Certains penchaient plutôt pour la négative : « Ce qu'on appelait alors "le Boulevard" ne s'étendait que de la Chaussée-d'Antin au passage de l'Opéra, *peut-être jusqu'au faubourg Montmartre à cause des Variétés*, mais il était de fort mauvais ton de se montrer plus loin. Au-delà du Café Anglais les dandys ne flânaient guère ; après les Variétés ils ne se montraient plus[2]. » Mais pour la plupart, c'était le faubourg Montmartre qui formait la frontière entre boulevards élégants et boulevards populaires. Pour Balzac, « le cœur du Paris actuel.... palpite entre la rue de la Chaussée-d'Antin et la rue du Faubourg-Montmartre.... À partir de la rue Montmartre jusqu'à la rue Saint-Denis,

1. Aragon, *Le Paysan de Paris*, Paris, Gallimard, 1926.
2. Paul d'Ariste, *La Vie et le monde du Boulevard (1830-1870)*, Paris, Tallandier, 1930. Cité par Jean-Claude Yon, « Le théâtre aux boulevards », in *Les Grands Boulevards*, *op. cit.* (c'est moi qui souligne).

la physionomie du Boulevard change entièrement[1] ». Si le boulevard Montmartre appartient plutôt aux artistes et aux commerçants qu'aux gens de lettres et aux dandys, il reste pourtant aux yeux de Julien Lemer une promenade recommandable et il est même le préféré de La Bédollière : « Le torrent impétueux que nous venons de traverser *(la rue du Faubourg-Montmartre)* est une sorte de Bidassoa qui sépare deux contrées, et nous tombons en pleine littérature. Voici des journalistes, des romanciers, des chroniqueurs, des vaudevillistes, des artistes dramatiques, voire des conférenciers.... Ce n'est pas sans raisons que de vastes salons littéraires, une librairie internationale se sont installés sur le boulevard Montmartre.... Et tous, comme des abeilles, bourdonnent autour du théâtre des Variétés, à la porte des cafés, à l'heure de l'absinthe surtout.... Les passages, Jouffroy, Verdeau, des Panoramas, sont ce qu'était jadis le Palais-Royal. Dans la matinée le silence y règne, troublé seulement par les pas d'apprentis, de commis, de demoiselles de comptoir qui se rendent à leur poste.... Vers onze heures apparaissent les habitués du Dîner de Paris, du Dîner du Rocher, du Dîner du passage Jouffroy.... Cinq heures sonnent ; les journaux du soir se distribuent dans les kiosques des boulevards.... À six heures, grand remue-ménage ! le faubourg descend ! Les habitantes des quartiers Bréda et Notre-Dame-de-Lorette s'avancent à la conquête des boulevards. C'est une région que signalent de loin le cliquetis du jais, l'odeur du musc, le frissonnement de la soie[2]. »

Traverser le carrefour Montmartre, s'engager sur les boulevards Poissonnière et de Bonne-Nouvelle, c'était passer de l'élégance au négoce, de la littérature au calicot, de l'art le plus contemporain à l'artisanat le plus traditionnel. « Le Gymnase y montre vainement sa petite façade coquette ; plus loin, le bazar Bonne-Nouvelle, aussi beau

1. *Histoire et physiologie des Boulevards de Paris*, *op. cit.*

2. La Bédollière, « Les Boulevards de la porte Saint-Martin à la Madeleine », *op. cit.*

qu'un palais vénitien, est en vain sorti de terre comme un coup de baguette d'une fée[1] : tout cela, peines perdues ! Il n'y a plus d'élégance chez les passants, les belles robes y sont comme dépaysées, l'artiste, le lion, ne s'aventurent plus dans ces parages.... Un seul boulevard d'intervalle produit ce changement total[2]. » Pendant la journée, le boulevard Poissonnière est pourtant très animé : « Entrez au restaurant Baurain, vous y trouverez plusieurs représentants de commerce venus pour acheter et vendre du velours, des linons, des toiles écrues ou peintes, des cotons filés ou retors. Entrez au théâtre du Gymnase, vous reconnaîtrez dans l'auditoire des doyens de la nouveauté et du calicot, qui applaudissent Sardou et Alexandre Dumas fils, comme ils ont applaudi Scribe et Melesville. Faites un tour sur la petite promenade en biseau, ombragée de maigres sycomores, à l'angle de la rue d'Hauteville. Les garçons et filles, qui y prennent leurs ébats et mangent de la galette, sont nés au milieu des tulles, des barèges, des blondes, des laines et des soies. Ils ont su, dès leur tendre enfance, ce qu'était l'article de Tarare, l'article de Saint-Quentin, et la marchandise A. G.[3]. » Sur le boulevard Poissonnière s'alignaient la maison du Pont-de-Fer, sorte de centre commercial sous une immense arcade métallique double, le Dock du Campement spécialisé dans les objets de voyage, la maison Barbedienne, « qui vend des modèles antiques en bronze, reproduits par le procédé

1. C'est dans ce Bazar, normalement occupé par les magasins de la Ménagère, que se tint en 1846 une exposition dont Baudelaire rendit compte en un bref chef-d'œuvre, « Le musée classique du Bazar Bonne-Nouvelle », où se trouve en particulier décrit le *Marat* de David (« Il y a dans cette œuvre quelque chose de tendre et de poignant à la fois ; dans l'air froid de cette chambre, sur ces murs froids, autour de cette froide et funèbre baignoire, une âme voltige »).

2. Balzac, *Histoire et physiologie des Boulevards de Paris*, *op. cit.*

3. La Bédollière, « Les Boulevards de la porte Saint-Martin à la Madeleine », *op. cit.*

Colas, et les médaillons de David *(d'Angers)*.... Un peu plus loin, les salons du restaurateur Brébant.... les magasins de tapis de M. Roncier, et deux maisons plus loin, le bazar de l'Industrie française, dont les deux étages exposent les richesses les plus variées[1] ».

La partie des Boulevards comprise entre le faubourg Montmartre et la porte Saint-Denis est celle qui a le moins changé depuis le XIXe siècle, malgré le Grand Rex et l'assez malencontreuse poste de la rue de Mazagran. C'est peut-être pour cette raison que les surréalistes avaient fait de ce segment leur boulevard, même s'ils fréquentaient aussi le passage de l'Opéra et en particulier le café Certa – « lieu où, vers la fin de 1919, un après-midi, André Breton et moi décidâmes de réunir désormais nos amis, par haine de Montparnasse et de Montmartre, par goût aussi de l'équivoque des passages » – et le Théâtre-Moderne – « cette salle aux grandes glaces usées, décorées vers le bas de cygnes gris glissant dans des roseaux jaunes, aux loges grillagées, privées tout à fait d'air, de lumière, si peu rassurantes »[2]. Les quelques mètres que l'on désigne faute de mieux par le nom de « Strasbourg-Saint-Denis » exerçaient sur Breton une attirance qu'il s'expliquait par « l'isolement des deux portes qu'on y rencontre et qui doivent sans doute leur aspect si émouvant à ce que naguère elles ont fait partie de l'enceinte de Paris, ce qui donne à ces deux vaisseaux, comme entraînés par la force centrifuge de la ville, un aspect totalement éperdu[3] ». Mais pour lui, dans ces années-là, le centre du monde c'est le boulevard Bonne-Nouvelle : « On peut, en attendant, être sûr de me rencontrer dans Paris, de ne pas passer plus de trois jours sans me voir aller et venir, vers la fin de l'après-

1. Joanne, *Paris illustré en 1870...*, *op. cit.* Le Brébant existe toujours, à l'angle de la rue du Faubourg-Montmartre et du boulevard Poissonnière.

2. Aragon, *Le Paysan de Paris*, *op. cit.* et André Breton, *Nadja*, Paris, Gallimard, 1928.

3. *Les Vases communicants*, Paris, Gallimard, 1932.

midi, boulevard Bonne-Nouvelle entre l'imprimerie du *Matin* et le boulevard de Strasbourg. Je ne sais pourquoi c'est là, en effet, que mes pas me portent, que je me rends presque toujours sans but déterminé, sans rien de décidant que cette donnée obscure, à savoir que c'est là que se passera *cela* (?)[1]. »

Au-delà de la porte, le boulevard Saint-Martin jouait un rôle de transition entre un boulevard encore quelque peu bourgeois et le boulevard vraiment populaire, « comme la veste est une transition entre l'habit et la blouse[2] ». Au XIXe siècle, ce qui frappait le plus, c'était son aspect de canyon : les travaux de nivellement de Rambuteau n'avaient porté que sur la chaussée, qui se trouvait donc « baissée, et tellement baissée, que, depuis la porte Saint-Martin jusqu'au théâtre de l'Ambigu-Comique, on a dû, de chaque côté, établir une rampe, avec des escaliers de distance en distance. À cet endroit, la chaussée se trouve donc encaissée comme un chemin de fer.... Lorsqu'on a annoncé la rentrée des troupes ramenées par le maréchal Canrobert, après la guerre d'Italie, en 1859, dès la veille au soir cette partie du boulevard était envahie, les places contre la rampe étaient prises, et l'on y a passé toute la nuit ».

Il y avait là quelques-uns des grands théâtres romantiques : celui de la Porte-Saint-Martin, construit par Lenoir en quarante jours sur ordre de Marie-Antoinette, où l'on avait applaudi Frédérick Lemaître et Marie Dorval dans *Marion Delorme* et Mlle George dans *Lucrèce Borgia* ; l'Ambigu, spécialement consacré au drame (« C'est là qu'il vous faut aller, ô vous, amateurs de ces grandes pièces, bien sombres, bien mystérieuses, mais où l'innocence parvient toujours à triompher, entre onze heures et minuit[3] ») ; les

1. *Nadja*. L'immeuble du *Matin* se trouvait à l'angle du boulevard Poissonnière et de la rue du Faubourg-Poissonnière.

2. Lemer, *Paris au gaz*, *op. cit.*

3. Paul de Kock, « Les Boulevards de la porte Saint-Martin à la Bastille », in *Paris Guide...*, *op. cit.* L'Ambigu, à la pointe formée par la rue de Bondy [René-Boulanger] et le boulevard, était l'une

Folies-Dramatiques dans la rue de Bondy, où « l'on joue habituellement le vaudeville, le drame mêlé de chant et enfin la *Fantaisie* ». Pour Heine, c'est là que le théâtre est au plus haut et il va en se dépréciant à mesure qu'on s'éloigne vers l'est, vers le boulevard du Crime, jusqu'à « Franconi, dont la scène ne peut guère compter pour un rang, parce qu'on y donne des pièces faites plutôt pour les chevaux que pour les hommes [1] ».

Avec Franconi, on passe du boulevard Saint-Martin au boulevard du Temple. À hauteur du n° 52 – une plaque indique que Gustave Flaubert y a vécu de 1856 à 1869 –, la ligne des immeubles s'incurve fortement vers le nord, vers la droite si l'on regarde vers la place de la République toute proche. Le dernier de ces immeubles décalés bute sur un immense mur aveugle, perpendiculaire au boulevard et qui replace dans l'alignement général les quelques mètres précédant la place. Cette disposition a une explication simple : la courbe des immeubles décalés indique le tracé du boulevard du Temple « primitif », avant le percement du boulevard du Prince-Eugène [Voltaire] et de la place du Château-d'Eau [de la République]. Ce premier boulevard du Temple allait rejoindre le boulevard Saint-Martin vers l'emplacement actuel de la caserne de la garde républicaine. La rue du Temple et la rue du Faubourg-du-Temple se trouvaient dans le prolongement direct l'une de l'autre, de part et d'autre des Boulevards. Ce carrefour légèrement dilaté formait une petite place, avec au centre une fontaine contre laquelle se tenait, le mardi et le jeudi, un marché aux fleurs [2].

des plus belles salles de Paris, construite par Hittorff. Il fut détruit dans les années 1960 par une compagnie d'assurances, avec la bénédiction d'André Malraux, et remplacé par un immeuble particulièrement affreux qui rompt l'alignement, le gabarit et l'harmonie colorée du boulevard.

1. Henri Heine, *De la France*, *op. cit.*, lettre VIII, 1837.
2. La succession des fontaines à cet endroit est assez compli-

C'est la partie la plus célèbre du boulevard du Temple qui fut détruite par les travaux de 1862 : le boulevard du Crime, ainsi dénommé « non par MM. les procureurs impériaux mais par des vaudevillistes jaloux des lauriers du mélodrame[1] ». Sa vogue populaire commence dans les dernières années de l'Ancien Régime. À son apogée, sous la Restauration et la monarchie de Juillet, « c'était une kermesse parisienne, une foire perpétuelle, un landit de toute l'année.... On y voyait des oiseaux faisant l'exercice, des lièvres battant

---

quée. Le véritable « château d'eau » se trouvait au début du XIXe siècle sur le terre-plein qui sépare toujours la rue de Bondy [René-Boulanger] du boulevard Saint-Martin. « En quittant l'Ambigu, écrit La Bédollière dans *Le Nouveau Paris* (1860), nous passons devant le Château d'eau, élevé en 1811 sur les dessins de M. Girard. » C'était une « superbe fontaine, dont les eaux viennent du bassin de la Villette, composée de trois socles circulaires, au milieu desquels est une double coupe en bronze, entourée de quatre figures de lions qui lancent de l'eau par la gueule. Il est fâcheux qu'un si beau monument ne soit pas entouré d'une place digne de lui ». Dans les années 1860, on lit dans plusieurs textes que cette fontaine était hors de proportion avec l'immense place de la République. Sur plusieurs plans de cette époque elle figure sur la place, devant la caserne du Prince-Eugène. Elle fut ensuite transportée à la Villette – où elle se trouve toujours, devant la Grande Halle. En 1867, Davioud implanta au centre de la nouvelle place une fontaine plus imposante. En 1883, le monument de la République remplaça cette seconde fontaine qui se trouve aujourd'hui, ornée elle aussi de lions, au milieu de la place Daumesnil. « Le nouveau Château d'eau, qui rappelait l'ancien, avait été placé droit en face de la Caserne et dans l'axe du boulevard du Prince-Eugène, au point où l'on voit maintenant cette énorme statue de la République, un peu bien massive. Toute prévention politique mise à part, il y produisait un effet plus heureux et une fraîcheur très appréciable l'été » (Haussmann, *Mémoires*).

1. Joanne, *Paris illustré en 1870...*, *op. cit.* C'est de ces quelques mètres qu'il est question dans la fameuse chanson de Désaugiers : « La seule prom'nade qu'ait du prix, / La seule dont je sois épris, / La seule où j'm'en donne, où c'que je ris, / C'est l'boul'vard du Temple à Paris. »

la caisse, des puces qui traînaient des carrosses, Mlle Rose, la tête en bas et les pieds en l'air, Mlle Malaga à la crapaudine, des escamoteurs, des joueurs de gobelet, des nains, des géants, des hommes-squelettes, des femmes de huit cents livres, des avaleurs de serpents, de cailloux, d'huile bouillante. Enfin Munito, ce chien savant, ce profond calculateur, n'a pas dédaigné d'y donner des représentations et des leçons aux joueurs de dominos du café de la Régence [1] ». En 1844, Balzac pouvait encore écrire que « c'est le seul point de Paris où l'on entende les cris de Paris, où l'on voie le peuple grouillant, et ces guenilles à étonner un peintre, et ces regards à effrayer un propriétaire. Feu Bobèche était là, l'une des gloires de ce coin.... Son compère s'appelait Galimafrée. Martainville a écrit pour ces deux illustres saltimbanques les parades qui faisaient tant rire l'enfant, le soldat et la bonne, dont les costumes émaillent constamment la foule sur ce célèbre boulevard [2] ». Haussmann, on le devine, avait le souci de faire disparaître au plus vite « ces distractions malsaines qui dégradent et abrutissent de plus en plus les masses populaires de Paris ».

Réinscrits dans la mémoire collective par le joyeux carton-pâte des *Enfants du Paradis*, sept théâtres s'alignaient côte à côte sur le côté gauche du boulevard en regardant vers la Bastille. Pour toutes ces salles, l'entrée des artistes était rue des Fossés-du-Temple [Amelot] qui leur formait une sorte de coulisse commune. Il y avait là le Théâtre-Lyrique, « égaré dans ces parages » selon Haussmann. Massenet, élève au Conservatoire, y tenait les timbales le soir pour gagner sa vie. « Je dois l'avouer, je *blousais* de remarquable façon, à ce point que Berlioz voulut bien un jour m'en complimenter et ajouter : “De plus vous êtes juste, ce qui est rare !” [3] » Au Cirque-Olympique, exploité par les

1. Félix et Louis Lazare, *Dictionnaire des rues et monuments de Paris*, Paris, 1855.

2. *Histoire et physiologie des Boulevards de Paris*, *op. cit.*

3. Georges Cain, *Promenades dans Paris*, Paris, Flammarion, 1907.

Franconi, alternaient des attractions – jongleurs indiens, sauteurs chinois, acrobates italiens, animaux savants – et des parades militaires ressuscitant l'épopée du Premier Empire. Puis venaient les Folies-Dramatiques, la Gaîté, vouée malgré son nom aux plus sombres mélodrames, et les Funambules dont la vedette était le mime Debureau, rôle tenu par Jean-Louis Barrault dans *Les Enfants du Paradis*. Le chroniqueur du *Globe*, journal des saint-simoniens, écrivait le 28 octobre 1831 : « Il y a dans les farces de cet homme je ne sais quoi d'amer et de triste : le rire qu'il provoque, ce rire qui part si franc de sa poitrine fait mal quand à la fin, après nous avoir si bien divertis de toutes les manières, on le voit, pauvre Debureau ou plutôt pauvre peuple ! retomber de tout son poids à l'état de soumission, d'abaissement et de servitude où nous l'avons trouvé au commencement de la pièce et dont il ne s'est échappé un instant que pour tant nous réjouir. Adieu Pierrot ! Adieu Gilles ! Adieu Debureau ! Adieu peuple, à demain ! [1] » La rangée des théâtres se terminait par les Délassements-Comiques et le Petit-Lazzari – qui devait son nom à un mime italien du XVIIIe siècle –, tout près de la maison d'où Fieschi fit exploser sa machine infernale sur le passage de Louis-Philippe, en 1835. Plus, écrit Haussmann, « d'autres bouis-bouis oubliés [2] ».

1. Cité *in* Jacques Rancière, *La Nuit des prolétaires*, Paris, Fayard, 1981.

2. Sur l'emplacement d'un café misérable, *L'Épi-Scié*, Alexandre Dumas avait créé le Théâtre-Historique pour produire ses propres œuvres, et la légende veut qu'à l'inauguration de la salle, le public ait fait queue pendant trois jours et trois nuits devant les guichets avant la première de *La Reine Margot*. Dans ses *Mémoires*, Haussmann explique que « la Ville n'eut pas à se préoccuper du remplacement plus ou moins désirable de ces derniers établissements » (les bouis-bouis). Le Théâtre-Lyrique et le Cirque-Olympique furent reconstruits face à face sur la place du Châtelet. La Gaîté fut relogée sur le square des Arts-et-Métiers, jusqu'à sa destruction, sous l'administration Chirac, pour en faire

Ces théâtres étaient à l'origine d'une multiplication de petites industries, « de l'ouvreur de voitures, du ramasseur de bouts de cigares, et surtout du marchand de contremarques, lequel est peu nombreux aux portes des autres théâtres[1] ». Si l'on trouvait là des bouts de cigare à ramasser et des portières à ouvrir, c'est qu'il y avait une clientèle chic qui venait s'encanailler sur le boulevard du Crime : « Ces dames viennent dans ces petites salles, qu'en argot dramatique on appelle des *bouis-bouis*, de la même façon que les *impures* de la Régence se donnaient la distraction d'aller de temps à autre au théâtre de la Foire[2]. »

Les grands travaux haussmanniens ont fait disparaître presque toutes ces merveilles. Il reste le théâtre Déjazet (« Ce nom seul vous fait sourire, car il vous rappelle une actrice charmante, que vous devez avoir applaudie cent fois, et que vous pouvez applaudir encore. *Déjazet* est une huitième merveille du monde, et, pour ma part, je la préfère de beaucoup au colosse de Rhodes[3] ») qui dut son salut au fait qu'il se trouvait, tout seul, sur le trottoir opposé aux démolitions. Il reste aussi le cirque d'Hiver qui est l'ancien cirque Napoléon construit par Hittorff, où, le dimanche après-midi, les lions et les clowns étaient remplacés par des concerts organisés par Pasdeloup. « On exécute là des œuvres de Haydn, Beethoven, Mozart, Weber, etc. Vous voyez qu'il ne s'agit plus ici de contredanses ni de polka ; c'est de la musique sévère, sérieuse, de la grande musique enfin[4]. »

« Le reste du boulevard, de la rue d'Angoulême [Jean-Pierre-Timbaud] jusqu'à la Bastille, a, il faut l'avouer, un

---

une salle de billards automatiques. Les Folies s'installèrent rue de Bondy, et les Funambules sur le boulevard de Strasbourg.

1. Lemer, *Paris au gaz*, *op. cit.* Les contremarques étaient des morceaux de carton distribués aux spectateurs sortant à l'entracte.

2. *Ibid.*

3. De Kock, « Les Boulevards de la porte Saint-Martin à la Bastille », *op. cit.*

4. *Ibid.*

triste parfum de Marais, cette espèce de nécropole après neuf heures du soir[1]. » Balzac ne montre guère d'estime pour les deux grands établissements qu'on y trouve : « Le fameux *Cadran Bleu* n'a pas une fenêtre ni un étage qui soient du même aplomb. Quant au *Café Turc*, il est à la Mode ce que les ruines de Thèbes sont à la Civilisation.... Bientôt commencent des boulevards déserts, sans promeneurs. Le rentier s'y promène en robe de chambre s'il veut ; et par les belles journées, on y voit des aveugles qui font leur partie de cartes. *In piscem desinit elegantia.* »

* * *

D'habitude, les villes construites sur un fleuve grandissent sur l'une des deux rives et l'autre sert de faubourg, souvent populaire, souvent pittoresque, mais faubourg quand même : le Trastevere, l'Oltrarno, Lambeth, Brooklyn... Le Danube ne passe pas dans Vienne et à Budapest il sépare deux cités qui lui tournent le dos. À Paris au contraire la rive droite et la rive gauche sont en symbiose depuis la nuit des temps et, malgré le béton répandu, le fleuve lui-même – les quais, les ponts, les bras, les îles – est à la fois origine, frontière, lien, décor et structure. Mais ce « grand miroir toujours vivant de Paris », comme dit Benjamin, est souvent voilé par tout un attirail, un corpus de clichés qui, de tous ceux que la ville a fait naître, comptent parmi les plus convenus. Chansons, cartes postales, poèmes (*Pont Mirabeau* compris), technicolor et photographies de mode ont fini par donner de la Seine une image délavée et commerciale quand elle n'est pas littérairement attendrie (cas fréquent et qui provoque la rage d'André Breton lors de la mort d'Anatole France : « Pour y enfermer son cadavre, qu'on vide si l'on veut une boîte des quais de ces vieux livres *qu'il aimait tant*, et qu'on jette le tout à la Seine. Il ne faut plus que mort cet homme fasse de la poussière[2] »). Les mièvreries ne doivent pas

1. Lemer, *Paris au gaz*, *op. cit.*
2. *Refus d'inhumer*, octobre 1924.

faire oublier que le rôle de la Seine ne s'est pas toujours joué pour le meilleur, les jours où, « couverte d'humains, de blessés mi-noyés », comme dit d'Aubigné, elle charriait les massacrés de la Saint-Barthélemy, ou d'autres fois les insurgés de juin 1848 fusillés sur les ponts, ou les Algériens assommés et jetés à l'eau en octobre 1961 par la police de Maurice Papon et Charles de Gaulle.

L'asymétrie des deux rives – qu'il s'agisse de l'Ancien ou du Nouveau Paris – n'a pas pour seule cause la forme du méandre qui enserre la rive gauche et en limite l'expansion. L'essentiel de la différence actuelle – six arrondissements sur la rive gauche contre quatorze sur la rive droite – est dû au décalage du développement, au retard de l'urbanisation de la rive gauche. À l'apogée de l'Ancien Régime, alors que la rive droite éclate dans le bornage officiel, que tous les vides se comblent, que les maisons se surélèvent, que les constructions débordent les limites autorisées, la rive gauche est comme endormie dans ses collèges, ses couvents et ses jardins et ne parvient même pas à remplir l'espace qui lui est réglementairement attribué. Ce développement inégal se lit sur les berges mêmes de la Seine : « Quel contraste éloquent, écrit Sébastien Mercier, entre la magnifique rive droite du fleuve et la rive gauche qui n'est point pavée et toujours remplie de boue et d'immondices ! Elle n'est couverte que de chantiers et de masures habitées par la lie du peuple. » Le plan de Delagrive, qui date de 1728, montre sur la rive gauche une zone d'urbanisation dense dans un demi-cercle centré sur la place Maubert. Ses extrémités seraient l'une au Pont-Neuf et l'autre à l'université de Jussieu, et l'arc de cercle passerait par le carrefour de l'Odéon, le métro Luxembourg et la place de l'Estrapade, soit à peu près le tracé de l'enceinte de Philippe Auguste. Sur ce plan, le faubourg Saint-Germain apparaît comme un quartier de jardins, ce qu'il est d'ailleurs resté. La rue Saint-Jacques, la grande voie vers Orléans, devient très vite une route de campagne entre les vergers et les potagers des Ursulines, des Feuillantines, des Carmélites, des Visitandines, des Chartreux, de Port-Royal et des Capucins. Les autres axes de la rive gauche – la rue de la Harpe ou bien la séquence des rues Galande-Sainte-Geneviève-Mouffetard qui mène vers la route d'Italie – apparaissent dans ce Paris de la Régence comme des chemins vicinaux, une fois sortis de l'étroite zone de forte densité.

La rive gauche ne se réveille vraiment qu'à la fin du XVIIIe siècle. Sur l'emplacement de l'hôtel de Condé acquis par Louis XVI pour y loger les Comédiens-Français, Peyre et de Wailly dessinent le théâtre de l'Odéon – inauguré en 1782 avec *Iphigénie* de Racine –, la place en hémicycle qui lui fait face et la patte d'oie des rues de l'Odéon, Crébillon et Voltaire [Casimir-Delavigne]. C'est l'un des premiers lotissements modernes de Paris, avec des trottoirs comme à Londres[1]. Les deux immeubles, qui encadrent toujours avec noblesse l'extrémité de la rue de l'Odéon opposée au théâtre, servent de vitrine publicitaire à l'opération.

Vers la même époque, le comte de Provence, frère du roi et futur Louis XVIII, vend une partie du Luxembourg où Chalgrin dessine le lotissement des rues de Fleurus, Jean-Bart, Duguay-Trouin, qui seront construites plus tard, sous la Restauration et la monarchie de Juillet. Pendant la Révolution, l'une des propositions de la Commission des artistes consiste à désenclaver l'enclos des Chartreux[2]

1. « L'on vient enfin d'en commencer un *(trottoir)* des deux côtés de la nouvelle route du Théâtre-Français ; mais la faute que l'on a commise, c'est d'y avoir mis mal à propos des bornes qui empêchent les cochers de faire filer les roues de leurs voitures le long du trottoir » (Mercier, *Tableau de Paris*). Pour les lotissements, voir Pierre Pinon, *Paris, biographie d'une capitale*, Paris, Hazan, 1988.

2. Un rapport à la Convention du 14 thermidor an II déclare que la vente des biens nationaux est suspendue parce qu'une « Commission des artistes est occupée en ce moment d'un plan d'embellissement de Paris » (Lavedan, *Histoire de l'urbanisme à Paris*, *op. cit.*). Le rôle de la Commission tend à être sous-estimé, dans le mouvement général de dévalorisation de la Révolution à partir de

(« Le jardin des Chartreux a le caractère du désert ; la terre des allées n'y est point remuée ; les arbres n'y portent point l'empreinte de la faucille, ils sont humbles et courbés comme les religieux qui vous saluent sans vous regarder », écrit Sébastien Mercier). C'est l'origine de la patte d'oie dont la branche médiane est l'avenue de l'Observatoire, qui matérialise le méridien de Paris entre la rue de l'Est [boulevard Saint-Michel] et la rue de l'Ouest [rue d'Assas].

Malgré ces prémices, la rive gauche est encore bien désertique au début du XIXe siècle. À l'époque où se déroule l'action des *Misérables*, le Mont-Parnasse est rangé parmi « ces lieux singuliers », que « presque personne ne connaît », au même titre que la Glacière, Mont-Souris et la Tombe-Issoire. Dans *Les Mystères de Paris*, quand le Chourineur suit les diaboliques Tom et Sarah, leur fiacre s'arrête dans une nuit si noire que pour se repérer « il tira son couteau de sa poche et fit une large et profonde entaille à un des arbres auprès desquels s'était arrêtée la voiture » : ce lieu sinistre est l'avenue de l'Observatoire. En 1836, à l'angle de la rue Notre-Dame-des-Champs et de la rue de l'Ouest [d'Assas], « qui, ni l'une ni l'autre n'étaient encore pavées à cette époque.... on ne marchait que le long des enceintes en planches qui bordaient des jardins marécageux, ou le long des maisons, par d'étroits sentiers bientôt gagnés par des eaux stagnantes qui les convertissaient en ruisseaux [1] ». Au début des *Mohicans de Paris*, Dumas remarque que « le Paris de la rive gauche est naturellement stationnaire, et tend plutôt à se dépeupler qu'à se peupler », et comme seuls travaux réalisés sur la rive gauche de 1827 à 1854, il cite « la place et la fontaine Cuvier, la rue Guy-Labrosse, la rue de Jussieu, la rue de l'École-Polytechnique, la rue de l'Ouest, la rue Bonaparte,

---

1793. Imagine-t-on que l'on ait pu chercher à embellir Paris pendant la Terreur ?

1. Balzac, *L'Envers de l'histoire contemporaine*, « L'Initié », 1848.

l'embarcadère d'Orléans [gare d'Austerlitz] et celui de la barrière du Maine [gare Montparnasse] ».

Ce décalage de près d'un siècle explique qu'il n'ait rien existé sur la rive gauche qui fût de près ou de loin l'équivalent des Grands Boulevards. Dans leur projet, Bullet et Blondel prévoyaient bien que le nouveau cours planté devait entourer toute la ville. Mais sur la rive droite il s'appuyait sur tout un passé, sur l'ancien bras mort de la Seine, sur les pierres des enceintes médiévales, sur des monuments aussi solides que la Bastille et le Temple, alors que les « boulevards du Midi » étaient tracés au milieu de carrières, de pâturages et de moulins, laissant à l'extérieur les bâtiments contemporains les plus importants, les Invalides, l'Observatoire, l'Hôpital général [la Salpêtrière]. La ceinture des boulevards du Midi ne fut bouclée que très tard, dans la seconde moitié du XIXe siècle, avec deux conséquences encore évidentes : d'une part ils ne forment pas la vraie limite de l'Ancien Paris, qui ne s'étend pas jusqu'à eux, qui en reste séparé par une lame de bâti « moderne » ; d'autre part ils étaient – et restent – avant tout une voie de circulation. Le seul secteur où l'on s'y promenait, le boulevard Montparnasse entre l'avenue de l'Observatoire et le boulevard d'Enfer [Raspail], était à mille lieues du boulevard des Italiens : « Ce trottoir n'est pas bitumé mais il est planté de tilleuls centenaires pleins d'ombre et de gaieté au printemps.... Le matin il est envahi par les jardiniers du cimetière ; le soir, le silence est coupé de distance en distance par des chants d'ivrognes qui reviennent de la barrière ou par des baisers d'amants qui reviennent du pays radieux de l'amour[1]. »

Parmi les lieux qui expriment de façon claire et subtile à la fois le balancement de la mode d'une rive à l'autre, il y a les jardins que Paris doit aux deux reines florentines, Catherine et Marie de Médicis. Pendant l'essentiel du XIXe siècle, les ombrages préférés des dandys, des amoureux et des écrivains, ce sont les Tuileries. Dans le flam-

1. Delvau, *Les Dessous de Paris*, *op. cit.*

boyant début de *La Fille aux yeux d'or* – dédiée, on s'en souvient, « à Eugène Delacroix, peintre » –, c'est tout naturellement sur la terrasse des Feuillants qu'Henri de Marsay rencontre Paquita Valdès. Mais à partir de Verlaine et du symbolisme et tout au long du XXe siècle, même si le jet d'eau des Tuileries tient encore son rôle dans *Nadja*, c'est vers le Luxembourg que se portent la jeunesse et la poésie. *Journal* de Paul Léautaud, 4 mai 1901 : « Le crépuscule donnait à tout le jardin une profondeur infinie et une vapeur légère flottait. J'étais sur la terrasse, non loin de la porte des serres. Dans la partie basse du jardin le jet d'eau montait et redescendait presque sans bruit. Bientôt le tambour commença à battre. On allait fermer. Je songeais que j'avais devant moi un beau paysage baudelairien... » Chez Jules Vallès, chez Léon Daudet, André Gide, Jules Romain, Jean-Paul Sartre, Michel Leiris, Jacques Roubaud, il n'est guère de journaux intimes ni de romans parisiens sans Luxembourg, lieu central et symbolique d'une rive gauche censée accueillir maternellement la jeunesse étudiante, les écrivains, les éditeurs et les libraires, les cinémas d'art et d'essai, les galeries et les artistes d'avant-garde, sans compter les étrangers installés à la suite d'Oscar Wilde, de James Joyce, de Joseph Roth et de Henry Miller. La fragilité de cette construction, pour une bonne part mythique, il allait revenir à notre époque d'en faire un peu tristement la démonstration.

Comme on dit d'un vestibule ou d'un palier qu'il *distribue* les pièces auxquelles il donne accès, le Luxembourg distribue les quartiers centraux de la rive gauche. Près de l'école d'apiculture il touche à Montparnasse ; par sa grille principale il ouvre vers l'Observatoire ; du côté de l'orangerie et du monument à Delacroix il borde Saint-Sulpice et communique par son intermédiaire avec Saint-Germain-des-Prés ; la rue de Vaugirard seule le sépare du quartier de l'Odéon. Et il est par-dessus tout, comme dit Léon Daudet, « le centre respiratoire, le poumon végétal du laborieux Quartier Latin ».

***

Avec les Halles, le quartier Latin est la région de l'Ancien Paris la plus bouleversée depuis l'enfance de Baudelaire et la jeunesse de Rastignac. L'atlas de Perrot qui date de 1834 montre le quartier de Balzac, organisé par deux grands axes nord-sud, la rue de la Harpe et la rue Saint-Jacques. La première part comme aujourd'hui de la rue Saint-Séverin, monte le long de Cluny, gagne la place Saint-Michel [Edmond-Rostand] où elle se continue avec la rue d'Enfer : c'est à peu près le trajet du boulevard Saint-Michel. Les parallèles de la rue de la Harpe et de la rue Saint-Jacques sont réunies par de nombreuses transversales : la rue de la Parcheminerie dont le nom vient des enlumineurs et des relieurs qui y travaillaient depuis le XIIe siècle, la rue du Foin, la rue des Mathurins sur l'emplacement de la rue du Sommerard, la rue des Grès vers la faculté de droit sur le trajet de la rue Cujas, la rue Saint-Hyacinthe qui joint obliquement la place Saint-Michel à la rue des Fossés-Saint-Jacques en croisant obliquement le tracé de la future rue Soufflot. Entre la rue de la Harpe et la rue Monsieur-le-Prince – autre grande artère du quartier –, la disposition du plan de 1834 n'est pas très différente d'aujourd'hui, boulevard Saint-Germain mis à part. Sur l'autre flanc de la colline au contraire, à l'est de la place Maubert, il serait impossible de s'y reconnaître s'il ne restait quelques repères, l'École polytechnique, l'église Saint-Nicolas-du-Chardonnet, les rues d'Arras, de Pontoise et de Poissy.

Le Luxembourg s'ouvre vers le quartier Latin par la rue Soufflot. C'est une rue « récente » : au temps où le père Goriot habitait la pension Vauquer, elle n'était percée qu'entre le Panthéon et la rue Saint-Jacques, ce qui rendit difficile la tâche des canonniers cherchant à déloger les insurgés retranchés dans le monument en juin 1848 – j'en parlerai plus loin. Sur la place, qui s'est longtemps appelée place *Saint-Michel* – elle prit le nom de place *du*

Luxembourg lorsque la place Saint-Michel actuelle fut construite sur le petit bras de la Seine au débouché du pont, et elle devint place *Edmond-Rostand* dans les années 1950 –, le départ de la rue Soufflot était jadis encadré par deux vieux cafés, le Capoulade à gauche et le Mahieu à droite (*Journal* de Léautaud, 19 janvier 1933 : « Tout un moment de ma jeunesse, la lecture des poètes, la lecture de Verlaine, les rencontres que je fis de lui souvent dans ses traîneries le soir boulevard Saint-Michel, une fois aussi rue Monsieur-le-Prince, tournant de la petite rue de Vaugirard, mal fichu, claudicant, un bruit d'enfer sur le trottoir avec les coups de sa canne, un autre soir au caveau du Soleil d'Or où je m'étais aventuré (le café qui fait le coin du boulevard Saint-Michel et du quai, c'était bien le Soleil d'Or ?), une après-midi que je le vis assis, en compagnie d'Eugénie Krantz, à la terrasse du café qui fait le coin de la rue Soufflot et du boulevard Saint-Michel (café Mayeux je crois), terrasse côté boulevard, les dernières tables, tout près de la porte d'immeuble qui sépare le café du bureau de tabac, et que je lui fis porter un bouquet de violettes par un gamin »).

La rue Soufflot monte vers la rue Saint-Jacques, qui est la vraie voie du quartier Latin – plus que le boulevard Saint-Michel, conçu pour neutraliser les vieilles rues de désordres et de barricades et que j'ai toujours connu comme un couloir de bruit et de laideur. Entre le fleuve et la rue des Écoles, il reste quelques vieux libraires-éditeurs pour rappeler que jusqu'à la fin de l'Ancien Régime la rue Saint-Jacques avait le quasi-monopole de l'impression – depuis que les trois frères Gering, originaires de Constance, y avaient installé leurs presses à l'enseigne du Soleil d'Or en 1473 – mais aussi de l'édition et de la librairie, activités alors confondues. Le *Catalogue chronologique des libraires et libraires-imprimeurs de Paris depuis l'an 1470, époque de l'établissement de l'Imprimerie dans cette capitale jusqu'à présent* (1789) recense des maisons presque toutes groupées rue Saint-Jacques et dans ses abords immédiats, rues des Poitevins, des Anglais, Galande, Serpente, ou place de la Sorbonne[1]. Les Estienne, imprimeurs de père en fils depuis le grand Robert dont François Ier vint en personne visiter l'atelier, sont rue Saint-Jacques, et les Didot, rue Saint-André-des-Arts. « Il n'y a rien de plus comique que le début timide et avantageux d'un poète qui grille d'être mis au jour, et qui aborde pour la première fois un typographe de la rue Saint-Jacques, lequel se rengorge, et se rend appréciateur du mérite littéraire », écrit Sébastien Mercier. Au début du XIXe siècle, le livre, avant de traverser la Seine pour investir le Palais-Royal, déborde sur le quai des Grands-Augustins où se trouve parmi bien d'autres « la maison Fendant et Cavalier, une de ces maisons de librairie établies sans aucune espèce de capital, comme il s'en établissait beaucoup alors, et comme il s'en établira toujours, tant que la papeterie et l'imprimerie continueront à faire crédit à la librairie, pendant le temps de jouer sept à huit de ces coups de cartes appelés publications[2] ». En matière de jeu, de crédit et de faillites, Balzac en connaissait, comme on dit, un rayon.

Entre la rue des Écoles et la rue Soufflot, la rue Saint-Jacques a été entièrement refaite dans les années 1860, mais on peut aimer le cadre que forment le petit jardin en pente devant le Collège de France, où les marronniers, les platanes, les tilleuls et les acacias, sans doute plantés à l'époque où Claude Bernard était titulaire de la chaire de médecine, ont atteint des tailles gigantesques, le lycée Louis-le-Grand – mon lycée – et la Sorbonne surmontée de sa tour-observatoire à la silhouette de minaret, avec au fond, tout en haut de la côte, le clocher janséniste de Saint-Jacques-du-Haut-Pas.

À gauche de la rue Saint-Jacques, à l'est si l'on préfère, la rue des Écoles sépare deux régions différentes. La plus basse, moderne, active, s'étend vers l'université de Jus-

1. Chez Jean-Roch Lottin de Saint-Germain, Imprimeur-libraire ordinaire de la ville, rue Saint-André-des-Arts, n° 27, 1789.

2. Balzac, *Illusions perdues*, « Un grand homme de province à Paris ».

sieu et le Jardin des Plantes. Son centre est la place Maubert. En 1862 Delvau écrivait encore qu'elle « est peut-être le seul lieu de Paris qui ait conservé sa physionomie d'autrefois. À dix pas de là, Paris s'habille de moellon neuf et de plâtre frais des pieds à la tête : la place Maubert seule affiche cyniquement ses haillons ! Ce n'est pas une place, c'est une large tache de boue.... Elle est comme une tradition vivante du Paris du Moyen Âge. En clignant un peu les yeux on croirait voir et entendre encore sa population du temps d'Isabeau de Bavière et de Louis XI ! Race prolifique et tenace, on a voulu la détruire et même la civiliser – comme dirait M. Joseph Prudhomme –, rien n'y a fait ! Rien, ni le canon, ni la peste, ni la famine, ni la misère, ni la débauche – ni l'école mutuelle ![1] ». La spéculation immobilière des années 1960 a réussi là où le canon et la peste avaient échoué.

Le haut de la Montagne, région très ancienne qui s'étend à travers la place du Panthéon vers le quartier Mouffetard, est en partie défiguré par la prolifération des crêperies et des restaurants. La Contrescarpe et la rue Mouffetard, « grouillement localisé, sorte de survivance villonnienne » au temps de Léon Daudet, et dont les situationnistes avaient fait le *continent Contrescarpe* dans les années 1950, ne sont plus que les ombres d'elles-mêmes. Pourtant, sur le territoire irrégulier limité par la rue Tournefort, la rue Lhomond, la rue de l'Arbalète, la rue Claude-Bernard, la rue d'Ulm et la rue de l'Estrapade, dans un cadre architectural modeste, presque villageois, se croisent les souvenirs de Diderot, des quatre sergents de La Rochelle – il existait encore en 1970 un café portant leur nom à l'angle de la rue Descartes et de la rue Clovis, et il est juste, je pense, que ce soit sur le zinc que le souvenir de leur martyre républicain ait été si longtemps cultivé[2]–, d'Eugène Rastignac encore naïf pensionnaire de

1. Delvau, *Les Dessous de Paris*, *op. cit.*

2. Jean-François Bories et les trois autres sergents, qui faisaient partie d'une société secrète républicaine, furent exécutés place de

maman Vauquer, et d'un autre étudiant, le jeune Vingtras, *alias* Vallès.

« On ne sait ni comment ni pourquoi les quartiers de Paris se dégradent et s'encanaillent, au moral comme au physique ; comment le séjour de la Cour et de l'Église, le Luxembourg et le Quartier Latin, deviennent ce qu'ils sont aujourd'hui.... pourquoi l'élégance de la vie s'en va, pourquoi de sales industries et la misère s'emparent d'une montagne, au lieu de s'étaler loin de la vieille et noble ville. » Tel est le questionnement de Balzac, dans *Les Petits Bourgeois*. Vingt ans plus tard, Théodore de Banville s'interroge lui aussi : « Comment l'étudiant actuel aurait-il pu s'obstiner à être ce que fut l'étudiant d'autrefois, quand l'inévitable établissement de bouillon Duval avec ses moulures, ses dorures et ses plafonds de bois exotique s'est installé dans un palais, à la place même où s'ouvraient naguère les modestes gargotes, et quand on peut voir, en pleine rue des Grès, là où le Moyen Âge avait si fortement laissé son empreinte, une taverne anglaise débitant son rosbif, son jambon d'York, ses pickles, ses sauces de hanneton pilé *(voir Balzac)*, son pale ale comme dans la rue Royale ?[1] » Et en 1964, Yvan Christ ne croyait pas tomber si juste en prédisant que, « dans vingt ans, de nouveaux et tendres barbons verseront des larmes mélancoliques sur le vieux Quartier Latin des années soixante, les meilleures qui furent jamais[2] ».

Grève le 21 septembre 1822 (certains disent fusillés, ce qui serait « normal » s'agissant de militaires, mais on ne fusillait pas place de Grève, on guillotinait...). « Les quais étaient noirs de monde. Malgré un formidable appareil militaire et policier, la sympathie d'un peuple immense était acquise aux condamnés. » Tels sont les mots d'un témoin de dix-sept ans, Auguste Blanqui, qui sera à jamais marqué par cette exécution (Jeanne Gilmore, *La République clandestine, 1818-1848*, trad. fr. Paris, Aubier, 1997).

1. « Le quartier Latin », in *Paris Guide*..., *op. cit.*

2. Article « Quartier Latin », in *Dictionnaire de Paris*, Paris, Hazan, 1964.

Depuis Villon, le quartier Latin, étant le quartier de la jeunesse, fut plus que tout autre exposé à la nostalgie du bon vieux temps. Mais si méfiant que l'on puisse être envers ce sentiment, comment ne pas regretter la profusion, la variété, la gaieté des cafés du Quartier entre les années 1850 et la guerre de 1914 – non pas leur cadre, en rien comparable aux féeriques établissements des Boulevards, mais leur atmosphère ? Certains étaient politiques avant tout. Dans *Le Bachelier*, Vallès raconte qu'en 1850, au café qu'on appelait *du Vote universel*, « il y a des gens qu'on dit avoir été chefs de barricades à Saint-Merri, prisonniers à Doullens, insurgés de Juin ». Tout près, au café de la Renaissance, face à la fontaine Saint-Michel, le public « avait une physionomie particulière à l'heure de l'absinthe et le soir. Des étudiants débraillés, les cheveux en désordre, des *étudiantes*.... Les maîtres de Paris sous la Commune y ont tenu leurs assises et préparé le plan de campagne sinistre qui devait finir par l'incendie et par le meurtre[1] ». Rue Saint-Séverin, là où *La Joie de lire* de François Maspero a servi d'université politique à toute une génération, la brasserie Saint-Séverin était l'une des cantines des dirigeants de la Commune. D'après Lepage, peu suspect d'objectivité, « au-dessus d'eux planait Raoul Rigault.... qui arrivait à cheval, faisait caracoler sa monture sur le boulevard Saint-Michel, et, derrière un double lorgnon, regardait effrontément les femmes ».

D'autres lieux étaient plus prosaïques. L'immense d'Harcourt, à l'angle de la place de la Sorbonne et du boulevard Saint-Michel (du côté opposé à l'actuelle librairie des PUF), était un *café à femmes*. Pour les étudiants pauvres, les restaurants les plus accueillants étaient Flicoteaux et la pension Laveur. « Dans les cas extraordinaires, on a Flicoteaux », indique Dumas dans *Les Mohicans de Paris*. On y mangeait sur de longues tables, dans deux salles en équerre dont l'une donnait sur la place de la Sorbonne et l'autre rue

1. A. Lepage, *Cafés littéraires et politiques de Paris*, Paris, Dentu, 1874.

Neuve-de-Richelieu [Champollion]. Quand Lucien de Rubempré n'a plus le sou, il dîne chez Flicoteaux, et c'est là qu'il fait la connaissance, décisive, de Lousteau. « Il est peu d'étudiants logés au Quartier Latin pendant les douze premières années de la Restauration qui n'aient fréquenté ce temple de la faim et de la misère.... le cœur de plus d'un homme célèbre doit éprouver les jouissances de mille souvenirs indicibles à l'aspect de la devanture à petits carreaux donnant sur la place de la Sorbonne et sur la rue Neuve-de-Richelieu, que Flicoteaux II ou III avait encore respectée, avant les journées de Juillet, en leur laissant ces teintes brunes, cet air ancien et respectable qui annonçait un profond dédain pour le charlatanisme des dehors, espèce d'annonce faite pour les yeux aux dépens du ventre par presque tous les restaurateurs d'aujourd'hui[1]. »

Quant à la pension Laveur, c'était, raconte Léon Daudet, une « véritable institution historique et qui a vu passer trois générations, sise rue des Poitevins, en face de l'École de Médecine, dans un vieil hôtel délabré.... On accédait aux salles à manger et tables d'hôtes par un escalier de pierre aux marches polies et usées ainsi que la margelle d'un puits breton. Tante Rose, affectueuse et vénérable, se tenait à la caisse, assistée de la brune Mathilde et de Baptiste, qui recevaient les commandes en riant et apportaient les plats en bougonnant[2] ». Et Francis Carco, vers la même époque : « J'avais crédit à la pension Laveur et mangeais deux fois par jour. Ah ! Cette pension ! Malgré l'odeur des chats dans l'escalier et son manque d'apparat, Baptiste faisait bien les choses... [3]. » Une trentaine d'années auparavant on pouvait parfois y rencontrer Courbet – qui n'était pas encore le « célèbre déboulonneur », comme l'appelle Lepage –, mais son établissement attitré était plutôt la brasserie Andler, rue Hautefeuille, où était son

1. *Illusions perdues*, « Un grand homme de province à Paris ».
2. *Paris vécu*, *op. cit.*
3. Francis Carco, *De Montmartre au Quartier Latin*, Paris, Albin Michel, 1927.

atelier. L'entrée de Courbet chez Andler ne passait pas inaperçue : « Il s'avança, portant haut la tête – comme Saint-Just – et on l'entoura ! Il s'assit – et l'on fit cercle autour de lui ! Il parla – et on l'écouta ! Quand il s'en alla, on l'écoutait encore [1]. » Dans la liste des habitués, oubliés pour la plupart (« Simbermann, préparateur de chimie et membre de la Société de météorologie, Dupré, professeur d'anatomie, Furne, éditeur »), apparaît comme dans un coin sombre « Charles Baudelaire, l'auteur des *Fleurs du mal* qui alors étaient encore inédites, qui essayait l'effet de son Edgar Poe sur la tête de ses compagnons ».

Parmi les cafés littéraires, il en était de très humbles, comme le Soleil d'Or, à l'angle de la place Saint-Michel et du quai, où se tenaient les soirées symbolistes de *La Plume*, ou comme la laiterie du Paradoxe, rue Saint-André-des-Arts, où l'on rencontrait « Auguste Poulet-Malassis, élève de l'École des chartes, aujourd'hui libraire ; un grand garçon très pâle ressemblant à Henri III.... causeur charmant, très spirituel et très érudit, qui aurait été aimé de tout le monde s'il n'avait pas fait tous ses efforts pour en être un peu haï.... Nadar, un romancier qui n'était pas encore photographe, Asselineau, un jeune bibliophile qui n'était pas encore critique, Charles Baudelaire, un poète qui n'était pas encore candidat à l'Académie, Privat d'Anglemont, un explorateur des dessous de Paris qui n'était pas encore au cimetière Montmartre [2] ». Mais le plus fameux des cafés intellectuels était le Vachette, au coin de la rue des Écoles et du boulevard Saint-Michel, que fréquentaient Maurras, Catulle Mendès, Heredia, Huysmans, Mallarmé parfois, Barrès (« C'est là, disait-il, que les jeunes gens gagnent les dyspepsies qui vers quarante ans leur font une physionomie distinguée »), et surtout Moréas. « Je suis arrivé au Vachette, raconte Carco, juste à temps pour connaître

1. Alfred Delvau, *Histoire anecdotique des cafés et cabarets de Paris*, Paris, Dentu, 1862.

2. *Ibid.* Poulet-Malassis, que Baudelaire appelait Coco-Malperché, fut, on le sait, l'éditeur des *Fleurs du mal*.

Moréas. Aux jeunes gens qui l'entouraient, il déclarait : "Appuyez-vous fortement sur les principes." Puis lissant ses moustaches et assujettissant avec autorité son monocle, il ajoutait : "Ils finiront bien par fléchir !" »

À la limite occidentale du Quartier, les symbolistes du *Mercure de France* et les gens de théâtre avaient leurs habitudes autour de l'Odéon. Au café Tabourey, à l'angle de la rue Molière [Rotrou] et de la rue de Vaugirard, au temps du *réalisme*, on voyait souvent « Champfleury, Pierre Dupont le poète rustique, Charles Baudelaire le poète matérialiste, Leconte de Lisle le poète panthéiste, Hippolyte Babou, Auguste Préault le sculpteur, Théodore de Banville… J'eus l'honneur de voir là, moi petit, moi obscur, moi adolescentule, le grand, le glorieux M. de Balzac au matin de la première représentation des *Ressources de Quinola*[1] ». Bien plus tard, au café Voltaire, sur la place de l'Odéon, où venaient souvent Pierre Louÿs et Henri de Régnier, Paul Fort célébra le mariage de sa fille avec Severini : « Le Prince des Poètes, debout sur le piano, chantait. Marinetti, dont la superbe auto blanche tranchait sur le pavé gris de la place de l'Odéon, s'abandonnait à des joies futuristes. Il brisait la vaisselle. C'était splendide[2]. »

* * *

Le quartier de l'Odéon – triangle isocèle qui a son sommet au carrefour de l'Odéon, sa base au Luxembourg, et dont les côtés sont formés par la rue Monsieur-le-Prince et la rue de Condé – fait-il partie du quartier Latin ? Léautaud est catégorique et il sait de quoi il parle puisqu'il a habité rue Monsieur-le-Prince, rue de l'Odéon et rue de Condé, et qu'il travaille au *Mercure de France* dans cette même rue. *Journal*, 6 octobre 1903 : « Déménagement de la rue de Condé pour la rue de l'Odéon le 6 octobre. Horreur de tout ce Quartier Latin. Quand pourrai-je habiter ailleurs ? » Pour lui, c'est en

1. *Ibid.* Hippolyte Babou était l'ami de Baudelaire qui lui suggéra le titre des *Fleurs du mal*.

2. Carco, *De Montparnasse au Quartier Latin*, *op. cit.*

traversant la rue de Tournon qu'on entre à Saint-Germain-des-Prés. Au début du siècle et dans l'entre-deux-guerres, cette façon de voir avait bien des raisons. Si le quartier de l'Odéon n'était pas véritablement étudiant, les bouquinistes sous les arcades du théâtre avaient leur importance dans la vie littéraire. Pour le *Bachelier* Vingtras-Vallès, « l'Odéon, c'est notre club et notre asile ! on a l'air d'hommes de lettres à bouquiner par là, et on est en même temps à l'abri de la pluie. Nous y venons quand nous sommes las du silence ou de l'odeur de notre taudis ». Bien des années plus tard, Léon Daudet, étudiant en médecine qui a mal tourné, est attiré lui aussi par « les fameuses galeries de la librairie Flammarion, autour de l'Odéon, ainsi cuirassé de bouquins. Elles sont liées pour moi à bien des rendez-vous avec des jeunes personnes peu farouches et aussi à mon premier succès, *Les Morticoles*. Je n'osais pas m'informer, le volume ayant paru depuis quinze jours. Les vendeurs, qui me connaissaient, me firent signe de loin et l'un d'eux me cria : "Gros succès !"[1] ». Et, vers la même époque, Léon-Paul Fargue : « Nous lisions sous les galeries de l'Odéon, debout, fourrant le nez le plus avant que nous pouvions dans les feuillets qui n'étaient pas coupés pour y chercher notre picotin[2]. » Derrière le théâtre, à l'angle de la rue de Tournon et de la rue de Vaugirard, le restaurant Foyot était fréquenté par les intellectuels jusqu'à ce qu'une bombe anarchiste le fasse sauter – il y venait aussi des sénateurs[3]. Le *Mercure*, les librairies d'Adrienne Monnier et de Sylvia Beach rue de l'Odéon donnaient au triangle une coloration littéraire qui pouvait le faire rattacher au quartier Latin, et qui a depuis presque entièrement disparu.

1. *Paris vécu*, *op. cit.*

2. « La Classe de Mallarmé », in *Refuges*, Paris, Émile-Paul Frères, 1942 ; rééd. Paris, Gallimard, coll. « L'Imaginaire », 1998.

3. D'après Joan Halperin, l'impeccable biographe de Fénéon, ce serait lui qui aurait posé la bombe, dans un pot de fleurs (*Félix Fénéon, Aesthete and Anarchist in Fin-de-Siècle Paris*, Yale University Press, 1988). On sait que Laurent Tailhade perdit un œil dans cet attentat.

* * *

Pour passer du Luxembourg à Saint-Germain-des-Prés il faut traverser le petit quartier Saint-Sulpice, et pour gagner sa place centrale il faut choisir entre trois rues qui, bien que parallèles, descendantes, courtes et de même époque, ont chacune à mes yeux un charme différent. La rue Férou a peut-être l'architecture la plus parfaite. La rue Servandoni est le cadre d'un épisode important des *Trois Mousquetaires* à propos duquel Umberto Eco écrit que, « si, en bons lecteurs empiriques, nous sommes émus d'évoquer la rue Servandoni parce que c'était l'adresse de Roland Barthes, Aramis ne pouvait en aucun cas habiter à l'angle de la rue Servandoni car cette histoire se déroule en 1625, alors que l'architecte florentin Giovanni Niccolo Servandoni est né en 1695, qu'il a dessiné la façade de l'église en 1733 et que cette rue lui a été dédiée en 1806[1] ». Pour ma part, je choisis toujours la troisième, la rue Garancière, non pas pour la petite fontaine de la princesse Palatine ni pour les béliers de l'hôtel de Sourdéac et le souvenir de la maison Plon-Nourrit, mais pour saluer une fois encore, au chevet de Saint-Sulpice, le pélican de plomb qui surmonte le gros toit bulbeux de la chapelle de l'Assomption et surtout la trompe qui soutient le surplomb de la chapelle axiale sur la rue, chef-d'œuvre de la stéréotomie parisienne, peut-être même plus belle que la trompe de l'hôtel Portalis, à l'angle de la rue Croix-des-Petits-Champs et de la rue de La Vrillière.

« Il y a beaucoup de choses place Saint-Sulpice, par exemple : une mairie, un hôtel des finances, un commissariat de police, trois cafés dont un fait tabac, un cinéma, une église à laquelle ont travaillé Le Vau, Gittard, Oppenordt, Servandoni et Chalgrin et qui est dédiée à un aumônier de Clotaire II qui fut évêque de Bourges de 624 à 644 et que l'on fête le 17 janvier, un éditeur, une entreprise de pompes

1. Umberto Eco, *Six Promenades dans les bois du roman et d'ailleurs*, trad. fr. Paris, Grasset, 1996.

funèbres, une agence de voyages, un arrêt d'autobus, un tailleur, un hôtel, une fontaine que décorent les statues des quatre grands orateurs chrétiens (Bossuet, Fénelon, Fléchier et Massillon), un kiosque à journaux, un marchand d'objets de piété, un parking, un institut de beauté et bien d'autres choses encore[1]. » Par contamination avec l'art saint-sulpicien, on a longtemps pensé beaucoup de mal de cette place et de l'église (« Herrera demeurait rue Cassette, près de Saint-Sulpice, église à laquelle il était attaché. Cette église, d'un style dur et sec, allait à cet Espagnol dont la religion tenait de celle des Dominicains[2] »). Mais nombreux sont désormais ceux qui admirent le double portique de la façade de Servandoni et regrettent que la mort l'ait empêché de terminer la place et de réaliser dans l'axe de l'église la grande arcade qu'il avait dessinée, sous laquelle se serait ouverte la rue Neuve-Saint-Sulpice[3].

* * *

Des quartiers définis par l'ordonnance de 1702, Saint-Germain-des-Prés est le vingtième et dernier, signe qui indique assez qu'il n'était pas de même nature que les autres. La vieille abbaye, restée en dehors de l'enceinte de Charles V mais fortifiée à la même époque, avait gardé ses murailles jusque dans les années 1670 et ne faisait pas partie de Paris. Quand toutes les fortifications tombèrent, l'abbaye abattit elle aussi son enceinte crénelée et combla ses fossés sur lesquels sont bâties les principales rues du quartier actuel.

Autour du monastère – dont le clocher de Saint-Germain-

1. Georges Perec, *Tentative d'épuisement d'un lieu parisien*, Paris, Christian Bourgois, 1975.

2. Balzac, *Splendeurs et misères des courtisanes*, 1838.

3. Un seul immeuble a été terminé sur ses plans, le n° 6, à l'angle nord-est de la place, près de la rue des Canettes. C'était le siège de l'éditeur auquel fait allusion Perec : Robert Laffont, acheté depuis longtemps par le groupe des Presses de la Cité, *alias* CEP, *alias* Havas, *alias* Vivendi.

des-Prés indique le centre – s'était développée toute une cité de marchands et d'artisans qui vivaient là tranquillement comme dans les autres *enclos* parisiens. On l'appelait indifféremment bourg ou faubourg Saint-Germain. C'était au XVIIIe siècle un quadrilatère dont trois côtés correspondent à des rues actuelles : rue Saint-Benoît, rue Jacob, rue de l'Échaudé (un *échaudé* n'est pas un supplicié mais un gâteau triangulaire – et par extension un pâté de maisons comme celui que limite la rue de l'Échaudé précisément, avec la rue de Seine et la rue Jacob). Le quatrième côté était formé par la séquence de trois rues, à peu près sur le tracé du boulevard Saint-Germain : d'ouest en est, la rue Taranne – où habita longtemps Diderot qui a là sa statue –, les rues Sainte-Marguerite et des Boucheries[1]. D'autres rues s'étaient formées autour du palais abbatial à l'intérieur de l'enceinte, dont subsistent la rue Abbatiale [passage de la Petite-Boucherie], la rue Cardinale et la rue de Furstemberg (la place de Furstemberg est la cour des écuries de l'abbaye). Malgré le percement de la rue de l'Abbaye et de la rue Bonaparte au début du XIXe siècle sur proposition de la Commission des artistes et celui, infiniment plus brutal, du boulevard Saint-Germain et de la rue de Rennes, le centre de Saint-Germain-des-Prés est aujourd'hui encore le quartier de l'Abbaye.

Entre le bourg Saint-Germain et la ville, l'animation était concentrée en deux carrefours qui ont conservé depuis tout leur potentiel énergétique. Le premier était le confluent de la rue de Buci avec la rue du Four et la rue des Boucheries. C'est l'actuel carrefour Mabillon. De là, par la rue de Montfaucon, on gagnait la foire Saint-Germain, l'une des grandes attractions de Paris depuis le XIIe siècle. Elle se tenait chaque année du début de février au dimanche des Rameaux sur l'emplacement de l'actuel marché, entouré de quatre rues portant les noms de Clément, Mabillon, Lobineau et Féli-

1. Les maisons anciennes du boulevard Saint-Germain, du côté des numéros impairs, entre la rue des Saints-Pères et la rue de Rennes, en sont des vestiges. La rue Gozlin est un morceau de la rue des Boucheries.

bien, gloires de l'ordre du monastère, les Bénédictins[1]. C'était d'abord un marché luxueux où l'on trouvait des objets rares, « gentillesses » de Flandre et d'Allemagne, miroirs de Venise, toiles des Indes et merveilles d'autres pays lointains apportées par les marchands portugais évoqués par Scarron : « Menez-moi chez les Portugais/Nous y verrons à peu de frais/Des marchandises de la Chine./Nous y verrons de l'ambre gris/Et des ouvrages de vernis/De cette contrée divine/Ou plutôt de ce paradis. » Mais la foire était aussi un lieu de divertissement pour une population très mêlée, préfigurant les galeries de bois du Palais-Royal ou la descente de la Courtille. L'aristocratie s'y rendait le soir, après souper. On y jouait aux quilles, au tourniquet, aux dés, aux cartes. Les femmes du plus haut rang, masquées de velours noir, regardaient jouer ou jouaient elles-mêmes, leurs yeux réfléchissant l'éclat des flambeaux. À la foule élégante se mêlaient les « écoliers » bagarreurs, les laquais, les bourgeois, les larrons qui vidaient les poches et coupaient les bourses. « Là, des hommes de six pieds, montés sur des brodequins, coiffés comme des sultans, passent pour des géants. Une ourse rasée, épilée, à qui l'on a passé une chemise, un habit, veste et culotte, se montre comme un animal unique, extraordinaire. Un colosse de bois parle, parce qu'il a dans le ventre un petit garçon de quatre ans[2]. »

L'autre grand carrefour animé était à la porte de Buci, percée dans la muraille parisienne par le travers de la rue Saint-André-des-Arts à hauteur de la rue Mazet actuelle. Cette porte contrôlait un antique chemin qui, jusqu'à la construction du Pont-Neuf, était l'itinéraire obligé pour les habitants du bourg Saint-Germain qui voulaient gagner la Cité par le Petit-Pont : l'axe rue du Four-rue de Buci-rue

1. Le marché actuel est une reconstitution, prétendument à l'identique, du marché néoclassique de Blondel. Elle est due à Olivier Cacoub, architecte préféré de Jacques Chirac, responsable de plusieurs autres désastres parisiens, entre autres l'immeuble « Le Ponant », près du parc André-Citroën.

2. Mercier, *Tableau de Paris*.

Saint-André-des-Arts. La rue Dauphine, grande voie de la première opération parisienne d'urbanisme concerté – avec la place homonyme et le Pont-Neuf –, venait buter obliquement sur ce carrefour (avec ses neuf mètres, elle était la rue la plus large de Paris. Henri IV voulait qu'elle fût d'architecture régulière. Le 2 mai 1607 il écrivait à Sully : « Mon ami, sur ce que j'ai été averti que l'on commence de travailler aux bâtiments qui sont en la rue neuve qui va du bout du Pont-Neuf à la porte de Bussy, je vous ai bien voulu faire ce mot pour vous dire que je serais très aise que vous fissiez en sorte envers ceux qui commencent à bâtir en ladite rue, qu'ils fissent le devant de leurs maisons toutes d'un même ordre, car cela serait d'un bel ornement de voir au bout dudit pont cette rue toute d'une même façade[1] »).

Lorsque les fortifications furent détruites, la porte de Buci fut abattue et les fossés comblés formèrent les rues Mazarine et de l'Ancienne-Comédie, venant ajouter à une animation qui n'a pas faibli depuis trois siècles. Ainsi, à l'emplacement du n° 4 de la rue de Buci, en face de la rue Grégoire-de-Tours, se tenaient dans les années 1730 chez un traiteur nommé Landelle des séances gastronomiques et littéraires auxquelles participaient entre autres Piron, Crébillon père et fils, Duclos et Helvétius. C'est là que se réunissait également la première loge maçonnique de Paris, fondée par des Anglais. À la Révolution, le local abritait l'imprimerie du *Courrier français*, le journal de Brissot. En 1860, la maison avait pour locataires le peintre Giacomelli et l'éditeur Poulet-Malassis, qui venait d'avoir de sérieux ennuis avec la justice après la publication des *Fleurs du mal*[2].

Les rues qui entourent l'École des beaux-arts, l'Institut et la Monnaie sont différentes du reste de Saint-Germain. L'ombre de ces grands bâtiments, un certain éloignement, la proximité du fleuve leur prêtent une grâce silencieuse à laquelle les poètes et les étrangers furent de tous temps sen-

1. *Lettres missives d'Henri IV*, t. VII, Paris, 1858 (cité *in* P. Pinon, *Paris, biographie d'une capitale*, *op. cit.*).
2. G. Lenôtre, *Secrets du vieux Paris*, Paris, Grasset, 1954.

sibles. Des plaques que les familiers connaissent par cœur signalent que dans ces rues vécurent et travaillèrent Saint-Amant, Racine, Balzac, Heine, Mickiewicz, Wagner, Oscar Wilde – et Picasso, si l'on pousse jusqu'à l'hôtel de la rue des Grands-Augustins où il peignit *Guernica* dans les murs mêmes où Balzac écrivit *Le Chef-d'œuvre inconnu*.

* * *

Par une aberration de la toponymie, la partie du VIIe arrondissement comprise entre la rue des Saints-Pères et le boulevard des Invalides est appelée « faubourg » Saint-Germain. Curieux faubourg : *à l'intérieur* de l'Ancien Paris, sans voie matricielle – le boulevard Saint-Germain est bien sûr beaucoup plus récent –, il est tout à fait différent de l'autre grand faubourg aristocratique, le faubourg Saint-Honoré. C'est encore le retard d'urbanisation qui explique cette anomalie : ce quartier s'est construit dans un vide, il s'est bâti *dans* la ville ancienne en même temps que les « vrais » faubourgs, qui, eux, étaient déjà *dehors*, et c'est cette concomitance qui l'a fait dénommer « faubourg » comme eux.

Le faubourg Saint-Germain appartient d'ailleurs autant au domaine du mythe qu'à celui de la géographie, ce qui revient pour beaucoup aux deux grandes scènes auxquelles il sert à la fois de décor et de troupe, *La Comédie humaine* et la *Recherche du temps perdu*. Balzac : « Ce que l'on nomme en France le faubourg Saint-Germain n'est ni un quartier, ni une secte, ni une institution, ni rien qui se puisse nettement exprimer. La place Royale, le faubourg Saint-Honoré, la Chaussée-d'Antin possèdent également des hôtels où se respire l'air du faubourg Saint-Germain. Ainsi, déjà tout le faubourg n'est pas dans le faubourg. Des personnes nées fort loin de son influence peuvent la ressentir et s'agréger à ce monde, tandis que certaines autres qui y sont nées peuvent en être à jamais bannies[1]. » Et Proust, à propos de l'hôtel de Guermantes : « La présence du corps de Jésus-Christ dans l'hostie ne me semblait pas un mystère plus obscur que ce premier

1. *La Duchesse de Langeais*.

salon du Faubourg situé sur la rive droite et dont je pouvais de ma chambre entendre battre les meubles le matin[1]. »

La construction du Faubourg s'est faite en deux temps, à près d'un siècle d'intervalle. Au début du XVIIe siècle, la reine Margot – Marguerite de Valois, première femme d'Henri IV – avait acheté un immense terrain parallèle au fleuve, face au Louvre. Elle se fit construire là un hôtel dont les jardins s'étendaient jusqu'à la rue des Saints-Pères et se prolongeaient au-delà, par un parc non clos de murs, occupant tout l'espace entre la rue de l'Université et la Seine et ouvrant au loin sur la campagne[2]. À la mort de Margot, Louis XIII lotit les terrains pour payer les dettes. Les longues parallèles des rues de Lille, de Verneuil et de l'Université marquent depuis bientôt quatre siècles le tracé des allées du parc de la reine Margot.

Vers la fin du règne de Louis XIV, on commence à construire, au-delà de la rue des Saints-Pères, un nouveau faubourg Saint-Germain pour l'aristocratie qui abandonne le Marais. La rue Saint-Dominique, la rue de Grenelle et la splendide fontaine des Quatre-Saisons de Bouchardon, la rue de Varenne sont alors tracées parallèlement aux rues du domaine de Margot. Des perpendiculaires au fleuve complètent le quadrillage : les rues de Bellechasse et de Bourgogne, et surtout la commerçante rue du Bac, grande voie de communication du Faubourg avec la rive droite après la construction du Pont-Royal. C'est par là que les duchesses vont faire leur cour aux Tuileries. Cette grille urbaine très lâche délimite aujourd'hui encore de vastes îlots où les hôtels, entre cour et jardin, sont passés des mains de l'aristocratie à la technocratie ministérielle, ce qui ne les a pas rendus plus accessibles qu'autrefois, où l'on pouvait entrer dans beaucoup de nobles demeures sans badge ni pièce d'identité[3].

1. *Le Côté de Guermantes.*

2. L'entrée principale de cet hôtel se trouvait vers le 6, rue de Seine.

3. « En ce temps-là *(dans les année 1780)*, pas une porte qui ne

Le Saint-Germain-des-Prés *existentialiste* tient lui aussi de la légende, alimentée en grande partie par les articles haineux de la presse « de droite » – guillemets indispensables car dans les grandes années du Tabou, de la Rose-Rouge, du Bar-Vert et du Montana, entre la Libération et 1950, personne ne se disait de droite, vu que ce terme équivalait à celui de collaborateur et que les gens de droite étaient souvent en prison ou séjournaient prudemment à l'étranger. Mais ce qui relève des certitudes, c'est que Saint-Germain-des-Prés était jusqu'à la fin des années 1980 le centre de l'édition française. Elle avait certes des prolongements, au quartier Latin (Maspero-La Découverte devant la Sorbonne, Hachette dans son immeuble historique à l'angle du boulevard Saint-Germain et du boulevard Saint-Michel), à Montparnasse (Albin Michel, Larousse), voire sur la rive droite (Calmann-Lévy). Mais l'essentiel était groupé dans le VIe arrondissement avant que la concentration, le souci des économies d'échelle et le mépris de l'histoire aient dispersé les grands groupes et leurs contrôleurs de gestion dans des tours climatisées, à l'abri de toute contagion avec des livres, des lecteurs ou des librairies [1].

---

s'ouvre à la moindre requête d'un touriste inconnu ; nulle référence n'est exigée, nulle recommandation.... Quiconque possède des tableaux, une collection d'estampes, une bibliothèque, voire simplement un beau mobilier, offre libéralement ces richesses à l'admiration du premier venu. On pénètre, sans aucune difficulté, chez le duc d'Orléans au Palais-Royal, chez le prince de Condé, chez M. Beaujon dont les appartements sont célèbres, chez le prince de Salm dont l'hôtel est à peine terminé, chez le duc de Praslin où l'on peut contempler des meubles somptueux.... On va ainsi de porte en porte visiter les galeries de peinture des hôtels de Chabot, de Luynes, de Brissac, de Vaudreuil ou les cabinets d'histoire naturelle des hôtels de Chaulnes ou de La Rochefoucauld, ou les jardins de M. de Biron ou M. de Saint-James… » (G. Lenôtre, *op. cit.*).

1. Il reste cependant dans le quartier des maisons indépendantes, Gallimard, Le Seuil, Minuit, Christian Bourgois, entre autres.

Le livre n'est d'ailleurs pas le seul expulsé du quartier. Place Saint-Germain-des-Prés, cinq tumeurs – Dior, Vuitton, Armani, Lanvin, Cartier – ont envahi le tissu de la ville : il arrive parfois qu'un même organe soit envahi par des métastases multiples. Ici, ce sont les extensions d'un cancer primitif qui se trouve du côté de la place Vendôme et de la rue de la Paix. Certains prodromes l'avaient fait redouter – Sonia Rykiel à la place des accueillantes boiseries du restaurant des Saints-Pères, Yves Saint-Laurent à Saint-Sulpice au milieu des chasubles – mais ils étaient restés longtemps isolés. Soudain les défenses ont craqué, et en deux ans le mal était fait. Souhaitons que la librairie La Hune ne soit pas remplacée un beau matin par la boutique d'un parfumeur, qui n'aura vraisemblablement rien à voir avec le bon Birotteau. Rêvons au jour où le peuple en colère brisera les blindages de ces hideuses et insolentes vitrines, remerciera les vigiles et les vendeuses bronzées et rendra la vie à ce lieu qui n'avait pas mérité pareil sort. « Mes amis, disait Diderot, faisons des rêves ; tandis que nous en faisons, nous oublions, et le rêve de la vie s'achève sans qu'on y pense. »

* * *

Dans les limites de l'Ancien Paris, les percées du XIXe siècle ont été plutôt raisonnables, moins d'ailleurs par scrupule archéologique que par manque de temps. C'est grâce aux désastres de Metz et Sedan, grâce aux talents militaires de Mac-Mahon et de Bazaine que Paris a échappé à l'éventrement complet de Saint-Germain-des-Prés par une rue de Rennes poussée jusqu'au pont des Arts et au ravage du Marais par le prolongement de la rue Étienne-Marcel jusqu'à la Bastille. Les tracés réalisés ont des raisons urbanistiques claires. Sur la grande voie nord-sud Sébastopol - Saint-Michel sont branchées deux voies est-ouest, une sur chaque rive : la rue de Rivoli prolongée et le boulevard Saint-Germain – dont la rue des Écoles est une ébauche avortée. Ce système orthogonal est complété par des transversales comme la rue Réaumur et des obliques comme la rue de Turbigo ou l'avenue de l'Opéra.

Les quartiers anciens ont bien cicatrisé au contact de ces percées. De part et d'autre de la place Saint-Michel, paradigme de l'haussmannisme, la place Saint-André-des-Arts et le quartier Saint-Séverin forment un encadrement intact, architecturalement au moins[1]. De part et d'autre de l'avenue de l'Opéra, les rues des Petits-Champs et Danièle-Casanova, Saint-Roch et Sainte-Anne, Gaillon et Daunou témoignent de la résistance du Paris de Nucingen face au Paris des Rougon-Macquart. « Sue, Hugo, et bien sûr Balzac reconnaissent autour d'eux, inchangé, le Paris du Moyen Âge, le même que nous retrouvions bien vivant, malgré Haussmann, il n'y a pas tellement longtemps dans les tronçons de ces rues qui reliaient autrefois la rue Saint-Denis et la rue Saint-Martin et qui, tranchées en leur milieu par le boulevard Sébastopol, avaient trouvé le moyen de reconstituer à leurs deux extrémités les vieilles ardeurs inchangées[2]. » Ce qui contribue au caractère pacifique de la coexistence, c'est le soin mis par les architectes du XIXe siècle aux raccords entre leurs percées et les voies anciennes, comme par exemple à l'angle de la rue de Rennes et de la rue du Vieux-Colombier, où l'architecture du Second Empire reprend sur le côté moderne les ordonnances du XVIIIe siècle[3]. Les deux immeubles de la place des Victoires qui encadrent le départ de la rue Étienne-Marcel sont eux aussi d'extraordinaires adaptations des rythmes et des modénatures louis-quatorziennes. Le souci

1. Ceux qui déplorent l'envahissement de ce quartier par le *donner kebab* peuvent se reporter au *Tableau de Paris* de Sébastien Mercier : « Les Turcs qui vinrent à la suite du dernier ambassadeur ottoman, ne trouvèrent rien de plus agréable dans tout Paris que la rue de la Huchette, à raison des boutiques de rôtisseurs, et de la fumée succulente qui s'en exhale.... À toute heure du jour, on y trouve des volailles cuites ; les broches ne désemparent point le foyer toujours ardent. »

2. Chevalier, *Montmartre du plaisir et du crime*, *op. cit.*

3. François Loyer, *Paris XIXe siècle, l'immeuble et la rue*, Paris, Hazan, 1987.

d'intégration a même parfois entraîné le réemploi de tout un côté de rue dans les nouvelles percées – la rue Taranne en partie intégrée, on l'a vu, dans le boulevard Saint-Germain, ou des pans entiers des antiques rues Phélipeaux et Thévenot absorbés dans la rue Réaumur, près du Temple.

La Cité fait exception car, là, Haussmann a été dévastateur. C'était pour lui « un emplacement obstrué par une foule de masures mal habitées, mal hantées, et sillonné de rues humides, tortueuses et malpropres », description que l'on retrouve, transfigurée, dans certaines gravures de Meryon comme *L'Hôtellerie de la Mort* ou *La Rue des Chantres*, où « la profondeur des perspectives *(est)* augmentée par la pensée de tous les drames qui y sont contenus [1] ». Sans doute fallait-il assainir « ce dédale de rues obscures, étroites, tortueuses qui s'étend depuis le Palais de Justice jusqu'à Notre-Dame », comme il est dit au début des *Mystères de Paris*. Mais de là à tout nettoyer par le vide, à faire que « le berceau de la capitale, démoli tout entier, ne renferme plus qu'une caserne, une église, un hôpital et un palais [2] », il y avait un pas. S'il fut franchi, la raison en est politique et militaire avant tout. Lors des journées de juin 1848, qui ont si fort marqué l'époque, on s'était beaucoup battu dans la Cité et la partie attenante du quartier Latin – j'y reviendrai –, et ce foyer devait être éradiqué.

Une telle phrase, je le sais, va contre l'historiographie actuelle. Par un amalgame qui est bien dans l'esprit du temps, la revalorisation (utile) de l'architecture du XIXe siècle a entraîné celle d'Haussmann au point de minimiser jusqu'à l'absurde ses préoccupations anti-émeutières, de même qu'il est de bon ton d'insister sur un Napoléon III philanthrope saint-simonien [3]. Haussmann est pourtant explicite : au

1. Baudelaire, « Salon de 1859 », à propos de Meryon.

2. Victor Fournel, *Paris nouveau et Paris futur*, Paris, 1868.

3. Les deux livres les plus récents sur Haussmann sont à cet égard assez édifiants. *Haussmann le Grand*, de Georges Valance (Paris, Flammarion, 2000) : « Pourquoi Haussmann ? Parce qu'il nous a légué Paris, une des villes les plus belles, les plus vivables,

moment où le percement de la rue de Turbigo et l'élargissement de la rue Beaubourg font disparaître la rue Transnonain, il exulte : « C'est l'effondrement du vieux Paris, du quartier des émeutes, des barricades. » Et les contemporains ne s'y trompent pas : « J'ai lu, dans un livre qui a obtenu l'année dernière un très grand succès, qu'on avait élargi les rues de Paris afin de permettre aux idées de circuler, et surtout aux régiments de défiler. Cette malignité équivaut à dire, après d'autres, que Paris a été stratégiquement embelli. Eh bien, soit.... Je n'hésiterais pas à proclamer l'embellissement stratégique le plus admirable des embellissements [1]. »

En quittant la Cité par le pont Saint-Michel, on se trouve face à face avec une représentation de ce triomphe stratégique de l'ordre : « À qui, parmi ceux qui traversent aujourd'hui la place Saint-Michel, les figures de la fontaine, entourées de canettes de bière et de Coca-Cola, ont-elles encore quelque chose à dire ? Qui serait capable de déchiffrer historiquement cette allégorie pour touristes, de reconnaître que l'archange à l'épée pointée sur le dos de Satan devait à l'époque représenter le triomphe du bien sur le mauvais peuple de juin 48 ? Mais à l'ère des insurrections, au seuil de l'arrondissement rebelle, cette statue avait un sens dépourvu d'équivoque. Chacun savait que ce saint Michel symbolisait le Second Empire écrasant le démon de la révolution et que la rue Saint-Jacques et le Quartier Latin pouvaient reconnaître leur image dans la bête infernale jetée au sol [2]. »

les plus visitées, les plus enviées du monde. » Sur 350 pages, le livre consacre dix lignes au souci anti-émeutier du baron. Dans son *Haussmann* (Paris, Fayard, 2000), Michel Carmona décrit le percement de la place de la République en ces termes : « La petite place étriquée où s'élevait un modeste château d'eau (en face de l'actuelle rue Léon-Jouhaux) est élargie et devient le beau quadrilatère que nous connaissons. »

1. *Paris nouveau jugé par un flâneur*, Paris, Dentu, 1868, cité par Walter Benjamin dans *Le Livre des passages*, *op. cit.*

2. Dolf Oehler, *1848. Le Spleen contre l'oubli*, trad.fr. Paris, Payot, 1996.

Le Nouveau Paris I. Les faubourgs

> On entend par faubourg la partie d'une ville qui est au-delà de ses portes et de son enceinte. Mais cette définition ne convient plus depuis longtemps aux faubourgs de Paris, qui, à force de s'étendre, a fini par les renfermer tous dans ses murailles. On leur a cependant conservé ce nom consacré par un long usage, et qui aide à la reconnaissance topographique de la capitale.
>
> A. BÉRAUD ET P. DUFAY,
> *Dictionnaire historique de Paris*, 1832.

« L'inconcevable muraille, de quinze pieds de hauteur, de près de sept lieues de tour, qui bientôt va ceindre Paris en entier, devait coûter douze millions ; mais comme elle en devait rapporter deux par chaque année, il est clair que c'était une bonne entreprise. Faire payer le peuple pour le faire payer davantage, quoi de plus heureux ?.... On fera circuler, à l'abri de ce rempart, des bataillons d'employés. La ferme générale aurait voulu enclore l'Île de France. Figurez-vous le bon Henri IV, voyant cette muraille ! Mais ce qui est révoltant pour tous les regards, c'est de voir les antres du fisc métamorphosés en palais à colonnes, qui sont de véritables forteresses. Des figures colossales accompagnent ces monuments. On en voit une du côté de Passy qui tient en main des chaînes, qu'elle offre à ceux qui arrivent ; c'est le génie fiscal personnifié sous ses véritables attributs. Ah ! monsieur Ledoux, vous êtes un terrible architecte ! [1] »

1. Mercier, *Tableau de Paris*.

Sébastien Mercier n'est pas seul de son avis : l'exécration du mur est si générale que les entrepreneurs sont obligés de commencer les travaux à l'endroit le plus désert, du côté de l'hôpital de la Salpêtrière. Par une ironie du sort, Lavoisier, fermier général très en vue, est tenu pour responsable d'un projet accusé par les Parisiens d'empêcher l'air pur d'entrer dans la ville, et ses découvertes, sur la composition de l'air précisément, ne sauveront pas sa tête devant le Tribunal révolutionnaire[1].

Le système de l'octroi existait pourtant avant le mur. Depuis longtemps la Ferme générale avait installé autour de Paris des bureaux qui percevaient des droits d'entrée sur certaines denrées et marchandises, comme les produits alimentaires, le vin et le bois de chauffage[2]. Mais le flou des limites – certaines rues étaient assujetties à l'octroi sur un côté seulement – permettait toutes les fraudes. « Il se fait tous les jours un nombre infini de mensonges par les plus honnêtes gens du monde, note Sébastien Mercier. On se fait un plaisir de tromper la fiscalité, et le complot est général ; on s'en applaudit, et l'on s'en vante. » Dans les années 1780, le déficit public allant en se creusant, Breteuil et Calonne décidèrent d'améliorer les recettes de l'octroi au moyen d'un mur. Mais ce qui suscita alors la colère publique, ce ne fut pas seulement la difficulté à frauder. Un libraire écrit dans son journal que « le Parisien

1. « C'est Lavoisier, de l'Académie des sciences, à qui l'on doit ces lourdes et inutiles barrières, nouvelle oppression exercée par les traitants sur leurs concitoyens. Mais hélas ! ce grand physicien, Lavoisier, était fermier général », Sébastien Mercier, *Le Nouveau Paris*, 10 frimaire an VII (1798). La Ferme générale était une administration fiscale privée. Les charges étaient vénales et le produit des collectes était réparti entre la Ville de Paris, le Trésor royal et les fermiers eux-mêmes. La Constituante supprimera l'octroi en 1790, mais il sera rétabli par le Directoire.

2. En contrepartie, ceux qui vivaient à l'intérieur de la zone soumise à l'octroi étaient exemptés de l'un des grands impôts de l'Ancien Régime, la taille.

avait d'autant plus de raisons de murmurer et de marquer son mécontentement dans cette circonstance, qu'on lui enlevait tous les agréments de la promenade extérieure en le privant du doux plaisir de pouvoir contempler les campagnes verdoyantes comme celui de respirer, fêtes et dimanches, un air pur après avoir travaillé toute une semaine dans des habitations dont un grand nombre était aussi tristes que malsaines[1] ».

Le mur est purement fiscal, il n'a aucune vocation militaire. Ses dimensions mêmes le montrent : trois mètres de haut et moins d'un mètre d'épaisseur. Les historiens lui ont donné le nom de « mur des Fermiers généraux », mais pendant les quatre-vingts années de son existence les Parisiens l'appelleront le « mur d'octroi ». Ainsi, le clos Saint-Lazare, où les derniers insurgés de juin 1848 sont retranchés dans le chantier de l'hôpital Lariboisière, est décrit par Marouk comme « des terrains vagues qui s'étendaient de la barrière Poissonnière [carrefour Barbès-Rochechouart] au chemin de fer du Nord, de l'église Saint-Vincent-de-Paul au mur d'octroi[2] ». Gervaise, de la fenêtre de l'hôtel Boncœur, sur le boulevard de la Chapelle, voyait « à droite, du côté du boulevard de Rochechouart, des groupes de bouchers, devant les abattoirs, *(qui)* stationnaient en tabliers sanglants ; et le vent frais apportait une puanteur par moments, une odeur fauve de bêtes massacrées. Elle regardait à gauche, enfilant un long ruban d'avenue, s'arrêtant, presqu'en face d'elle, à la masse blanche de l'hôpital Lariboisière, alors en construction. Lentement, d'un bout à l'autre de l'horizon, elle suivait le mur de l'octroi, derrière lequel, la nuit, elle entendait parfois des cris d'assassinés ; et elle fouillait les angles écartés, les coins sombres, noirs d'humidité et d'ordure, avec

1. Journal de Hardy, libraire parisien (BN, ms. fr. 6685), jeudi 21 octobre 1784. Cité par B. Rouleau, *Villages et faubourgs de l'ancien Paris. Histoire d'un espace urbain*, Paris, Le Seuil, 1985.

2. Victor Marouk, *Juin 1848*, Paris, 1880 ; rééd. Paris, Spartacus, 1998.

la peur d'y découvrir le corps de Lantier, le ventre troué de coups de couteau[1] ».

À la notable exception de la montagne Sainte-Geneviève, l'Ancien Paris est une ville basse, en plaine. Le tracé de la nouvelle enceinte chemine au contraire à flanc de coteau en prenant appui sur des points marquants du relief creusé par la Seine. Dans le Paris d'aujourd'hui, il correspond aux deux lignes du métro aérien, Nation-Étoile par Barbès et par Denfert-Rochereau[2]. Le mur était bordé d'un chemin de ronde intérieur et d'un large boulevard à l'extérieur. Ledoux, l'architecte de la Ferme générale, avait conçu les cinquante-cinq barrières. Modestes ou imposantes, elles semblaient sortir d'un jeu de construction dessiné à partir de modèles de l'Antiquité et de la Renaissance – Panthéon de Rome, *tempietto* de Bramante, villa Rotonda de Palladio – combinés avec une grande imagination. Dans son *Essai sur l'architecture* (1753), l'abbé Laugier regrettait que l'entrée de Paris se résumât à « quelques méchantes palissades élevées sur des traversiers de bois, roulant sur deux vieux gonds, et flanquées de deux ou trois tas de fumier », si bien que les étrangers avaient du mal à croire qu'ils n'étaient pas encore dans quelque bourgade voisine. Ledoux promet tout autre

1. Émile Zola, *L'Assommoir*. L'abattoir de Rochechouart se trouvait sur l'emplacement du lycée Jacques-Decour et du square d'Anvers. Il faisait partie d'une série d'abattoirs construits sous le Premier Empire : abattoir de Grenelle, entre les avenues de Saxe et de Breteuil ; de Popincourt [square Maurice-Gardette sur l'avenue Parmentier] ; du Roule, avenue de Messine ; de l'Hôpital, entre les boulevards de l'Hôpital et de la Gare (Pinon, *Paris, biographie d'une capitale*, *op. cit.*).

2. Sur la rive gauche il suit les boulevards Vincent-Auriol, Blanqui, Saint-Jacques, Raspail, Edgar-Quinet, Vaugirard, Pasteur, Garibaldi et de Grenelle. Sur la rive droite, il gagne le Trocadéro puis suit l'avenue Kléber, l'avenue de Wagram, les boulevards de Courcelles, des Batignolles, de Clichy, de Rochechouart, de la Chapelle, de la Villette, de Belleville, de Ménilmontant, de Charonne, de Picpus, de Reuilly, de Bercy.

chose : « Je *dévillagerai* une peuplade de huit cent mille hommes pour lui donner l'indépendance qu'une ville tient de son isolement ; je placerai les trophées de la victoire aux issues fermées qui mutilent ses lignes de tendance », et il justifie sa propension à l'hyperbole architecturale : « L'artiste s'est contenté de donner à ces bureaux un caractère public et pour que l'architecture ne fût pas décomposée par les espaces qui sont immenses, il a cru devoir employer le style le plus sévère et le plus décidé[1]. »

À l'ouest de Paris, l'enceinte passait au large de la ville bâtie, presque dans la campagne. Elle englobait le Champ-de-Mars et l'École militaire, les quelques maisons du village de Chaillot et une vaste zone non construite qui sera cinquante ans plus tard le quartier de l'Europe. Mais au nord et à l'est, où l'urbanisation était beaucoup plus dense, le tracé du mur devait tenir compte de ce qui existait, tant à l'intérieur qu'à l'extérieur. D'où des irrégularités qui peuvent sembler curieuses, les angles saillants pour englober les faubourgs Saint-Martin et Saint-Antoine ou les angles rentrants pour laisser au-dehors de grandes propriétés comme Montlouis, le domaine d'été des jésuites, qui deviendra le Père-Lachaise. Il y eut même un cas où la résistance des habitants obligea les entrepreneurs à s'écarter de la ligne qui leur avait été tracée et à faire un angle rentrant entre les boulevards de Clichy et de Rochechouart[2].

Contrairement aux enceintes qui l'ont précédée et suivie, celle des Fermiers généraux concrétise les poussées récentes de la ville plutôt qu'elle n'en provoque de nouvelles[3]. Au cours des quelque vingt ans qui s'écoulent

1. Claude-Nicolas Ledoux, *L'Architecture considérée sous le rapport de l'art, des mœurs et de la législation*, Paris, 1804.

2. A. Béraud et P. Dufay, *Dictionnaire historique de Paris*, Paris, 1832. Cet angle rentrant est encore très net, à l'abouchement de la rue des Martyrs.

3. Pierre Pinon note que « le moment de son achèvement correspond à la vente des biens nationaux qui va saturer le marché

entre la fin des désastres militaires du règne de Louis XV et le début de la crise pré-révolutionnaire des années 1785, l'économie a flambé et avec elle la spéculation immobilière. En outre, le centre de la ville est de plus en plus difficile à vivre, avec ses maisons surélevées, ses parcelles bourrées, ses cours encombrées de galetas. La différence de ton est sensible entre les aimables *Embarras de Paris* de Boileau et le *Tableau* de Sébastien Mercier, où « le défaut de trottoirs rend presque toutes les rues périlleuses : quand un homme qui a un peu de crédit est malade, on répand du fumier devant sa porte, pour rompre le bruit des carrosses ; et c'est alors surtout qu'il faut prendre garde à soi.... *(Les boucheries)* ne sont pas hors de la ville, ni dans les extrémités ; elles sont au milieu. Le sang ruisselle dans les rues, il se caille sous vos pieds et vos souliers en sont rougis.... Les exhalaisons qui sortent des fonderies de suif sont épaisses et infectes. Rien n'est plus propre à corrompre l'air que ces vapeurs grossières.... Des rues étroites et mal percées, des maisons trop hautes et qui interrompent la libre circulation de l'air, des boucheries, des poissonneries, des égouts, des cimetières, font que l'atmosphère se corrompt, se charge de particules impures, et que cet air renfermé devient pesant et d'une influence maligne ».

On a vu l'aristocratie abandonner le Marais à la fin du XVIIe siècle pour les faubourgs Saint-Germain et Saint-Honoré. Un siècle plus tard, tous ceux qui en ont les moyens cherchent à quitter le centre ancien. Ce qui se dessine alors, c'est la ségrégation entre quartiers résidentiels et quartiers populaires, la formation d'un Paris-Ouest pour les riches. Jusque-là, dans les mêmes rues, les nobles hôtels voisinaient avec des bicoques. Les palais royaux eux-mêmes étaient entourés de misérables masures. « En face de cette superbe colonnade *(du Louvre)* que tout étranger admire, on voit beaucoup de vieilles hardes, qui,

---

foncier et immobilier à l'intérieur de la ville même, pour plusieurs années, voire plusieurs décennies » (*Paris, biographie d'une capitale*, *op. cit.*).

suspendues à des ficelles, forment un étalage hideux.... Des parasols chinois, en toile cirée, de dix pieds de haut, servent d'abri à une multitude de fripiers, étalant là des nippes, ou plutôt des haillons. Lorsque ces parasols sont baissés de nuit, ils forment, dans l'obscurité, comme des géants immobiles, rangés sur deux files, qu'on dirait garder le Louvre. » Et de l'autre côté du palais, dans le quartier du Carrousel, « de prétendues maisons ont pour ceinture un marais du côté de la rue de Richelieu, un océan de pavés moutonnants du côté des Tuileries, des baraques sinistres du côté des galeries et des steppes de pierre de taille et de démolitions du côté du vieux Louvre »[1]. Paris mélangeait ainsi riches et pauvres par contiguïté, mais aussi par superposition. Le même corps de bâtiment (on ne dit guère « immeuble » avant la fin du XVIIIe siècle et l'apparition des « immeubles de rapport ») pouvait abriter des boutiques au rez-de-chaussée – le boutiquier habitant l'entresol –, des logements pour l'aristocratie au deuxième niveau, étage noble avant l'invention de l'ascenseur, et pour les ouvriers dans les combles. Cette mixité n'avait pas tout à fait disparu au début des années 1960 où, sur la montagne Sainte-Geneviève par exemple, rue Laplace, rue de Lanneau, rue Valette, les logements sous les toits étaient encore occupés par des ouvriers, avec, il est vrai, l'eau sur le palier. Le *zonage* à l'américaine, par tranches de salaire, ne s'est vraiment installé qu'à l'ère de Gaulle-Malraux-Pompidou en même temps que les quartiers anciens, massivement rénovés, étaient réinvestis par la bourgeoisie.

* * *

Dès le début du XVIIIe siècle, l'anneau compris entre les Grands Boulevards et la région où sera édifié le mur des Fermiers généraux se construit d'une façon nouvelle : l'urbanisation, au lieu de se faire en noyaux denses et serrés, progresse de façon centrifuge le long des *faubourgs*,

1. Mercier, *Tableau de Paris*, et Balzac, *La Cousine Bette*, 1846.

qui rayonnent dans le prolongement des grands axes de la ville ancienne. Les principales barrières du mur d'octroi seront édifiées à l'extrémité de ces faubourgs. (C'est alors que le terme de *barrière* prend sa valeur métaphorique : « À peine le dernier frétillement des dernières voitures de bal cesse-t-il au cœur que déjà ses bras se remuent aux Barrières, et il *(Paris)* se secoue lentement. » Et comme un écho : « L'aurore grelottante en robe rose et verte / S'avançait lentement sur la Seine déserte, / Et le sombre Paris, en se frottant les yeux, / Empoignait ses outils, vieillard laborieux »[1].)

Il ne faudrait pourtant pas se représenter cette première strate du Nouveau Paris sur le modèle d'une roue à rayons régulièrement espacés sur toute la circonférence. Au nord et à l'est de la ville, les vieux faubourgs artisanaux et populaires forment depuis longtemps une armature serrée. Les parcelles encore agricoles qui les bordent se construisent rapidement, du centre à la périphérie. À l'ouest au contraire, où, comme on l'a vu, le mur passe à distance de la ville, la seule voie à porter le nom de faubourg est la rue du Faubourg-Saint-Honoré. Dans cet immense secteur, l'urbanisation progresse lentement par vastes lotissements, et c'est seulement à la fin du XIXe siècle que leur confluence créera un tissu continu. Quant à la rive gauche,

1. Balzac, *Ferragus* ; Baudelaire, *Les Fleurs du Mal*, *Le Crépuscule du matin*. Baudelaire avait pour Balzac une admiration qu'il n'éprouvait sincèrement pour aucun autre écrivain français contemporain. « Balzac, ce prodigieux météore qui couvrira notre pays d'un nuage de gloire, comme un orient bizarre et exceptionnel, comme une aurore polaire inondant le désert glacé de ses lumières féeriques » (« *Madame Bovary* par Gustave Flaubert », paru dans *L'Artiste*, 18 octobre 1857). Ou encore : « .... et vous, ô Honoré de Balzac,
vous le plus héroïque, le plus singulier, le plus romantique et le plus poétique parmi tous les personnages que vous avez tirés de votre sein » (« Salon de 1846 », « De l'héroïsme de la vie moderne »).

le Nouveau Paris s'y développe sans guère recourir au système radial des faubourgs.

La croissance de la capitale, en surface et en population, rendait nécessaire un nouveau découpage. À la place des districts de Louis XIV, la Constituante institua en 1790 douze municipalités comprenant chacune quatre sections. Cette organisation durera aussi longtemps que le mur d'octroi : simplement, en 1805, les municipalités deviendront arrondissements et les sections – terme chargé de trop de souvenirs révolutionnaires – quartiers[1]. Mais il devenait difficile de trouver son chemin dans ce grand Paris. Choderlos de Laclos, qui a inventé un système de numérotation des rues, le présente en juin 1787 dans *Le Journal de Paris* : « Il me paraît qu'il ne serait pas sans utilité de fournir à tous les habitants de cette ville immense un moyen de la parcourir et de s'y reconnaître ; en sorte que chacun pût être sûr d'arriver où il entreprend d'aller. Je crois aussi qu'il ne peut y avoir de moment plus favorable à cette opération que celui où les limites de Paris paraissent être fixées pour longtemps par la nouvelle enceinte qu'on vient de construire. » En 1779, un Allemand nommé Marin Kreefelt entreprit à ses frais un numérotage systématique. « Je fis, écrit-il, poser le premier numéro rue de Gramont, à la petite porte de la police, maintenant le bureau des nourrices *(à l'angle de la rue Saint-Augustin)*[2]. » Les Parisiens accueillirent fraîchement

1. Le Ier arrondissement correspondait aux Champs-Élysées et au faubourg Saint-Honoré ; le IIe au Palais-Royal et à la Chaussée-d'Antin ; le IIIe, aux faubourgs Poissonnière et Montmartre ; le IVe, au Louvre et aux Halles ; le Ve, au faubourg Saint-Denis et au Sentier ; le VIe, aux Arts et Métiers et au Temple ; le VIIe, au Marais ; le VIIIe, au faubourg Saint-Antoine et au quartier Popincourt ; le IXe, aux Îles ; le Xe, au faubourg Saint-Germain ; le XIe, au quartier Latin ; le XIIe, aux faubourgs Saint-Jacques et Saint-Marceau. Sur les douze arrondissements, la rive gauche n'en comprenait donc que trois.

2. Cité par Jeanne Pronteau, *Les Numérotages des rues de Paris*

cette initiative. Le 15 frimaire an IX (6 décembre 1800), le préfet de police le rappelait au ministre de l'Intérieur : « L'inquiétude que donna cette opération qu'on regardait comme le préliminaire de quelques lois bursales *(fiscales)* y mit de tels obstacles que l'on fut obligé de la faire exécuter de nuit ; ces entraves ont donné lieu à beaucoup d'erreurs. » Dans l'aristocratie et la haute bourgeoisie, l'hostilité avait d'autres raisons : « Comment soumettre, demande Sébastien Mercier, l'hôtel de M. le conseiller, de M. le fermier général, de monseigneur l'évêque à un vil numéro, et à quoi servirait son marbre orgueilleux ? Tous ressemblent à César ; aucun ne veut être le second dans Rome : puis une noble porte cochère se trouverait inscrite après une boutique roturière. Cela imprimerait un air d'égalité qu'il faut bien se garder d'établir. »

Kreefelt avait imaginé de numéroter tout le côté gauche d'une rue, puis tout le côté droit en sens inverse, si bien que le premier et le dernier numéro se faisaient face – comme on peut encore le voir dans certaines rues de Londres. La Constituante supprima ce marquage et mit en place un système purement fiscal, un numérotage continu de toutes les rues d'une section, l'une après l'autre. Le début de chaque rue recevait donc un numéro aléatoire, ce qui rendait sans doute la recherche d'une adresse aussi problématique qu'aujourd'hui à Tokyo. Le système actuel fut instauré en 1805, avec des numéros peints en noir (impairs) et en rouge (pairs) sur fond ocre. Les plaques de porcelaine où les chiffres se détachent « en blanc sur fond bleu d'azur » datent de 1847, et ce sont elles que l'on voit encore sur beaucoup d'immeubles parisiens.

* * *

du XV*e siècle à nos jours*, Paris, Commission des travaux historiques, 1966, ouvrage impressionnant auquel j'ai largement emprunté pour ce qui suit.

Ce n'est évidemment pas un hasard si les deux faubourgs dont les noms sont les plus chargés de sens opposé, le faubourg Saint-Antoine et le faubourg Saint-Honoré, sont situés aux deux extrémités du Nouveau Paris. Pourtant, la grande croisée est-ouest actuelle, celle qui mène du château de Vincennes aux tours de la Défense par la Bastille, le Louvre et l'Étoile, celle que dessert la ligne de métro n° 1, celle qui permet de voir de loin le soleil se coucher sous l'Arc de Triomphe ne passe pas par le faubourg Saint-Honoré mais par les Champs-Élysées, et c'est là un *topos* parisien si bien ancré qu'on a quelque mal à concevoir combien il est récent. Jusqu'aux années 1860, où Haussmann aménagea l'avenue de l'Impératrice [avenue du Bois au temps de Proust, puis avenue Foch], la route de Neuilly et de la Normandie passait par le faubourg Saint-Honoré [1]. C'est sur cet itinéraire que Des Grieux projette d'attaquer l'escorte qui conduit Manon Lescaut vers l'exil (« ....je fus informé, par le rapport du soldat aux gardes, qu'elle prenait le chemin de Normandie, et que c'était au Havre-de-Grâce qu'elle devait partir pour l'Amérique. Nous nous rendîmes aussitôt à la porte Saint-Honoré.... Nous nous réunîmes au bout du faubourg. Nos chevaux étaient frais.... »).

La vaste étendue vallonnée qui s'étend entre le faubourg Saint-Honoré et la Seine a connu d'extraordinaires bouleversements depuis le temps où le jeune Louis XIII y chassait le renard. En passant sur le pont de pierre jeté au-dessus du fossé des Tuileries, il sortait de Paris. C'est donc hors de la ville que fut aménagé dans les années 1620 ce qui allait devenir la promenade élégante à l'époque du *Cid*, le Cours-la-Reine, « un nouveau mot et une nouvelle chose, de l'invention de Marie de Médicis. Jusqu'à sa régence, on ne savait point en France d'autre moyen

1. On n'appelait *faubourg Saint-Honoré* que la partie du faubourg actuel comprise entre la porte Saint-Honoré – à hauteur de la rue Royale – et l'emplacement de Saint-Philippe-du-Roule. Au-delà, et jusqu'à la barrière du Roule – à l'emplacement de la place des Ternes –, c'était le *faubourg du Roule*.

d'user de la promenade qu'à pied et dans les jardins, mais alors elle fit passer de Florence à Paris la mode de se promener en carrosse aux heures les plus fraîches de l'après-dîner.... Pour cela, elle fit planter des allées d'arbres sur le bord de la Seine, à l'ouest du jardin des Tuileries. À cette promenade la reine donna le nom de cours, qu'elle forma sur le cours *(corso)* de Florence et de Rome [1] ». Tracé sur l'ancien chemin de Chaillot, le Cours-la-Reine était séparé du fleuve par le chemin de Versailles, qui suivait la berge. Il était planté de quatre rangées d'ormes, bordé de fossés et clos de grilles à ses extrémités. En son milieu, un rond-point [place du Canada] permettait aux carrosses de tourner. Dans le *Grand Cyrus*, où Paris s'appelle Suze et où la princesse Mandane a les cheveux d'or de la duchesse de Longueville, l'une des beautés de la Fronde, il est dit qu'« on trouve le long de ce beau fleuve *(le Choaspe, autrement dit la Seine)* quatre allées si larges, si droites et si sombres par la hauteur des arbres qui les forment qu'on ne peut pas voir une promenade plus agréable. Aussi est-ce le lieu où toutes les dames vont le soir dans de petits chariots découverts, et où tous les hommes les suivent à cheval ; de sorte qu'ayant la liberté d'aller tantôt à l'une et tantôt à l'autre, cette promenade est tout ensemble promenade et conversation, et est sans doute fort divertissante ».

À cette époque, les Champs-Élysées n'étaient qu'une prairie marécageuse qui n'avait pas encore de nom. « C'était anciennement une plaine qu'on voyait à main droite du Cours-la-Reine, dans laquelle on passait de ce cours par un petit pont de pierre. En 1670 elle fut plantée d'ormes qui formaient de belles allées jusqu'au Roule et aboutissaient en forme d'étoile à une hauteur, d'où l'on découvrait une partie de la ville et de la campagne des environs ; ce qu'on nomma les Champs-Élysées. La grande allée était plus spacieuse que les autres et aboutissait d'un côté à la grande esplanade qui fait face au pont tournant des Tuileries, dont on a fait depuis la place

1. Sauval, *Histoire et recherches...*, *op. cit.*

de Louis XV [la Concorde], et de l'autre à l'Étoile[1]. » Sous Louis XV, le marquis de Marigny, frère de la Pompadour et surintendant des Bâtiments du roi (sa sœur et lui formaient un beau ministère de la Culture) « a fait arracher tous les arbres plantés en 1670 et, afin de rendre le point de vue plus étendu.... il a fait couper la hauteur qui était près de la partie qu'on appelle l'Étoile et a fait exhausser les parties les plus basses afin de rendre la route plus douce et plus uniforme, et dès l'année 1765 il a commencé à faire replanter d'arbres toute cette partie des Champs-Élysées, et ces arbres font aujourd'hui le plus bel effet du monde[2] ».

On disait à l'époque que Marigny avait entrepris ces travaux pour donner à sa sœur, qui venait d'acheter l'hôtel d'Évreux [le palais de l'Élysée], une vue plus dégagée sur la promenade et sur les Invalides. C'est possible, mais en tout cas le début de la vogue des Champs-Élysées date de ces aménagements. « Le magnifique jardin des Tuileries est abandonné aujourd'hui, pour les allées des Champs-Élysées, écrit Mercier. On admire les belles proportions et le dessin des Tuileries ; mais aux Champs-Élysées, tous les âges et tous les états sont rassemblés : le champêtre du lieu, les maisons ornées de terrasses, les cafés, un terrain plus vaste et moins symétrique, tout invite à s'y rendre. » Dans les années 1770, où se répandent dans Paris les salles

1. Hurtaut et Magny, *Dictionnaire historique*..., *op. cit.* Dans les textes de l'époque, le terme d'« Étoile » désigne tantôt l'Étoile actuelle (plutôt à la fin du XVIIIe siècle), tantôt le Rond-Point des Champs-Élysées, parfois appelé « Étoile des Champs-Élysées ». Je pense que dans ce texte, l'Étoile dont il s'agit est le Rond-Point. En effet, les allées des jardins des Champs-Élysées ne montaient pas au-dessus de l'allée des Veuves [avenue Montaigne], si bien qu'il est impossible qu'elles « aboutissent en forme d'étoile » à la place de l'Étoile actuelle. De même la « hauteur » arasée par le marquis de Marigny est plus probablement un monticule du côté du Rond-Point que l'énorme éminence sur laquelle sera construit l'Arc de Triomphe.

2. *Ibid.*

à danser ou *vaux-halls*, Le Camus de Mézières, qu'on a vu à l'œuvre à la Halle aux blés, construit le Colisée – une rotonde là aussi – entre l'allée des Veuves [Matignon[1]], la rue du Colisée et les Champs-Élysées. L'établissement, où l'on trouve cinq salles de danse, des boutiques de mode et de bijoux, une naumachie, des cafés, des spectacles, est célèbre pour ses feux d'artifice et ses bals masqués auxquels Marie-Antoinette ne dédaigne pas de se rendre. La meilleure société fréquente le restaurant Ledoyen où l'on dîne en plein air l'été, le café des Ambassadeurs et le restaurant de la Bonne-Morue dans la rue du même nom [Boissy-d'Anglas], où Grimod de La Reynière, fermier général et célèbre gastronome, s'est fait construire un hôtel décoré à la mode pompéienne par Clérisseau[2]. À la place de l'immense terrain vague devant les Tuileries, qui servait depuis longtemps de dépôt de marbres, Gabriel vient de terminer la place Louis XV, qui devait être bien jolie avec son ovale de fossés fleuris, ses guérites, ses balustrades et au centre la statue équestre du roi par Bouchardon, qui sera bientôt remplacée par la guillotine.

Les jardins des Champs-Élysées, avant que le vieux Blanqui vienne à l'insu de tous y passer en revue son armée secrète[3] et que le jeune Narrateur de la *Recherche du temps perdu* y ressente les premiers tourments de l'amour, furent pendant tout le XIXe siècle l'un des grands lieux du

1. L'allée des Veuves, perpendiculaire aux Champs-Élysées, a donné d'un côté l'avenue Matignon et de l'autre l'avenue Montaigne.

2. Il a été démoli en 1935 et remplacé par l'ambassade des États-Unis, prétendument symétrique de l'hôtel de La Vrillière construit par Chalgrin à l'angle de la rue Saint-Florentin.

3. Aux premiers jours de janvier 1870, « Blanqui passa sa revue, sans que personne pût se douter du spectacle étrange. Appuyé à un arbre, debout dans la foule, parmi ceux qui regardaient comme lui, le vieillard attentif vit surgir ses amis, réguliers dans la poussée du peuple, silencieux dans les murmures grossis à tout instant en clameurs » (Gustave Geffroy, *L'Enfermé*, Paris, Fasquelle, 1926).

plaisir parisien. En 1800 déjà, Chateaubriand entrant par la barrière de l'Étoile et redécouvrant la ville qu'il avait quittée neuf ans plus tôt raconte dans les *Mémoires d'outre-tombe* : « .... j'ouïs, à mon grand étonnement, en entrant dans les Champs-Élysées, des sons de violon, de cor, de clarinette et de tambour. J'aperçus des *bastringues* où dansaient des hommes et des femmes ; plus loin, le palais des Tuileries m'apparut dans l'enfoncement de ses deux grands massifs de marronniers. »

Plus tard dans le siècle, les Champs-Élysées sont, pour Victor Fournel, « le centre de ce déluge d'harmonie qui, à la belle saison, déborde sur Paris. On n'y peut faire un pas, à partir du Rond-Point et jusqu'à la Concorde, sans recevoir en pleine poitrine, comme une décharge d'artillerie, ici une romance, là une chansonnette, plus loin un grand air ou l'ouverture d'un opéra[1] ». En 1844, en pleine *polkamanie*, les frères Mabille ouvrent dans un jardin de l'allée des Veuves [avenue Montaigne] un bal dans un décor nouveau « qui offre un aspect charmant le soir lorsque ses bosquets, ses corbeilles de fleurs et ses bassins sont illuminés par les becs de gaz. L'orchestre jouit d'une réputation méritée. C'est là qu'ont brillé successivement les célébrités chorégraphiques plus ou moins suspectes, connues du public sous les pseudonymes de Reine Pomaré, de Céleste Mogador, de Rigolboche, etc.[2] ». Puis, au moment de la grande vogue des cafés-concerts, c'est dans les jardins des Champs-Élysées que se trouvent les plus luxueux, l'Alcazar d'été, dont la vedette est la célèbre Thérésa, et le café des Ambassadeurs, qu'immortaliseront Degas et Lautrec.

* * *

1. *Ce que l'on voit dans les rues de Paris*, Paris, 1858.

2. Joanne, *Paris illustré en 1870…*, *op. cit.* Voir aussi François Gasnault, *Guinguettes et lorettes, bals publics à Paris au XIXe siècle*, Paris, Aubier, 1986.

Le faubourg Saint-Honoré était « autrefois peu habité et peu considérable, écrit Piganiol de La Force en 1765, mais il y a cinquante ou soixante ans que l'on a commencé à y bâtir les hôtels les plus magnifiques, en sorte que c'est aujourd'hui un des plus beaux faubourgs de Paris ». Les hôtels élégants sont du côté impair, avec des jardins ouvrant sur les Champs-Élysées : l'hôtel d'Évreux ou Élysée, l'hôtel de Charost qui appartiendra à Pauline Bonaparte avant de devenir l'ambassade d'Angleterre, l'hôtel d'Aguesseau que Visconti transformera en néo-Renaissance et qui sera l'un des hôtels des Rothschild. Mais au même moment, plus haut, entre le Rond-Point et l'actuelle place de l'Étoile, de part et d'autre de ce qui s'appelait encore l'avenue de Neuilly, c'était presque le désert. En 1800, on y comptait en tout et pour tout six immeubles[1]. En montant, les terrains le long de la rue de Chaillot [de Berri] appartenaient aux pères de l'Oratoire et ceux de gauche à l'abbaye Sainte-Geneviève, dont dépendait la maison de retraite Sainte-Périne. Plus haut encore, le côté gauche était occupé par les jardins Marbeuf, ancienne folie dont la Convention avait fait un jardin public. À droite, les immenses terrains portaient le nom de Beaujon, receveur général des Finances de Louis XVI, qui y avait fait construire une « chartreuse » pour ses parties fines, une laiterie et un hospice pour vingt-quatre orphelins, avec six places pour des enfants « qui annonçaient d'heureuses dispositions pour le dessin[2] ». Sous Louis-Philippe, de nouvelles rues furent percées sur ces terrains lotis, dont la rue Fortunée, où Balzac emménagera après d'immenses travaux pour recevoir Mme Hanska dans un cadre digne d'elle[3].

1. D'Ariste et Arrivetz, *Les Champs-Élysées*, Paris, 1913.
2. La Convention en fera un hôpital, transféré à Clichy en 1936.
3. 25 septembre 1846 : « J'ai tout corrigé de *La Cousine Bette*, et j'en suis à travailler à la fin du manuscrit : dans 6 jours d'ici, au 3 octobre, ce sera fini, et *Le Cousin Pons* sera fini pour le 12.... Santi, l'architecte, travaille comme un nègre, et je saurai dimanche

Les Champs-Élysées au sens actuel sont donc un quartier « récent » qui n'existe vraiment que depuis les années 1830-1840. Son développement s'accélère quand Haussmann aménage la place de l'Étoile et l'avenue de l'Impératrice [Foch], ouvrant ainsi le chemin du Bois et de l'ouest. « Il est effrayant, le nombre de promeneurs et d'équipages de toutes sortes – broughams et briskas, flies et tandems, calèches et carrosses, fiacres et tapissières – qui traversent chaque jour cette place pour se rendre soit au bois de Boulogne soit à Neuilly dont elle est le chemin », écrit Delvau en 1865[1]. Mais, malgré cette animation, l'avenue des Champs-Élysées date pour l'essentiel du XXe siècle. C'est une exception pour un grand axe parisien, et il faut peut-être y voir l'une des raisons qui en font comme une étrangère dans la ville, même si dans certains pays lointains elle peut en être l'un des principaux symboles.

Dans les années 1950, il y avait encore des raisons d'aller aux Champs-Élysées, un clinquant, un kitsch amusants, le Claridge, le Fouquet's, les chromes des De Soto et des Packard – et surtout les cinémas. Pour voir le dernier Hitchcock en version originale il n'y avait pas d'autre choix que les immenses et magnifiques salles du Marignan, du Normandie ou du Colisée (dans les cinémas des Boulevards, les films passaient en v.f., et sur la rive gauche les cinémas d'art et d'essai ne projetaient que des classiques ou des films d'avant-garde). Mais aujourd'hui, surtout après les aménagements récents, les Champs-Élysées évoquent le secteur duty-free d'un aéroport international

---

le chiffre du devis pour les réparations et les constructions, car il faut reculer le mur de devant, c'est une obligation du quartier Beaujon.... J'ai des raisons de croire que je me tiendrai dans 15 000 fr. de réparations. Ainsi la propriété coûterait 67 000 fr., 50 000 de prix, 2 000 de frais et 15 000 de réparations et embellissements. Ce n'est rien dans l'état actuel des choses à Paris et nous n'aurions pas pour 12 000 fr. de loyer ce que j'aurai le bonheur de t'offrir. »

1. *Histoire anecdotique des barrières de Paris*, Paris, Dentu, 1865.

décoré dans un style tantôt pseudo-haussmannien et tantôt néo-Bauhaus revu par Jean-Claude Decaux.

***

À l'époque où les parages des Champs-Élysées sont encore déserts et parfois dangereux – dans *Les Mystères de Paris*, le Cœur Saignant, bouge souterrain où le Maître d'école tente de noyer Rodolphe, est au bout de l'allée des Veuves, c'est-à-dire place de l'Alma –, le faubourg Saint-Antoine est à son apogée. Sa turbulence est proverbiale. Quand la mère Madou, marchande de fruits secs aux Halles, fait irruption chez le pauvre Birotteau pour réclamer son argent, Balzac écrit qu'elle « déboucha comme une insurrection du faubourg Saint-Antoine ». Cette réputation, le faubourg l'avait gagnée pendant la Révolution, dès la prise de la Bastille. Les sections des Quinze-Vingts et de Montreuil avaient ensuite joué les premiers rôles au 10 août – emmenées par Santerre, brasseur de la rue de Reuilly, que la Commune insurrectionnelle nommera commandant de la garde nationale – et lors des journées du 31 mai et du 2 juin 1793, qui virent la chute des Girondins. Après Thermidor, ce fut encore le faubourg qui déclencha les émeutes de la faim de prairial an III et qui subit leur terrible répression. Comme l'écrit Delvau, « l'histoire de ce faubourg est l'histoire de Paris – écrite à coups de fusil[1] ».

Le tracé du faubourg Saint-Antoine et de ses collatérales n'a pas changé depuis le Moyen Âge, quand plusieurs chemins partaient en éventail depuis la porte Saint-Antoine[2]. Le faubourg proprement dit menait vers l'abbaye Saint-Antoine-des-Champs, consacrée aux « folles

1. *Ibid.*

2. Sous Henri II, la porte Saint-Antoine reçut un arc triomphal sculpté par Jean Goujon. Située contre le flanc de la Bastille, elle fut démolie en 1777 pour faciliter la circulation. L'abbaye Saint-Antoine-des-Champs était située sur l'emplacement de l'hôpital Saint-Antoine.

femmes désireuses de revenir au bien », et plus loin vers le château de Vincennes. Les chemins de Charenton, de Charonne, de Reuilly, de Montreuil conduisaient à des villages très anciens qui fournissaient une bonne part du vin, des fruits et des légumes de la capitale. « Montreuil est le plus beau jardin dont puisse se glorifier Pomone, écrit Mercier. Nulle part l'industrie n'a poussé plus loin la culture des arbres à fruit, et surtout celle du pêcher. On se dispute dans l'Île-de-France un jardinier montreuillois. »

L'essor du faubourg commence au XVIIe siècle. « Le faubourg Saint-Antoine s'est prodigieusement augmenté, écrit Piganiol de La Force, par le grand nombre de maisons qu'on y a bâties, tant à cause du bon air qu'à cause des lettres patentes du roi, de l'an 1657, qui exemptent de la Maîtrise tous les artisans et gens de métier qui y demeurent. » Cette faveur de Louis XIV n'est pas la seule raison du développement artisanal du faubourg. Le débarquement du bois flotté se faisait à proximité, au port de la Rapée, à l'île Louviers, si bien que depuis longtemps on entreposait au faubourg du bois de construction et de chauffage. De là à la menuiserie il n'y avait qu'un pas, auquel la construction du mur incitait, car il n'y avait plus aucun avantage à accumuler des matières premières à l'intérieur de la zone soumise à l'octroi. Remises et hangars furent donc transformés en ateliers, d'autant qu'on disposait d'une nouvelle main-d'œuvre très qualifiée, les artisans flamands et allemands venus profiter du boom économique parisien (beaucoup d'entre eux étaient protestants, d'où l'essor du temple de Charenton au XVIIIe siècle). *Profiter* est peut-être beaucoup dire. « Je ne sais comment ce faubourg subsiste, écrit Mercier. On y vend des meubles d'un bout à l'autre ; et la portion pauvre, qui l'habite, n'a point de meubles. »

L'industrie du bois, qui avait commencé par la menuiserie et la charpente, évolua ensuite vers des activités plus délicates. Au faubourg œuvraient des ébénistes, des sculpteurs, des doreurs, des vernisseurs, des tourneurs. Le bois n'était d'ailleurs pas le seul matériau travaillé : on trouvait rue de Reuilly, non loin de la brasserie de Santerre, sur l'emplacement de l'actuelle caserne, la Manufacture royale des glaces dont Colbert avait voulu faire la concurrente des miroiteries vénitiennes. Rue de Montreuil, sur une partie de la Folie-Titon démembrée, la fabrique de Réveillon était devenue sous Louis XVI la Manufacture royale de papiers peints (cet entrepreneur ayant décidé de baisser le salaire de ses ouvriers, le faubourg dévasta la fabrique en avril 1789, la troupe intervint, et cet épisode qui fit plusieurs dizaines de morts est souvent considéré comme un prélude révolutionnaire). En 1808, la filature de François Richard et Lenoir-Dufresne employait dans un ancien couvent de la rue de Charonne 750 ouvriers. L'énergie des métiers était fournie par des manèges à chevaux, et sur les machines la plupart des ouvriers étaient des enfants[1].

Comme Belleville, autre indomptable que Haussmann divisa entre deux arrondissements pour mieux la contrôler, le faubourg Saint-Antoine est partagé entre le XIe et le XIIe. Mais pour bien marquer sa différence, il a gardé les noms anciens pour ses impasses, ses cours et ses passages : le Cheval-Blanc, la Main-d'Or, la Bonne-Graine, la Boule-Blanche, la Forge-Royale, la Maison-Brûlée. « La municipalité a procédé au numérotage des rues comme dans toutes les autres parties de la capitale, mais lorsqu'on demande son adresse à un des habitants de ce faubourg, il vous donnera toujours le nom que porte sa maison, et non le numéro officiel et froid[2]. »

Après la nuit du Second Empire et après la Commune – dont on verra le dernier acte se jouer autour de la mairie du XIe –, le faubourg Saint-Antoine reste un foyer rouge.

1. *Le Faubourg Saint-Antoine, architecture et métiers d'art*, Paris, Action artistique de la Ville de Paris, 1998. C'est de cette filature que vient le nom du boulevard Richard-Lenoir.

2. Sigmund Engländer, *Geschichte der französischen Arbeiterassociationen*, Hambourg, 1864, t. III. Cité par Walter Benjamin, in *Le Livre des passages*, *op. cit.*

« Aussi longtemps que dura la crise dreyfusienne, raconte Daniel Halévy, le faubourg Saint-Antoine fut notre forteresse.... dans cette petite salle de la rue Paul-Bert où nous nous pressions, ouvriers et bourgeois, où nous serrions nos chaises les unes contre les autres.... Un jour de l'automne 1899, nous regardâmes refluer pendant des heures cette foule ouvrière qui venait de défiler sur la place du Trône, devant le *Triomphe de la République*, le bronze de Dalou qu'on inaugura ce jour-là. Je doute que 1848, illustre par ses fêtes, je doute que 1790, au jour des Fédérations, aient mis en mouvement des masses plus nombreuses et plus puissamment possédées par l'esprit de la Révolution[1]. » C'était la première fois dans l'histoire parisienne qu'une foule défilait drapeaux rouges en tête sans se faire mitrailler.

Le faubourg actuel ne garde guère de traces matérielles de ce glorieux passé et seuls les amis du Paris rouge soulèvent mentalement leur chapeau en passant rue Charles-Delescluze et savent qu'au croisement du faubourg et de la rue de Cotte, ils sont sur l'emplacement de la barricade où se fit tuer *pour vingt-cinq francs* le représentant du peuple Alphonse Baudin[2]. Mais même si la proximité de l'opéra Bastille contamine désagréablement les premiers mètres du faubourg, même si la rue de Lappe, depuis longtemps désertée par les Auvergnats, n'est plus le havre qu'elle était naguère pour l'art contemporain[3], le marché d'Aligre, les fontaines à l'angle de la rue de Charonne et sur le terre-plein devant l'hôpital Saint-Antoine, les cours

1. Daniel Halévy, *Pays parisiens*, Paris, Grasset, 1932 ; rééd, coll. « Les Cahiers rouges », 2000.

2. On a donné le nom de Baudin à une ruelle sans grâce qui donne dans la rue Saint-Sébastien. Il existe aussi un hôtel Baudin avenue Ledru-Rollin. Ce n'est pas grand-chose pour celui à qui les républicains voulaient élever un monument à la fin du Second Empire – et la collecte donna lieu, on le sait, à des incidents dans tout le pays et à un procès retentissant.

3. Il reste heureusement la magnifique galerie Durand-Dessert.

où cohabitent graphistes et informaticiens, artisans chinois et photographes, cet assemblage unique maintient l'identité populaire et industrieuse du quartier. Si, reprenant l'idée de Marcel Duchamp, il fallait fabriquer de nouvelles boîtes d'*Air de Paris*, c'est sans doute au faubourg Saint-Antoine que j'irais les remplir.

* * *

Au sud, la rue de Charenton sépare le faubourg Saint-Antoine du quartier de la gare de Lyon – très mal famé jusqu'à la fin des années 1970, avec en particulier l'îlot Chalon, célèbre pour ses squats, ses dealers et ses restaurants vietnamiens où l'on mangeait pour dix francs, éradiqué depuis et remplacé par un ensemble de rues souterraines, de voies rapides et d'immeubles à murs-rideaux réfléchissants. La limite nord du faubourg est plus floue : on peut hésiter entre la rue de Charonne, qui aboutissait sur le mur d'octroi à la barrière de Fontarabie [métro Alexandre-Dumas], et la rue de la Roquette, auvergnate elle aussi autrefois – l'actuel théâtre de la Bastille était encore en 1965 un dancing perpétuant la culture de la bourrée, *Le Massif-Central* –, qui se terminait sur le boulevard à la barrière d'Aunay, face à l'entrée principale du Père-Lachaise.

Entre le faubourg Saint-Antoine et son voisin du nord, le faubourg du Temple, s'étend le quartier Popincourt[1]. Ce vieux foyer du protestantisme parisien était – est encore – organisé par deux grandes transversales. L'une menait du Temple à l'abbaye Saint-Antoine : ce sont les rues de la Folie-Méricourt, Popincourt et Basfroi (ces deux dernières, vouées à la confection en gros aux mains des Asiatiques, sont aujourd'hui comme un second Sentier). L'autre, le chemin de Saint-Denis à Saint-Maur, correspondait à la séquence des rues Saint-Maur, Léon-Frot et des Boulets, prolongée vers l'est par la rue de Picpus. Le

1. Nom d'un président du parlement de Paris sous Charles VI, qui avait là une maison de campagne.

quadrillage était complété par trois radiales, à peu près parallèles au faubourg du Temple : la rue du Chemin-Vert, la rue de Ménilmontant [Oberkampf] et la rue d'Angoulême [Jean-Pierre Timbaud] qui se continuait par la rue des Trois-Bornes puis par la rue des Trois-Couronnes jusqu'à la barrière du même nom [métro Couronnes]. Là se trouvaient les jardins du Delta dont la grande attraction était les Montagnes françaises, « d'où dégringolaient tant de fragiles vertus en bonnet, côte à côte avec d'audacieux commis de nouveautés, vulgairement appelés "calicots"[1] ».

L'industrie du quartier Popincourt ne date que du XIXe siècle. Plus récente que celle du faubourg Saint-Antoine, elle est aussi moins spécialisée. Rue Popincourt ou rue Saint-Maur du côté de l'hôpital Saint-Louis, les cours ouvrières qui se succèdent sur d'étonnantes profondeurs évoquent davantage les *Mietskasernen* berlinoises de la fin du XIXe siècle que les passages du Cheval-Blanc ou de la Main-d'Or. « Ces cours renferment toute une population.... Le propriétaire, qui est un grand fabricant, y a établi une machine à vapeur pour son usine ; mais, voulant y attirer de petits fabricants, il a fait traverser tous ses rez-de-chaussée, c'est-à-dire une longueur de cent et quelques mètres, par l'arbre de sa machine, de sorte qu'il loue à chacun de ses locataires, avec le logement, une courroie à laquelle ils peuvent adapter une machine[2]. »

Au croisement de la rue du Faubourg-du-Temple avec le canal Saint-Martin, deux statues se font face, qui renvoient l'une comme l'autre aux années du Paris romantique. À droite en descendant, c'est le buste du plus grand acteur de l'époque, Frédérick Lemaître, célèbre Robert Macaire de *L'Auberge des Adrets*, illustre Vautrin et don

1. Delvau, *Histoire anecdotique des barrières de Paris*, *op. cit.*
2. Privat d'Anglemont, *Paris anecdote*, *op. cit.* Cette disposition n'est pas une invention, il en existe des images dans des revues techniques de l'époque. Certaines courroies traversaient même les plafonds pour gagner les étages.

César de Bazan, aussi à l'aise sur le boulevard du Crime qu'à l'Ambigu ou au Gymnase (« En fait de gestes sublimes, écrit Baudelaire, Delacroix n'a de rivaux qu'en dehors de son art. Je ne connais guère que Frédérick Lemaître et Macready[1] »). De l'autre côté de la rue c'est l'effigie en pied d'une jeune femme aux traits indécis, qui offre au passant les fleurs qu'elle tient dans son tablier retroussé. Elle est *La Grisette de 1830* – d'après le Robert, « fille de petite condition (généralement ouvrière ou employée dans les maisons de couture, lingerie, mode...), de mœurs faciles et hardies ». Balzac évoque dans *La Caricature* du 6 janvier 1831 « ces petits êtres gentils à croquer, à l'air fripon, au nez retroussé, à la robe courte, à la jambe bien prise, qu'on nomme grisettes ».

La date de 1830 n'est pas une référence aux Trois Glorieuses, mais à un événement qui se déroulait à cette époque et en ce lieu : la descente de la Courtille. Au petit matin du mercredi des Cendres, des années 1820 aux lendemains de juin 1848, cette descente clôturait le carnaval. C'était un rituel dont l'apparente gaieté ne parvenait pas à masquer la violence. Privat d'Anglemont, l'un des princes de la bohème, en donne une vision bon enfant : « Ah ! la descente de la Courtille, c'étaient là les véritables bacchanales du peuple français ! Quelle cohue, quelle mêlée ! que de cris, que de bruit ! des pyramides d'hommes et de femmes grimpés sur des calèches, s'apostrophant d'un côté de la rue à l'autre, toute une ville dans la rue.... on pouvait dire, sans exagération, que *tout Paris y était*. Tout le monde disait : "C'est infâme, c'est ignoble" mais le plus beau monde, les duchesses en domino et les impures court-vêtues, dans leurs atours débraillés, les courtisanes en poissardes effrontées, et les bourgeoises en paysannes ou en laitières suisses, s'empressaient, dès quatre heures du matin, de quitter les salons de l'Opéra, les bals de sous-

1. « Salon de 1846 ». Macready était un acteur anglais contemporain de Lemaître, célèbre en particulier pour son interprétation de *Richard III*.

cription, ceux des théâtres, et même, faut-il le dire, les bals officiels, pour y courir.... Il n'y avait pas de beau carnaval sans une bruyante descente de la Courtille ; toutes les fenêtres étaient louées un mois à l'avance, on les payait un prix fou.... Les cabarets regorgeaient de monde, il y en avait partout, même sur les toits ; on ne voyait que des têtes, et tout cela criait, hurlait, s'aspergeait de vin. Les voitures montaient chargées de masques et mettaient trois heures pour aller du boulevard à la barrière.... On s'engueulait d'une voiture à l'autre, de fenêtres à voitures, de piétons à fenêtres ; chaque société avait son fort en gueule, espèce de crécelle à poumons d'acier chargé de répondre à tout le monde[1]. »

Tout autre est la voix de la conscience ouvrière. Benjamin Gastineau, typographe, ancien collaborateur de Proudhon, déteste le carnaval, avec une horreur particulière pour la descente de la Courtille, où il voit l'abrutissement de ses frères et l'avilissement de ses sœurs : « Gens expulsés des guinguettes qui s'en vont, ivres, chancelant, foulant aux pieds ceux qui tombent, femmes qui rentrent le bonnet de police sur l'oreille, la pipe culottée entre les dents et déguisées en paillasses, en pierrettes, en titis, en poissardes... des femmes échevelées, crottées, déchirées, au regard hébété de la fatigue du vice, aux lèvres vertes, aux seins froissés, aux vêtements maculés... [2]. » En termes curieusement proches de cette morale prolétarienne, la haine du peuple s'exprime par la voix d'Octave dans *La Confession d'un enfant du siècle* d'Alfred de Musset : « La première fois que j'ai vu le peuple, c'était par une affreuse matinée, le mercredi des Cendres, à la descente de la Courtille.... Les voitures de masques défilaient pêle-mêle, en se heurtant, en se froissant, entre deux longues lignes d'hommes et de femmes hideux, debout sur les trot-

1. *Paris anecdote*, *op. cit.*

2. Benjamin Gastineau, *Le Carnaval*, Paris, 1854. Cité par Jacques Rancière, « Le bon temps ou la barrière des plaisirs », in *Les Révoltes logiques*, n° 7, printemps-été 1978.

toirs. Cette muraille de spectateurs sinistres avait, dans ses yeux rouges de vin, une haine de tigre.... De temps en temps, un homme en haillons sortait de la haie, nous vomissait un torrent d'injures au visage, puis nous jetait un nuage de farine.... Je commençais à comprendre le siècle, et à savoir en quel temps nous vivions[1]. »

La construction du mur des Fermiers généraux avait bouleversé la géographie des cabarets de la Courtille. Auparavant, de la Régence au début du règne de Louis XVI, le quartier avait été dominé par le phénomène Ramponeau. L'établissement, à l'enseigne du Tambour-Royal, occupait l'angle de la rue Saint-Maur et de la rue de l'Orillon[2]. Son enseigne montrait le patron à cheval sur un tonneau, surmontant ce distique : « Voyez la France accourir au tonneau/Qui sert de trône à monsieur Ramponeau. » Le nom de Ramponeau, écrit Mercier, est « plus connu mille fois de la multitude que ceux de Voltaire et de Buffon ». Près d'un siècle plus tard, Delvau en donne encore une image éblouie : « Ramponeau ! Voilà un personnage ! Il fit autant de bruit qu'une bataille, dans son passage en ce monde. Le peuple l'avait adopté, il n'en voulait pas d'autre.... On en parlait partout, dans les ruelles et dans les cercles, au petit lever des duchesses et au petit coucher des comédiennes, au

1. Baudelaire sur Musset : « Je n'ai jamais pu souffrir ce *maître des gandins*, son impudence d'enfant gâté qui invoque le ciel et l'enfer pour des aventures de table d'hôte, son torrent bourbeux de fautes de grammaire et de prosodie, enfin son impuissance totale à comprendre le travail par lequel une rêverie devient un objet d'art » (lettre à Armand Fraisse, 18 février 1860). Rimbaud sur Musset : « Musset est quatorze fois exécrable pour nous, générations douloureuses et prises de visions – que sa paresse d'ange a insultées.... Tout *(chez lui)* est français, c'est-à-dire haïssable au dernier degré (lettre à Isambard, 15 mai 1871).

2. La barrière au bout de la rue de l'Orillon avait fini par s'appeler barrière Ramponeau. La rue Ramponeau actuelle prolonge la rue de l'Orillon de l'autre côté du boulevard de Belleville. Le Tambour-Royal disparut sous le Consulat.

point que tout ce beau monde, si frivole et si désœuvré, oubliait la disgrâce de M. de Choiseul et son exil pour songer à cette Courtille qui faisait tant de bruit et à cette canaille qui s'y gaudissait de si bon cœur. »

Mais quand le mur eut durci le paiement des droits sur le vin à l'intérieur de Paris, les cabarets émigrèrent de l'autre côté de la barrière, dans le bas de Belleville. Dans la nuit du Mardi-Gras, avant la descente de la Courtille, les fêtards allaient s'enivrer chez Favié ou chez Desnoyers, l'établissement à la mode de ces années-là : « La grande guinguette de l'immortel Desnoyers, et quelques autres dont les salles immenses se remplissent l'hiver de milliers de familles et les jardins en été, de danseurs et de danseuses qui n'ont pas reçu les leçons de professeurs du conservatoire. Là il n'est question ni des Grecs, ni du trois pour cent, ni des Jésuites, ni de l'Espagne, ni de la Sainte Alliance, ni de la république d'Haïti. On n'y songe qu'à bien boire, à bien manger, à bien danser[1]. » Les plus désargentés pouvaient tenter leur chance chez Guillotin. Vidocq : « Le Guillotin dont je parle est tout simplement un modeste frelateur de vins, dont l'établissement, fort connu des voleurs du plus bas étage, est situé en face de ce cloaque de Desnoyers, que les riboteurs de la barrière appellent le "Grand salon de la Courtille". Avant de franchir le seuil du cabaret de Guillotin, la canaille elle-même regarde à deux fois, de telle sorte que dans ce réceptacle on ne voit que des filles publiques et leurs souteneurs, des filous de tous genres, quelques escrocs du dernier ordre et bon nombre de ces perturbateurs nocturnes, intrépides faubouriens, qui font deux parts de leur existence, l'une consacrée au tapage, l'autre au vol[2]. »

Ces établissements fameux ont disparu sans laisser d'autres traces que des noms de rues, mais comme pour

1. Legrand d'Aussy, *Vie publique et privée des Français*, Paris, 1826. Desnoyers se trouvait à l'angle de la rue qui porte aujourd'hui son nom modernisé (Denoyez) et de la rue de Belleville.

2. Vidocq, *Mémoires*, 1828.

prouver qu'il existe bien quelque chose comme un esprit des lieux, la rue Oberkampf, la rue Jean-Pierre-Timbaud, la rue Saint-Maur ont vu éclore ces dernières années une nouvelle génération de cafés, de restaurants et de bars souvent qualifiés de *branchés*, terme vague qui relève plutôt, lui, de l'esprit du temps. La population ouvrière du quartier (« ouvrière » signifiant aujourd'hui « immigrée ») contient et contamine heureusement le phénomène. La rue du Faubourg-du-Temple reste l'une des plus *amalgamées* de Paris, comme disait Privat. On peut y manger turc, chinois – la *Planète Istanbul* jouxtant *Les Folies de Sin-Wang* – pakistanais, malien, tunisien, grec, cambodgien. On peut y acheter de la viande hallal, toutes les épices de l'Orient, toutes les sortes de riz, des légumes africains mystérieux, des saucisses thaïes, des gâteaux de mariage chinois d'un mètre de haut surmontés de couples dansant tendrement enlacés et dont les étages empilés portent chacun une ribambelle d'enfants. Les ateliers de couture travaillent dans toutes les cours dès huit heures du matin. Dans les bazars pakistanais on peut trouver des grille-pain coréens et des fleurs en papier, des tabourets en plastique, des lots de paillassons et de fausses cafetières italiennes. Au-dessus de la rue Saint-Maur, Mabel offre un choix de statues saintes pour toutes les religions, d'huiles de bain, de philtres d'amour, de faux cheveux, d'encens et d'eau de désenvoûtement. Devant de très étroites boutiques, des panneaux multicolores proposent des prix cassés pour téléphoner aux Comores, en Éthiopie, au Paraguay, au Togo. Sans compter les innombrables boutiques de téléphones portables et de chaussures de sport, de valises à roulettes et de chaussettes à dix francs les trois paires. Le faubourg du Temple, souvent sale, toujours bruyant, toujours encombré, abrite deux théâtres – le Palais des Glaces et son immense éléphant de bois, et une minuscule salle, à l'angle du passage Piver, qui a pris le nom de Tambour-Royal en hommage à Ramponeau –, un hammam, deux dancings et cinq bureaux de tabac. « C'est tout un petit monde – disait déjà Privat d'Anglemont il y a cent cin-

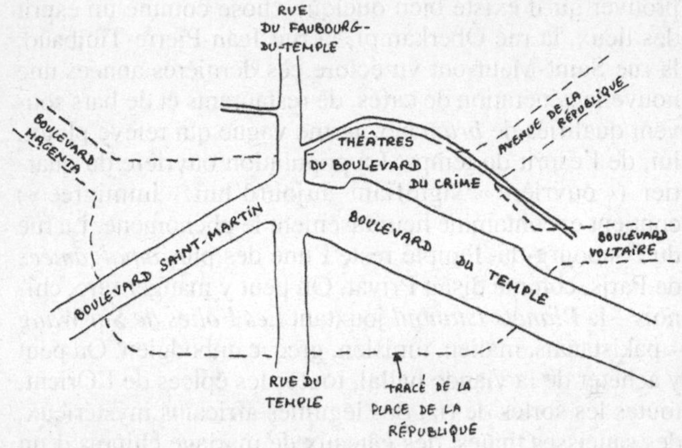

quante ans – que cette grande montée qui commence par un boulevard et finit par un boulevard. C'est une sorte de pays libre, de Quartier Latin de la rive droite. Chacun y vit indépendamment à sa guise, sans que l'œil du voisin vienne interroger son domicile. »

Le faubourg Saint-Antoine, le quartier Popincourt et le faubourg du Temple formaient au milieu du XIXe siècle un ensemble où les classes laborieuses et dangereuses se trouvaient concentrées de façon inquiétante. C'est pourquoi cette région de Paris fut l'objet de toute l'attention d'Haussmann. Sur n'importe quel plan de Paris, on peut lire la brutalité de l'implantation de l'immense place de la République dans un tissu urbain ancien et délicat. Et cette brutalité est aussi manifeste sur la place elle-même, appuyée sur deux bâtiments monumentaux : les Magasins-Réunis (aujourd'hui encore temple consumériste, réunissant Habitat, Go Sport, Gymnase Club et Holiday Inn) et la caserne du Prince-Eugène, construite sur l'emplacement du Diorama de Daguerre. L'importance stratégique de cette caserne et des larges avenues centrées en étoile sur la place était évidente pour les contemporains, même pour un polémiste de la droite catholique comme Louis

Veuillot : « Il y a aussi la caserne du Prince-Eugène, qui est une belle caserne, et le boulevard met la caserne en communication avec le château de Vincennes, qui n'est pas un petit château. Vincennes est à un bout, la caserne à l'autre, longeant par une autre face le boulevard qui mène à la place de l'ancienne Bastille[1]. Car c'est une caserne carrée, pouvant contenir quelques milliers d'hommes, qui peuvent faire feu sur quatre voies : deux feux croisés. Ce serait un coin dangereux pour les idées subversives qui voudraient passer par là[2]. » La caserne de Reuilly contrôle de la même manière le faubourg Saint-Antoine, quadrillé par l'avenue Daumesnil, les boulevards Mazas [Diderot], du Prince-Eugène [Voltaire], de la Reine-Hortense [Richard-Lenoir]. Haussmann est tout à fait explicite. Quand il annonce à Napoléon III qu'il est possible d'abaisser le plan d'eau du canal Saint-Martin et de le couvrir pour y faire passer le boulevard de la Reine-Hortense, il exulte : « J'ai rarement vu mon auguste souverain enthousiasmé. Cette fois, il le fut sans réserve, tant il attachait de prix.... au travail par lequel je proposais de faire disparaître l'obstacle permanent.... à la ligne magistrale d'où l'on pourrait, au besoin, prendre à revers tout le faubourg Saint-Antoine. »

Alors que le quartier du faubourg Saint-Antoine s'étend largement sur le plateau de l'est parisien, le faubourg du Temple bute sur la colline de Belleville, si bien que le quar-

1. Lors du coup d'État de 1851 : « Le coin où nous étions était solitaire. Nous avions à gauche la place de la Bastille profonde et obscure ; on n'y voyait rien et on y sentait une foule ; des régiments y étaient en bataille ; ils ne bivouaquaient pas, ils étaient prêts à marcher ; on entendait la rumeur sourde des haleines ; la place était pleine de ce fourmillement d'étincelles pâles que font les bayonnettes dans la nuit. Au-dessus de ce gouffre de ténèbres se dressait, droite et noire, la colonne de Juillet. » Victor Hugo, *Histoire d'un Crime*, 1877.

2. Louis Veuillot, *Odeurs de Paris*, Paris, 1867.

tier qui en dépend est plus restreint. Pour gagner la route de Meaux et d'Allemagne, il fallait contourner les hauteurs, prendre la rue du Buisson-Saint-Louis et sortir par la barrière de la Chopinette (« où les Parisiens venaient fêter la Saint-Lundi en chopinant théologalement », dit Delvau). On pouvait aussi passer par la rue de la Grange-aux-Belles qui menait à la barrière de Pantin, plus communément appelée barrière du Combat[1]. « Depuis 1781 il y avait au-delà de la barrière de Pantin, à l'angle de la rue de Meaux actuelle et en face de la Grange-aux-Belles, un cirque comme à Madrid.... Ses taureaux étaient le plus souvent des loups, des ours, des cerfs, des ânes et des bouledogues qu'on pouvait voir s'étriper pour la faible rétribution de soixante-quinze centimes aux troisièmes places.... Au début, la mode avait patronné cette parodie des jeux sanglants du cirque de Madrid. De beaux messieurs et de belles dames n'avaient pas craint de braver les exhalaisons du lac Stymphale de l'Édilité et de venir assister à cette boucherie autorisée[2]. » On peut se demander quelle est la plus forte transgression, celle des élégantes spectatrices du Combat aux dernières heures de l'Ancien Régime, ou celle des électrices balladuriennes qui, récemment, se rendirent juste en face, au siège du parti « communiste » pour assister au défilé Prada dans le célèbre immeuble d'Oscar Niemeyer.

Entre le faubourg du Temple et le faubourg Saint-Martin, la transition s'organise de part et d'autre du canal, « le Versailles et le Marseille de cette orgueilleuse et forte contrée[3] ». Sur la rive gauche, l'essentiel de l'espace est occupé par Saint-Louis, le plus ancien des hôpitaux de Paris – c'est en allant inaugurer sa chapelle qu'Henri IV fut assassiné – et le plus beau, avec la Salpêtrière. Entre l'hôpital et le boulevard de la Villette, quelques vieilles

1. Depuis 1945 place du Colonel-Fabien.

2. Delvau, *Histoire anecdotique des barrières de Paris*, *op. cit.* Le Combat fut définitivement supprimé en 1833.

3. Léon-Paul Fargue, *Le Piéton de Paris*, Paris, Gallimard, 1932.

ruelles, la rue Sainte-Marthe, la rue Jean-Moinon, ont opposé une belle résistance à la destruction, dans un tissu d'ensemble pauvre et délabré. De l'autre côté, on avait imaginé sous la Restauration de construire le long du canal une place du Marais, dont l'emplacement est aujourd'hui marqué par les rues de Marseille, Léon-Jouhaux [ex-rue Samson, ex-rue de la Douane [1]] et Yves-Toudic [ex-rue des Marais-du-Temple]. De ce projet avorté il reste l'entrepôt des Douanes – reconstruit dans les années 1930 à la place de l'ancien qui s'étendait jusqu'au bord de l'eau – et des rues très régulières où le commerce des tapis en gros rappelle l'activité douanière du siècle dernier.

Si, tournant le dos au canal, on s'engage en direction des Grands Boulevards, bientôt l'élégance néoclassique remplace le cossu du négoce. Les rues de Lancry, des Vinaigriers, de Bondy [René-Boulanger], la cité Riverin offrent mille et une variations sur les thèmes décoratifs à la mode au temps où David travaillait au *Serment des Horaces*. Entre le boulevard de Magenta et le passage des Marais, la cité du Wauxhall, à laquelle on accède par un portique néo-palladien, rappelle qu'« au coin de la rue de Bondy et de la rue de Lancry, un artificier italien nommé Torré ouvrit en 1764 un vaste théâtre sur lequel il donnait des pantomimes où les feux d'artifice jouaient un grand rôle. En 1769 ce

1. J'ai longtemps pensé que ce nom de Samson, souvent orthographié Sanson, venait de ce que l'exécuteur des hautes œuvres habitait tout près, rue des Marais-du-Temple, dans une demeure « protégée par une grille en fer, et l'on y entre par une petite porte au milieu de laquelle se trouve une bouche en tôle, semblable à une boîte à lettres, où l'on dépose les missives que le Procureur général envoie à l'exécuteur pour le prévenir que l'on va recourir à son ministère » (Eusèbe Girault de Saint-Fargeau, *Les 48 Quartiers de Paris*, Paris, Blanchard, 1850). Gavroche, aux deux enfants qu'il a pris sous sa protection : « Et puis nous irons voir guillotiner. Je vous ferai voir le bourreau. Il demeure rue des Marais, monsieur Sanson. Il y a une boîte à lettres à la porte. » Mais cette étymologie est fausse. Samson était un propriétaire local.

théâtre fut reconstruit et reçut le nom de Wauxhall d'été. En 1782 ce Wauxhall, connu sous le nom de *Fêtes de Tempé*, avait une vogue merveilleuse. C'était une espèce de bourse de l'amour, où se concluaient les marchés de galanterie, et où se produisaient les effets commerciables en ce genre. C'est là que le prince de Soubise fit l'acquisition d'une fort jolie fille, nièce de Mlle Lamy, qui fut pendant longtemps sa maîtresse[1] ».

* * *

Les faubourgs Saint-Martin et Saint-Denis, faux jumeaux séparés par le boulevard de Strasbourg, sont l'un et l'autre coupés en deux, à la gare de l'Est pour le premier et à la gare du Nord pour le second. On pourrait croire que c'est l'énorme emprise des gares qui a rompu leur continuité, mais en réalité la césure date de bien avant le chemin de fer. Elle se faisait à hauteur de deux établissements religieux dont les vestiges ne permettent pas d'imaginer l'immensité, Saint-Laurent et Saint-Lazare. Le faubourg qui porte aujourd'hui le nom de Saint-Martin s'est très longtemps appelé Saint-Laurent dans sa seconde partie, jusqu'à la barrière de La Villette [Stalingrad]. De même, le faubourg Saint-Denis actuel portait le nom de faubourg Saint-Lazare entre le couvent-hôpital-prison et la barrière de La Chapelle. Et c'est même sans doute cette discontinuité ancienne qui a guidé l'emplacement des gares.

Dans leur section la plus ancienne, entre les portes triomphales et les verrières des gares, il existe entre les deux faubourgs la même différence qu'entre la sage rue Saint-Martin et la violente rue Saint-Denis. Le faubourg Saint-Martin est large, plat et rectiligne, animé seulement par la silhouette de la mairie du Xe arrondissement. Il s'évase devant la gare en une place triangulaire où l'Armurerie de la gare de l'Est, la brasserie *Au Triomphe de*

1. Girault de Saint-Fargeau, *Les 48 Quartiers de Paris*, *op. cit.*

l'Est, les boutiques de vêtements de travail, le chevet de l'église Saint-Laurent et le mur de l'ancien couvent des Récollets forment un paysage qui pourrait être de Metz ou de Mulhouse, selon ce mimétisme qui rapproche souvent les abords des gares parisiennes des destinations finales des trains qui en partent.

Le faubourg Saint-Denis commence, à l'ombre de la Porte, par un grand marché bruyant et encombré, turc pour l'essentiel comme le sombre passage du Prado, en L entre le faubourg et le boulevard Saint-Denis, domaine de la machine à coudre, de ses occasions et ses réparateurs. Le faubourg monte ensuite en s'incurvant jusqu'au boulevard Magenta. Le square à l'angle marque l'emplacement de la Mission Saint-Lazare, ancienne léproserie transformée par Vincent de Paul, qui sera au XVIIIe siècle une prison pour jeunes délinquants, puis une prison révolutionnaire avant de devenir un hôpital spécialisé dans les maladies vénériennes[1].

Les deux faubourgs, à peu près parallèles avant les gares, sont réunis par une série de passages si gais, si variés, si pleins d'invention urbaine que certains jours on peut les préférer aux passages historiques de l'Ancien Paris. Il y a d'abord le passage de l'Industrie, qui, de l'autre côté du boulevard de Strasbourg, s'appelle la rue Gustave-Goublier, avec à chaque extrémité le même motif néo-palladien qu'au Wauxhall – un porche à trois ouvertures, celle du centre voûtée en plein cintre avec caissons et colonnes, plus haute et large que les deux ratières latérales. C'est ensuite le passage Brady, voué à la cuisine de l'Inde et surtout du Pakistan entre le faubourg Saint-Denis et le boulevard, mais qui maintient de l'autre côté, vers le faubourg Saint-Martin, l'ancienne tradition des costumiers de théâtre. Plus haut encore, face à la cour des Petites-

1. Dans l'*Histoire de la folie à l'âge classique* (Paris, Gallimard, 1972), Michel Foucault montre le rôle des anciennes léproseries – devenues inutiles comme les sanatoriums dans les années 1960 – dans l'organisation répressive au XVIIe siècle.

Écuries qui était encore dans les années 1960 le rendez-vous des négociants en cuir, le magnifique passage Reilhac est moins fréquenté. Quant au dernier, le passage du Désir, il évoque plutôt malgré son nom la quiétude d'un béguinage flamand.

À partir de la rue de Metz, le boulevard de Strasbourg lui-même et la partie attenante de la rue du Château-d'Eau sont le domaine de la coiffure africaine. On peut y trouver tout le matériel, mèches, teintures, tresses, perruques multicolores. Le soir, en fin de semaine, les salons sont si animés, si pleins de jolies femmes, d'enfants, de maris et d'amants que la coiffure se transforme en une fête largement ouverte sur la rue, et c'est l'un des plus charmants spectacles qui puissent se voir à Paris.

Entre la Mission Saint-Lazare et le couvent des Récollets – autrement dit aujourd'hui d'une gare à l'autre – se tenait au XVIIIe siècle la foire Saint-Laurent, qui durait de la fin juin à la fin septembre. On y voyait des jeux de toute espèce, une salle de danse, des cafés, des restaurants. Lécluse (un ancien acteur de l'Opéra-Comique) y avait fait construire une salle de spectacle où se jouèrent les pièces les plus spirituelles du temps. Lesage, Piron, Sedaine, Favart et bien d'autres ont travaillé pour le théâtre de la Foire. Tous les théâtres des boulevards, et même l'Opéra-Comique avant sa réunion à la Comédie-Italienne, étaient obligés d'y donner des représentations. Dans les dernières années du règne de Louis XVI, on y construisit une « Redoute chinoise » pour concurrencer le Wauxhall d'été. Mais la Révolution allait bientôt marquer la fin de la foire Saint-Laurent. Le terrain resta vague jusqu'à la construction des *embarcadères* de Strasbourg et du Nord dans les années 1830.

Au-delà des gares, les deux faubourgs divergent avec les voies qui partent en éventail vers le nord et vers l'est. Le faubourg Saint-Martin a un parcours sans histoires avant d'arriver à l'ancienne barrière de La Villette qui a pris, pour toujours sans doute, le nom de Stalingrad (les Parisiens adoptent ou refusent les nouveaux noms de lieux anciens. C'est ainsi que personne ne parle de place Charles-de-Gaulle s'agissant de l'Étoile, ni de place André-Malraux pour désigner la place du Théâtre-Français). De cet immense carrefour de pavés, d'eau et d'acier partaient jadis les autocars Citroën, dont le terminus était sous le métro aérien. Certaines lignes assuraient la liaison avec les usines de l'Est parisien. D'autres, dont les départs se faisaient le soir, emportaient des cargaisons de travailleurs immigrés vers l'Espagne, le Portugal et l'Afrique du Nord. Dans les années 1980, la rotonde de Ledoux a été dégagée et la boucle du métro judicieusement déviée en une courbe d'où les passagers ont vue à la fois sur le canal Saint- Martin, le plan d'eau du bassin de la Villette et le Sacré-Cœur.

Jusque dans les années 1960, le faubourg Saint-Denis entre la gare du Nord et le boulevard de la Chapelle était noir comme le charbon des trains. Le quartier était l'un des plus durs de Paris. Aux urgences de la Maison Dubois, chaque soir apportait son lot de coups de couteau, de balles dans le ventre et d'avortements *criminels*. Sous les élégantes galeries à colonnades doriques et dans les allées plantées de tilleuls, il n'y avait pas grand monde pour se souvenir que cette Maison, « fort utile aux personnes qui ne peuvent se faire soigner chez elles et redoutent pourtant la promiscuité forcée des grands hôpitaux[1] », avait vu passer Nerval et Jeanne, la maîtresse de Baudelaire, et que deux figures de la bohème romantique, Murger et Privat d'Anglemont, y avaient fini leur existence. Aujourd'hui, le haut de la rue du Faubourg-Saint-Denis est la principale colonie parisienne de l'Asie du Sud, quelque chose comme un sixième comptoir de l'Inde. On peut y acheter des saris, des bijoux, des épices, des tissus,

1. Alexis Martin, *Promenades dans les vingt arrondissements de Paris*, Paris, Hennuyer, 1890. La Maison Dubois, qui portait le nom du chirurgien fondateur, est aujourd'hui l'hôpital Fernand-Widal.

des cassettes vidéo, de la vaisselle en fer blanc, des sandales phosphorescentes. On peut y goûter la cuisine du Cachemire, du Pakistan, du Tamil Nadu, du Bangladesh, du Sri Lanka, de Singapour. L'odeur de l'encens et des épices flotte jusqu'à l'ancienne barrière de La Chapelle, où la magnifique station du métro aérien domine les deux petits squares de la place, le théâtre des Bouffes du Nord et la rue de Jessaint qui passe en pont au-dessus des voies pour gagner la Goutte-d'Or.

En bordure du mur d'octroi, entre la rue du Faubourg-Saint-Denis et la rue du Faubourg-Poissonnière, descendant au sud jusqu'à la rue de Paradis, le quadrilatère de l'enclos Saint-Lazare appartint pendant tout l'Ancien Régime aux prêtres de la Mission. C'était le plus vaste enclos de Paris, plus étendu même que celui du Temple. Nationalisé à la Révolution, il fut cédé en 1821 à un groupe de financiers dirigé par le banquier Laffitte et son territoire servit à édifier le plus bel ensemble monumental des années 1830-1840. C'est là que Hittorff a construit ses deux chefs-d'œuvre, la façade de la gare du Nord, « avec son pavillon central aux larges baies lumineuses, ses colonnes hardies, ses statues se dressant fièrement dans la nue et ses deux pavillons extrêmes [1] », et l'église Saint-Vincent-de-Paul, à laquelle les escaliers, les courbes des rampes et les beaux immeubles de la place Franz-Liszt forment un idéal parvis scénographique. Et on y trouve aussi le plus harmonieux des hôpitaux parisiens du XIXe siècle, Lariboisière, contigu à la gare du Nord. « En 1846, lorsque les constructions furent commencées sous la direction de l'architecte Gauthier, la maison devait porter le nom du roi Louis-Philippe. La place où on l'édifiait était un terrain vague accidenté, caillouteux, et s'appelait le clos Saint-Lazare. Quelques vieux Parisiens se rappellent encore son aspect gai, le jour, grâce aux nuées d'en-

1. Martin, *Promenades dans les vingt arrondissements de Paris*, *op. cit.*

fants qui s'y donnaient rendez-vous pour jouer au cerf-volant, sinistre, le soir, dans la solitude profonde...[1]. » Je raconterai plus loin les terribles combats qui se déroulèrent dans le chantier de l'hôpital pendant les journées de juin 1848. L'établissement s'est appelé hôpital de la République, puis hôpital du Nord après le coup d'État de 1851, et prit son nom actuel quand la comtesse Lariboisière, morte sans enfants, eut fait don de toute sa fortune à la Ville de Paris, qui l'utilisa pour finir les travaux en 1854.

Le long des faubourgs populaires du nord et de l'est, le mur d'octroi a suscité pendant les quatre-vingts ans de son existence une urbanisation très particulière dont les traces sont toujours marquées dans les pierres comme dans les esprits. Il ne s'agit pas du côté intérieur : le chemin de ronde, l'espace compris entre les dernières maisons et la muraille, est sinistre. C'est là qu'échoue Nerval au bord de la folie à la fin d'*Aurélia* (« J'errai, en proie au désespoir, dans les terrains vagues qui séparent le faubourg de la barrière »), là aussi que la Germinie Lacerteux des Goncourt, autre pauvre errante, « battait tout l'espace où la crapule soûle ses lundis et trouve ses amours, entre un hôpital, une tuerie et un cimetière, Lariboisière, l'Abattoir et Montmartre ».

C'est à l'extérieur du mur, sur le large boulevard qui le borde, que se développent des activités d'un nouveau genre. « Une fois franchi le mur construit par les Fermiers généraux, on arrivait dans une sorte de paradis relatif, où les barrières et les péages étaient inconnus, où les avantages incontestables de la vie indépendante et sauvage s'alliaient aux bénéfices de la civilisation. De nombreux émigrants prirent le bâton de voyage et se dirigèrent vers la zone affranchie des droits d'octroi sur la viande, les vins, les cidres, les bières, les vinaigres, la houille, le bois

1. *Ibid.*

à brûler, le plâtre, etc. Ainsi se constituèrent des villages, dont le véritable fondateur est l'octroi de Paris [1]. »

Cette zone, mi-cour des Miracles, mi-bazar oriental, « était naguère encore exclusivement occupée par des débits de vin bleu aux enseignes burlesques, par des marchands de bric-à-brac, de vieilles chaussures, de vieux linge, de haillons et de ferraille ; puis il y avait des hôtels borgnes, force maisons de commerce anonymes, des baraques où l'on montrait des phénomènes empaillés, des chiens savants, des poissons impossibles et des avaleurs de sabres ; et puis encore des marchands d'habits rafistolés, qui, montés sur des tréteaux, exhibaient le soir leurs marchandises à la clarté de torches fumeuses, en se démenant comme des possédés ». La destruction du mur d'octroi fera disparaître cette faune pittoresque, mais les marchés aux puces actuels, le long des boulevards des maréchaux (Saint-Ouen, Montreuil, Vanves…), peuvent être tenus pour les héritiers directs des baraques du Paris romantique.

Les estaminets et les fripiers n'étaient pas seuls le long du mur, il y avait aussi des théâtres. Pour récompenser les frères Seveste qui lui avaient fait retrouver les restes de son frère et de Marie-Antoinette, Louis XVIII leur avait accordé le monopole des théâtres dans la « zone » [2]. Ils avaient commencé par faire construire le théâtre de Belleville – supermarché chinois aujourd'hui, après avoir été transformé en cinéma dans les années 1950. D'autres scènes suivirent, à Montmartre, à Grenelle, à Montparnasse. Ces théâtres bénéficiaient d'une position exceptionnellement avantageuse, sous le triple rapport du répertoire,

1. Émile de La Bédollière, *Le Nouveau Paris, Histoire de ses vingt arrondissements*, Paris, Barba, 1860.

2. Pierre Seveste était le petit-fils du fossoyeur du cimetière de la Madeleine, où avaient été enterrés, entre autres, Louis XVI et Marie-Antoinette. C'est sur l'emplacement de ce cimetière que Louis XVIII fit élever la Chapelle expiatoire par Percier et Fontaine.

du personnel et du public. En effet, placés en dehors de l'enceinte, ils étaient considérés comme des théâtres de province, et avaient de ce fait la latitude de jouer les pièces des autres théâtres quarante jours après leur première représentation. La proximité de la capitale leur procurait un public assuré, enchanté de pouvoir, dans la même soirée, voir une pièce de l'Odéon, du Gymnase et du Palais-Royal. Ils pouvaient enfin choisir parmi les meilleurs comédiens de province, pour qui le théâtre de banlieue était la dernière étape avant d'accéder à Paris.

Cette disposition explique la géographie des théâtres parisiens actuels, répartis pour la plupart sur deux cercles concentriques. Le cercle intérieur est sur les Grands Boulevards, on l'a vu (l'association « théâtre » et « boulevard » n'a pas toujours signifié vulgarité bourgeoise). À l'extérieur, c'est le cercle des théâtres le long du mur d'octroi : les Bouffes du Nord, l'Atelier de Dullin qui est l'ancien théâtre de Montmartre, l'Européen derrière la place Clichy, le théâtre Hébertot qui est l'ancien théâtre des Batignolles, le Ranelagh, le théâtre de Grenelle qui était à l'angle de la rue du Théâtre et de la rue de la Croix-Nivert, la Gaîté-Montparnasse, le théâtre Saint-Marcel qui était rue Pascal... on ferait ainsi le tour de Paris, en comptant toutes les vieilles salles de cinéma qui sont d'anciens théâtres.

Par cet épisode de la *zone* du mur d'octroi, les boulevards du nord-est, de Clichy à Ménilmontant, ont été pour toujours marqués des signes du divertissement et du plaisir. Les sex-shops, les théâtres pornographiques, les boutiques de vidéo X, les boîtes de nuit délabrées, toute cette *boue diamantifère* de notre temps descend en droite ligne des cirques, des music-halls, des bals, des cabarets et des maisons de passe du Paris de Vidocq et d'Eugène Sue, et plus tard de Maupassant, de Lautrec et d'Atget[1].

1. « Et toi rien ne t'eût fait détourner les yeux des boues diamantifères de la place Clichy » (André Breton, *Ode à Charles Fourier*). Le socle de la statue de Fourier est toujours là, sur le terre-plein du boulevard devant le lycée Jules-Ferry.

***

S'il fallait tracer sur l'« anneau des faubourgs » de la rive droite la frontière entre partie populaire et partie patricienne, on pourrait hésiter entre le faubourg Saint-Denis et le faubourg Poissonnière, et non sans raisons : au sud de l'enclos Saint-Lazare, la région comprise entre la rue du Faubourg-Saint-Denis et la rue de Clichy, c'est-à-dire l'essentiel du IXe arrondissement, n'est pas de lecture aussi claire que les vieux quartiers faubouriens de l'est et du nord. Cette vaste zone est bien traversée par deux voies qui ont rang de faubourg – Poissonnière et Montmartre –, mais sans la fonction matricielle et structurante que ce terme implique, quand des milliers de charrettes ont roulé sur la terre battue puis sur les pavés, quand les jardins maraîchers en bordure se sont lentement transformés en cours, en remises à fourrages, en écuries, en ateliers, quand les terrains des couvents, les parcs aristocratiques ont été vendus ou confisqués, lotis puis bâtis. C'est seulement sur une échelle de temps dont l'unité est le siècle qu'un faubourg peut stimuler et diriger la croissance d'un quartier. Or, si le faubourg Saint-Martin était déjà une voie essentielle au temps de l'empereur Julien, si le chemin qui allait devenir le faubourg Saint-Antoine tenait déjà un grand rôle dans Paris au temps des croisades, les faubourgs Montmartre et Poissonnière ne se sont vraiment développés qu'à la fin du XVIIIe siècle. De plus, toute cette région a subi des bouleversements à la fois radicaux et ramassés dans le temps. La rue de la Chaussée-d'Antin par exemple : « Au siècle passé *(le XVIIe)* c'était simplement un chemin qui, commençant à la porte de Gaillon, conduisait aux Porcherons, et le long duquel régnait un égout découvert. On l'appelait le chemin des Porcherons, la rue de l'Égout de Gaillon, la chaussée d'Antin, enfin le chemin de la Grande Pinte, à cause du cabaret aujourd'hui occupé par le fameux Ramponeau[1]. » Dans les années

1. Hurteau et Magny, *Dictionnaire historique de la ville de*

1770, quand, selon Mercier, les trois états qui faisaient fortune étaient les banquiers, les notaires et les maçons, la rue de la Chaussée-d'Antin et les rues attenantes furent investies par les financiers. C'étaient des Suisses comme Necker ou cette Mme Thélusson qui commanda à Ledoux l'hôtel le plus étonnant de l'époque – sur la rue de Provence, « composé d'une immense arcade hémisphérique à travers de laquelle on apercevait une colonnade en rotonde élevée sur des mamelons de roches abruptes, entremêlées d'arbrisseaux[1] » –, ou bien des fermiers généraux comme Grimod de La Reynière ou Jean-Jacques de Laborde, banquier de Louis XVI, qui lotit le fief de la Grange-Batelière et fit couvrir à ses frais le grand égout pour valoriser ses terrains[2]. Les meilleurs architectes du moment, Ledoux, Brongniart, Boullée, Célérier, Vestier, y construisaient pour les belles amies des banquiers. Pour Mlle Guimard, première danseuse de l'Opéra, protégée de l'évêque d'Orléans, du fermier général Laborde et du maréchal de Soubise, Ledoux conçut un hôtel avec un

---

Paris, 1779. En 1760, Ramponeau avait laissé à son fils le Tambour-Royal du faubourg du Temple et s'était installé à la Grande Pinte, sur l'emplacement où sera construite l'église de la Trinité. La salle pouvait accueillir six cents personnes pour dîner.

1. *Mémoires* de la marquise de Créquy. Sébastien Mercier qui ne peut pas pardonner à Ledoux le mur d'enceinte, note que « la maison de Mme Thélusson est une coquille spirale ; il faut être escargot pour y demeurer : la ligne circulaire y abonde tant que la tête tourne.... L'être le plus dangereux pour le gouvernement, c'est l'architecte, pour peu qu'il ait le transport au cerveau ».

2. Sur les lotissements, et en particulier sur ce quartier, voir Pierre Pinon, *Paris, biographie d'une capitale*, *op. cit.* Le grand égout prolongeait celui de la rue de Turenne, passait sous les théâtres du boulevard du Temple puis suivait le trajet de rues actuelles dont certaines furent bâties au moment où il fut couvert, dans les années 1760 : rues du Château-d'Eau, des Petites-Écuries, Richer, de Provence, puis de la Pépinière, La Boétie, du Colisée, Marbeuf. Il se jetait dans la Seine vers l'actuelle place de l'Alma. C'est le trajet de l'ancien bras mort de la Seine.

théâtre pour les représentations intimes, un ovale enveloppé d'une colonnade sur le modèle du théâtre olympique de Palladio. Décoré par Fragonard et David, c'était « l'assemblage le plus heureux et le plus brillant de tous les arts.... Les appartements offrent l'intérieur du palais de l'Amour embelli par les Grâces.... Une serre chaude, comprise à l'intérieur de l'appartement, y tient lieu de jardin, l'hiver. Le paysage y est tendre sans nuire à l'effet, les treillages sont soumis aux règles de la bonne architecture, les arabesques n'y ont rien de chimérique.... Vous verrez un petit appartement de bain délicieux, et peut-être unique par le style des ornements[1] ».

L'hôtel de la Guimard fut offert par Napoléon comme ambassade au tsar, ce qui ne l'empêcha pas d'être démoli dès 1826 pour « y bâtir des maisons de plâtre, et tous les Parisiens de cœur et d'âme en ont gémi ». Dans ce quartier de la Chaussée-d'Antin dont il est difficile de se représenter aujourd'hui la splendeur, dès les années 1825 – moment où la spéculation financière était de nouveau à son comble, voir les déboires du pauvre Birotteau –, on commença ainsi à démolir des merveilles qui n'avaient pas cinquante ans. Très tôt on y entama de grandes percées : la rue La Fayette fut commencée sous Charles X, dont elle portait d'ailleurs le nom avant 1830. La construction de l'opéra Garnier, des « grands magasins » et, pour finir, le prolongement du boulevard Haussmann portèrent le coup de grâce au quartier des comédiennes et des danseuses, si bien qu'aujourd'hui seuls quelques érudits connaissent les vestiges du quartier, dispersés parmi les embouteillages, les parfumeries, les soldes et les vitrines de jouets à Noël.

Entre la rue de Trévise qui monte vers le square Montholon et la rue d'Hauteville qui monte vers Saint-

1. Jacques-François Blondel, *L'Homme du monde éclairé par les arts*, t. II. Reproduit dans J. Adamson, *Correspondance secrète*, t. VIII, Londres, 1787.

Vincent-de-Paul, la partie autrefois très élégante du faubourg Poissonnière est toujours noble d'allure même si elle est vouée pour l'essentiel à la fourrure en gros. Sur l'emplacement de la rue du Conservatoire s'élevait au XVIIIe siècle l'hôtel des Menus-Plaisirs, sorte de ministère des Beaux-Arts – on disait *les Menus* comme aujourd'hui *le Quai d'Orsay* ou *la Place Beauvau* – où l'on travaillait à l'organisation des grandes fêtes publiques et à la création du mobilier royal[1]. Le Conservatoire de musique fut fondé dans ces bâtiments par une décision du Comité de salut public du 7 floréal an II (26 avril 1794). Gossec, Méhul, Cherubini étaient parmi les professeurs. Pour Sarrette, le directeur, « le vide que laisse la suppression du rituel du fanatisme doit être rempli par les chants de la Liberté et le peuple doit augmenter par ses accents la solennité des fêtes consacrées aux vertus que la République honore ». Les décors de la fête de l'Être suprême furent réalisés dans les ateliers des Menus-Plaisirs sur les dessins de David.

Au XIXe siècle, d'autres musiques vont retentir dans le quartier : celles de l'Alcazar d'Hiver, rue du Faubourg-Poissonnière, du Concert-Parisien, rue de l'Échiquier – dont la vedette était Yvette Guilbert – et surtout celles des Folies-Bergère. Le petit Léautaud – qui aurait pu y rencontrer Manet – s'y rend pour la première fois avec sa mère : « J'avais déjà été à la Boule-Noire, à l'Élysée-Montmartre et à la Comédie-Française ; les lumières et les toilettes ne m'étaient pas des choses nouvelles. Mais ce que je voyais maintenant me paraissait autrement brillant, autrement coloré, plus paré et plus cadencé, et les femmes aussi me semblaient plus belles, à côté de celles de la Boule-Noire et de l'Élysée-Montmartre, souvent un peu familières, et de

1. Pascal Étienne, *Le Faubourg Poissonnière, architecture, élégance et décor*, Paris, Action artistique de la ville de Paris, 1986. Les deux premiers directeurs des Menus furent Michel-Ange Slodtz et Michel-Ange Challe, succession marquant le passage du goût rocaille au goût néoclassique.

celles de la Comédie, toujours si guindées[1]. » Et Huysmans, avant d'être touché par la grâce divine : « Elles sont inouïes et elles sont splendides, lorsque dans l'hémicycle longeant la salle, elles marchent deux à deux, poudrées et fardées, l'œil noyé dans une estompe de bleu pâle, les lèvres cerclées d'un rouge fracassant, les seins projetés en avances sur des reins sanglés.... On regarde, ravi, ce troupeau de filles passer en musique sur un fond de rouge sourd, coupé de glaces, dans un tournoiement ralenti de chevaux de bois courant en rond, au son d'un orgue, sur un bout de rideau écarlate orné de miroirs et de lampes....[2]. »

Entre la fin de l'Ancien Régime et la fin du Second Empire, les continuels bouleversements dans ce qui est aujourd'hui le bas du IXe arrondissement ont effacé de la carte trois petits quartiers : les Porcherons, la Nouvelle-France et le quartier Breda. Très présents dans les chroniques, les romans et les chansons de l'époque, ils ont disparu sans rien laisser derrière eux, pas même un nom de rue. Les Porcherons, écrivent Hurtaut et Magny dans leur dictionnaire de 1779, sont un « quartier particulier de celui de Montmartre, qui n'est rempli que de cabarets, où le peuple consomme beaucoup de vin, de même qu'à la Grande Pinte, parce qu'il y est meilleur marché[3] ». Dans un couplet de 1750, il est dit que « Voir Paris sans voir la Courtille / Où le peuple joyeux fourmille / Sans fréquenter les Porcherons / Le rendez-vous des bons lurons / C'est voir Rome sans voir le Pape ». Au début du XIXe siècle, les Porcherons feront place au lotissement de la Tour-

1. *Le Petit Ami*, Paris, Mercure de France, 1903. Le père de Léautaud était, on le sait, souffleur à la Comédie-Française.

2. *Croquis parisiens*, « Les Folies-Bergère en 1879 », 1880.

3. L'investissement de la Chaussée-d'Antin par les nobles hôtels avait repoussé vers le nord les maraîchers et les cabaretiers, qui s'étaient établis dans une partie du domaine de l'abbaye de Montmartre limitée par la rue des Porcherons [Saint-Lazare], et les rues Blanche, La Bruyère et Notre-Dame-de-Lorette.

des-Dames, *le rendez-vous des bons lurons* devenant alors l'un des quartiers les plus élégants de Paris.

La Nouvelle-France se trouvait près de la barrière Poissonnière [carrefour Barbès-Rochechouart]. Cette partie du faubourg Poissonnière s'était longtemps dénommée chemin de la Nouvelle-France, appellation relative aux jeunes gens *dévoyés* que l'on parquait après les rafles dans une caserne des parages avant de les embarquer pour le Canada. Au XVIIIe siècle, quelques grands seigneurs avaient fait construire des folies au milieu des champs, des guinguettes et des moulins de la Nouvelle-France. « Le comte de Charolais, pair de France, gouverneur de Touraine, prince du sang : pour tout le monde, il demeurait à l'hôtel de Condé ; mais pour les filles de l'Opéra et pour quelques débauchés, ses amis, il avait pour domicile réel une maisonnette entre cour et jardin, vers le haut du chemin de la Nouvelle-France. Seulement à l'hôtel de Condé on l'appelait le comte de Charolais gros comme le bras, et au faubourg on l'appelait familièrement le prince Charles, en le tutoyant [1]. »

Quant au quartier Breda, c'était le haut du faubourg Montmartre autour de la nouvelle église Notre-Dame-de-Lorette, un quartier plus récent donc, contemporain de la vogue des Boulevards [2]. « Les femmes entretenues, les femmes du demi-monde et du quart de monde habitent le quartier Breda aux environs de Notre-Dame-de-Lorette en si grand nombre qu'elles sont généralement désignées sous le nom de *lorettes* ; celui de *biches* n'est guère en

1. Delvau, *Histoire anecdotique des barrières de Paris*, *op. cit.* La caserne de la Nouvelle-France, en face de l'abouchement des rues de Montholon et de Bellefond, avait été construite à la fin du siècle par le maréchal de Biron. La légende veut que Hoche et Bernadotte y aient été sergents. Le n° 82 de la rue du Faubourg-Poissonnière est toujours occupé par une caserne de la garde républicaine dont les bâtiments datent des années 1930.

2. La rue Breda est aujourd'hui partagée entre les rues Henri-Monnier et Clauzel.

usage que depuis 1852.... Les propriétaires du quartier Notre-Dame-de-Lorette, chevaleresques malgré eux, donnèrent l'hospitalité à des femmes proscrites qui, bravant les rhumatismes, voulurent bien essuyer les plâtres. Dès qu'elles furent en possession du quartier, d'où leur turbulence éloignait le bourgeois paisible et rangé, elles n'en sortirent plus. De cette façon se perpétua une colonie joyeuse, insouciante, désordonnée, et qui paie ses termes avec la plus régulière irrégularité [1]. »

* * *

Vers 1825, entre *Le Radeau de la Méduse* et *La Liberté guidant le peuple*, le Nouveau Paris, resté jusque-là en plaine, franchit la rue Saint-Lazare, englobe les Porcherons et déborde sur les premières pentes de Montmartre, selon « ce mouvement progressif par lequel la population parisienne se porte sur les hauteurs de la rive droite de la Seine, en abandonnant la rive gauche [2] ». Les historiens distinguent des nuances entre le lotissement Saint-Georges, celui de la Tour-des-Dames et la Nouvelle-Athènes, et il est vrai qu'en montant de Notre-Dame-de-Lorette à la barrière Montmartre [place Pigalle] l'architecture passe d'un néoclassicisme aimable jusqu'aux bords de l'Art nouveau. Mais ce qui domine sur cette pente, ce qui en fait la ville éblouissante de Balzac, de Chopin et de Delacroix, c'est l'architecture de la fin de la Restauration et de la monarchie de Juillet, pittoresque avec goût, homogène sans ennui, ornée sans mièvrerie, noble sans ostentation, ici mélancolique comme une époque finissante, là joyeuse comme une nouvelle aventure. Et sur ce fond calme et régulier se détachent des chefs-d'œuvre, monumentaux

1. La Bédollière, *Le Nouveau Paris…*, *op. cit.* « Lorette, dit Balzac, est un mot décent pour exprimer l'état d'une fille d'un état difficile à nommer, et que, par pudeur, l'Académie française a négligé de définir, vu l'âge de ses quarante membres » (*Histoire et physiologie des Boulevards de Paris*, *op. cit.*).

2. Balzac, *Les Petits Bourgeois*.

comme l'hôtel de la Païva place Saint-Georges ou modestes comme l'immeuble de la rue Henri-Monnier, face à la villa Frochot où Lautrec aura son atelier.

Dans ce quartier neuf – chercher à habiter dans de l'*ancien* est un goût qui n'a pas un siècle –, il se forme une sorte de colonie d'écrivains et d'artistes. Tout commence avec des gens de théâtre, déjà glorieux sous l'Empire. Rue de la Tour-des-Dames, Mlle Mars s'installe au n° 1, Mlle Duchesnois au n° 3 et le grand Talma au n° 9. Puis Chopin et George Sand viennent habiter le square d'Orléans[1] et, pour vivre plus près d'eux, Delacroix s'installe rue Notre-Dame-de-Lorette. C'est à ce moment qu'il fait leur double portrait. Rue Saint-Georges, où Nucingen installe la pauvre Esther dans un *bedit balais*, le vieux ténor Manuel Garcia donne des cours de chant. Ses deux filles, Pauline Viardot et la Malibran, vont bientôt atteindre à une gloire que seule peut-être la Callas égalera un jour[2]. La magie du quartier y attire Victor Hugo (rue de La Rochefoucauld), Henri Monnier, Gavarni qui aura un jour un monument place Saint-Georges, Alexandre Dumas, Auber, Boieldieu, Émile de Girardin dont le salon tenu par Delphine Gay a pour familiers Hugo, Musset, Balzac, Lamartine. Plus tard viendront s'installer Barrès, Wagner, Gounod, les Goncourt avant Auteuil, Murger dont le père était concierge à Montmartre, Millet, Lautrec, Gustave Moreau et Villiers de L'Isle-Adam qui meurt au n° 45 de la rue Fontaine, presque en face de l'immeuble où habitera André Breton.

Dans *Le Petit Ami*, cette brève merveille, Paul Léautaud raconte son enfance dans le quartier au tournant du siècle : « La région qui m'était la plus familière, celle où mes yeux s'emplissaient des images que je devais conserver

1. Intact et miraculeux, son entrée est au 80, rue Taitbout.

2. Pauline Viardot habite square d'Orléans et la Malibran a son hôtel non loin, rue de l'Élysée-des-Beaux-Arts [André-Antoine], où il existe toujours.

toujours, était celle comprise entre les rues Notre-Dame-de-Lorette et Fontaine, les boulevards de Clichy et Rochechouart, et les rues Rochechouart et Lamartine.... J'ai joué des après-midi entières avec un troupeau de petites filles charmantes, dans le haut de la rue Milton, que bordaient alors de chaque côté des terrains vagues enclos de planches. J'ai accompagné chaque matin, pendant des années, mon père chez son coiffeur, rue Lamartine, au coin de la rue Rochechouart.... Rue des Martyrs, le marchand de couleurs, avec sa maison toute bariolée ; le lavoir, avec son drapeau en zinc ; le petit bazar au coin de la rue Hippolyte-Lebas (la rue Haute-Lebas, comme disaient, à cause de l'abréviation de la plaque, les petites femmes nouvelles dans le quartier).... Rue Clauzel, l'école des filles, et une maison d'artiste, avec sa façade ouvragée.... et rue Rodier, cette maison, en face de la nôtre, où des femmes pleines de poudre de riz chantaient toute la journée. »

* * *

En traversant le IXe arrondissement d'est en ouest, on finit par buter sur la rue de Clichy, au-delà de laquelle commence une région aussi différente de la Nouvelle-Athènes que Nana pouvait l'être de Coralie, Manet de Géricault ou Gounod de Cherubini : c'est le quartier de l'Europe. L'élégance passée de la rue de Clichy est indécelable et pourtant le maréchal de Richelieu, avant de faire construire le pavillon de Hanovre, avait là une folie qui s'étendait jusqu'à la rue Blanche et où Louis XV venait souvent avec Mme de Pompadour. Un peu plus haut se trouvait la prison pour dettes qui succéda en 1826 à Sainte-Pélagie (rue de la Clef, sur la rive gauche). Le créancier qui avait demandé l'incarcération était tenu de verser chaque mois trente francs pour la subsistance du prisonnier. Près de la barrière [place] de Clichy, la Folie-Bouxière – du nom d'un fermier général – devint dans les années 1825 un lieu de plaisir célèbre, les jardins Tivoli, où le tir aux pigeons fit ses débuts en France. C'est sur ces jardins que furent percées les rues de Vintimille et de

Bruxelles et dessiné le paisible square Berlioz où Vuillard avait son atelier et qu'il a représenté dans la série des *Jardins publics*.

Passée la rue de Clichy, le plan du quartier de l'Europe, comme celui de la plaine Monceau qui lui fait suite, est simple. Ce sont les derniers en date des quartiers de l'anneau des faubourgs et ils ont été très peu modifiés depuis leur construction – le premier sous la Restauration et la monarchie de Juillet, le second sous Napoléon III.

C'est presque en pleine campagne que surgirent, entre 1825 et 1840, la gare Saint-Lazare et le quartier de l'Europe. Jusque-là, l'emplacement actuel de la rue du Rocher et de la rue de la Bienfaisance était surtout connu pour ses moulins. Sur l'emplacement actuel du square Henri-Bergson, près de l'église Saint-Augustin, le terrain était occupé par une *voirie*, c'est-à-dire une décharge, et s'appelait les Grésillons, ce qui signifiait *mauvaise farine*. Entre la rue du Rocher et la rue de Clichy, on trouvait encore des champs, les uns cultivés en pommes de terre ou en céréales, les autres en friche.

Vers le bas de la rue du Rocher, c'était la Petite-Pologne[1]. « La porte Saint-Jacques, la porte Paris, la barrière des Sergents, les Porcherons, la Galiote, les Célestins, les Capucins, le Mail, la Bourbe, l'Arbre-de-Cracovie, la Petite-Pologne, le Petit-Picpus, ce sont les noms du vieux Paris surnageant dans le nouveau. La mémoire du peuple flotte sur ces épaves du passé », écrit Hugo au cinquième livre de la deuxième partie des *Misérables*. À la fin de *La Cousine Bette*, quand la baronne Hulot rejoint Mme de la Chanterie dans ses œuvres pieuses, « une de *(ses)* premières tentatives eut lieu dans le quartier sinistre nommé autrefois la *Petite-Pologne*, et que circonscrivent la rue du Rocher, la rue de la Pépinière et la rue de Miromesnil. Il existe là comme une succursale du faubourg Saint-

1. D'après une enseigne *Au Roi de Pologne*, allusion au duc d'Anjou, roi de Pologne, le futur Henri III, qui avait une maison de campagne sur l'emplacement de la gare Saint-Lazare.

Marceau. Pour peindre ce quartier, il suffira de dire que les propriétaires de certaines maisons habitées par des industriels sans industrie, par de dangereux ferrailleurs, par des indigents livrés à des métiers périlleux, n'osent pas y réclamer leurs loyers, et ne trouvent pas d'huissiers qui veuillent expulser les locataires insolvables. En ce moment, la Spéculation, qui tend à changer la face de ce coin de Paris et à bâtir l'espace en friche qui sépare la rue d'Amsterdam de la rue du Faubourg-du-Roule, en modifiera sans doute la population car la truelle est, à Paris, plus civilisatrice qu'on ne le pense ! »

Sur la modification de la population, on peut dire que cette prédiction s'est vérifiée. Le percement du boulevard Malesherbes a fait disparaître la Petite-Pologne dans les années 1860 (il y a dans cette région comme un parfum d'expiation du régicide : Malesherbes, Tronchet, de Sèze, les trois défenseurs de Louis XVI, y ont leur rue, et Louis XVIII y avait fait construire la chapelle expiatoire par Percier et Fontaine). Mais le lotissement du quartier avait débuté bien avant : dès 1826 une compagnie financière avait tracé le plan d'un quartier dont la place la plus importante se nommait place de l'Europe, et dont les rues avaient des noms de capitales. Ce lotissement prit son essor au moment où Émile Pereire obtint la concession de la ligne de chemin de fer Paris-Saint-Germain. Son embarcadère fut construit rue de Stockholm avec une sortie rue de Londres, donc tout contre la place de l'Europe sous laquelle il fallut creuser un tunnel[1].

1. C'est la première gare Saint-Lazare. La gare fut transférée à son emplacement actuel en 1860 et entièrement reconstruite dans les années 1880. Le tunnel primitif ne doit pas être confondu avec le tunnel des Batignolles, qui était nettement plus au nord. D'autres emplacements avaient été envisagés pour la gare : « Quand il fut question de la construire, on trouva l'emplacement qui lui était réservé, place de l'Europe, si éloigné du centre des affaires, du Paris habité, qu'on agita très sérieusement le projet de l'établir à l'angle sud-est de la place de la Madeleine et de la rue

Pourtant, dans les années 1840, le succès n'était pas assuré. Balzac pouvait encore évoquer dans *Béatrix* « ces solitudes de moellons sculptés qui meublent les rues européennes d'Amsterdam, de Milan, de Stockholm, de Londres, de Moscou, steppes architecturales où le vent fait mugir d'innombrables écriteaux qui en accusent le vide par ces mots : *Appartements à louer* !.... quand monsieur de Rochefide rencontra Mme Schontz, elle occupait le troisième étage de la seule maison qui existât rue de Berlin.... ». C'est seulement sous le Second Empire que le lycée Bonaparte [Condorcet] devint celui de l'« élite » parisienne, et le quartier celui de la haute bourgeoisie. Beaucoup regrettaient l'invasion du métal et du charbon : « Il est question, écrit La Bédollière en 1860, de jeter des ponts en tôle sur la place de l'Europe en détruisant le jardin placé au centre. Qu'est-ce qu'il y a de perpétuel ? » Ce qui le chagrinait est justement ce qui nous enchante aujourd'hui, la rencontre entre le ferroviaire et la ville, si bien vue par Proust : « .... ces grands ateliers vitrés, comme celui de Saint-Lazare où j'allai chercher le train de Balbec, et qui déployait au-dessus de la ville éventrée un de ces immenses ciels crus et gros de menaces amoncelées de drame, pareils à certains ciels, d'une modernité presque parisienne, de Mantegna ou de Véronèse, et sous lequel ne pouvait s'accomplir que quelque acte terrible et solennel comme un départ en chemin de fer ou l'érection de la Croix [1]. »

Le quartier est toujours centré sur l'hexagone de la place de l'Europe, dont la beauté si particulière tient au

Tronchet. Les rails, supportés par "d'élégants arceaux de fonte élevés de 20 pieds au-dessus du sol et ayant une longueur de 615 mètres", selon le rapport, auraient traversé les rues Saint-Lazare, Saint-Nicolas, des Mathurins et de Castellane, qui, chacune, auraient eu une station particulière » (Maxime Du Camp, *Paris, ses organes, ses fonctions et sa vie dans la seconde moitié du XIXe siècle*, Paris, Hachette, 1869).

1. *À l'ombre des jeunes filles en fleurs.*

contraste entre la lourdeur des immeubles ordonnancés – pilastres colossaux, frontons triangulaires, combles surélevés – et la situation aérienne, suspendue au-dessus des voies, ouverte à tous les vents, bordée de réseaux transparents, poteaux, grilles, arbres d'essences raffinées dans les jardinets toujours vides. Les balustrades de fonte et les grands croisillons rivetés, motifs essentiels des chefs-d'œuvre de Monet et de Caillebotte, ont disparu en 1930. Pour les revoir il faut monter la rue de Rome et observer, face au lycée Chaptal, les assises de l'ancien dépôt des Messageries transformé en garage, qui étend de la place de l'Europe jusqu'au boulevard des Batignolles son architecture de métal et de brique en surplomb sur les voies.

Si la lourde fonte a disparu de la place, les grilles sont encore là, les mêmes qui servent de fond à deux images célèbres, *Le Chemin de fer* de Manet où Victorine Meurent, portant autour du cou le ruban noir qui était dans l'*Olympia* son seul vêtement, jette au-devant des fumées son regard insondable, et *Derrière la gare Saint-Lazare*, photographie de Cartier-Bresson datée de 1932, où une ombre, coiffée d'un chapeau mou, franchit d'un saut improbable une flaque immense, tandis qu'une affiche accrochée aux grilles annonce le prochain concert de Braïlowsky. Les rues du quartier de l'Europe sont ainsi pleines de fantômes, mais pour moi elles évoquent plutôt la princesse de Parme de la *Recherche*, « aussi peu stendhalienne que par exemple, à Paris, dans le quartier de l'Europe, la rue de Parme, qui ressemble beaucoup moins au nom de Parme qu'à toutes les rues avoisinantes, et fait moins penser à la Chartreuse où meurt Fabrice qu'à la salle des pas-perdus de la gare Saint-Lazare ».

***

La plaine Monceau, pour rester strictement dans l'« anneau des faubourgs », serait limitée par le faubourg Saint-Honoré et le boulevard de Courcelles – la frontière avec le quartier de l'Europe étant le boulevard Malesherbes. Mais ici, le mur des Fermiers généraux, tracé très loin du bâti existant, ne joue pas son rôle de frontière aussi clairement qu'ailleurs, d'autant moins qu'il était enfoui dans un fossé pour ne pas gêner la vue des riches propriétaires locaux, comme l'est aujourd'hui le boulevard périphérique dans sa traversée du bois de Boulogne. Il n'est donc pas illégitime d'étendre la plaine Monceau au-delà du boulevard de Courcelles jusqu'au boulevard Pereire.

Son centre géographique et historique est le parc Monceau. En 1778, Grimod de La Reynière avait vendu le terrain au futur Philippe-Égalité. Carmontelle, écrivain et architecte amateur, avait conseillé le duc pour créer un jardin anglais extraordinaire qu'on appela les Folies de Chartres (Philippe était alors duc de Chartres). « On y voyait tout ce que l'imagination peut enfanter de merveilleux : des ruines grecques et gothiques, des tombeaux, un ancien fort à créneaux, des obélisques, des pagodes, des kiosques, des serres chaudes formant un agréable jardin d'hiver, éclairé le soir par des lanternes en cristal suspendues aux rameaux des arbres ; des grottes, des rochers, un ruisseau avec son île, un moulin avec l'habitation rustique du meunier, des cascades, une laiterie, des balançoires, un jeu de bagues chinois, etc.[1]. » Bien national à la Révolution, donné par Napoléon à Cambacérès, le parc revint à la famille d'Orléans – c'est-à-dire à Louis-Philippe – à la Restauration. « Le parc est la propriété de S. M. le roi Louis-Philippe Ier qui en accorde l'entrée tous les jeudis, à la belle saison, aux personnes munies d'un billet que l'on refuse rarement aux sociétés qui en font la demande à l'intendant des domaines du roi, au Palais-Royal[2]. » Il n'est pas précisé si le billet est payant, mais ce qui est sûr, c'est que le roi des Français spécule sur les terrains. Balzac, toujours à l'affût de « bonnes affaires », projette d'acheter une parcelle du parc. Le 6 mars 1845 il écrit à Mme Hanska : « Conclusion, je *(ne t')* ai plus parlé de Monceaux parce que c'est

1. Girault de Saint-Fargeau, *Les 48 quartiers de Paris*, *op. cit.*
2. *Ibid.*

une affaire excellente, et terminée je l'espère. Plon *(l'intermédiaire)* ne peut réaliser qu'en payant L*(ouis)*-Philippe. » L'affaire, naturellement, ne se réalisera pas.

Sous le Second Empire, le parc fortement réduit est aménagé au mieux de ce qui reste par Alphand, et les terrains alentour sont lotis par les frères Pereire. Inconsciemment, ils reprennent l'opération jadis réalisée par Philippe d'Orléans au Palais-Royal : ils retournent les franges vers l'intérieur du jardin, en construisant des maisons qui ont leur façade vers le parc et que desservent de nouvelles rues périphériques[1]. Dès lors, le quartier est lancé. Elle est loin, désormais, l'époque où Delacroix pouvait encore s'y égarer (*Journal*, 26 novembre 1852 : « Grande promenade avec Jenny par les boulevards extérieurs, Monceau, la barrière de Courcelles et la place d'Europe, et à travers cette grande plaine où nous étions quasi perdus »). Partout surgissent des hôtels particuliers, comme le bâtiment d'un néogothique extravagant construit par Février place Malesherbes [du Général-Catroux] ou celui du Saccard de *La Curée*, qui « avait profité de sa bonne amitié avec l'Hôtel de Ville pour se faire donner la clef d'une petite porte du parc.... C'était un étalage, une profusion, un écrasement de richesses. L'hôtel disparaissait sous les sculptures. Autour des fenêtres, le long des corniches, couraient des enroulements de rameaux et de fleurs ; il y avait des balcons pareils à des corbeilles de verdure, que soutenaient de grandes femmes nues, les hanches tordues, les pointes des seins en avant ». La population de la plaine Monceau n'était pas entièrement composée de crapules comme Saccard. Manet eut longtemps son atelier rue Guyot [Médéric]. On y rencontrait aussi des artistes et écrivains sérieux et respectés – Gervex, Puvis de Chavannes, Gounod, Debussy, Reynaldo Hahn, Fauré, Messager, Chausson, Dumas fils, Edmond Rostand, Henry Bernstein –, et c'était évidemment le quartier par excellence de Marcel Proust et d'Oriane de Guermantes.

1. Pinon, *Paris, biographie d'une capitale*, *op. cit.*

* * *

C'est par ses faubourgs que la rive gauche actuelle diffère le plus de la rive droite. Entre la rue du Cherche-Midi, le marché Daguerre, l'Observatoire et la Salpêtrière, les appartements sont hors de prix, les établissements scolaires privés sont les plus laïques et les plus chers, les Arabes sont épiciers et les Noirs sont balayeurs. Tout est en ordre comme dans une ville de province prospère et il faut une certaine attention – aux textes, à certaines rues, à quelques hauts murs – pour percevoir que ces faubourgs furent autrefois les plus dangereux et les plus misérables, hantés par les couples sinistres du crime et du châtiment, de la souffrance et de l'enfermement, de la maladie et de la mort.

Pour le montrer, je citerai trois textes. Le premier date de la fin de l'Ancien Régime. Il s'agit du faubourg Saint-Marceau (ou Saint-Marcel, on trouve les deux à toutes les époques) vu par Sébastien Mercier : « *(C'est)* le quartier où habite la populace de Paris, la plus pauvre, la plus remuante et la plus indisciplinable. Il y a plus d'argent dans une seule maison du faubourg Saint-Honoré, que dans tout le faubourg Saint-Marcel.... pris collectivement. C'est dans ces habitations éloignées du mouvement central que se cachent les hommes ruinés, les misanthropes, les alchimistes, les maniaques, les rentiers bornés, et aussi quelques sages studieux, qui cherchent réellement la solitude, et qui veulent vivre absolument ignorés et séparés des quartiers bruyants des spectacles. Jamais personne n'ira les chercher à cette extrémité de la ville.... c'est un peuple qui n'a aucun rapport avec les Parisiens, habitants polis des bords de la Seine.... Il est, dans ce faubourg, plus méchant, plus inflammable, plus querelleur, et plus disposé à la mutinerie, que dans les autres quartiers. La police craint de pousser à bout cette populace ; on la ménage, parce qu'elle est capable de se porter aux plus grands excès. »

Le deuxième texte est de Balzac, familier des lieux puisqu'en 1829 il habitait rue Cassini, au n° 1, c'est-à-dire à l'angle du faubourg-Saint-Jacques qu'il évoque dans *Ferragus* (1833) : « Autour de ce lieu sans nom, s'élèvent les Enfants-Trouvés, la Bourbe, l'hôpital Cochin, les Capucins, l'hospice La Rochefoucault, les Sourds-Muets, l'hôpital du Val-de-Grâce ; enfin tous les vices et tous les malheurs de Paris ont là leur asile ; et pour que rien ne manquât à cette enceinte philanthropique, la Science y étudie les Marées et les Longitudes ; M. de Chateaubriand y a mis l'infirmerie Marie-Thérèse, et les Carmélites y ont fondé un couvent. Les grandes situations de la vie sont représentées par les cloches qui sonnent incessamment dans ce désert, et pour la mère qui accouche, et pour l'enfant qui naît, et pour le vice qui succombe, et pour l'ouvrier qui meurt, et pour la vierge qui prie, et pour le vieillard qui a froid, et pour le génie qui se trompe. Puis, à deux pas, est le cimetière du Mont-Parnasse, qui attire d'heure en heure les chétifs convois du faubourg Saint-Marceau [1]. »

La troisième citation est de Maxime Du Camp dans son grand ouvrage sur Paris, écrit juste après la destruction du mur d'octroi : « Le monde des voleurs.... s'est porté en masse du côté des anciennes barrières, dans ces quartiers nouvellement annexés et qui semblent n'avoir encore avec l'ancien Paris qu'une attache exclusivement administrative. Là, ils se réunissent dans des cabarets où ils sont certains, lorsqu'ils ne sont pas arrêtés, de pouvoir se rencontrer et se concerter pour les mauvais coups qu'ils méditent.

1. La Bourbe était le nom populaire de la maternité de Port-Royal, qui, avant le percement du boulevard du même nom, ouvrait sur la petite rue de la Bourbe. Les Enfants-Trouvés étaient rue d'Enfer (*via infera*, devenue *Denfert-Rochereau* – du nom du colonel commandant la garnison de Belfort en 1870-1871 – par une sorte de calembour municipal), sur l'emplacement de l'actuel hôpital Saint-Vincent-de-Paul (c'était l'un des trois *Enfants-Trouvés* à Paris, avec celui de la rue du Faubourg-Saint-Antoine sur l'emplacement du square Trousseau et celui de la Cité en face de l'Hôtel-Dieu). L'infirmerie Marie-Thérèse avait été fondée par Chateaubriand et sa femme pour les prêtres âgés et nécessiteux.

C'est vers les barrières d'Italie, des Deux-Moulins, de Fontainebleau, du Mont-Parnasse, du Maine, de l'École-Militaire que ces tapis-francs ouvrent leurs portes hospitalières à tous les bandits[1]. »

Les stigmates communs aux trois faubourgs du sud n'empêchaient pas qu'il y eût de grandes différences entre eux, entre Saint-Marceau et ses chiffonniers, Saint-Jacques et ses bonnes sœurs, Montparnasse et ses apaches (dans *Les Misérables*, on s'en souvient, l'un des membres du terrible quatuor de *Patron-Minette* a pour nom Montparnasse. « Ils se réunissaient habituellement à la nuit tombante, heure de leur réveil, dans les steppes qui avoisinent la Salpêtrière. Là, ils conféraient. Ils avaient les douze heures noires devant eux : ils en réglaient l'emploi »).

Le faubourg Saint-Marceau a au moins un point commun avec le faubourg Saint-Germain : c'est un faubourg sans faubourg. S'il n'existe pas plus de rue du Faubourg-Saint-Marceau que de rue du Faubourg-Saint-Germain, c'est pour la même raison : ni l'un ni l'autre ne s'est constitué par une expansion radiale et centrifuge de l'Ancien Paris. Ce sont des bourgs très anciens de la périphérie, de petites villes hors la ville. Le faubourg Saint-Marceau, il est vrai, était traversé sur toute sa longueur par la rue Mouffetard, qui se prolongeait jusqu'à la barrière [la place] d'Italie. Mais ce n'est pas elle qui l'avait fait naître, ce n'est pas autour d'elle qu'il s'était structuré. Dans *Une vie de cité*, Marcel Poëte explique que le voyageur arrivant de Lyon ou d'Italie par

1. *Paris, ses organes…, op. cit.* La barrière d'Italie (ou de Fontainebleau, c'était en fait la même) était sur l'emplacement de l'actuelle place d'Italie. La barrière des Deux-Moulins était derrière la Salpêtrière, sur l'actuel boulevard Vincent-Auriol (le mur d'octroi initial laissait la Salpêtrière en dehors de la ville, et son tracé fut modifié secondairement pour l'y inclure). La barrière du Mont-Parnasse était au bout de la rue du Montparnasse, sur l'actuel boulevard Edgar-Quinet. Celle du Maine était au bout de la chaussée du Maine, c'est-à-dire à peu près là où l'avenue du Maine passe sous l'esplanade de la gare Montparnasse.

Villejuif se trouvait, juste avant la barrière d'Italie, devant une bifurcation. La branche principale menait, par la rue Mouffetard, la rue Bordelle [Descartes] et la rue de la Montagne-Sainte-Geneviève, vers la place Maubert. L'autre avait la même destination finale mais en passant par la rue du Marché-aux-Chevaux [Geoffroy-Saint-Hilaire], la rue du Jardin-du-Roi [Linné] et la rue Saint-Victor. Là où ces deux branches formaient une fourche, le voyageur qui atteignait Paris traversait ce qu'on appelait la ville de Saint-Marcel, qu'en 1612 Du Breuil décrit encore enclose « de hauts murs qui la distinguent et séparent du faubourg de Paris, que l'on surnomme aussi du même saint Marcel ».

De Louis XIV à Louis-Philippe, ou peut-être plus justement de La Reynie à Vidocq, les limites et la topographie du faubourg Saint-Marceau n'ont guère changé. Il formait le sud du XIIe et dernier arrondissement de Paris, pour Balzac « celui dans lequel les deux tiers de la population manquent de bois en hiver, celui qui jette le plus de marmots au tour des Enfants-Trouvés, le plus de malades à l'Hôtel-Dieu, le plus de mendiants dans les rues, qui envoie le plus de chiffonniers au coin des bornes, le plus de vieillards souffrants le long des murs où rayonne le soleil, le plus d'ouvriers sans travail sur les places, le plus de prévenus à la Police correctionnelle[1] » (ce passage comme bien d'autres montre en quoi Balzac, tout défenseur du trône et de l'autel qu'il est, diffère de Tocqueville, Du Camp ou Flaubert : on ne trouve jamais chez lui la moindre expression de mépris du peuple). Partant de la barrière de la Gare sur le quai d'Austerlitz (il s'agit d'une gare d'eau), la limite du faubourg suivait le mur d'enceinte [boulevards Vincent-Auriol, Blanqui, Saint-Jacques] jusqu'à la barrière de la Santé [à l'angle de la rue de la Santé et du boulevard Saint-Jacques]. Là, elle s'enfonçait

1. *L'Interdiction* (1836). Le « tour » des Enfants-Trouvés était un dispositif du genre de ceux qu'on trouve dans les bureaux de poste pour déposer les paquets : il permettait à la mère d'abandonner son enfant de façon anonyme.

vers le centre jusqu'à l'actuel carrefour des Gobelins, englobait Sainte-Pélagie et l'hôpital de la Pitié qui lui était contigu, et redescendait le long du Jardin des Plantes pour retrouver la Seine par la rue Buffon. Le faubourg Saint-Marceau empiétait donc largement sur la pente sud de la montagne Sainte-Geneviève et se trouvait donc *à cheval* sur le tracé de l'enceinte de Louis XIV, représentée ici par le boulevard de Port-Royal (dont le percement ne date que des années 1870) et par le boulevard de l'Hôpital.

Ce fut dans ces parages peu accueillants que le pouvoir royal décida de construire la Salpêtrière, sur l'emplacement d'un ancien arsenal. Confiée à Le Vau, et à Libéral Bruant pour la chapelle, c'était l'élément central d'un dispositif appelé *Hôpital général*. Hurtaut et Magny dressent la liste des bâtiments qui le composaient : « Saint-Jean de Bicêtre, Saint-Louis de la Salpêtrière, Notre-Dame de la Pitié, Sainte-Pélagie, Sainte-Marthe de Scipion, les Enfants-Trouvés et Saint-Nicolas-de-la-Savonnerie [1] ». Contrairement à ce que ce nom peut laisser croire, cet *Hôpital général*, entièrement situé au faubourg Saint-Marceau à l'exception de la Savonnerie et de Bicêtre [2], n'avait rien à

1. La Pitié n'était pas comme aujourd'hui une extension de la Salpêtrière, elle se trouvait à peu près sur l'emplacement de la Mosquée ; Sainte-Pélagie était rue de la Clef ; Sainte-Marthe-de-Scipion était l'hôtel de Scipion Sardini, rue Scipion, qui sera la Boulangerie centrale des hôpitaux jusque dans les années 1980 ; la Savonnerie était, selon Hurtaut et Magny, « un grand et vieux bâtiment construit près de Chaillot, après la grille qui ferme le cours de la Reine ». Il avait été transformé d'usine de savon en « Manufacture royale d'ouvrages à la turque », c'est-à-dire de tapis. Autour de la chapelle, construite par Marie de Médicis en 1615, se trouvait un lieu de charité « pour y être reçus, alimentés, entretenus et instruits les enfants tirés des hôpitaux des pauvres enfermés ».

2. « Bicêtre, ulcère terrible sur le corps politique, ulcère large, profond, sanieux, qu'on ne saurait envisager qu'en détournant les regards. Jusqu'à l'air du lieu que l'on sent à quatre cents toises, tout vous dit que vous approchez d'un lieu de force, d'un asile de misère, de dégradation, d'infortune » (Mercier, *Tableau de Paris*).

voir avec la médecine. C'était un instrument pour réaliser le rêve de tous ceux qui ont régné – qui règnent – sur Paris : débarrasser la ville de la canaille. « La grande quantité de pauvres et de mendiants qui inondaient Paris et incommodaient les habitants fit concevoir le plan de cet hôpital, auquel le roi joignit le château de Bicêtre, plusieurs autres fonds de terre et la maison de la Pitié[1]. »

Le *grand renfermement* eut lieu l'année des *Provinciales* de Pascal et de l'*Orion aveugle* de Poussin. « On publia que l'hôpital général serait ouvert le 7 mai 1657 pour tous les pauvres qui y voudraient entrer de bonne volonté et de la part des magistrats. On fit défense à cri public aux mendiants de demander l'aumône dans Paris : jamais ordre ne fut si bien exécuté. Le 13 on chanta une messe solennelle de Saint-Esprit dans l'église de la Pitié, et le 14 mai l'Enfermement des pauvres fut accompli sans aucune émotion. Tout Paris, ce jour-là, changea de face, la plus grande partie des mendiants se retira dans les provinces, *(que)* les plus sages pensèrent à gagner de leur propre mouvement. Ce fut sans doute un coup de la protection de Dieu sur ce grand ouvrage, car on n'avait jamais pu croire qu'il dût coûter si peu de peine et qu'on en vînt si heureusement à bout[2]. » Michel Foucault a longuement décrit la population des enfermés dans cette « patrie et *(ce)* lieu de rédemption communs aux péchés contre la chair et aux fautes contre la raison ». On y trouve mêlés des « vénériens », des sodomites, des prostituées, des blasphémateurs, des suicidés qui ont raté leur

1. Hurtaut et Magny, *Dictionnaire historique…*, *op. cit.*

2. *L'Hôpital général*, brochure anonyme de 1676, publiée en annexe de l'*Histoire de la folie à l'âge classique* de Michel Foucault, *op. cit.* Près d'un siècle plus tard, « on ne peut trop admirer l'ordre et la police qui règnent dans cet établissement, et qui tiennent dans la subordination plusieurs milliers de pauvres de tout sexe et de tout âge, dont la plupart sont indisciplinables, soit par le libertinage qui les y a fait renfermer, soit par le défaut d'éducation ».

coup et des fous, qui ne représenteront jamais plus du dixième de l'effectif total. « C'est entre les murs de l'internement que Pinel et la psychiatrie du XIXe siècle découvriront les fous ; c'est là – ne l'oublions pas – qu'ils les laisseront, non sans se faire gloire de les avoir délivrés. »

En 1818, le mur d'octroi, qui passait jusque-là devant la Salpêtrière, est repoussé à sa périphérie, sur le boulevard de la Gare [Vincent-Auriol]. Les bâtiments de la Salpêtrière étant beaucoup moins étendus qu'aujourd'hui, le mur englobait dans son nouveau tracé d'immenses terrains vagues qui furent pendant très longtemps la région la plus reculée et la plus sinistre de Paris. C'est « au-delà de la Salpêtrière, dans les lieux déserts », que Montparnasse essaie de détrousser Jean Valjean[1]. « Les quelques rues, écrit Delvau, qui partent du boulevard de l'Hôpital et aboutissent à la barrière des Deux-Moulins, sont bordées de maisons basses, bâties avec un peu de plâtre et beaucoup de boue. Cela ressemble plus à des rabouillères, à des trous de lapins, à des huttes de Lapons, qu'à des maisons de civilisés[2]. » Juste en face, sur le boulevard de l'Hôpital, c'est la masure Gorbeau des *Misérables* : « Vis-à-vis le numéro 50-52 se dresse, parmi les plantations du boulevard, un grand orme aux trois quarts mort ; presque en face s'ouvre la rue de la barrière des Gobelins, rue alors sans maisons, non pavée, plantée d'arbres mal venus, verte ou fangeuse selon la saison, qui allait aboutir carrément au mur d'enceinte de Paris.... Cette barrière elle-même jetait dans l'esprit des figures funestes. C'était

1. On se souvient que le « vieillard » maîtrise le voyou, lui tient un long discours et conclut : « Va maintenant, et pense à ce que je t'ai dit. À propos, que voulais-tu de moi ? Ma bourse ? La voici. »

2. Alfred Delvau, *Les Dessous de Paris*, Paris, Poulet-Malassis, 1862. Les « quelques rues » dont il est question sont la rue des Deux-Moulins, la grande rue d'Austerlitz, et la rue de la Barrière-des-Gobelins, qui ont été absorbées par le nouvel hôpital de la Pitié, mitoyen de la Salpêtrière.

le chemin de Bicêtre. C'est par là que, sous l'Empire et la Restauration, rentraient à Paris les condamnés à mort le jour de leur exécution. »

Dans les parages inquiétants que recouvrent aujourd'hui les voies de la gare d'Austerlitz, on pouvait voir dans les années 1850 « quelque chose d'incroyable, d'incomparable, de curieux, d'affreux, de charmant, de désolant, d'admirable », un phalanstère de chiffonniers, qu'on appelait la cité Doré, « non par antiphrase, mais parce que M. Doré, chimiste distingué, est propriétaire du terrain.... En 1848 il eut l'idée de diviser sa propriété pour la louer par lots aux bourgeois de Paris, qui, comme on sait, ont une passion particulière pour le jardinage. Il s'attendait à voir pour le moins quelque Némorin de la rue Saint-Denis ou un Daphnis et une Chloé du quartier du Temple, mais il vit apparaître un chiffonnier de la plus belle espèce, hotte au dos, crochet à la main.... Dès l'aube du jour suivant, il était à l'ouvrage, entouré de sa nombreuse famille. Ils creusaient les fondations de leur villa champêtre, ils achetaient, à cinquante centimes le tombereau, des garnis de démolition, et quelques jours après ils se mettaient bravement à édifier.... Au bout de trois mois, la maison était construite, le toit était posé. Ce toit avait été fait avec de vieilles toiles goudronnées sur lesquelles on avait posé de la terre battue.... Cette merveille fut visitée par les confrères ; chacun envia le bonheur du chiffonnier propriétaire, chacun voulut avoir aussi son coin. Une ville nouvelle se bâtissait ». Mais, l'hiver venu, l'expérience de la terre et de la toile goudronnée n'avait pas réussi. L'eau avait détrempé la terre, elle était devenue trop lourde, elle avait crevé la toile. « C'est alors qu'un chiffonnier eut une idée sublime ! À Paris, tout se vend, excepté le vieux fer-blanc.... On se mit à ramasser ce que les autres dédaignaient, de façon qu'aujourd'hui la majeure partie des maisons de la cité sont recouvertes en fer-blanc.... *(Les habitants)* sont meilleurs, ils s'entendent beaucoup mieux, et l'on ne voit jamais dans l'endroit ces scènes de sauvagerie, ni ces ivrognes traînant dans les ruisseaux, que l'on rencontre si souvent dans d'autres parties de ce malheureux douzième arrondissement. »[1]

En face du portail de la Salpêtrière, le marché aux chevaux, autre attraction du faubourg, occupait un long rectangle entre le boulevard de l'Hôpital et la rue du Marché-aux-Chevaux (il existe encore, rue Geoffroy-Saint-Hilaire, presque à l'angle du boulevard Saint-Marcel, une impasse du Marché-aux-Chevaux). Il était spécialement consacré aux chevaux de trait et aux ci-devant chevaux de luxe réformés pour quelque tare. Un hémicycle formé de deux sentes en arc de cercle qui s'élevaient de chaque côté afin de former une montée et une descente servait à l'essai des chevaux – d'où le nom de la rue de l'Essai entre le marché et la rue Poliveau.

De l'autre côté de la rue du Marché-aux-Chevaux, la rue Poliveau se continuait – se continue toujours – par la rue du Fer-à-Moulin qui s'est longtemps appelée la rue aux Morts. Là s'ouvrait le cimetière de Clamart, dernière demeure des suppliciés et des morts des hôpitaux. « Les corps que l'Hôtel-Dieu vomit journellement, sont portés à Clamart : c'est un vaste cimetière, dont le gouffre est toujours ouvert. Ces corps n'ont point de bière ; ils sont cousus dans une serpillière. On se dépêche de les enlever de leur lit ; et plus d'un malade réputé mort, s'est réveillé.... dans le chariot même qui le conduisait à la sépulture. Ce chariot est traîné par douze hommes ; un prêtre sale et crotté, une cloche, une croix, voilà tout l'appareil qui attend le pauvre.... Ce chariot lugubre part tous les jours de l'Hôtel-Dieu à quatre heures du matin ; il roule dans le silence de la nuit.... Cette terre grasse de funérailles est le champ où les jeunes chirurgiens vont la nuit, franchissant les murs, enlever des cadavres pour les soumettre à leur

1. Privat d'Anglemont, *Paris anecdote*, *op. cit.* À rapprocher du père Mabeuf, dans *Les Misérables*, qui cultive l'indigo dans la même région du faubourg.

scalpel inexpérimenté : ainsi après le trépas du pauvre on lui vole encore son corps[1]. »

De façon tout à fait surprenante, cette pratique illégale a fini par changer la destination du lieu qui, après la fermeture du cimetière au début du XIXe siècle, devint l'amphithéâtre d'anatomie des hôpitaux. J'ai longtemps travaillé là, à la bibliothèque de l'internat, dans des bâtiments bas qui avaient vu passer Larrey, Broussais et Dupuytren. On disait *je vais à Clamart*, sans que personne comprenne le sens de cette expression étrange. Le chemin d'accès passait sous des tonnelles ravissantes et l'été, les fenêtres ouvertes, il parvenait dans la salle de lecture un parfum dont je me souviens encore, où l'odeur des roses se mêlait à celle du formol.

La tradition émeutière du faubourg Saint-Marceau remonte loin dans son passé. C'était au XVIe siècle le principal bastion populaire du protestantisme parisien, avec le quartier Popincourt sur la rive droite. Le 27 décembre 1561, à la suite d'une obscure histoire de cloches qui gênaient une réunion tenue par les calvinistes au Patriarche [rue Daubenton, face à Saint-Médard], ceux-ci mirent à sac l'église Saint-Médard. Le lendemain les catholiques envahirent la maison du Patriarche et l'incendièrent. Cette affaire, connue sous le nom de *vacarme de Saint-Médard*, fit de nombreux morts et on la considère souvent comme un prologue des guerres de Religion. C'est encore à Saint-Médard – dans le petit cimetière à son chevet, qui est aujourd'hui un square – qu'eut lieu sous Louis XV l'un des désordres les plus fameux de l'histoire du faubourg, celui des *convulsionnaires*, où « l'on dansa sur le cercueil du diacre Pâris, et on mangea de la terre de son tombeau, jusqu'à ce qu'on eût fermé le cimetière : *De par le roi, défense à Dieu / De faire miracle*

1. Mercier, *Tableau de Paris*. Le cimetière était situé sur les jardins de l'ancien hôtel de Clamart.

en ce lieu[1] ». Le faubourg Saint-Marceau fut de toutes les grandes journées révolutionnaires. Au cours des « troubles de subsistances » de 1792, les faubourgs Saint-Marceau et Saint-Denis se portèrent en masse chez les épiciers en gros, enfoncèrent les portes et les obligèrent à vendre leur marchandise au prix antérieur au renchérissement. En 1793, les faubourgs Saint-Marceau et Saint-Antoine présentèrent une adresse commune à la Convention : « Législateurs, ce sont de braves sans-culottes du 14 juillet et du 10 août, dont le sang a marqué la chute d'un trône méprisable, dont les faubourgs Saint-Antoine et Saint-Marceau réunis vous parlent avec orgueil aujourd'hui. C'est dans leur sein qu'ils ont été nourris dans la haine de la tyrannie et dans l'esprit républicain. Ils vous demandent de se former en compagnie pour voler à la défense de la Patrie.... Enfants des faubourgs Saint-Antoine et Saint-Marceau, ils en porteront le nom sur les rives du Rhin. Ils feront voir de si près à Frédéric et à François des cicatrices du 10 août, qu'ils frémiront d'être rois[2]. »

L'industrie au faubourg Saint-Marceau était bien plus ancienne qu'au faubourg Saint-Antoine. Dès les années 1440, un Flamand nommé Gobelin s'installa dans une maison de la rue Mouffetard [avenue des Gobelins] dont l'arrière donnait sur la Bièvre. « Elle *(la Bièvre)* a été nommée rivière des Gobelins depuis que Jean Gobelin, excellent teinturier en laine et en soie, de toutes sortes de couleurs, d'écarlate surtout, vint loger dans une grande maison qu'il fit bâtir près de Saint-Hippolyte, église du faubourg Saint-Marceau. Cet homme illustre n'y gagna pas seulement de grands biens, mais encore.... se rendit si célèbre dans son art, que sa maison, son écarlate, sa teinture et la rivière dont il se servait ont pris son nom[3]. » Teinturiers donc, les

1. *Ibid.*
2. *Adresse des habitants des faubourgs Saint-Antoine et Saint-Marceau à la Convention nationale*, imprimée par ordre de la Convention nationale.
3. Sauval, *Histoire et recherches..., op. cit.*

Gobelins, comme le sera encore au XVIIIe siècle Jean de Julienne, l'ami de Watteau, installé dans la petite rue des Gobelins. Les tapisseries viendront bien après les teintures, quand Colbert installera sur les bords de la Bièvre la Manufacture royale des meubles et tapisseries de la Couronne, dont le premier directeur sera Le Brun. On trouvait aussi sur la rivière des corroyeurs et des tanneurs. Un guide de 1890 l'indique : « Nous voici maintenant dans des quartiers tout à fait excentriques ; l'odeur pénétrante du tan nous monte aux narines ; une poussière fine et rousse flotte dans l'air et parfois dépose un léger tapis où les pieds des rares passants laissent leurs traces.... Les séchoirs des tanneries dressent leurs grandes baies cloisonnées où le vent passe, à côté des fabriques de mottes aux cours encombrées d'immenses tas de poussiers[1]. »

Terre de tumultes et de révoltes, le faubourg Saint-Marceau a été détruit comme Carthage, à la différence près que son éradication a eu lieu en deux temps. Les percées du XIXe siècle ont fait l'essentiel. Le boulevard de Port-Royal, tracé sur les anciennes rues de la Bourbe et des Bourguignons, a absorbé le champ des Capucins, détruit le vieux théâtre Saint-Marcel et transformé en canyons les rues Broca et Pascal. Le boulevard Saint-Marcel a englouti la place de la Collégiale, le marché aux chevaux et les petites rues des Francs-Bourgeois et du Cendrier qui y menaient. Le boulevard Arago a été percé sur la rue et sur l'église Saint-Hippolyte. L'étroite rue Mouffetard, de tempérament barricadier, a été gommée entre le nouveau carrefour des Gobelins et la place d'Italie et remplacée par l'avenue des Gobelins, qui a plus de quarante mètres de large. La rue Monge et sa caserne, l'axe des rues Claude-Bernard et Gay-Lussac permettent de prendre à revers le quartier.

Toutefois, dans les entrecroisements de toutes ces tranchées, il restait encore vers 1950 des parts de tissu ancien.

1. Martin, *Promenades dans les vingt arrondissements de Paris*, *op. cit.*

Je me souviens avoir fait avec mon père des « promenades des *Misérables* », qui nous menaient le dimanche matin rue du Banquier ou rue du Champ-de-l'Alouette, où Marius allait rêver à Cosette. La destruction des quartiers populaires de Paris après la guerre a commencé là, dans ce faubourg Saint-Marceau qui n'avait pas compris la situation et continuait à être *rouge*. Dans les années 1950-1960, les impasses, les ruelles, les cours, les ateliers du vieux *faubourg souffrant* ont été systématiquement détruits et, dans ce qui les a remplacés, il ne viendrait à personne l'idée d'aller se promener.

* * *

La rue du Faubourg-Saint-Jacques, dans le prolongement de la rue Saint-Martin et de la rue Saint-Jacques, a longtemps formé le segment méridional de l'antique traversée nord-sud de Paris. Mais dès le XVIIe siècle elle fut remplacée dans ce rôle par la rue d'Enfer [boulevard Saint-Michel, rue Henri-Barbusse, avenue Denfert-Rochereau]. « Le faubourg Saint-Jacques, écrit Dumas dans *Les Mohicans de Paris*, est l'un des plus primitifs de Paris. À quoi cela tient-il ? Est-ce parce que, entouré de quatre hôpitaux comme une citadelle l'est de quatre bastions, ces quatre hôpitaux éloignent le touriste du quartier ? Est-ce parce que, ne conduisant à aucune grande route, n'aboutissant à aucun centre, tout au contraire des principaux faubourgs de Paris, le passage des voitures y est très rare ? [1] » Grâce à des propriétaires riverains indélogeables – hôpitaux, communautés ecclésiastiques, Observatoire, Société des gens de lettres –, le faubourg a échappé aux destructions. De la rue du Val-de-Grâce au boulevard Saint-Jacques, entre la rue de la Santé et l'avenue Denfert-

1. Les quatre hôpitaux en question sont sans doute le Val-de-Grâce, l'hôpital Cochin, la maternité de Port-Royal et l'hôpital Saint-Vincent-de-Paul. On pourrait y ajouter Broca, Tarnier, Sainte-Anne…

Rochereau, c'est aujourd'hui un quartier calme, aéré et bien fréquenté. Pourtant dans les années 1930, Walter Benjamin, qui habita des années sur ses marges, place Denfert-Rochereau et rue Boulard, le décrit encore en des termes voisins de ceux de Balzac : « Il *(le XIVe arrondissement)* comporte tous les édifices de la misère publique, de la détresse prolétarienne, placés les uns à côté des autres sans solution de continuité : la maternité, les Enfants-Trouvés, l'hôpital, la fameuse Santé, enfin, la grande prison parisienne avec l'échafaud. La nuit, on voit des hommes qui dorment allongés sur des bancs étroits, discrets, pas même les bancs confortables des squares, comme dans la salle d'attente d'une petite gare au cours de ce terrible voyage[1]. »

L'échafaud : c'est lui le grand fantôme du faubourg. De la place Saint-Jacques, Hugo écrit dans *Les Misérables* qu'elle « était comme prédestinée et qu'*(elle)* a toujours été horrible ». Jusque-là, en dehors de l'intermède révolutionnaire, les exécutions capitales avaient lieu place de Grève, en plein jour. Les fenêtres des maisons qui se trouvaient sur le passage des condamnés qui arrivaient de la Conciergerie ou de Bicêtre étaient louées longtemps à l'avance[2]. Mais, après la révolution de 1830, le lieu n'est plus convenable. « La place de Grève, écrit le préfet de la Seine le 16 novembre 1831, ne peut plus servir de lieu d'exécution, depuis que de généreux citoyens y ont si glorieusement versé leur sang pour la cause nationale. Mais,

1. *Le Livre des passages*, *op. cit.*

2. Balzac indique dans le *Dictionnaire des enseignes* : « Aux bons enfants. Louvet, marchand de vins, place de Grève n° 9. Amateurs de tragédies, courez chez M. Louvet, demandez un litre et placez-vous à l'une des croisées de ses salles ; quatre heures sonnent, la foule s'agite ; le dénouement approche ; vous voyez le patient monter sur l'échelle fatale.... Il y a de nos jours tant d'hommes sensibles que les jours d'exécution à la place de Grève, les chambres des marchands de vins, fussent-elles grandes comme les galeries du Louvre, ne sauraient les contenir tous. »

de plus, la difficulté des abords de la circulation dans le quartier resserré qui avoisine la place de Grève a depuis longtemps fait reconnaître la nécessité d'affecter un autre emplacement aux exécutions capitales[1]. » Ce sera la place Saint-Jacques, à l'angle du faubourg et du boulevard Saint-Jacques.

En 1832, dans la préface au *Dernier Jour d'un condamné*, Hugo écrit : « À Paris, nous revenons au temps des exécutions secrètes. Comme on n'ose plus décapiter en Grève depuis juillet, comme on a peur, comme on est lâche, voici ce qu'on fait. On a pris dernièrement à Bicêtre un homme, un condamné à mort, un nommé Désandrieux, je crois ; on l'a mis dans une espèce de panier traîné sur deux roues, clos de toutes parts, cadenassé et verrouillé ; puis, un gendarme en tête, un gendarme en queue, à petit bruit et sans foule, on a été déposer le paquet à la barrière déserte de Saint-Jacques. Arrivés là, il était huit heures du matin, à peine jour, il y avait une guillotine toute fraîche dressée et pour public quelque douzaine de petits garçons groupés sur les tas de pierres voisins autour de la machine inattendue ; vite, on a tiré l'homme du panier, et, sans lui donner le temps de respirer, furtivement, sournoisement, honteusement, on lui a escamoté sa tête. Cela s'appelle un acte public et solennel de haute justice. Infâme dérision ! »

En 1851, la guillotine quitte pour un temps le faubourg Saint-Jacques. Les exécutions se font alors devant la prison de la Roquette. Le condamné n'a plus qu'à marcher de sa cellule à l'échafaud. « De quoi se compose, demande Du Camp, cette tourbe que Paris jette vers la place de la Roquette pendant la nuit qui précède les exécutions ? De gens du quartier alléchés par le spectacle et qui sont là, comme ils le disent eux-mêmes, en voisins, de rôdeurs en tout genre, vagabonds, filous et mendiants qui, ne sachant où trouver un asile, viennent dépenser là les heures d'une

1. 105 AN, BB18 1123. Cité par Louis Chevalier, *Classes laborieuses et classes dangereuses à Paris pendant la première moitié du XIXe siècle*, Paris, Plon, 1958.

nuit qu'ils auraient sans doute passées sous un pont ou dans le violon d'un poste de police[1]. » En avril 1870 – moment où Paris bouillonne après l'assassinat de Victor Noir par un Bonaparte –, c'est là qu'a lieu l'exécution de Troppmann dont Tourgueniev fera le récit, conclu d'une manière qui ne saurait surprendre chez un ami de Du Camp, de Flaubert et des Goncourt : « Je serais content et je me pardonnerais à moi-même une curiosité mal placée si mon récit donnait quelques arguments aux défenseurs de l'abolition de la peine de mort, *ou du moins à l'abolition de sa publicité*[2]. »

En 1899, la prison pour hommes de la Roquette étant démolie, la guillotine revient au faubourg Saint-Jacques, à l'angle du boulevard Arago et de la rue de la Santé. Elle restera dans le quartier jusqu'au bout, même si en 1939 les exécutions cessent d'être publiques et se font à l'intérieur de la prison. Sous l'Occupation, les otages français sont fusillés dans la cour, mais pendant la guerre d'Algérie les militants du FLN condamnés pour meurtre seront guillotinés. Le 28 novembre 1972 la série est close avec Claude Buffet et Roger Bontemps, auxquels Georges Pompidou a refusé la grâce présidentielle.

* * *

Montparnasse, troisième faubourg du sud, est un cas à part. D'un côté c'est un nom parisien célèbre dans le monde entier, égalé seulement par Montmartre et Saint-Germain-des-Prés. De l'autre, c'est un quartier d'identité faible, qu'il s'agisse des limites géographiques, de l'histoire – en dehors des « Années folles », mille fois racontées –, de l'architecture ou de la population. Montparnasse

1. Maxime Du Camp, *Les Convulsions de Paris*, Paris, 1878-1880. Pour Du Camp, qui a reçu la croix de la Légion d'honneur pour sa participation à la répression des journées de juin 1848, cette foule était une préfiguration de la Commune.

2. Ivan Tourgueniev, *L'Exécution de Troppmann et autres récits*, trad. fr. Paris, Stock, 1990. C'est moi qui souligne.

est une preuve *a contrario* de l'importance des enceintes dans la définition des quartiers parisiens : il s'est construit si tard dans le XIXe siècle que le boulevard de Louis XIV, représenté par le boulevard Montparnasse, n'avait jamais été sa vraie frontière. Quant au mur des Fermiers généraux (sur le tracé des boulevards Raspail et Edgar-Quinet), il était déjà démoli. Du coup, les frontières de Montparnasse sont indécises. Si, du côté du faubourg Saint-Jacques, on peut les fixer sur l'avenue Denfert-Rochereau et le carrefour de l'Observatoire et si, en direction du faubourg Saint-Germain, Montparnasse ne dépasse guère la rue du Cherche-Midi, en revanche vers la périphérie de la ville nul ne sait où il s'arrête, au point que les agences immobilières n'hésitent pas à étendre son nom glorieux jusqu'à la porte de Vanves, voire la porte d'Orléans.

Il n'est pas entièrement juste de dénier au boulevard Montparnasse tout rôle de frontière, car dans sa traversée du quartier il sépare deux arrondissements entre lesquels existe une certaine différence, le Montparnasse du VIe arrondissement étant un peu plus bourgeois et celui du XIVe un peu plus populaire. Ce développement inégal entre les deux rives du boulevard remonte aux origines du quartier. Dans les années 1830, l'urbanisation a commencé du côté de la rue Notre-Dame-des-Champs et de la rue du Montparnasse – dont Hurtaut et Magny écrivaient déjà, cinquante ans auparavant, que, « nouvellement ouverte, elle commence à être ornée de quelques maisons fort belles ». Mais ces rues sont encore à demi campagnardes. On a vu Godefroid, l'*Initié*, « surpris de trouver de tels bourbiers dans un endroit si magnifique [1] » à l'extrémité de la rue Notre-Dame-des-Champs du côté de l'Observatoire. Au même moment – qui est celui de *Cromwell* et d'*Hernani* –, Victor Hugo habite avec Adèle une petite maison à l'autre bout de la rue. Il n'avait qu'un pas à faire pour être sur le boulevard Montparnasse, parmi les nombreux promeneurs qu'y attiraient les cabarets des

1. Balzac, *L'Envers de l'histoire contemporaine*, « L'Initié ».

barrières, les boutiques en plein vent, les spectacles forains et le cimetière. En regard de ce cimetière, il y avait une baraque de saltimbanques. Cette antithèse de la parade et de l'enterrement le confirma, dit-on, dans son idée d'un théâtre où les extrêmes se touchent, et ce fut là que lui vint à l'esprit le troisième acte de *Marion Delorme* où le deuil du marquis de Nangis contraste avec les grimaces du Gracieux. Les Hugo avaient pour voisin Sainte-Beuve, ce qui entraînera les complications que l'on sait. Plus tard, les artistes en renom, ceux qui étaient exposés au Salon, ceux qui se vendaient cher, vinrent habiter la « partie VIe » de Montparnasse. Gérôme avait son atelier rue Notre-Dame-des-Champs, qu'on appelait la Boîte à thé parce que son entrée était décorée de deux Chinois. En face, au n° 70 *bis*, s'élève encore la maison de Bouguereau, l'idole du Douanier Rousseau[1]. Henner, qui a son musée tout près, rue Jean-Ferrandi, Baudry, qui décora le foyer de l'opéra Garnier, Jules Thomas, l'auteur du buste doré de Charles Garnier que l'on voit rue Auber contre le monument, Jean-Paul Laurens, Ramey, Moreau-Vauthier, tous ces artistes célèbres habitaient rue Notre-Dame-des-Champs. Carolus-Duran était rue Jules-Chaplain, Rochegrosse rue de l'Ouest [d'Assas] et Falguière rue Vavin. Ainsi Montparnasse, renommé pour avoir servi de berceau à l'art moderne, a-t-il été à ses débuts le quartier préféré des peintres pompiers, avec la plaine Monceau. Combien il est étrange de penser que, dans ces mêmes années, Gauguin entre ses voyages habitait de l'autre côté du boulevard, rue Boulard, rue Delambre qui était un repaire de chiffonniers et de prostituées, ou rue Vercingétorix avec Anna la Javanaise.

À l'époque romantique, ces rues-là n'existaient pas. Au-delà du cimetière, ce n'était plus Paris. Il y avait là des champs et des moulins, dont certains ont laissé leur nom à

1. Le Douanier lui-même habita chaussée du Maine, rue Vercingétorix, rue Gassendi, rue Daguerre avant de se fixer à Plaisance rue Perrel.

des rues du quartier comme la rue du Moulin-de-la-Vierge et la rue du Moulin-de-Beurre [du Texel] où se trouvait la plus célèbre des guinguettes de l'époque, celle de la mère Saguet. Pour vingt sous on avait là deux œufs à la coque, un poulet sauté, du fromage et du vin blanc à volonté. On y rencontrait selon les années Scribe, Béranger, Devéria, Dumas, Hugo, Baudelaire ou Murger, qui y situa l'une des *Scènes de la vie de bohème*. À partir de 1840, la campagne commença tout doucement à reculer avec l'emprise des voies du chemin de fer, que l'on prenait à l'embarcadère de Chartres. Mais cela n'empêchait pas les guinguettes de se multiplier. Autour de la barrière du Maine, on avait le choix entre la Californie, « la grande mangeoire populacière » comme dit Delvau, et le restaurant des Cuisiniers associés, géré en coopérative et qui abrita en 1848 des banquets socialistes. On pouvait encore opter pour l'un des bouges à clochards de l'impasse d'Odessa, qui n'atteignait pas encore le boulevard Montparnasse. Rue Campagne-Première, c'était le domaine du cheval autour des écuries de la Société générale de voitures à Paris. Les maréchaux-ferrants, les carrossiers, les bourreliers fréquentaient des restaurants de cochers où « l'on mangeait de grosses nourritures assez loyalement cuisinées, avec quelque abus de veau marengo. Le vin d'Algérie le disputait à celui de Narbonne ; les fromages ne manquaient pas de caractère [1] ».

Mais la grande rue des guinguettes, c'était la rue de la Gaîté. Hors du mur d'octroi – la barrière Montparnasse était sur le boulevard Edgar-Quinet –, on y trouvait le vin à meilleur marché. Elle jouait pour le sud parisien le même rôle que la rue de Paris [de Belleville] pour l'est ou la rue de la Chapelle pour le nord. Il y avait là les Îles-Marquises – qui existent toujours –, près d'un poste de police dirigé par un romancier symboliste ami de Moréas, nommé Ernest Raynaud ; la Belle-Polonaise, où l'on pouvait dîner dans le jardin contre le mur du cimetière ; le cabaret des Vrais-Amis ;

1. André Salmon, *Montparnasse*, Paris, André Bonne, 1950.

les Mille-Colonnes, fréquenté par la bohème du quartier Latin sous le Second Empire, Courbet et Vallès en tête. C'était une rue magnifique. « J'atteignis bientôt, raconte Huysmans, la rue de la Gaîté. Des refrains de quadrilles s'échappaient des croisées ouvertes ; de grandes affiches, placées à la porte d'un café-concert, annonçaient les débuts de Mme Adèle, chanteuse de genre, et la rentrée de M. Adolphe, comique excentrique ; plus loin, à la montre d'un marchand de vins, se dressaient des édifices d'escargots, aux chairs blondes persillées de vert ; enfin çà et là, des pâtissiers étalaient à leurs vitrines des multitudes de gâteaux, les uns en forme de dôme, les autres aplatis et coiffés d'une gelée rosâtre et tremblotante, ceux-ci striés de rayures brunes, ceux-là éventrés et montrant des chairs épaisses d'un jaune soufre. Cette rue justifiait bien son joyeux nom[1]. »

Dans ce Montparnasse populaire et joyeux, les nuits n'étaient pas vraiment sûres. « On y trouvait encore des terrains vagues, et jusqu'en plein boulevard.... mal clos de palissades branlantes et que tirait au trottoir le poids des affiches, collées aux planches, des proclamations contradictoires du distillateur radical Jacques et du général Boulanger jusqu'aux premières images vouées au triomphe tout neuf de la "petite reine d'acier". On tenait pour déplorablement vrai qu'à la nuit tombée et les enfants couchés, les terrains vagues abritassent les complots des noirs filous.... L'attaque nocturne n'a pas été quotidienne au cœur de Montparnasse, en revanche assez commune sur ses frontières, dans les parages extrêmes de la gare, singulièrement sous le pont de chemin de fer. On assassinait commodément tout au long du boulevard Edgar-Quinet, sous les murs du cimetière. Malheur aux noctambules ! [2] »

En 1911 encore, le deuxième volume de la trilogie *Les Rafales* de J.-H. Rosny aîné, dont l'action se déroule à Montparnasse, s'intitule *Dans les rues, roman de mœurs apaches et bourgeoises*. Maurice et Jacques, les deux frères apaches,

1. Joris-Karl Huysmans, *Le Drageoir aux épices*, 1874.
2. Salmon, *Montparnasse*, *op. cit.*

sont poursuivis par des agents cyclistes. Ils s'enfuient par la rue Gassendi, le passage Tenaille, et arrivent avenue du Maine où ils se séparent. « Du côté de la mairie, les cyclistes arrivaient en foudre ; d'autre part, les sergents barraient la direction de la Gaîté.... "Je suis cuit" songea le garçon. La meilleure issue lui parut être le passage de la Tour-de-Vanves [rue Olivier-Noyer].... il atteignit la rue Didot, obliqua par la rue de l'Eure.... Rue Maindron, l'étroit passage des Thermopyles le tenta, il s'y engagea à toute allure.... L'urgence l'empêchait de prendre une décision : les petites machines d'acier et de caoutchouc arrivaient à grande vitesse, si bien qu'il se trouva rue des Plantes sans avoir rien résolu [1]. »

Montparnasse au XIXe siècle pourrait aussi se raconter par les bals. Le plus ancien, le plus célèbre était la Grande-Chaumière, fondée en 1788 par un de ces Anglais qui jouèrent un rôle si important dans la divulgation de la danse champêtre à Paris (la contredanse est la *country dance*). C'était un très grand jardin, à l'angle du boulevard Montparnasse et du boulevard d'Enfer [Raspail], sur l'emplacement du pâté de maisons aujourd'hui isolé par la petite rue Léopold-Robert. Sa vogue fut immense dans les années 1830. C'était elle qui rythmait la vie du quartier : quand Godefroid demanda si la maison de la rue Notre-Dame-des-Champs était habitée par des gens tranquilles, la portière « prit un air gracieux et dit : "Monsieur est bien tombé en venant ici ; car excepté les jours de Chaumière, le boulevard est désert comme les Marais-Pontins." ».

Les clients de la Grande-Chaumière étaient avant tout les étudiants du quartier Latin. « Ils s'abreuvent héroïquement d'un horrible trois-six déguisé sous le nom fallacieux de vieux cognac. Il résulte de ce système général de rafraîchissements en grand honneur à la chaumière un tumulte, un délire, un vacarme dont rien ne saurait donner l'idée [1]. » On y dansait le quadrille, qui dégénérait souvent en danses interdites, la chahut et le cancan où excellait

1. Un film a été tiré de ce roman en 1933, avec Jean-Pierre Aumont et Madeleine Ozeray.

Lola Montès. Le *Manuel des sergents de ville* note dans son édition de 1831 : « Les agents qui ont la surveillance des bals doivent veiller à ce qu'on n'y exécute aucune danse indécente telle que *chahut*, *cancan*, etc.[2]. » La vigilance policière ne se limitait pas aux bonnes mœurs. Il fallait aussi surveiller cette foule étudiante toujours prête à pousser des cris séditieux, « À bas Louis-Philippe ! » ou « Vive la République ! ». Enjolras et ses lieutenants fréquentaient sans doute de temps en temps la Chaumière, qui restera fermée pendant un an après l'insurrection de juin 1831. Elle avait de la concurrence dans les environs : on trouvait là sur quelques mètres le Jardin des montagnes suisses, à l'angle opposé du même carrefour, le bal de l'Arc-en-ciel, spécialisé dans la valse, le bal de l'Ermitage, rendez-vous des clercs de notaire, l'Élysée-Montparnasse, fréquenté par les rôdeurs de barrière.

La prééminence de la Chaumière dura jusqu'en 1847, où un certain Bullier, propriétaire du Prado – le seul grand bal de l'île de la Cité –, acheta un vieux jardin avenue de l'Observatoire et y fonda un bal qu'il baptisa *La Closerie des Lilas*[3]. Brillamment éclairé au gaz, on y admirait « une décoration orientale et des peintures criardes qu'un farceur a nommées genre Alhambra[4] ». Le succès de cet établissement qui allait devenir illustre sous le nom de bal Bullier se prolongea jusqu'à la guerre de 1914, à la veille de

1. Edmont Texier, *Tableau de Paris*, Paris, 1850.
2. Cité *in* François Gasnault, *Guinguettes et lorettes*..., *op. cit.*
3. C'était, semble-t-il, le nom d'un relais sur la route d'Orléans où Chateaubriand s'arrêtait parfois pour se désaltérer. Le bal Bullier se trouvait sur l'emplacement actuel du centre des œuvres universitaires.
4. A. Privat d'Anglemont, *La Closerie des Lilas, quadrille en prose*, Paris, 1848, cité *in* F. Gasnault, *Guinguettes et lorettes*..., *op. cit*. Le nom de Closerie des Lilas passera ensuite à l'établissement situé de l'autre côté de l'avenue de l'Observatoire, où il se trouve toujours. La statue du maréchal Ney, qui était du côté du bal Bullier, fut déplacée au moment de la construction de la petite gare de la ligne de Sceaux (RER).

laquelle Sonia Delaunay venait y danser en robe *simultanée* avec Maïakovski et sa célèbre chemise jaune cadmium.

À qui revient d'avoir transformé un Montparnasse champêtre et dansant en un lieu qui allait secouer le vieux monde, entre les années du symbolisme et août 1914 ? Pour André Salmon, « Paul Fort, seigneur de la Closerie et mainteneur de ses jeux mémorables.... est le véritable créateur du Montparnasse moderne.... Il me nommait pêle-mêle, à m'y perdre, les poètes dont l'œuvre occupait la scène [de la Gaîté-Montparnasse] et ceux dont l'enthousiasme s'échauffait jusqu'à la bagarre : Henri de Régnier, Jean Moréas, Émile Verhaeren, Vielé-Griffin, Stuart Merill, Paul Claudel, Maurice Barrès, Saint-Pol-Roux-le-Magnifique, André Gide, Pierre Louÿs, à ne retenir que les noms de ceux qui seraient, à partir de 1905, collaborateurs de la revue de haute littérature *Vers et Prose*, à fonder, par Paul Fort, au cœur de Montparnasse, 18, rue Boissonnade » (rue plus récente que sa parallèle, la rue Campagne-Première. Ramuz : « Cette rue Boissonnade avait pourtant beaucoup d'intimité. Elle était en grande partie habitée par des peintres, messieurs et dames, venus de tous les pays du monde, mais plus particulièrement de Russie, car il y a encore un certain Paris cosmopolite dont Montparnasse est un des centres. Il se mélangeait dans l'impasse à toute une population ouvrière qui travaillait dans un important atelier de brochure, et à beaucoup de ménages tranquilles de retraités ou de rentiers [1] »).

Pour Carco, « Montparnasse est né d'Apollinaire qui, le premier, nous entraînant chez Baty, se vit partout fêté. Dès qu'il parlait, Guillaume prêtait un langage à la foule des poètes et des peintres qui, l'écoutant, pensaient s'entendre en lui et liaient ses paroles à leur destin. Avant qu'on y prît garde, voisinant avec son cousin Paul Fort dont le domaine comprend le long boul' Mich', Bullier, le Luxembourg et la Closerie des Lilas, il traçait les limites

1. *Notes d'un Vaudois*, Paris, Gallimard, 1938. Ramuz habitait dans un passage entre les rues Boissonnade et Campagne-Première.

de son fief et, du café des Deux-Magots où Jarry l'avait autrefois décoré de l'ordre de la Gidouille, l'étendait par la rue de Rennes et le boulevard Raspail jusqu'au croisement de ce boulevard avec celui du Montparnasse. N'avait-il point déjà poussé ses éclaireurs vers Plaisance où habitait le Douanier Rousseau, et fait durant un temps son quartier général de l'aimable rue de la Gaîté ?[1] »

En 1913, Apollinaire décrit Montparnasse de façon prophétique : « Montparnasse remplace Montmartre, le Montmartre d'autrefois, celui des artistes, des chansonniers, des moulins, des cabarets.... Tous ceux que la noce expulsait du vieux Montmartre détruit par les propriétaires et les architectes.... ont émigré sous forme de cubistes, de Peaux-Rouges, de poètes orphiques. Ils ont troublé des éclats de leur voix les échos du carrefour de la Grande-Chaumière. Devant un café établi dans une maison de licencieuse mémoire, ils ont dressé un concurrent redoutable, le Café de la Rotonde. En face se tiennent les Allemands. Ici vont plus volontiers les Slaves. Les Juifs vont indifféremment dans l'un et dans l'autre.... Esquissons avant tout la physionomie du carrefour. Vraisemblablement, elle changera avant peu. À l'un des coins du boulevard Montparnasse, un grand épicier étale aux yeux de tout un peuple d'artistes internationaux son nom énigmatique : “Hazard”.... Voici, à l'autre angle, la Rotonde.... André Salmon s'arrête quelquefois à cette terrasse, distant comme un spectateur au fond d'une avant-scène ; Max Jacob est souvent là vendant sa “Cote” et ses dessins, quelquefois même la longue silhouette sereine de Charles Morice se profile à l'intérieur, contre la muraille. À l'angle du boulevard du Montparnasse et de la rue Delambre, c'est le Dôme : clientèle d'habitués, gens riches, esthéticiens du Massachusetts ou des bords de la Sprée.... Un autre angle, c'est Baty ou le dernier marchand de vin. Quand il se sera retiré, cette profession aura pratiquement disparu de Paris.... Bientôt, je gage, sans le souhaiter, que Montparnasse aura ses boîtes de nuit,

1. Carco, *De Montparnasse au Quartier Latin*, *op. cit.*

ses chansonniers, comme il a ses peintres et ses poètes. Le jour où un Bruant aura chanté les divers coins de ce quartier plein de fantaisie, de crémeries, la caserne-atelier de la rue Campagne-Première, l'extraordinaire crémerie-grill-room du boulevard du Montparnasse, le Restaurant chinois, les mardis de la Closerie des Lilas, ce jour-là, Montparnasse aura vécu[1]. »

Et il est vrai qu'après 1914 Montparnasse n'aura plus jamais cette grâce, cette innocence, malgré Modigliani, malgré le chapeau melon de Pascin, malgré Kiki, Picasso et Joyce, Brassaï et Man Ray – Dieu sait si, sur les années 1920, tout a été dit. Mais celui qui a vécu la destruction d'un quartier par le succès peut comprendre qu'en 1924 Breton et Aragon, « par haine de Montparnasse et de Montmartre », aient décidé, on l'a vu, d'établir leur quartier général dans un lieu passé de mode, le café Certa du passage de l'Opéra.

Pourtant Montparnasse a connu un dernier bon moment dans les années 1950, quand il n'était plus à la mode et pas encore ravagé. Les cafés étaient assez sombres et jonchés de mégots dès le matin. Les deux seuls cinémas étaient le Studio Raspail dans son magnifique immeuble *moderne*, et le Studio Parnasse, rue Jules-Chaplain, où le mardi soir après la dernière séance le patron posait des questions impossibles et les cinéphiles gagnaient des billets gratuits. Des écrivains et des artistes habitaient le quartier et travaillaient silencieusement. Il m'est arrivé de croiser dans la même matinée Sartre rue d'Odessa et Giacometti qui sortait du Raspail-Vert. Ils étaient seuls, petits, mal habillés, ils marchaient comme n'importe qui, enfin presque puisque Giacometti boitait un peu, comme on sait.

Aujourd'hui encore, si l'on évite le Dôme qui ne devrait pas avoir le droit de porter le nom du café de Trotski et de Kertész, la Coupole qui fait désormais partie d'une chaîne de mangeoires et la Closerie mao-balladurienne, Montparnasse garde bien des attraits (en écrivant ce mot je pense soudain à *Andromaque*, « .... et le destin d'Oreste / Est de venir sans

1. Article cité dans Salmon, *Montparnasse*, *op. cit.*

cesse adorer vos attraits/Et de jurer toujours qu'il n'y viendra jamais », vers qui correspondent assez bien à mon sentiment pour ce quartier de mon enfance). Chacun est libre d'y tracer son parcours, architectural, artistique ou sentimental, qui peut passer par les immeubles Art déco de la rue Campagne-Première, les petites maisons-ateliers à toits pointus de la rue Boissonnade, la fondation Cartier d'un m'as-tu-vu non étranger à l'esprit du lieu et qui a eu au moins le mérite de préserver le cèdre de Chateaubriand, le joli bâtiment rationaliste de l'École spéciale d'architecture sur le trottoir d'en face, les jardinets et les ateliers du haut de la rue Notre-Dame-des-Champs, la cour ombragée et la bibliothèque de Reid Hall rue de Chevreuse, la librairie Tschann, pour finir sur la placette triangulaire dans l'écartement des rues Vavin et Bréa, dominée par le jardin suspendu qui appartint au marchand de couleurs de Matisse et par les gradins de porcelaine blanche et bleue de l'immeuble de Sauvage.

Parmi les innombrables triangles anonymes ainsi déterminés par la divergence de deux rues, celui-ci est l'un de mes préférés avec, à l'autre bout de Paris, celui que créent en s'écartant la rue Jean-Pierre-Timbaud et la rue des Trois-Couronnes, avec la mosquée à l'angle de la rue Morand, la maison des Métallos et les enfants qui jouent sous les catalpas autour d'une curieuse variante du *Penseur* de Rodin. C'est à de tels lieux que pensait sans doute Walter Benjamin en évoquant dans *Le Livre des passages* ces « petites places intemporelles qui surgissent à l'improviste et auxquelles ne s'attache aucun nom propre, qui, à la différence de la place Vendôme ou de la place de Grève, n'ont pas été planifiées de longue main, qui ne sont pas placées sous le patronage de l'histoire universelle et qui ne sont, au contraire, qu'une réunion d'immeubles venus lentement, encore assoupis et en retard, répondre à l'appel du siècle. Sur ces places les arbres ont la parole, et même les plus chétifs donnent une ombre épaisse. Mais, dans la soirée, leurs feuilles tamisent la lumière des becs de gaz comme un verre dépoli de couleur vert foncé, et leur précoce éclat vert, la nuit, donne le signal automatique de l'arrivée du printemps dans la ville ».

Le Nouveau Paris II. Les villages

> Je m'égare, je me perds dans cette ville immense, je ne reconnais plus moi-même les quartiers nouveaux. Voilà Chaillot, Passy, Auteuil bien liés à la capitale ; encore un peu, Sèvres y touche ; et si l'on prolonge d'ici à un siècle jusqu'à Versailles, de l'autre côté à Saint-Denis, et du côté de Picpus à Vincennes, ce sera pour le coup une ville plus que chinoise.
>
> SÉBASTIEN MERCIER, *Tableau de Paris*.

Le 15 juillet 1840, vingt-cinq ans après Waterloo, l'Angleterre, la Prusse et la Russie signent un traité d'alliance à Londres. Elles s'engagent à soutenir l'empire ottoman contre les ambitions du khédive d'Égypte, Méhémet-Ali. La France, elle, appuie Méhémet-Ali. On parle de guerre. Adolphe Thiers, président du Conseil, penche pour l'épreuve de force, et du coup les projets de fortifications de Paris qui traînaient depuis plus de dix ans deviennent un sujet d'actualité. Les partisans d'une enceinte continue et ceux qui préconisent des forts détachés sont mis d'accord : on construira un rempart continu renforcé par dix-sept forts séparés, en avant de l'enceinte. Les orateurs de l'opposition libérale, François Arago, Lamartine, dénoncent une opération bien faite pour se retourner contre le peuple de Paris, ils évoquent l'exemple récent des Russes à Varsovie et des Bourbons à Barcelone. Chateaubriand lui-même sort de son silence pour écrire une *Lettre sur les fortifications* : « Dans notre sein, la paix de la caserne, au-delà de nos ravelins, le silence du désert.... Quel résultat de notre Révolution ! » Rien n'y fait, le *nabot monstrueux*, comme l'appellera Marx, réplique de la tribune de la Chambre : « Eh quoi ! s'imaginer que des fortifications puissent jamais mettre la liberté en péril ! Et d'abord, on calomnie un gouvernement, quel qu'il soit, quand on suppose qu'il puisse un jour tenter de se maintenir en bombardant la capitale... Mais ce gouvernement-là serait cent fois plus impossible après sa victoire ![1] » L'armée, les Ponts et Chaussées et les contractants privés rassemblent vingt-cinq mille ouvriers sur ce chantier de plus de trente kilomètres et, en 1843, les fortifications de Paris sont terminées[2].

Le tracé de cette enceinte correspond aux boulevards des maréchaux actuels, dont les noms sont d'ailleurs repris de la « route militaire » qui courait à l'intérieur des fortifications. Il est dicté par des considérations stratégiques, autrement dit par le relief. Au nord de la ville, dans la plaine Saint-Denis, l'enceinte court en ligne droite de la porte de La Villette à la porte de Clichy, au-delà de la ligne des hauteurs de Charonne à Montmartre. Elle s'infléchit ensuite parallèlement à la courbe de la Seine pour englober les Ternes, la plaine Monceau, Passy et Auteuil. Franchissant le fleuve au Point du Jour, elle contourne Vaugirard et Grenelle puis traverse en une vaste courbe les communes d'Issy, de Montrouge, de Gentilly et d'Ivry[3]. Là, elle repasse sur l'autre rive et monte droit vers le nord, de la porte de Charenton à la porte des Lilas, à travers les communes de Bercy et Saint-Mandé. Elle ondule ensuite

1. Thiers, cité par Karl Marx in *La Guerre civile en France, 1871*, trad. fr. Éditions sociales, Paris, 1963.

2. Jean-Louis Cohen et André Lortie, *Des fortifs au périf*, Paris, Picard, 1991. « La fortification.... comprend de l'intérieur vers l'extérieur une rue de rempart dont la chaussée est large de 6 mètres (le "boulevard militaire"), un mur continu doublé d'un fossé d'une largeur de 40 mètres, d'une contrescarpe et d'un glacis. »

3. Des forts qui joueront un grand rôle, on le verra, au moment de la Commune, sont construits sur les hauteurs du sud.

entre les dernières hauteurs de Belleville et du Pré-Saint-Gervais. C'est son segment le plus accidenté, et aujourd'hui la partie la plus pittoresque des boulevards des maréchaux, dont les lacets dédoublés dominent la grande plaine de la banlieue nord.

Parmi les villages qui entourent Paris, certains sont donc entièrement englobés dans l'enceinte et les autres sont coupés en deux, une partie restant au dehors des fortifications[1]. Les communes totalement ou partiellement incluses sont alors *à l'intérieur* des fortifications mais *en dehors* de Paris, dont la limite officielle reste le mur des Fermiers généraux. Cette situation était trop étrange pour durer et en 1860 toute la zone située à l'intérieur des fortifications est annexée à Paris. L'octroi est perçu aux nouvelles portes, le mur des Fermiers généraux est détruit, les arrondissements passent de douze à vingt et prennent leurs limites actuelles.

Les « villages » que Paris englobe à ce moment ne sont plus les hameaux que l'on atteignait par de longs chemins à travers champs, au temps où Rousseau allait herboriser à Gentilly sur les bords de la Bièvre ou du côté de Ménilmontant[2]. Au moment de l'annexion, la banlieue – le mot se généralise alors – s'est peuplée, urbanisée et en partie industrialisée, au point que Haussmann et Louis-Napoléon s'inquiètent de la concentration d'usines et d'ouvriers au nord et à l'est de Paris.

La nostalgie des temps heureux où la campagne était

1. Les principales communes totalement absorbées sont : sur la rive droite, Auteuil, Passy, Les Batignolles, Montmartre, La Chapelle, La Villette, Belleville, Charonne ; sur la rive gauche, Grenelle et Vaugirard. Les communes importantes dont une partie reste en dehors de l'enceinte sont : Neuilly, Bercy, Saint-Mandé, Gentilly, Montrouge.

2. « Depuis quelques jours on avait achevé la vendange ; les promeneurs de la ville s'étaient déjà retirés ; les paysans aussi quittaient les champs jusqu'aux travaux d'hiver. La campagne encore verte et riante, mais défeuillée en partie et presque déserte, offrait partout l'image de la solitude et des approches de l'hiver » (*Rêveries du promeneur solitaire*, « Deuxième promenade »).

aux portes de la ville et s'y infiltrait par tous les interstices, le sentiment du paradis perdu, la déploration devant la nature détruite, tous ces thèmes qui émergent à la fin du XVIIIe siècle se répandent à ce moment où Paris s'agrandit. On les trouve chez Privat d'Anglemont : « Le bois de Romainville avec ses parties d'âne, le parc de Saint-Fargeau si cher aux grisettes, les prés Saint-Gervais, ces délices des petits bourgeois, se sont convertis en rues, places et carrefours ; les maisons y ont poussé à la place des verts gazons, des arbres séculaires et des lilas fleuris. L'île d'Amour, ce séjour enchanté où s'étaient noués tant de liens éphémères, par une singulière ironie, est devenue une mairie ; on s'y marie pour de bon, et cela sans rire. Le Sauvage, ce bal qui fait époque dans le souvenir des Parisiens, est devenu une bonne, digne et honnête maison bourgeoise [1]. » La Bédollière écrivant l'histoire des vingt arrondissements du Nouveau Paris exhorte à aller contempler les derniers vestiges de la campagne pendant qu'il en est encore temps. À Ménilmontant, entre le Père-Lachaise et les nouvelles fortifications, « sur les gracieux coteaux penchés au midi et richement cultivés par nos ruro-parisiens du XXe arrondissement, c'est là qu'est le Ratrait, paradis terrestre, oasis où les travailleurs des faubourgs voisins ne manquaient pas jadis de venir passer le dimanche et le lundi, lieu de champêtres délices dont il ne restera plus bientôt que le souvenir [2] ».

Dans les années 1880, Huysmans pleure sur la Bièvre qui disparaît : « Au fond, la beauté d'un paysage est faite de mélancolie. Aussi la Bièvre, avec son attitude désespérée et son air réfléchi de ceux qui souffrent, me charme-t-elle plus que toute autre et je déplore comme un suprême attentat le culbutement de ses ravines et de ses arbres ! Il ne nous restait plus que cette campagne endolorie, que cette

1. *Paris anecdote*, *op. cit.*

2. La Bédollière, *Le Nouveau Paris…*, *op. cit.* Le *Ratrait* (et non « Retrait » comme s'écrit à tort la rue actuelle) était le nom d'un vignoble.

rivière en guenilles, que ces plaines en loques et on va les dépecer !.... L'on va.... combler les marécages, niveler les routes, arracher les pissenlits et les ronces, toute la flore des gravats et des terres incultes.... ils ne l'ont donc jamais regardée cette étrange rivière, cet exutoire de toutes les crasses, cette sentine couleur d'ardoise et de plomb fondu, bouillonnée çà et là de remous verdâtres, étoilée de crachats troubles, qui gargouille sous une vanne et se perd, sanglotante, dans les trous d'un mur[1] ? »

La dernière strate de Paris, celle des villages, n'est pas constituée de la même façon que la précédente, à laquelle les faubourgs avaient servi de tuteurs pour une urbanisation radiale et centrifuge. Ici, les communes préexistaient à l'annexion, depuis des siècles pour certaines. Elles formaient une couronne de satellites dont certains, comme Montmartre ou Belleville, gardent toujours une relation distante avec la Ville. Le Paris des villages est archaïque par son origine rurale et moderne par son devenir industriel, ambiguïté qui lui donne encore par endroits un charme particulier, même si les vieilles usines se font rares et si, pour en préserver les traces matérielles et le souvenir, il a fallu créer une étrange discipline, l'*archéologie industrielle*.

De son côté « moderne » il persiste dans l'anneau des villages un élément qui a marqué le paysage, tracé des frontières et défini des quartiers : le chemin de fer. Les grandes gares parisiennes avaient été construites dans les années 1835-1850 à l'intérieur du mur d'octroi, certaines tout contre lui (la gare du Nord, la gare de Lyon), d'autres plus près du centre (la gare de l'Est, la gare Saint-Lazare). Pour sortir de Paris, les voies devaient en tout cas franchir la strate des villages. Malgré l'électrification, ces traversées métalliques sont autant de fragments du XIXe siècle dans la ville d'aujourd'hui, qu'on les découvre depuis des balcons suspendus comme la rue d'Alsace au-dessus des

1. *Croquis parisiens.*

quais de la gare de l'Est ou le square des Batignolles en porte-à-faux sur les voies de Saint-Lazare, depuis des hauteurs comme l'esplanade de la Bibliothèque de France d'où la vue s'étend sur l'immense plaine d'acier de la gare d'Austerlitz, ou que l'on se trouve sur une île entourée de rails de tous côtés, comme le triangle de l'Évangile entre les voies de l'Est, du Nord et les anciens entrepôts Calberson, sorte de bout du monde relié au continent par le pont de la rue Riquet – et il est juste d'avoir donné à cette longue passerelle métallique jetée au-dessus des voies le nom de l'ingénieur qui construisit au XVIIe siècle le canal du Midi.

Entre la Chapelle et Barbès-Rochechouart, la vue depuis le métro aérien qui tremble et ferraille sur ses ponts métalliques porte sur les voies en contrebas et les verrières des gares en un surprenant redoublement. « Le bruit de la ligne Dauphine-Nation, pareil à une plainte de zeppelin, accompagne le voyageur jusqu'à ces quartiers cernés de cheminées d'usines, lacs de zinc où la rue d'Aubervilliers se jette comme une rivière de vernis. Des vagissements de trains égarés servent de base au paysage », écrivait Léon-Paul Fargue [1]. Et que dire des paysages offerts gratuitement à qui entre dans Paris par le train : pour ceux qui arrivent de Yerres ou de Choisy-le-Roi, les Entrepôts frigorifiques, les Grands Moulins de Paris et au loin, juste avant la verrière de la gare d'Austerlitz, le dôme de la Salpêtrière ; pour ceux qui viennent de Villeparisis ou d'Aulnay-sous-Bois, les canaux, les hauteurs des Buttes-Chaumont et le flanc de Montmartre. Et toujours avec le train un certain désordre s'insinue dans la ville, éboulis maintenus derrière des palissades de tôle, petits triangles en friche autour des postes d'aiguillage, où poussent les plantes que voyait Huysmans sur les bords de la Bièvre, « les pissenlits et les ronces, toute la flore des gravats et des terres incultes ».

Dans des régions plus retirées, les grilles des gares de

1. *Le Piéton de Paris*, « Mon quartier », Paris, Gallimard, 1932.

marchandises réservent des espaces d'un autre âge. Gares de Bercy, de Rungis autrefois, au bout de la rue Bobillot, de Tolbiac, de Vaugirard, des Batignolles, d'Aubervilliers, de la Chapelle, tous ces hiatus urbains où des motrices à la retraite ramènent des wagons égarés vers le troupeau des trains, où sur des écriteaux à demi effacés se lisent des directives obscures, on peut passer devant sans les remarquer, sans voir qu'ils représentent la survivance entêtée d'une époque où le chemin de fer était l'un des grands supports de l'imaginaire. Plus loin encore de tout productivisme, le chemin de fer de ceinture, construit à l'intérieur des fortifications peu après l'annexion, fut pendant longtemps un grand moyen de transport et de divertissement. Pendant le siège de 1870, les Goncourt font le tour de Paris et notent dans le *Journal* : « Amusant spectacle que celui de cette vision rapide comme la vapeur, saisissant, au sortir de la nuit d'un tunnel, des lignes de tentes blanches, des chemins creux où passent des canons, des berges de fleuve aux petits parapets crénelés d'hier, des *débits* avec leurs tables et leurs verres sous le ciel, avec leurs cantinières improvisées, qui se sont cousu du galon au bas de leurs caracos et de leurs jupes.... » Fargue, à Auteuil avec des amis, le prend pour rentrer chez lui : « Nous pouvions faire de la musique toute la nuit quand nous avions raté ce vieux fourneau de train de Ceinture[1]. » Et Dabit, enfant, quand ses parents l'emmenaient chez sa tante à Belleville le dimanche : « J'entrais joyeusement *(dans la gare)* du boulevard Ornano. Une machine soufflante arrivait, tirant de vieux wagons que je jugeais splendides, même ceux des troisièmes où nous montions. La locomotive couvrait de brouillard le paysage, maman me commandait de m'asseoir. "Tu vas être noir comme un charbonnier." Bientôt je lui demandais : "Dis, on approche ?" Elle me répondait : "Allons, ne fais pas la bête, tu sais qu'on traverse d'abord le tunnel des Buttes-Chaumont.".... Brusquement, après la station Belleville-

1. « Maurice Ravel », in *Refuges*, *op. cit.*

Villette, le train s'engageait dans une tranchée en lançant un coup de sifflet, comme un adieu à la lumière. Quand nous débouchions du souterrain il fallait se lever, nous arrivions à la station de Ménilmontant[1]. »

Les restes de la Petite Ceinture ponctuent toujours le Paris des villages – voies en déblai à travers les collines de Belleville et de Ménilmontant, croisillons métalliques des ponts au-dessus de l'avenue Jean-Jaurès, de la rue d'Avron ou de la rue de Vaugirard. Ses gares sont à l'image des lieux autrefois desservis, la Muette rose et fleurie, Charonne plus déglinguée abritant *La Flèche d'Or*, café suspendu au-dessus des voies, fréquenté par la jeunesse du quartier. La Bédollière serait bien étonné, lui qui écrivait que « si Charonne est pauvre en édifices, il possède un établissement qui est pour cette partie de la capitale un gage de prospérité future : nous voulons parler de la gare de chemin de fer de ceinture. Cette ligne importante, qui sert de trait d'union entre Bordeaux et Lille, entre Marseille et Cherbourg, possède à Charonne une gare qui y a déjà attiré beaucoup d'industries[2] ».

Tous ces espaces généreux sont aujourd'hui menacés. Il est question de les recouvrir et de faire aménager les surfaces ainsi gagnées par des sociétés d'économie mixte. L'opération a déjà été réalisée au-dessus des voies du TGV à la gare Montparnasse pour construire un « jardin atlantique » dont le principal mérite est d'être à peu près introuvable. Dans l'opération « Seine-rive gauche », on parle de couvrir les voies au sortir de la gare d'Austerlitz. Le processus est déjà engagé un peu plus loin : entre les Entrepôts frigorifiques et la Cité de refuge de Le Corbusier se construit actuellement une « dalle-jardin » au-dessus des rails. Après tant d'horreurs, on pouvait penser que ce terme même serait proscrit, que pour une fois le « devoir de mémoire » servirait à quelque chose. Il n'en est rien : des panneaux multicolores en bordure du chan-

1. Eugène Dabit, *Faubourgs de Paris*, Paris, Gallimard, 1933.
2. *Le Nouveau Paris…*, *op. cit.*

tier annoncent que sous la direction de Christian de Portzamparc, architecte officiel du régime, le cabinet Bruno Fortier est chargé d'édifier une dalle-jardin qui va écraser ce qui reste de la pauvre rue du Chevaleret, ses foyers de travailleurs africains, ses cours délabrées et fleuries, son charme à la Doisneau. Ce n'est pas, et de loin, le premier attentat urbanistique dans le secteur. *Potlach*, 3 août 1954 : « On détruit la rue Sauvage.... dans le XIIIe arrondissement, qui présentait la plus bouleversante perspective nocturne de la capitale, placée entre les voies ferrées de la gare d'Austerlitz et un quartier de terrains vagues au bord de la Seine.... [1]. » Tout près de là, on a récemment noyé dans le béton les colonnes de fonte, les poutrelles et les croisillons d'acier de la magnifique rue Watt. Les principales artères du nouveau quartier portent programmatiquement les noms de Jean Anouilh, François Mauriac et Raymond Aron. Pas Jean Genet, ni Samuel Beckett, ni Nathalie Sarraute, ni non plus Jean-Paul Sartre, Michel Foucault ou Gilles Deleuze. Non, Jean Anouilh, François Mauriac, Raymond Aron. Je pense aux ultimes catastrophes projetées par Haussmann et que seule la défaite de Sedan a empêchées : « La rue de Rennes doit être prolongée en ligne droite jusqu'à la Seine, et communiquer à l'aide d'un nouveau pont avec l'ancienne rue des Poulies qui serait prolongée jusqu'aux Halles centrales. Ainsi le centre de Paris sera mis en communication non seulement avec la banlieue, mais encore avec un groupe de départements, dont les plus voisins contribuent à l'approvisionner [2]. » Je pense aussi aux projets pompidoliens, la radiale Vercingétorix qui devait déverser à Denfert-Rochereau tout le trafic du sud de Paris, la voie express rive gauche, le canal Saint-Martin recouvert et converti en autoroute. Ces folies, ce sont la maladie et la mort qui les ont évi-

1. *Potlach*, animé en particulier par Michèle Bernstein et Guy Debord, était le « Bulletin d'information du groupe français de l'Internationale lettriste ».

2. La Bédollière, *Le Nouveau Paris...*, *op. cit.*

tées. Quels désastres souhaiter pour qu'on nous conserve à ciel ouvert les voies ferrées parisiennes ?

Parmi les communes annexées en 1860, certaines, comme Auteuil ou La Chapelle, ont gardé leur nom et leur caractère. D'autres parties englobées se sont fondues dans la capitale sans garder de traces de leur origine villageoise – en particulier les portions intra-muros des communes coupées en deux par les « fortifs » : il n'y a plus grand monde pour savoir que la Bibliothèque de France est construite sur un fragment de l'ancienne commune d'Ivry, que le quartier du parc Montsouris appartenait à Gentilly ou que les jardins du Ranelagh et la rue Spontini ont été arrachés à la commune de Neuilly. Seule peut-être la région comprise entre le lion de Denfert et la porte d'Orléans s'est longtemps souvenue de ses origines : « Je me suis fixé maintenant au Petit-Montrouge, dans le XIVe arrondissement [1] », écrivait Henri Calet, façon de dire qui n'aurait pas surpris mes camarades du lycée Louis-le-Grand qui habitaient avenue d'Orléans dans les années 1950.

Mais pour qu'un village annexé ait gardé une identité claire, il ne suffit pas qu'il ait été absorbé en totalité, comme le montre *a contrario* l'exemple de Vaugirard et de Grenelle, dont le passé s'est quelque peu noyé dans la monotonie du XVe arrondissement. Une autre condition est nécessaire, et elle est géographique. Tantôt ce sont des pentes abruptes qui limitent et isolent, comme à Montmartre, à Belleville-Ménilmontant-Charonne ou à la Butte-aux-Cailles – et ce n'est pas un hasard s'il s'agit des principaux points de l'ultime résistance pendant la Semaine sanglante de mai 1871. Tantôt c'est un élément artificiel qui fédère et organise, comme le canal de l'Ourcq à la Villette ou les voies ferrées aux Batignolles. Tantôt enfin c'est une

1. *Le Tout sur le tout*, Paris, Gallimard, 1948. L'avenue d'Orléans n'avait pas encore pris le nom du maréchal Leclerc, dont l'invraisemblable effigie ne se dressait pas encore à la porte d'Orléans.

situation extrême par rapport à la ville, comme la longue et étroite presqu'île que forment les villages de Passy et d'Auteuil entre la Seine et le Bois.

* * *

Sur la rive gauche, pour ces raisons, les quartiers actuels de la strate des villages – à peu près les XIIIe, XIVe sud et XVe arrondissements – ne se superposent pas aux communes d'origine, dont le souvenir s'est estompé. Cette région mêle de vieux quartiers de l'ancienne banlieue – Javel, Plaisance, la Butte-aux-Cailles –, des noyaux récents constitués autour d'un pôle d'attraction – le quartier du parc Montsouris – et des fantômes, comme celui de la Bièvre, aujourd'hui sous terre mais autrefois terrible (« La nuit du mercredi 1er avril 1579, la rivière de Saint-Marceau, au moyen des pluies des jours précédents, crût à la hauteur de 14 ou 15 pieds, abattit plusieurs moulins, murailles et maisons, noya plusieurs personnes surprises dans leurs maisons et leurs lits, ravagea grande quantité de bétail et fit un mal infini[1] »).

Pour ceux qui le connaissent mal, le XVe arrondissement se résume à d'interminables traversées le long de la route de Sèvres [rue Lecourbe] ou de la route d'Issy [rue de Vaugirard], rappelant que Vaugirard était un village-rue étiré depuis le mur d'octroi jusqu'aux coteaux d'Issy et leurs moulins. Beaucoup ne savent pas où est la limite entre Vaugirard et Grenelle – ignorance qui n'est d'ailleurs pas sans raisons historiques puisque Grenelle a fait partie

1. Pierre de L'Estoile, *Journal pour le règne de Henri III*. La Bièvre entrait dans Paris à la poterne des Peupliers, coupait la rue du Moulin-des-Prés (il y avait là un grand moulin à eau), contournait le flanc sud de la Butte-aux-Cailles par un méandre planté de saules et de peupliers jusqu'au carrefour des rues Brillat-Savarin et Vergniaud, puis remontait vers le nord, franchissait le mur des Fermiers généraux près du métro Corvisart et entourait de deux bras le square René-Le-Gall pour arriver aux Gobelins.

de la commune de Vaugirard jusqu'en 1830. La partie sud, le Vaugirard actuel, était à la fin du XVIIIe siècle une région de villégiature, où des Parisiens de marque possédaient des maisons de campagne dans de beaux parcs, au milieu des vignobles et des jardins maraîchers. Grenelle au contraire était une grande plaine agricole bordée par la Seine. C'est là que Parmentier fit ses premiers essais de culture de la pomme de terre. Sur un plan de 1813 on n'y voit aucune maison et seuls deux chemins traversent la vaste étendue des champs, les ancêtres des rues de Lourmel et de la Croix-Nivert. En 1830, Théophile Gautier écrivait encore à Arsène Houssaye : « Ce matin j'ai passé la Seine à la nage et je suis allé devers ma princesse, qui m'attendait de l'autre côté, cueillir des bleuets dans les blés de Grenelle[1]. »

Grenelle et Vaugirard évoluaient vers des destins opposés. Vaugirard – c'est-à-dire aujourd'hui comme autrefois la région comprise entre la rue de la Croix-Nivert et le mur des Fermiers généraux [boulevards de Grenelle, Garibaldi et Pasteur] – s'embourgeoisait progressivement. Un guide de 1890 note que le quartier Saint-Lambert, ancien village de Vaugirard, perd de jour en jour son aspect primitif et prend, sans caractère particulier, des allures parisiennes. Le même indique que deux des quartiers du XVe arrondissement, Grenelle et Javel, sont couverts d'usines et de fabriques de produits chimiques[2]. La chimie était depuis longtemps présente sur les bords de la Seine : à la fin de l'Ancien Régime, des industriels avaient obtenu avec l'appui du comte d'Artois l'autorisation d'implanter une fabrique de vitriol près du moulin de Javelle. C'est là que fut mise au point la fabrication de l'hyposulfite de soude qui deviendra l'eau de Javel. En 1792, Chaptal fit construire dans la plaine déserte une

1. Cité *in* Lucien Lambeau, *Histoire des communes annexées à Paris en 1859*, « Grenelle », Paris, Leroux, 1914.

2. Martin, *Promenades dans les vingt arrondissements de Paris*, *op. cit.*

immense poudrière, considérée comme « un des remparts de la République ». Peu après le 9 Thermidor, la poudrière explosa. On accusa les Jacobins et ce fut l'un des arguments pour fermer le club et démolir ses locaux. En 1796, ce qui restait de Montagnards tenta de soulever contre le Directoire les régiments cantonnés dans la plaine de Grenelle. Les conjurés se réunissaient à l'auberge du Soleil d'Or, dans une maison qui existe toujours [1]. L'entreprise échoua et dix des meneurs furent fusillés contre le mur d'octroi, à la hauteur de la station Dupleix.

On fusilla beaucoup dans la plaine de Grenelle, contre ce mur. Sous le Directoire et le Consulat, il s'agissait surtout d'émigrés, parmi lesquels Armand de Chateaubriand, cousin de François René qui raconte dans les *Mémoires d'outre-tombe* : « Le jour de l'exécution, je voulus accompagner mon camarade sur son dernier champ de bataille ; je ne trouvai point de voiture, je courus à pied à la plaine de Grenelle. J'arrivai, tout en sueur, une seconde trop tard. Armand était fusillé contre le mur d'enceinte de Paris. Sa tête était brisée ; un chien de boucher léchait son sang et sa cervelle. » Sous l'Empire, ce fut le tour du général Malet, puis Louis XVIII fit fusiller au même endroit La Bédoyère, rallié à Napoléon pendant les Cent-Jours. Sa jeune veuve dut payer aux soldats du peloton d'exécution, à raison de 3 francs par homme, 36 francs. Passée la Terreur blanche, le Grenelle moderne allait être fondé par un promoteur hors du commun, Léonard Violet, qui, dans les années 1820, acheta et lotit un vaste quadrilatère limité par les actuelles rues de la Croix-Nivert et de Javel, le boulevard de Grenelle et les quais de Grenelle et de Javel. Il fit construire une gare d'eau et un pont en bois, appuyé sur l'île des Cygnes, pour relier le nouveau quartier à la rive droite. C'est de cette époque que datent le plan en damier et le nom des rues – du Commerce, des Entrepreneurs – qui reflète l'optimisme du moment. Sur la place qui porte

1. Au n° 226, rue de Vaugirard, entre un traiteur chinois et un magasin de soldes, dans une cour dont deux côtés ont été démolis.

aujourd'hui son nom, Violet se fit construire un château qui existe toujours à l'intérieur de la caserne des pompiers, mais le nouveau Grenelle était délibérément industriel et ouvrier. Les bourgeois de Vaugirard, inquiets de ce voisinage, demandèrent à faire sécession, ce que le préfet Chabrol leur accorda en 1830, quelques jours avant les Trois Glorieuses.

Grenelle se développa rapidement pendant la monarchie de Juillet. Les usines Cail, à l'angle du quai et du boulevard de Grenelle, qui avaient leur port sur la Seine et leurs voies ferrées connectées au réseau de l'Ouest, devinrent l'une des principales usines françaises de locomotives (quand l'entreprise quittera Paris, le Vel' d'Hiv' prendra sa place en 1909[1], pour le meilleur – les Six Jours, Cerdan, Piaf, Yvette Horner à l'accordéon, Anquetil et Darrigade derniers vainqueurs en 1958 – et pour le pire, les meetings de Doriot, la rafle des juifs en juillet 1942 organisée par la police française sous les ordres de René Bousquet). C'est aussi à Grenelle, et plus particulièrement rue des Entrepreneurs, qu'est née l'industrie aéronautique française. Les essais se faisaient sur le terrain tout proche d'Issy et, dans les années 1930, André Lurçat proposa même de transformer l'île des Cygnes, élargie comme une piste de porte-avions, en un terrain d'aviation qu'il appelait Aéroparis. Entre-temps, André Citroën avait transformé l'usine de fabrication d'obus qu'il avait montée pendant la Première Guerre mondiale sur le quai de Javel, pour y créer l'une des marques les plus inventives de l'histoire de l'automobile.

Ce passé de fumées et d'acier n'a laissé que des souvenirs. On a donné le nom d'André Citroën à un jardin – sans doute ce qui s'est construit de mieux au XXe siècle

1. Ce Vel' d'Hiv' était en fait le deuxième. Le premier occupait la galerie des Machines au Champ-de-Mars, après l'exposition universelle de 1900. Tous deux étaient l'œuvre d'Henri Desgranges, premier recordman du monde de l'heure et créateur du Tour de France (1903).

dans l'arrondissement, équilibrant quelque peu le désastre du Front de Seine. Vaugirard-Grenelle est devenu l'un des quartiers les plus petits-bourgeois, les plus provinciaux de Paris. Son tissu hétéroclite mêle de rares maisons de village, de rares perles Art nouveau, beaucoup d'immeubles des années 1880 sans caractère et un grand nombre d'ensembles et de barres des années 1960-1970. Dans cet anonymat se remarquent d'autant mieux la rue Santos-Dumont bordée de maisons basses avec cours et jardins, le petit village de l'Avenir au bout de la rue Castagnary – se hâter avant qu'on ait fini de le démolir –, la cité ouvrière Lebaudy, rue de la Saïda, les ateliers d'artistes de la rue Pierre-Mille, le fond de la place du Commerce fermé par l'ancienne mairie de Grenelle, les cèdres du square Violet, le chevet de l'église Saint-Lambert construite sur l'emplacement d'une immense usine à gaz. Sans oublier les célébrités officielles du quartier, les Objets trouvés de la rue des Morillons, l'Institut Pasteur, la Ruche de la rue de Dantzig et *L'Oiseau lunaire*, bien perdu au fond du petit square Blomet à la place des ateliers où travaillaient Miró et Masson et où se croisaient Artaud, Bataille, Limbour et le jeune Dubuffet.

* * *

Le XVe arrondissement est séparé du XIVe ou, pour le dire autrement, Vaugirard est séparé de Plaisance par les voies de la gare Montparnasse, élément essentiel du quartier jusqu'à la construction de la nouvelle gare à la fin des années 1960. Désirée et Céline, les *Sœurs Vatard* de Huysmans habitaient au coin de la rue Vandamme et de la rue du Château [1]. « Leur chambre prenait jour derrière le logis, sur la voie du chemin de fer de l'Ouest. À cet endroit la

1. La rue Vandamme – qui s'appelait le chemin de la Gaîté jusqu'à ce qu'on lui donne le nom d'un général – existe toujours mais elle n'atteint plus la rue du Château : sa dernière partie a été remplacée par la rue du Commandant-Mouchotte, l'hôtel Sheraton Montparnasse, etc.

ligne était coupée par un pont suspendu et grillagé à hauteur d'homme et, au-dessous, un passage à niveau s'ouvrait pour les voitures, surmonté d'une tour en bois, agrémentée d'horloges.... Deux locomotives manœuvraient, mugissant, sifflant, demandant leur route.... Un son de trompe courut, se répercuta, s'affaiblit et de nouveau brama, d'intervalles en intervalles. Les gardiens fermaient les barrières du passage à niveau – un train de grande ligne s'avançait au loin.... La terre trembla et, dans une buée blanche, tisonnée d'éclairs, dans une rafale de poussière et de cendre, dans un éclaboussement d'étincelles, le convoi jaillit avec un épouvantable fracas de ferrailles secouées, de chaudières hurlantes, de pistons en branle ; il fila sous la fenêtre, son grondement de tonnerre s'éteignit, l'on n'aperçut bientôt plus que les trois lanternes rouges du dernier wagon, et alors retentit le bruit saccadé des voitures sautant sur les plaques tournantes. »

Rue du Château, rue de l'Ouest : ce sont les deux axes primitifs du lotissement de Plaisance, dans l'angle de l'avenue du Maine et de la rue Vercingétorix[1]. C'était un lotissement pauvre, bricolé, sans plan d'ensemble, mené par de petits spéculateurs qui eurent l'idée de le baptiser *Plaisance* pour attirer les clients qu'auraient pu rebuter dans les années 1840 des rues non pavées, sans éclairage, sans égouts, sans bornes-fontaines[2]. Gravement endom-

1. Le troisième côté était la route de Transit [rue d'Alésia]. La rue du Château, qui s'appelait primitivement rue du Chemin-de-fer, tire son nom du château du Maine, domaine qui occupait un grand espace entre la rue de Vanves [Raymond-Losserand], la rue du Château et la rue Didot. La rue Asseline actuelle correspond à son allée d'entrée. L'avenue du Maine tire son nom du duc du Maine, qui la fit percer pour se rendre du faubourg Saint-Germain à sa résidence de Sceaux.

2. Catherine Bruant, « Plaisance et les Thermopyles », in *Montparnasse et le XIVe arrondissement*, Paris, Action artistique de la Ville de Paris, 2000. Certains – Bénard, Boyet-Barret – ont donné

magé par Ricardo Bofill (la place de Catalogne) et par les ravages du début de la rue de l'Ouest, Plaisance reste pourtant un quartier populaire dont le charme tient pour beaucoup à son enclavement : il communique à peine avec l'avenue du Maine et de l'autre côté les voies sont infranchissables ou presque. Dans les rues transversales – rue de la Sablière, rue de Plaisance, rue Pernety –, les immeubles sont ceux du lotissement d'origine, étroits, bas, homogènes et pauvres sous leur enduit plâtré. Les maisons, les ateliers, les petits jardins, les glycines de la rue des Thermopyles – ainsi dénommée pour son étroitesse évoquant le défilé de Thessalie – sont une rareté menacée (la rue Léonidas à quelques pas à l'est a été défigurée dans les années 1970). Dans ce quartier se sont autrefois réfugiés des individus qui cherchaient la paix – Marcel Duhamel, Jacques Prévert, Yves Tanguy, Raymond Queneau au 54, rue du Château, qui formait dans les années 1920 le troisième sommet du triangle surréaliste avec la rue Blomet et la rue Fontaine[1]. Dans les années 1950, Alberto Giacometti avait son atelier rue Hippolyte-Maindron et, parmi les centaines de photographies qui ont été prises de lui, ma préférée est celle où Cartier-Bresson l'a saisi traversant sous la pluie, l'imperméable rabattu sur la tête, à l'angle de la rue d'Alésia.

« Durant ces jours de grève des transports en commun nous avons dû, bon gré mal gré, nous replier un peu plus que de coutume sur nous-mêmes.... C'est en de telles circonstances que l'on s'aperçoit que l'arrondissement forme une petite ville très complète dans la grande, un vingtième de capitale possédant sa mairie, son église, ses marchés, ses cinémas. Pour ma part, il y a longtemps que je sais que

---

leur nom à des rues du quartier. Ils eurent assez de succès pour étendre l'opération vers l'est et percer la rue Didot, la rue des Plantes, la rue Hippolyte-Maindron, etc.

1. Le n° 54 a disparu, enseveli sous les fausses colonnes et les frontons de Ricardo Bofill, place de Catalogne.

l'on peut vivre sans sortir du quatorzième.... Et par chance, c'était alors la fête du Lion de Belfort. Nous ne manquons jamais d'aller le voir à cette occasion ; nous l'aimons bien ; c'est notre gros fétiche et comme un emblème de virilité pour les habitants des alentours. Il écrase une flèche de la patte, ce qui peut avoir diverses significations symboliques. » C'est le 28 octobre 1947, dans *Combat*, l'inimitable Henri Calet. Son *quatorzième* à lui se divise en deux parties : l'une, à gauche en venant du Lion, triste, administrative ; l'autre, à droite, habitée, populeuse, la démarcation étant l'avenue d'Orléans, « ci-devant rue d'Enfer, qui est notre halle à ciel ouvert, nos Grands Boulevards, nos Champs-Élysées, notre Broadway[1] ». Assez curieusement ce XIVe n'a pas beaucoup changé depuis la Libération : « J'ai pris le 8, nouvellement immatriculé 38, le jour de sa remise en service.... Nous avons fait un doux voyage, sur pneumatiques, d'un bout à l'autre de la ligne, au vent des rues. Il me semblait retourner dans le temps ; le Lion de Belfort, la Closerie des Lilas, le maréchal Ney qui venait de rentrer lui aussi (les guerres modernes ne l'intéressent pas ; il est pour la charge), la clinique Tarnier, le Luxembourg....[2]. » De la rue Daguerre aux Puces de Vanves, de la villa Seurat aux provinciales rues du Commandeur, Hallé, Ducouëdic, Sophie-Germain, rien n'échappe à Calet dans son arrondissement. Les réservoirs de la Vanne et les rues miraculeusement suspendues qui les bordent – rue Saint-Yves, rue Gauguet, rue des Artistes –, le parc Montsouris, les villas d'artistes ouvrant sur la rue Nansouty, la Cité universitaire, il est partout chez lui et jusqu'à cet hospice où il aimerait bien boucler la boucle : « Il me semble que je serai à ma place. De la clinique Tarnier à l'hospice de La Rochefoucauld, en passant par l'Asile maternel de l'avenue du Maine, il y a quinze minutes à peine. J'ai mis environ quarante ans à faire ce trajet : j'ai musardé d'un asile à

1. *Le Tout sur le tout*, *op. cit.*
2. *Ibid.*

l'autre.... Vieillir sur l'avenue d'Orléans, puis mourir sans douleur, comme on met simplement une lettre d'adieu à la poste, ce n'est pas demander l'impossible, après tout. »

***

Le XIVe arrondissement, vase d'expansion immobilier du très bourgeois faubourg Saint-Jacques, a échappé aux destructions massives. Le XIIIe au contraire, prolongement prolétarien du faubourg Saint-Marceau, fut l'un des premiers à subir les désastres d'après-guerre, avant même que les bulldozers s'attaquent aux hauteurs de Belleville. Dès les années 1950, on commença à détruire le quartier de la Glacière, puis le quartier de Maison-Blanche. Ce fut ensuite l'opération du quartier Italie, largement étendue le long du boulevard Vincent-Auriol. Aujourd'hui, les démolitions sont presque terminées le long de la Seine, où naguère de sombres bistrots accueillaient les mariniers et les ouvriers des entrepôts (sur le quai de la Gare, l'un d'eux, qui s'appelait, je m'en souviens, *La Maison Rouge*, est resté longtemps debout tout seul comme l'hôtel de Nantes sur la place du Carrousel).

Il reste dans le XIIIe, disséminées dans un tissu disloqué, des îles heureuses comme la place des Peupliers [de l'Abbé-Hénocque] et les rues qui en rayonnent, bordées de petites maisons à toits pointus, les unes à colombages et les autres en briques, régulières dans leur disposition et d'une grande fantaisie individuelle. Mais parmi les micro-quartiers de l'arrondissement, le plus célèbre est la Butte-aux-Cailles. On peut y accéder à partir du boulevard Blanqui par des escaliers qui portent assez justement le nom d'Eugène Atget. Ou bien partir de la place Paul-Verlaine où Louis Bonnier a construit dans les années 1920 une piscine qui pourrait être signée Gaudí, alimentée par un puits artésien. Ou encore monter le long de l'église Sainte-Anne pour aboutir place de la Commune-de-Paris. Avec ses restaurants à la mode et ses lampadaires néo-haussmanniens, le sommet de la Butte-aux-Cailles n'a pas la candeur du quartier Plaisance, mais sur les pentes, qui sont fort abruptes, de beaux passages pavés bordés de maisons basses et de jardins ramènent sur terre, vers la rue Barrault, la rue Martin-Bernard ou la rue Bobillot, sergent tué au Tonkin lors de la conquête de l'Indochine.

Le quartier Italie a échappé au désastre en devenant le principal *chinatown* de Paris (on devrait dire *indochinatown*, car les premiers immigrants asiatiques à s'y fixer dans les années 1970 étaient des *boat people* du Sud-Vietnam, mais parmi ceux qui arrivent actuellement du Sud-Est asiatique la majorité sont des Chinois de la diaspora). Ses limites – actuellement la rue de Tolbiac et les boulevards des maréchaux, l'avenue d'Italie et la rue Nationale – avancent de façon lente et régulière mais c'est dans l'angle des avenues de Choisy et d'Ivry que la densité des restaurants et des galeries marchandes est la plus forte. Le pittoresque est presque absent de l'architecture et du décor, à la différence des grands chinatowns de New York, de San Francisco ou de Singapour, soit que la laideur des tours ait été jugée irrémédiable, soit que l'hospitalité française bien connue ait incité à une certaine discrétion. L'exotisme tient à la population, et pour celui qui aime à ne plus savoir où il se trouve, rien ne vaut les supermarchés les plus pauvres, où les vendeurs ne parlent pas français et où les boîtes de conserve, les bandes vidéo, les légumes et les gâteaux sont magnifiques de couleurs mais d'identification à peu près impossible.

* * *

Sur la rive droite, d'une extrémité à l'autre du méandre de la Seine, du Point du Jour à Bercy, l'arc des anciens villages est de tout Paris la partie la plus contrastée. Passer des *hameaux* d'Auteuil aux *cités* du haut Belleville, du Ranelagh à la Goutte-d'Or, c'est changer de planète. Dans les années 1980, Christof Pruskovski, photographe polonais installé à Paris, prenait des séries de clichés de visages différents, mais au lieu de les tirer séparément il superposait tous les négatifs. Il émanait de ces images floues un sens souvent troublant. Pruskovski avait réalisé dans le métro un portrait cumulatif de « Cent voyageurs de première classe » et un autre, de « Cent voyageurs de deuxième classe », deux « portraits » qui auraient bien pu illustrer la différence morphologique entre hautes et basses classes dans la *Physiognomonie* de Lavater. En synthétisant ainsi cent visages de l'avenue Mozart et cent de la rue de Bagnolet, on obtiendrait sans doute deux portraits-robots tout aussi dérangeants.

L'opposition entre villages de l'est et de l'ouest n'est pourtant pas si ancienne. Au début du XIXe siècle, ce n'était partout que vignobles, pâturages, moulins, couvents et résidences seigneuriales. Mais depuis il y a eu la révolution industrielle, la Commune, l'arrivée de la main-d'œuvre étrangère, la Résistance, les destructions massives des années 1960, et chacune de ces étapes a creusé l'écart entre les beaux quartiers et les autres. Pour les destructions en particulier, ceux qui les théorisaient, les décidaient, les finançaient, se gardèrent bien de les faire porter sur leurs propres régions[1]. Les beautés architecturales de Passy et d'Auteuil sont intactes, y compris, fort heureusement, l'immeuble de la rue Nungesser-et-Coli où habitait et travaillait Le Corbusier. Les sectateurs de la charte d'Athènes allèrent construire leurs dalles et leurs barres le plus loin possible, du côté de la place des Fêtes, de l'avenue de Flandre et du boulevard Mortier.

* * *

Comme Vaugirard et Grenelle, ou Belleville et Ménilmontant, Passy et Auteuil apparaissent aujourd'hui comme un vieux couple fusionnel. Le propre de chacun d'eux est comme noyé dans l'entité « seizième », l'ordinal le plus chargé de sens de tous les arrondissements pari-

1. Il y a eu, certes, des immeubles affreux construits dans les beaux quartiers au cours des années 1960-1980, mais ils respectent le plus souvent l'alignement de la rue et le gabarit général. De plus, les matériaux utilisés sont habituellement de bonne qualité.

siens, évoquant un univers d'abonnés au *Figaro*, de collèges religieux, de hameaux paradisiaques et de chefs-d'œuvre de l'Art nouveau et de l'Art déco. Il n'en a pas toujours été ainsi : au début du XXe siècle on distinguait encore un Passy élégant et un Auteuil rustique. « Auteuil est comme la campagne de Passy avec son boulevard de Montmorency, ses quais, son viaduc, son restaurant du Mouton-Blanc, curiosité historique, ancien lieu de rendez-vous de La Fontaine, de Molière et de Racine. Les gens de Passy vont à Auteuil comme les gens de la rue Étienne-Marcel vont à Brunoy le dimanche. C'est tout juste s'ils n'emportent pas leur manger[1]. » La frontière entre les deux était – est toujours – marquée par les parallèles des rues de l'Assomption et du Ranelagh, là où la colline de Passy vient mourir sur la plaine d'Auteuil. D'après Jacques-Émile Blanche, « la borne qui désignait la limite des deux communes était au-dessous de l'intersection des rues Raynouard et du Ranelagh, près de la rue de Boulainvilliers, au bas de ce qui fut – autant que nous le pouvons déduire – le parc de Passy[2] ». Cette borne est évidemment remplacée par la Maison de la Radio.

La beauté de Passy tient surtout dans la longue descente de la place du Trocadéro à la Seine par la rue Franklin et la rue Raynouard, à travers l'ancien parc du château de Passy. Il y a là comme une tradition de luxe splendide. Quand le domaine appartenait à Samuel Bernard, le banquier de Louis XIV, on y voyait des orangeries, des serres en cristal, des volières en filigrane d'or, des grottes tapissées de verdure, des terrasses ornées de statues. Au XVIIIe siècle, le fermier général La Pouplinière y recevait

1. Fargue, *Le Piéton de Paris*, *op. cit.* Dans l'éblouissante préface à *Propos de peintres* de Jacques-Émile Blanche, Proust raconte : « Comme mes parents passaient le printemps et le commencement de l'été à Auteuil où Jacques-Émile Blanche habitait toute l'année, j'allais sans peine le matin poser pour mon portrait. »

2. Jacques-Émile Blanche, « Passy », in *Visages de Paris*, Paris, Éditions Pierre Laffite, 1927.

Rousseau, Rameau qui fit représenter là *Hippolyte et Aricie*, Marmontel, et aussi Chardin et Pigalle, Mlle Clairon et le maréchal de Richelieu. Balzac, cherchant dans tout Paris un logement digne de sa Polonaise, lui écrit le 7 septembre 1845 : « Il y a rue Franklin, qui est la rue située au-dessus de cette raide montagne que nous avons si souvent montée.... une maison admirablement, solidement construite, située sur la croupe de cette roche qui domine Paris et même tout Passy.... Des quatre côtés on a la plus admirable vue ; tout Paris d'abord, puis tout le bassin de la Seine[1]. » Cette vue sur le fleuve, c'est celle que l'on a encore depuis les terrasses des immeubles de la rue Raynouard, où des pergolas, des statues, des jets d'eau, des parterres fleuris ornent de somptueux jardins à la mode de 1930, suspendus au-dessus du vide. La rue de l'Alboni domine la station Passy enfouie dans les marronniers et les roses, et les voies qui s'en éloignent vers le pont de Bir-Hakeim entre les rotondes des immeubles d'angle, célèbres depuis *Le Dernier Tango à Paris*. Plus bas ce sont les grands murs aveugles bordant les escaliers du passage des Eaux, puis la maison de Balzac, dont l'entrée principale est rue Raynouard mais avec une sortie bien plus bas, dans la rue Berton, qui n'a guère changé depuis Atget, depuis Apollinaire : « Ceux qui passent rue Berton au moment où elle est la plus belle, un peu avant l'aube, entendent un merle harmonieux y donner un merveilleux concert qu'accompagnent de leur musique des milliers d'oiseaux, et, avant la guerre, palpitaient encore à cette heure les pâles flammes de quelques lampes à pétrole qui éclairaient ici les réverbères et qu'on n'a pas rempla-

1. Il ne faut pas confondre cette maison, située vers l'extrémité de la rue Paul-Doumer, avec celle de la rue Raynouard que Balzac a vraiment habitée. Balzac loge Corentin, le grand policier de *La Comédie humaine*, « qui passait pour un négociant dévoré par la passion du jardinage », pas très loin de chez lui, « dans une des places les plus retirées et les plus riantes de la petite ville de Passy, rue des Vignes » (*Splendeurs et Misères des courtisanes*).

cées[1]. » Tout près, l'ambassade de Turquie occupe l'emplacement du parc de Lauzun et de la princesse de Lamballe, où Émile Blanche – fils d'Esprit-Sylvestre Blanche qui soigna Nerval et père de Jacques-Émile – recevait dans sa maison de santé Berlioz, Liszt, Gounod, Rossini, Delacroix « et bien d'autres encore ».

Passy ne se résume pas à cette colline enchantée : en 1825 un nouveau quartier baptisé « Élysée-Charles X » fut loti et construit dans la partie nord, en plaine, autour d'un rond-point qui deviendra la place Victor-Hugo. C'était un immense quadrilatère dont les limites actuelles seraient l'avenue de la Grande-Armée, l'avenue Kléber, la rue de Longchamp et les rues Spontini et Pergolèse[2]. Le nord du XVIe arrondissement, à cheval sur Chaillot, Passy et la Muette, a reçu par extension le nom de Passy, mais les vrais habitants ne s'y trompent pas : « Ceux qui, habitant au-delà de la rue Scheffer, du cimetière du Trocadéro, ou bien aux numéros pairs de l'avenue Henri-Martin – mettons jusqu'au square Lamartine – se targuent d'appartenir à Passy, nous rirons d'eux ; ils se leurrent ! Le Passy des bourgeois timides et sédentaires, le vrai, l'unique, l'incomparable, abdiquait, de ce côté nord, sa prérogative de vieux village, voulait ignorer la zone où des indésirables campaient, c'est à savoir au-delà de la porte Dauphine, au-delà des ombrages romantiques où avait médité en son chalet le poète de *Jocelyn*, où Jules Janin achevait sa carrière[3]. »

Passy était déjà complètement bâti à la fin du XIXe siècle, et il n'y restait guère de place pour l'architecture nouvelle[4].

1. *Le Flâneur des deux rives*, Éditions de la Sirène, Paris, 1918.
2. À travers ce quadrilatère, Haussmann percera deux voies parallèles vers le Bois, l'avenue de l'Impératrice [Foch], et l'avenue de l'Empereur, aujourd'hui morcelée en avenues du Président-Wilson, Georges-Mandel et Henri-Martin.
3. Jacques-Émile Blanche, « Passy », *op. cit.*
4. On y trouve cependant deux bâtiments célèbres, l'immeuble de Perret au n° 25 *bis*, rue Franklin et la caserne de pompiers de Mallet-Stevens, rue Mesnil.

À Auteuil au contraire, « charmant village de 1 040 âmes à une demi-heure de la barrière, entre le bois de Boulogne et la route de Versailles[1] », les maisons de villégiature s'étaient certes multipliées dans les années 1830 – quand furent lotis les hameaux Boileau et Boulainvilliers –, mais en 1868, lorsque les Goncourt s'installèrent boulevard de Montmorency, ce n'était pas encore la ville (*Journal*, 16 septembre : « Nous ne sommes pas bien sûrs de ne pas rêver. À nous, ce grand joujou de goût, ces deux salons, ce soleil dans la feuillée, ce bouquet d'arbres sur le ciel, ce coin de terre sur la terre et le vol des oiseaux qui y passent ![2] »).

Dans cet Auteuil qui n'avait que trois rues au moment de l'annexion – la Grande-Rue qui sera la rue d'Auteuil, la rue Molière [Rémusat] et la rue La Fontaine qui le reliait à Passy –, il y avait de l'espace libre et de l'argent, si bien qu'entre les années 1890 et 1930 on y construisit des chefs-d'œuvre de l'Art nouveau et de l'Art déco parisiens qui, par chance, sont comme groupés pour la visite. Du métro Jasmin par exemple, la rue Henri-Heine est tout près avec, au n° 18, une œuvre tardive (1930) de Guimard, que je préfère à ses bâtiments plus célèbres parce que l'hésitation entre les courbes et contre-courbes des deux premiers niveaux et le « moderne » des étages élevés crée une tension inhabituelle chez lui, et il y a quelque chose d'émouvant dans ce doute qui pointe ainsi chez un vieil architecte autrefois glorieux. À deux pas, rue du Docteur-Blanche, les deux villas de Le Corbusier, la rue Mallet-Stevens – dont le n° 5 fut publié dans la revue *De Stijl* avec des projets de Van Doesburg, de Van Eesteren et un architectone de Malevitch –, l'immeuble d'ateliers d'artistes de Patout dont la façade est revêtue d'un matériau imitant le galuchat, et même, tout bien pesé, les dix étages

1. Henri Auguste Richard, *Le Véritable Conducteur parisien*, Paris, 1828.

2. La maison existe toujours, au 67, boulevard de Montmorency. C'est le siège de l'académie Goncourt.

de béton de l'immeuble de Ginsberg, forment un ensemble unique à Paris. Non loin, au n° 65 de la rue La Fontaine, c'est le *Studiobuilding* d'Henri Sauvage, un ensemble de logements-ateliers d'artistes revêtu de céramique gris et or. Et plus bas encore, le 42, avenue de Versailles est un immeuble de Ginsberg, « brutaliste » avant l'heure (1933), où l'angle est traité par une demi-rotonde vitrée qui sert d'auvent au jeu de courbes de l'entrée. Mais vers la fin des années 1930, la création architecturale abandonnera Auteuil. L'ère des commanditaires riches et cultivés était révolue. Les promoteurs des immeubles « de grand standing » auront désormais recours à des architectes médiocres, dociles et interchangeables.

Au temps où les marques françaises n'étaient pas deux mais dix et plus, l'avenue de la Grande-Armée était vouée à l'automobile[1]. Aujourd'hui on y trouve plutôt des magasins d'exposition de deux-roues mais elle sépare toujours le XVIe du XVIIe arrondissement, limite administrative qui est aussi sociologique : au sud, du côté de l'avenue Foch, de la rue des Belles-Feuilles, de l'avenue Bugeaud, la bourgeoisie internationale, les sièges sociaux, les ambassades ; au nord, la population plus diversifiée de la rue des Acacias, de la rue du Colonel-Moll ou de la place Saint-Ferdinand[2].

1. Pour ceux qui les auraient oubliées : Hotchkiss, Panhard et Levassor (dont les usines étaient dans le XIIIe), Talbot, Rosengart, Salmson, Bugatti, Delahaye, Simca, Delage, sans remonter à Voisin, De Dion-Bouton ou Hispano-Suiza. De l'autre côté de la porte d'Asnières, Levallois-Perret était une banlieue de garages, d'ateliers de réparations et de marchands de voitures d'occasion.

2. « Au bas de notre rue, sur la place, nous avions la statue de Serpollet. C'est un beau monument de pierre ; la brise souffle dans les cache-poussière, ce qui donne un effet de vitesse ; des personnages des deux sexes saluent celui qui conçut la chaudière à vaporisation instantanée en écumant son pot-au-feu, celui qui parcourut le premier la distance de Paris à Saint-Germain au volant d'un tricycle à vapeur : Serpollet. Un monsieur à barbe et faux col raide

Au-delà de la rue de Courcelles commence la partie du XVIIe qui prolonge la plaine Monceau vers la périphérie, vers la place Wagram et ses belles ordonnances, vers les lourds immeubles du boulevard Pereire qui se font face au-dessus des voies du chemin de fer de ceinture transformées en promenade fleurie. En continuant vers l'est, on entre dans les rues tristes et monotones des Batignolles, qui prennent leur vrai caractère autour des voies de Saint-Lazare, ce qui est normal pour un quartier né avec le train. Les Ateliers des Batignolles sur l'avenue de Clichy et Spies-Batignolles, l'entreprise rivale d'Eiffel, furent les premières usines – avec Cail à Grenelle – à fabriquer des locomotives en France. Léon-Paul Fargue, élève de Mallarmé au collège Rollin et invité plus tard aux *mardis*, décrit « la maison par lui choisie ou subie *(qui)* faisait face à la grille du chemin de fer, à la sortie de cet horrible tunnel des Batignolles dont la bouche cariée soufflait des catastrophes[1] ». De l'autre côté des voies, rue Boursault, la chambre de Georges Duroy, *Bel-Ami*, « au cinquième étage, donnait, comme sur un abîme profond, sur l'immense tranchée du chemin de fer de l'Ouest, juste au-dessus de la sortie du tunnel, près de la gare des Batignolles.... À tout instant des coups de sifflet prolongés ou courts passaient dans la nuit, les uns proches, les autres à peine perceptibles, venus de là-bas, du côté d'Asnières[2] ». Les goûts changent, et l'on en trouve beaucoup aujourd'hui pour admirer le paysage formé par la courbe finale du boulevard Pereire, l'immensité des voies de l'Ouest élargies par la gare des Batignolles, la station du pont Car-

---

se précipite avec nervosité au-devant du véhicule, au risque de se faire broyer par le monstre dont le conducteur ne paraît plus être le maître » (Henri Calet, *Le Tout sur le tout*, *op. cit.*).

1. Fargue, *Refuges*, *op. cit.* Le fameux tunnel des Batignolles a été remplacé par une tranchée à ciel ouvert dans les années 1920 après qu'un train eut pris feu à l'intérieur.

2. Maupassant quand il écrit *Bel-Ami* habite à deux pas, rue Dulong.

dinet dont les ogives et les mosaïques évoquent Otto Wagner et les marronniers du square des Batignolles.

* * *

L'ancienne commune des Batignolles se prolongeait sur la rive est de l'avenue de Clichy, formant un petit quartier étendu jusqu'aux rues Cavallotti et Forest, c'est-à-dire jusqu'à l'ancien Hippodrome cher à Lautrec, devenu ensuite le Gaumont-Palace, grand temple du cinéma, avant de finir en hôtel Ibis et Castorama. Dans cet îlot, autour d'un immense garage en briques datant des années 1930, serpentent des passages – impasses des Deux-Nèthes, de la Défense, rue Capon, passage Lathuille, passage de Clichy –, mal pavés, bordés de baraques, débouchant dans des cours encombrées de hangars en tôle et de tas de palettes, un désordre improbable en plein Paris et d'ailleurs fort menacé.

Passage Lathuille, impasse de la Défense : ces noms évoquent deux moments glorieux de ces quelques mètres de l'avenue de Clichy. Manet, pour peindre *Chez le père Lathuille* – la séduction sous les tonnelles –, avait fait poser Louis, le fils du patron de la guinguette, et l'actrice Ellen André. Sur le même trottoir, presque mitoyen, le café Guerbois était le rendez-vous des amis quand on les appelait encore le groupe des Batignolles[1]. Longtemps auparavant, des événements autrement dramatiques s'étaient déroulés au Père-Lathuille : le 30 mars 1814, c'était le poste de commandement de Moncey, qui dirigeait la défense de la barrière de Clichy contre les Cosaques. « Paris s'était armé avec empressement, avec enthousiasme, bourgeois et peuple, enfants et vieillards, vraiment résolus, malgré les défections de ses protecteurs naturels, à combattre jusqu'à la mort. Et ce fut un spectacle dont nos pères ont gardé la mémoire, que celui de cette ville frivole transformée en un camp où les femmes

1. Le Père-Lathuille était à l'emplacement de l'actuel n° 7 et le Guerbois au n° 9 (actuel Cinéma des cinéastes).

préparaient de la charpie pour les blessés, où les invalides fondaient des balles destinées aux envahisseurs du sol natal. C'est en entendant raconter cette journée – glorieuse malgré la défaite – que j'ai appris à haïr l'oppression[1]. »

Étrange histoire que celle de cette bataille, et singulièrement occultée en dehors du monument à Moncey au milieu de la place Clichy et de la minuscule impasse de la Défense. Elle s'inscrit, il est vrai, dans une série qui commence en 1792 et se termine dans les années 1940-1944 – avec comme étapes 1814 justement, et 1871 –, faite de conflits violents entre une « élite dirigeante » prompte à capituler et à pactiser avec l'ennemi et la partie éternellement rebelle du peuple parisien.

* * *

De tous les villages annexés en 1860, Montmartre est celui qui est resté le plus autonome tout en étant très lié depuis toujours à la vie parisienne. Il est le seul à avoir une rue – et c'est l'une des plus anciennes et des plus importantes – qui porte son nom en plein cœur de la ville, jusqu'aux Halles, au chevet de Saint-Eustache. Les abbesses de Montmartre possédaient d'immenses propriétés qui descendaient jusqu'aux murs de Paris. Plusieurs d'entre elles ont donné leur nom à des rues sur les pentes du IXe arrondissement : Louise-Émilie de la Tour d'Auvergne, Marie de Bellefond, Catherine de La Rochefoucauld, Marguerite de Rochechouart – et ce n'est pas le moins étrange des accouplements du métropolitain, ce grand nom de la noblesse française et celui du révolutionnaire professionnel qu'était Armand Barbès[2].

Montmartre est aussi le quartier de Paris dont le nom recouvre le plus d'acceptions différentes. Il y a le Montmartre du folklore villageois – la « Commune libre », Poulbot, la Fête des vendanges –, qui recoupe sans le recouvrir totalement le Montmartre des touristes, dont les chefs-lieux

1. Delvau, *Histoire anecdotique des barrières de Paris*, *op. cit.*
2. Quant à la Tour des Dames, c'était le colombier de l'abbaye.

sont le Sacré-Cœur et la place du Tertre. Il y a le Montmartre de la grande époque, dont l'histoire, mille fois contée, a ses décors (le moulin de la Galette, le Lapin-Agile, le Bateau-Lavoir), ses héros (Bruant, Apollinaire, Picasso), ses chroniqueurs (Carco, Dorgelès, Mac Orlan, Salmon) et ses peintres (de Degas, Van Gogh et Lautrec jusqu'au pauvre Utrillo). Il y a encore le Montmartre rouge, dont la figure emblématique est Louise Michel, l'institutrice de la rue Houdon, l'animatrice du comité de vigilance du 41, chaussée de Clignancourt – j'en parlerai plus loin. Et il y a aussi, pour reprendre le titre de Louis Chevalier, le Montmartre du plaisir et du crime. Le 21 juillet 1938, quelques semaines avant Munich, *Détective* titrait à la une : « Du drame du Rat-mort à la vendetta de Cannes », annonçant un reportage sur la haine inexpiable des Foata et des Stéfani. Un univers encore bien vivant dans les années 1950 – les Corses de Pigalle toujours, Pierrot le Fou (le vrai), le gang des tractions avant – évoqué par l'un des plus beaux films sur la nuit à Paris, *Bob le flambeur* de Jean-Pierre Melville.

Par endroits, ces sens différents se sont accumulés en couches successives, aujourd'hui fondues dans une mémoire générale indistincte mais qui gardent de l'éclat malgré la décrépitude. Sur l'hémicycle de la place Pigalle, le bassin occupe la place du bâtiment carré construit par Ledoux pour la barrière Montmartre. Le café des Omnibus et le départ de l'autobus n° 67 rappellent la célèbre ligne Pigalle-Halle aux vins. On trouve là, écrit Delvau dans les années 1860, « deux temples à bière, le Café de la Nouvelle-Athènes, rendez-vous des rapins et des gens de lettres du pays Breda, et le Café de la place Pigalle, qui se font vis-à-vis et concurrence sur cette place agrandie par la démolition du mur d'enceinte ». Tous les dimanches matin se tenait près du jet d'eau une foire aux modèles, « filles italiennes qui, musant autour du bassin, attendaient, pailletées d'or et tambourins en main, qu'un peintre fidèle au passé les appelât pour une pose[1] ». Les

1. Daniel Halévy, *Pays parisiens*, *op. cit.*

impressionnistes à la Nouvelle-Athènes – après le Guerbois –, c'est tout un chapitre de l'histoire de l'art et de la légende du quartier. George Moore, un habitué, raconte au public anglais *L'Absinthe* de Degas : « Le tableau représente Deboutin au café de la Nouvelle-Athènes. Il est descendu de son atelier pour prendre son petit déjeuner, et il retournera à ses pointes sèches quand il aura fini sa pipe.... Regardez la tête du vieux bohémien, un homme que j'ai connu toute ma vie, et pourtant qui n'a jamais existé pour moi avant de voir ce tableau.... La femme qui est assise à côté de lui était à l'Élysée-Montmartre jusqu'à deux heures du matin, puis elle est allée au Rat-mort et a pris une soupe aux choux ; elle ne s'est pas levée avant onze heures et demie ; puis elle a enroulé autour d'elle quelques jupons souillés.... et elle est descendue au café pour prendre une absinthe avant le petit déjeuner[1]. »

En cette fin du XIXe siècle, Pigalle est encore paisible la nuit. « Le Rat-mort voit vivre côte à côte des anarchistes et des autoritaires, des artistes et des boursiers, des littérateurs et des gens d'affaires. Seulement, le café bu et le dernier bock ingurgité, bonsoir ! chacun s'en va de son côté, cédant ainsi la place aux “dames” qui se moquent de l'opinion des quelques mâles encore présents[2]. » C'est dans l'entre-deux-guerres que les choses se gâtent, que le « milieu » met la main sur la place. Piaf raconte sa vie à Pigalle, quand elle avait dix-huit ans, vers 1930 : « Je fus obligée de repérer, pendant que je chantais dans les rues,

1. Texte publié dans *Modern Painting*, Londres, 1893, traduit par Gérard-Georges Lemaire in *L'Ennemi*, Paris, Christian Bourgois, 1990. Le Rat-Mort était un cabaret fréquenté entre autres par Courbet, Vallès et Manet (qui fit le portrait de George Moore à la Nouvelle-Athènes). Il était situé à l'emplacement de l'actuel n° 7, et la Nouvelle-Athènes, dont le bâtiment existe encore, sans doute très menacé, était au n° 9, place Pigalle.

2. Goudeau, l'ami de Salis, le patron du Rat-Mort, dans *Le Courrier français* du 24 octobre 1886. Cité par Louis Chevalier in *Montmartre du plaisir et du crime*, *op. cit.*

les dancings où il y avait des femmes bien mises, avec des colliers au cou et des bagues aux doigts. Le soir, je faisais mon rapport à Albert. Le samedi soir et le dimanche, dans son plus beau costume, il allait dans les bals que je lui avais indiqués. Comme il était très beau et plein d'assurance, il parvenait toujours à séduire une danseuse. Il les emmenait toutes, impasse Lemercier, une ruelle sombre et déserte, il leur arrachait leurs colliers, leurs bagues et leur argent. Moi, je l'attendais au café la Nouvelle-Athènes. Il m'offrait le champagne toute la nuit[1]. » Ce sont tous ces souvenirs qui donnent au Pigalle actuel et à ses coulisses – l'avenue Frochot, l'impasse Guelma – la tristesse et le charme décati d'une place *âgée et vieillie dans les gloires et les tribulations de la vie*, comme dit Baudelaire dans le « Salon de 1859 ».

Entre les boulevards de Clichy et Rochechouart au sud et les rues Caulaincourt et Custine au nord, la butte Montmartre mélange inextricablement le meilleur et le pire, qui sont là, il faut le dire, meilleurs et pires qu'ailleurs. Inextricablement : le relief si particulier, les falaises, les ravines, les éboulis, les gorges, les carrières à ciel ouvert – comme celle qui deviendra le cimetière Montmartre – ont morcelé la montagne en très petites unités de lieu, séparées, reliées, traversées par les escaliers et les lacets des rues. La peur du pire, de la cohue, des autocars, détourne de Montmartre beaucoup de Parisiens. Ils ne savent pas ce qu'ils perdent, et d'abord le bonheur de l'ascension. Au temps des abbesses de Montmartre, il n'y avait que deux chemins pour atteindre le sommet à travers les vignes et les moulins : du côté de Paris, le Vieux-Chemin, sur le trajet de la rue Ravignan, et vers Saint-Denis le chemin de la Procession, qui est devenu la rue du Mont-Cenis. On a aujourd'hui davantage de choix : les sinuosités de la rue du Chevalier-de-la-Barre ; la rue André-Antoine qui portait autrefois le magnifique nom d'Élysée-des-Beaux-Arts – un bal du voisinage – et qui mène de Pigalle à la rue des

1. Cité in *Montmartre du plaisir et du crime, op. cit.*

Abbesses en passant devant l'hôtel de Maria Malibran; les escaliers de la rue Girardon qui, prolongés par les ateliers et les jardins de la rue d'Orchampt, conduisent de la place Constantin-Pecqueur au Bateau-Lavoir. Et là-haut, lorsqu'on se trouve par une belle matinée d'hiver dans le carré qui enclôt la quintessence même de Montmartre, du côté de la rue Cortot, de la rue des Saules, de la rue de l'Abreuvoir et la Maison Rose, de l'allée des Brouillards chère à Nerval[1], de la vigne, du cimetière Saint-Vincent, du Lapin-Agile, de la magique courbe de l'avenue Junot, comment ne pas être frappé par une telle splendeur? Et pour en finir avec Montmartre, pourquoi bouder son plaisir, pourquoi ne pas s'avouer que toute la littérature, le cinéma et la photographie ne restitueront jamais le bonheur d'une promenade commençant au bas de la rue du Chevalier-de-la-Barre pour finir devant la tombe de Stendhal au cimetière Montmartre?

* * *

Au-dessous des rues Caulaincourt et Custine, la Butte descend abruptement jusqu'à la rue Marcadet, puis la pente s'adoucit jusqu'au bord de Paris, jusqu'au boulevard Ney. Certains points de cette descente sont des avancées extrêmes de Montmartre: la station Lamarck-Caulaincourt d'où l'on sort comme projeté dans le vide, la place Jules-Joffrin où la mairie et l'église se font face pour la seule fois à Paris[2]. Mais l'essentiel de cette partie

1. « Ce qui me séduisait dans ce petit espace abrité par les grands arbres du Château des Brouillards, c'était d'abord ce reste de vignoble.... *(et)* le voisinage de l'abreuvoir, qui, le soir, s'anime du spectacle de chevaux et de chiens que l'on y baigne, et d'une fontaine construite dans le goût antique, où les laveuses causent et chantent comme dans un des premiers chapitres de *Werther* » (Gérard de Nerval, *Promenades et Souvenirs*, publiés dans *L'Illustration* de décembre 1854 à février 1855).

2. J'exclus les mairies du Ve et du VIe arrondissements, car ce n'est pas un vrai face-à-face que la confrontation avec le Panthéon ou Saint-Sulpice.

nord du XVIIIe arrondissement, c'est Clignancourt, vieux quartier d'artisans et de petites usines, « où habitent en 1860 des distillateurs, des fondeurs de caractères, des scieurs de bois à la mécanique, des épurateurs de literie.... C'est à Clignancourt que sont les dépôts de bois et la scierie d'Ignace Pleyel dont les pianos rivalisent avec ceux d'Érard[1] ». Vers la même époque, par un bel après-midi de printemps, Germinie Lacerteux et son amant « montaient la chaussée Clignancourt, et marchaient vers ce grand morceau de ciel se levant tout droit des pavés, au haut de la montée, entre les deux lignes des maisons. Au Château Rouge, ils trouvaient le premier arbre, les premières feuilles.... La campagne au loin s'étendait, étincelante et vague, perdue dans le poudroiement d'or de sept heures.... Ils descendaient, suivaient le trottoir charbonné de jeux de marelle, de longs murs par-dessus lesquels passait une branche, des lignes de maisons brisées, espacées de jardins.... La descente finissait, le pavé cessait.... Alors commençait ce qui vient où Paris finit, cette première zone de banlieue intra-muros, où la nature est tarie, la terre usée, la campagne semée d'écailles d'huîtres.... Bientôt se dressait le dernier réverbère pendu à un poteau vert. Ils arrivaient derrière Montmartre à ces espèces de grands fossés, à ces carrés en contrebas où se croisent de petits sentiers foulés et gris.... Au bout de cela, l'on tournait, pour aller traverser le pont du chemin de fer par ce mauvais campement de chiffonniers, le quartier des Limousins du bas de Clignancourt. Ils passaient vite contre ces maisons bâties de démolitions volées, et suant les horreurs qu'elles cachent ; ces huttes, tenant de la cabane et du terrier, effrayaient vaguement Germinie : elle y sentait tapis tous les crimes de la Nuit[2] ».

Le quartier est de plus en plus bruyant, sa population de

1. La Bédollière, *Le Nouveau Paris...*, *op. cit*.

2. Edmond et Jules de Goncourt, *Germinie Lacerteux*, 1864. C'est, me semble-t-il, l'une des plus belles *descentes* du roman parisien au XIXe siècle, avec celle de Gavroche, de Ménilmontant à

plus en plus bigarrée à mesure que l'on s'approche du boulevard Ney. La porte de Clignancourt est animée d'une vie plus intense qu'aucune autre des portes de Paris, qui ne sont pour la plupart que de vastes ronds-points disloqués entre la ville et la banlieue, entre le boulevard des maréchaux et l'au-delà du périphérique, infranchissables à pied comme l'était le *no man's land* de 14-18. À Clignancourt au contraire, grâce au voisinage des Puces, cette zone intermédiaire est chaotique et trépidante dans la fumée des brochettes et du maïs grillé, dans le bruit d'enfer du périphérique qui couvre la mélopée des joueurs de bonneteau. D'étranges marchés se trament autour de voitures cabossées, au milieu des vendeurs de Baume du tigre, de pralines, de yo-yo lumineux, de blousons d'occasion. Entre Paris et Saint-Ouen, c'est une pièce détachée du tiers-monde, une oasis de désordre au bord d'une ville qui en tolère de moins en moins.

* * *

Pour certains, la Goutte-d'Or – du nom d'un vin blanc apprécié d'Henri IV – est une partie de Montmartre. Il est de fait qu'elle prolonge le relief de la Butte vers l'est sans cassure, si l'on excepte celle, récente et artificielle, du boulevard Barbès. Mais la géographie physique n'est pas une raison suffisante pour réunir deux quartiers dont les différences sont si manifestes. Elles commencent par la manière même de bâtir. À Montmartre, les rues sont parallèles aux courbes de niveau et pour les relier il a fallu construire les fameux escaliers *durs aux miséreux*, comme dit la chanson[1]. À la Goutte-d'Or, le tracé des rues est en croix de Saint-André (en X « étroitisé »), ce qui leur donne une pente plus douce et induit une grande variété

---

la barricade de la rue de la Chanvrerie, et celle de Guillaume et Pierre, du Sacré-Cœur à la Roquette pour l'exécution de Salvat, à la fin de *Paris*, de Zola.

1. Maurice Culot, in *La Goutte-d'Or, faubourg de Paris*, préface de Louis Chevalier, Paris et Bruxelles, AAM et Hazan, 1988.

de plans et de coupes, des angles effilés, des immeubles traversants donnant sur une rue basse et une rue haute, des cours longues et étroites.

L'imaginaire des deux quartiers est tout aussi différent. Jusque dans les années 1950, la Goutte-d'Or était un lieu sombre et inquiétant, un équivalent parisien du Whitechapel de Jack l'Éventreur. Carco : « Ce n'étaient pas ces filles que j'aimais, mais d'abord les rues noires, les débits, le froid, la pluie fine sur les toits, le hasard des rencontres et, dans les chambres, un air de navrant abandon qui me serrait le cœur… Dans le lointain, au-delà de la Goutte-d'Or, le sombre pays de l'Est comme un ciel d'orage toujours prêt à crever, à se déverser par ici [1]. » Par la suite, le décor est passé de *L'Assommoir* aux *Mille et Une Nuits*. La Goutte-d'Or est devenue une porte de l'Orient, un quartier arabe avec « ces entassements de tissus pailletés, de mousselines, de soieries, de lamés. Et aussi ces innombrables bijouteries rutilantes d'objets d'or, de colliers compliqués, de ceintures surchargées de perles, de mains de Fatma.... Et davantage encore que les boutiques de pâtisseries et leurs odeurs, davantage encore que les boutiques de disques retentissantes des rythmes de l'Orient, ces boutiques de bijouterie et d'objets de voyage me semblent exprimer avec ses formes nouvelles, ses désirs, ses rêves, ce que j'appellerais d'un vieux mot, l'âme du lieu [2] ». La Goutte-d'Or a été ravagée par une rénovation inepte à la fin des années 1980 : on a coupé les pointes effilées des immeubles d'angle, on a détruit le lavoir de la rue des Islettes qui avait servi de modèle à Zola pour celui de Gervaise (« un immense hangar, à plafond plat, à poutres apparentes, monté sur des piliers de fonte, fermé par de larges fenêtres claires »), on a arasé le relief si particulier pour construire des terrains de jeux toujours déserts. L'atmosphère de l'ancien quartier, on la retrouve

1. *De Montparnasse au Quartier Latin*, *op. cit.*

2. Louis Chevalier, préface de *La Goutte-d'Or, faubourg de Paris*, *op. cit.*

pourtant vers l'église Saint-Bernard, la rue Léon et son théâtre du Lavoir, la rue Cavé, encore bordées de petites maisons entre lesquelles subsistent même quelques terrains vagues.

En descendant vers la rue des Poissonniers, en dépassant la mosquée à l'angle de la rue Polonceau, on quitte soudain le Maghreb pour l'Afrique noire, la rue Myrha et ses boutiques de tissus, de postiches et de cosmétiques, le fabuleux marché de la rue Dejean où sont étalés tous les légumes et les poissons du golfe de Guinée, le gros capitaine du Sénégal, le thiof en barton, le tilapa et le requin. On est sur la frontière floue entre la Goutte-d'Or et un quartier qui n'en est plus vraiment un mais qui garde un nom prestigieux : Château-Rouge. C'était un grand domaine qui serait aujourd'hui limité par la rue Ramey, la rue Christiani, la rue des Poissonniers et la rue Doudeauville (de part et d'autre du boulevard Barbès, comme d'ailleurs aujourd'hui les rues Myrha, Poulet et Doudeauville, percées sur son terrain avant le boulevard). Il tirait son nom d'une belle demeure de briques et pierres construite en bordure de la chaussée de Clignancourt[1]. Dans les années 1840, ces terrains accueillirent ce qui allait devenir l'un des plus grands bals publics du nord de Paris – avec le Grand-Turc de La Chapelle –, le bal du Château-Rouge ou Nouveau Tivoli. C'est là que le 9 juillet 1847, plus de mille personnes donnèrent le coup d'envoi de la « campagne des banquets » qui fut, on le sait, le long prologue de la révolution de février 1848.

La trouée entre les derniers contreforts de la Goutte-d'Or et les premières pentes des Buttes-Chaumont livre passage aux trains du Nord et de l'Est, aux canaux, aux

1. Dans Joanne, *Paris illustré en 1870...*, *op. cit.*, c'est « une charmante construction qui date du règne de Henri IV ». Pour Hillairet, il s'agissait d'une folie datant de 1780. La Chope du Château-Rouge, au sommet du *col* de la rue de Clignancourt, en garde le souvenir.

routes de Saint-Denis, de Flandre et d'Allemagne ; c'est la voie du retour des rois de France victorieux et celle des invasions, Blücher, Moltke, les Panzer de 40. D'en bas, on ne se sent pas dans un creux entre deux hauteurs, mais depuis un promontoire des Buttes-Chaumont que l'on atteint par les lacets de la rue Georges-Lardennois, le relief se lit comme sur une carte : au premier plan, une pente de jardins et de vignes, puis la vallée, et au loin Montmartre vu de profil comme de nulle part ailleurs.

Dans cette plaine, deux quartiers, deux grands centres du Paris industriel s'allongeaient, s'allongent toujours vers le nord : la Chapelle et la Villette. Au début du XXe siècle, le petit Dabit, sortant de l'école avec ses camarades, arrivait au pont Marcadet. « Alentour les maisons étaient plus noires, plus noirs aussi les hommes qui y entraient, tous cheminots. Les sirènes des usines retentissaient, soudain des ouvriers emplissaient les rues. Quelques-uns nous disaient d'une voix traînante : "Bonsoir les mômes." Il y avait je ne sais quelle tristesse au fond de leur regard, quel abattement dans leur attitude, et dans leurs mains ouvertes, des plaies noires... Nous nous remettions à courir, nous traversions la rue de la Chapelle où l'on rencontrait des voitures maraîchères, des bœufs, des troupeaux de moutons et arrivions presque à la Villette. On apercevait des entrepôts, les lignes fumeuses du chemin de fer de l'Est ; il en venait le roulement des trains, comme une sourde chanson[1]. »

Ces deux quartiers voisins avaient des vocations différentes. La Chapelle, organisée autour du chemin de fer, était un quartier d'usines, noir et pauvre. La Villette au contraire, construite sur l'eau autour du canal de l'Ourcq et du canal Saint-Denis, était un quartier d'entrepôts plutôt prospère. La commune avait été particulièrement hostile à l'annexion, ce qui se conçoit : « Grâce à son bassin, à la proximité de deux

1. Dabit, *Faubourgs de Paris*, *op. cit.* Le pont Marcadet est l'endroit où les rues Marcadet et Ordener fusionnées passent au-dessus des voies du Nord.

gares et à l'embarcadère du chemin de fer de ceinture, La Villette est un grand entrepôt de vin, d'eau-de-vie, de bois de charronnage et de construction, de charbon de bois, de houille, de grains et farine, d'huile, de verres, de fonte, etc. Le port reçoit annuellement dix mille navires, dont le chargement total est d'environ 1 100 000 tonnes, ce qui donne à La Villette un rang supérieur à celui de Bordeaux[1]. »

Cette différence est encore lisible. La Chapelle, c'est le bout du monde, perdu entre le métro aérien, les voies du Nord, celles de l'Est et les grands entrepôts du boulevard Ney le long desquels des jeunes femmes originaires d'Afrique noire et des pays de l'Est s'emploient à distraire les chauffeurs de camions stationnés dans la contre-allée. C'est le quartier le plus déshérité de Paris. Son grand axe, la rue de la Chapelle (qui s'appelle Marx-Dormoy dans sa moitié sud), est détérioré et poussiéreux comme aucune des voies principales des anciens villages – qui, avant l'annexion, s'appelaient tantôt Grand-Rue comme ici, tantôt rue de Paris comme à Belleville. Même la très vieille église Saint-Denis-de-la-Chapelle, sur la façade de laquelle est plaquée l'une des cinq statues parisiennes de Jeanne d'Arc, apparaît noyée dans une chape de béton malade[2]. Dans la rue Pajol, parallèle à la rue de la Chapelle, André Breton suivit un soir une jeune fille. « J'ai eu depuis lors plusieurs fois l'occasion de revoir la façade délabrée et tout enfumée de la maison de la rue Pajol... Cette façade est telle que je n'en connais pas de plus attristante. » Mais comme cette jeune fille qui suscita l'émerveillement de Breton[3], la Chapelle a un charme caché, autour de la place de Torcy dans le petit quartier

1. La Bédollière, *Le Nouveau Paris*..., *op. cit.*

2. Les autres sont celle de Frémiet rue des Pyramides, celles de la rue Jeanne-d'Arc, de l'esplanade du Sacré-Cœur, du parvis de Saint-Augustin, sans compter la tête de Jeanne rue Saint-Honoré sur la plaque commémorant sa blessure par une flèche anglaise devant la porte homonyme.

3. Émerveillement qui « ne connut plus de bornes quand elle

chinois qui est l'un des plus anciens de Paris, dans les cafés accueillants de la rue L'Olive, autour de son marché couvert dont la clientèle est comme un nuancier de tous les continents. Le paysage depuis la rue Riquet, là où elle passe en pont au-dessus des voies de l'Est, est pour moi l'un des plus beaux de Paris, circonférentiel, immense, vers la rue d'Aubervilliers et le bâtiment désaffecté des Pompes funèbres municipales construit par un émule attardé de Ledoux, vers les ateliers de réparations du matériel roulant des chemins de fer du Nord dont les toits en demi-cônes emboîtés évoquent les écailles d'un reptile préhistorique.

« C'est par la belle et tragique rue d'Aubervilliers que Debord et Wolman continuent à marcher vers le nord[1]. » Belle et tragique, elle l'est toujours, et quand le soleil couchant illumine ses façades elle a l'éclat d'un port du sud, Alger, Palerme ou Alexandrie. Au-delà, on entre à la Villette par la place du Maroc. « Lorsque je le découvris un dimanche après-midi, écrit Walter Benjamin, ce triste amas de pierres avec ses maisons de rapport devint pour moi, non seulement un désert marocain, mais aussi et surtout un monument de l'impérialisme colonial ; la vision topographique s'entrecroisait en lui avec la signification allégorique, et il n'en perdait pas pour autant sa place au cœur de Belleville. Mais il est d'ordinaire réservé aux stupéfiants de pouvoir susciter pareille vision. De fait, les noms de rues, dans ces cas-là, sont des substances enivrantes qui rendent notre perception plus riche en strates et en sphères[2]. » Tel est bien le secret du trouble qui saisit celui qui un jour

---

daigna *(l')*'inviter à l'accompagner jusqu'à une charcuterie voisine où elle voulait faire l'emplette de cornichons » (*Les Vases communicants*, *op. cit.*).

1. *Relevé d'ambiances urbaines au moyen de la dérive*, in *Les Lèvres nues*, n° 9, novembre 1956.

2. *Le Livre des passages*. Benjamin situe la place du Maroc à Belleville, ce qui n'est pas juste mais peu importe, évidemment.

découvre la rue de Pali-Kao, le passage du Roi-d'Alger ou la villa de Cronstadt.

À la Villette, il n'y a rien de bon à attendre des grands axes centrifuges, les avenues de Flandre et Jean-Jaurès. C'est dans les transversales que se lit en pointillé la beauté passée : au bout de la rue Curial, dans des passages où se serrent des garages, des hôtels d'un étage et des ateliers à toits de tôle abritant des activités indéfinissables ; dans les échoppes quasi africaines de la rue de l'Ourcq sous les arcades du chemin de fer de ceinture. Le cœur du quartier, le bassin de la Villette, est bien aménagé par la mise en valeur de ce qui a été dessiné et construit à la grande époque du port : les roues du pont levant de la rue de Crimée si souvent photographiées par Atget, Brassaï et Doisneau, les entrepôts, l'église Saint-Jacques-Saint-Christophe qui serait laide partout ailleurs mais qui sonne tout à fait juste ici, entre le square, la caserne de pompiers et le marché au bord de l'eau. Plus loin, le bassin s'élargit et se divise en deux branches de tonalités différentes. Le canal de l'Ourcq, qui séparait jusque dans les années 1970 le marché aux bestiaux et les abattoirs, irrigue aujourd'hui le parc de la Villette où footballeurs, touristes, cinéphiles et mamans, voilées ou non, vivent harmonieusement des dimanches au bord de l'eau. Le canal Saint-Denis, lui, s'éloigne modestement vers les friches industrielles du nord, dissimulé sous l'avenue Corentin-Cariou, le boulevard Macdonald et le périphérique, prolétaire et un peu sale comme les « petits enfants d'Aubervilliers » dans la chanson de Prévert et Kosma.

* * *

Les rues qui bordent le parc des Buttes-Chaumont portent les noms de héros de l'émancipation des peuples, Manin qui fut en 1848 le président de l'éphémère république de Venise, Botzaris qui défendit Missolonghi avec Byron, et Simon Bolivar. Cela n'empêche pas le quartier d'être aujourd'hui un îlot bourgeois entre la Villette et Belleville, avec des immeubles aussi sérieux qu'à Auteuil. Pourtant, les classes laborieuses et dangereuses ont longtemps fait des Buttes-Chaumont un lieu réprouvé. Sur la pente sud-ouest se dressait le gibet de Montfaucon. Dans *Le Dernier Jour d'un condamné*, Hugo – qui tonne, on l'a vu, contre les exécutions à la barrière Saint-Jacques, la nuit, à la sauvette – s'écrie : « Rendez-nous Montfaucon, ses seize piliers de pierre, ses brutes assises, ses caves à ossements, ses poutres, ses crocs, ses chaînes, ses brochettes de squelettes, son éminence de plâtre tachetée de corbeaux, ses potences succursales, et l'odeur de cadavre que par le vent du nord-est il répand à larges bouffées sur tout le faubourg du Temple. » Les seize piliers étaient réunis par trois étages de poutres transversales, si bien que certains jours on pouvait voir se balancer jusqu'à soixante pendus. Le gibet de Montfaucon fonctionna jusqu'à l'ouverture de l'hôpital Saint-Louis, dans les années 1610, mais ce qui s'installa alors à la place, c'était une voirie – c'est-à-dire un réceptacle des vidanges de la ville – et un chantier d'équarrissage où finissaient les chevaux trop vieux ou malades. « Le lieu est horrible par le charnier qu'il étale en permanence. Les issues pourrissent sur place, entassées sur quatre à cinq pieds de haut, jusqu'au moment des labours, où les paysans viennent y chercher leurs engrais.... Les peaux sont enlevées tous les deux ou trois jours par les tanneurs de la Bièvre. Mais dans les environs se sont installés des boyauderies et des ateliers de produits chimiques, dont les eaux traversent les marais pour couler à l'air libre vers la rue de la Grange-aux-Belles.... Autour du charnier, les rats, tellement nombreux qu'il suffit de mettre les carcasses de chevaux équarris dans la journée dans un coin quelconque du clos pour les trouver le lendemain entièrement dépouillées[1]. »

Au bas des Buttes-Chaumont, au-dessus de la voirie,

1. Chevalier, *Classes laborieuses et classes dangereuses...*, *op. cit.* La voirie et l'équarrissage seront transférés en 1849 dans la forêt de Bondy. Sur les rats : « Je trouve une page curieuse dans *Caprices et Zigzags* de Théophile Gautier ; "Un grand péril nous

s'ouvraient deux larges percées dans la montagne, le tunnel du chemin de fer de ceinture et l'orifice de la plâtrière, dite carrière d'Amérique[1]. Des vastes excavations où travaillaient les ouvriers carriers montait la fumée des fours à plâtre. Des batteurs de plâtre brisaient les blocs retirés des fours par les chaufourniers (dont une rue du quartier porte le nom, près du passage des Fours-à-Chaux). Dans les immenses souterrains où il faisait chaud, toute une population de vagabonds se réfugiait la nuit. Le bruit courait qu'une nouvelle cour des Miracles s'était constituée aux carrières d'Amérique. Des expéditions régulières de la police, de la sûreté et même de l'armée furent organisées dans ces « ténébreuses et ignobles cavernes[2] » pour y faire la chasse aux laissés-pour-compte de la révolution industrielle. En novembre 1867, *La Gazette des tribunaux* condamnait l'« audace toujours croissante des rôdeurs qui infestent cette zone parisienne et semblent avoir choisi pour leur quartier général lesdites carrières[3] ».

---

menace.... La Babylone moderne ne sera pas foudroyée comme la tour de Lylacq, submergée comme la Pentapole par un lac de bitume (Dez-Maurel et Cie), ni ensablée comme Thèbes ; elle sera tout simplement dépeuplée et détruite par les rats de Montfaucon.".... Les rats de Montfaucon.... n'ont pas menacé Paris ; les travaux d'embellissement du baron Haussmann les ont chassés.... Mais les prolétaires sont descendus des hauteurs de Montfaucon et ils ont entrepris avec la poudre et le pétrole cette destruction de Paris que Gautier a prédite. » Max Nordau, *Aus dem wahren Milliardenlande. Pariser Sudien und Bilder*, Leipzig, 1878, cité par Walter Benjamin in *Le Livre des passages*, *op. cit.* (mais Gautier, texte original).

1. La Bédollière, *Le Nouveau Paris...*, *op. cit.* Il reprend l'idée que l'« Amérique » a ici son nom parce que « les productions s'exportent très loin : une grande partie est embarquée sur le canal, puis transbordée au Havre pour l'autre côté de l'Atlantique. » Il semble malheureusement qu'il s'agisse d'une légende et que l'« Amérique » en question ne soit qu'un lieu-dit.

2. *Mémoires de M. Claude*, commissaire de police du quartier, cité *in* Simone Delattre, *Les Douze Heures noires...*, *op. cit.*

3. *Ibid.*

Ainsi « cette illustre vallée de plâtras incessamment près de tomber et de ruisseaux noirs de boue », comme il est dit à la première page du *Père Goriot*, a-t-elle été bâtie avec son propre sous-sol, pierres du sud et plâtre du nord[1]. Ce sont les galeries de ces immenses carrières qui ont alimenté l'imaginaire souterrain de Paris, plus développé que pour toute autre capitale, même en se souvenant de la poursuite finale du *Troisième Homme* et des ultimes combats de l'insurrection de Varsovie. Le premier chapitre est celui des Catacombes, qui sont les carrières de Montrouge et de Montparnasse où furent transférés les ossements du cimetière des Innocents. Nadar, qui réussit à y faire dans les années 1860 des photographies à la lumière artificielle, décrit « ces squelettes pêle-mêlés eux-mêmes désagrégés...., les côtes, vertèbres, sternums, carpes, tarses, métacarpes et tétatarses, etc., tout le menu des os.... refoulés, tassés en masses plus ou moins cubiques sous les cryptes.... et maintenus à l'avant par des têtes choisies dans les mieux conservées....[2] ».

Mais le fantasme de la ville sous terre n'était pas seulement une affaire d'ossements, il s'y greffait toujours une part de menace. La métaphore du souterrain social est développée dans un prodigieux chapitre des *Misérables*, « L'Histoire ancienne de l'égout » : « L'égout, c'est la conscience de la ville. Tout y converge et s'y confronte. Dans ce lieu livide, il y a des ténèbres, mais il n'y a plus de secrets.... Toutes les malpropretés de la civilisation, une fois hors de service, tombent dans cette fosse de vérité où

1. « Paris s'agrandissant, on a bâti insensiblement les faubourgs sur les anciennes carrières ; de sorte que tout ce qu'on voit en dehors, manque essentiellement dans la terre aux fondements de la ville.... Que de matière à réflexions, en considérant cette grande ville formée, soutenue par des moyens absolument contraires ! ces tours, ces clochers, ces voûtes des temples, autant de signes qui disent à l'œil : ce que nous voyons en l'air manque sous nos pieds » (Mercier, *Tableau de Paris*).

2. *Quand j'étais photographe*, Paris, Flammarion, 1900.

aboutit l'immense glissement social.... Les Saint-Barthélemy y filtrent goutte à goutte entre les pavés. Les grands assassinats publics, les boucheries politiques et religieuses, traversent ce souterrain de la civilisation et y poussent leurs cadavres.... On entend sous ces voûtes le ballet de ces spectres. On y respire la fétidité énorme des catastrophes sociales. » Et comme en écho, pendant la Semaine sanglante, le bruit courait que des communards réfugiés dans les catacombes et les égouts s'apprêtaient à faire sauter Paris.

Le métro n'a jamais suscité de tels effrois, et c'est ironiquement que Walter Benjamin reprend l'image traditionnelle du souterrain-enfer : « .... un autre système de galeries *(que les passages)* déploie son réseau souterrain dans Paris ; c'est le métro, dont, le soir, les lumières rougeoient en indiquant le chemin par lequel on descend dans les enfers des noms. “Combat”, “Élysée”, “George V”, “Étienne-Marcel”, “Solferino”, “Invalides”, “Vaugirard” ont brisé les chaînes infâmes qui les attachaient à une rue, à une place ; ici, dans les ténèbres striées d'éclairs et percées de sifflets, les noms sont devenus les divinités informes des cloaques, des fées des catacombes. Ce labyrinthe abrite en son sein non pas un, mais des douzaines de minotaures aveugles et furieux dont la gueule réclame.... chaque matin, des milliers de midinettes anémiques et de commis encore endormis.... Chaque nom demeure ici solitaire, l'enfer est son apanage ; Amer Picon et Dubonnet sont les gardiens du seuil[1]. »

Il est une autre conséquence de l'abondance du plâtre dans les collines du nord, et qui n'est pas du domaine de l'imaginaire. Sous Philippe le Bel, une ordonnance fut promulguée qui obligeait à enduire de plâtre toute nouvelle maison construite à Paris. Excellent ignifuge et isolant thermique, le plâtre a sans doute évité à Paris de brûler comme Londres et c'est cette mesure, appliquée pendant des siècles, qui a donné à la ville son unité maté-

1. *Le Livre des passages*, *op. cit.*

rielle et colorée. Celui qui descend de la place des Fêtes à l'Hôtel de Ville par la rue de Belleville, la rue du Faubourg-du-Temple et la rue du Temple, celui qui, partant de Barbès-Rochechouart, gagne les Halles par la rue du Faubourg-Poissonnière, la rue Poissonnière, la rue des Petits-Carreaux et la rue Montorgueil, passe devant des monuments et de grands immeubles de pierre de taille, devant de la brique, du béton, du verre, du plastique, du métal. Mais le tissu conjonctif, celui qui n'attire pas l'œil mais dont on perçoit toute l'importance lorsqu'il vient à manquer, est fait de plâtre, de façades plâtrées, où la répétition serrée des fenêtres hautes et étroites crée une rythmique verticale continue. Pas d'ornements, pas de balcons, pas de persiennes, des appuie-corps à peine visibles dans les embrasures, aucun relief sauf les minces bandeaux au bord inférieur des fenêtres, souvent protégés de la pluie par une mince lame de zinc – autre matériau très parisien, qu'il s'agisse des comptoirs de bistrots ou des toits auxquels il donne leur teinte grise et leur si particulier nervurage.

Ce Paris mineur, ces façades modestes constituent l'essentiel du bâti ancien dans les quartiers ouvriers de la périphérie. Dans le centre, elles accompagnent les demeures aristocratiques comme la main gauche au piano soutient la mélodie. Certes, elles sont appliquées sur des constructions qui diffèrent selon l'époque et le lieu : dans l'Ancien Paris, ce sont des maisons sur des parcelles étroites – huit mètres, deux travées. La porte franchie, on est tout de suite au bout du couloir, et la courette avec les poubelles est commune avec un immeuble donnant sur une autre rue. Dans les villages de la couronne, au contraire, les constructions sont plus larges, jusqu'à cinq ou six travées, et derrière les bâtiments sur rue les cours peuvent se succéder à perte de vue, reproduisant en plus simple la disposition de la façade [1]. Mais le procédé de construction est le

1. Sur toutes ces questions, voir l'incomparable *Paris XIXe siècle, l'immeuble et la rue*, de François Loyer, *op. cit.*

même : charpente en pans de bois, remplissage de moellons, enduit plâtré. Cette technique a été utilisée très tard dans les quartiers populaires (« La pierre de taille c'est trop lourd, et trop cher ! Le plâtre, à la bonne heure ! Parlez-moi du plâtre ! Cela vous a de l'œil, c'est léger, cela se prête à tous les caprices de la décoration – et puis, ce n'est pas cher ! [1] »). De même que l'on a continué à construire du gothique à Paris en plein XVIIe siècle – Saint-Eustache –, de même que le néoclassicisme se prolonge par bien des traits dans les plus haussmanniens des ensembles – place Saint-Michel –, de même on a bâti des immeubles en pans de bois enduits de plâtre jusqu'à la fin du XIXe siècle dans la périphérie, alors que les beaux quartiers en étaient déjà à l'Art nouveau. Il est miraculeux que la tradition plâtrière ait été maintenue par les maçons qui ont construit et construisent encore à Paris – creusois ou italiens autrefois, portugais ou maliens aujourd'hui – pour préserver les nuances du gris si particulier à cette ville, tirant tantôt vers un très léger jaune rosé et tantôt vers des reflets plus froids presque bleuâtres, mais toujours très doux et en accord avec l'harmonie générale de la rue.

Entre les Buttes-Chaumont et les boulevards qui séparent Paris du Pré-Saint-Gervais s'étendait à la fin des années 1860 une vaste zone ravinée et déserte. Après avoir effondré et comblé les galeries, on créa autour de la place du Danube [Rhin-et-Danube après la Libération] un marché aux chevaux qui périclita très vite. Sur ces terrains, entre la rue David-d'Angers, la rue de la Mouzaïa et la rue de Bellevue, furent alors percées des ruelles fleuries bordées de pavillons, de bicoques, de villas, de petits jardins ouvriers. Elles portent les noms d'Égalité, Liberté, Solidarité, Prévoyance, ressuscités pour le centenaire de 1789 lors d'une exposition universelle célèbre pour avoir inauguré, à l'autre bout de Paris, la tour Eiffel. Elles descendent en pente raide vers le boulevard Sérurier et le

1. Delvau, *Histoire anecdotique des barrières de Paris*, *op. cit.*

boulevard d'Algérie, dont les courbes enserrent le square de la Butte-du-Chapeau-Rouge, magnifique promontoire qui domine toute la banlieue de l'Est, de Pantin jusqu'aux Lilas, avec au fond les hauteurs de Romainville. En contrebas, sur la pente où les foules venaient jadis écouter Jaurès, le bel hôpital Robert-Debré voisine avec Notre-Dame-de-Fatima, qui est l'église des Portugais.

* * *

Certains quartiers de Paris ont une personnalité qui tient surtout à l'histoire et à l'architecture, d'autres à leur activité économique, d'autres encore à la géographie. Pour caractériser les collines qui s'étendent des Buttes-Chaumont au Père-Lachaise, pour définir ce qui rend Belleville et Ménilmontant uniques, aucun de ces critères ne convient tout à fait. C'est qu'il s'agit, j'en suis convaincu, de quartiers dont l'identité est en grande partie sentimentale. Je ne fais pas allusion par là aux débuts de Maurice Chevalier à l'Élysée-Ménilmontant ni à la plaque du 72, rue de Belleville, indiquant que « Sur les marches de cette maison naquit le 19 décembre 1915 dans le plus grand dénuement Édith Piaf dont la voix, plus tard, devait bouleverser le monde ». J'emploie ici – abusivement sans doute – « sentimental » au sens de « qui suscite des sentiments ». Ici, ils sont faits d'affection pour beaucoup, mais pas seulement. En montant la rue des Solitaires, en arrivant au pied des immenses barres construites sur ce qui fut la place des Fêtes, il est évident que les gestionnaires de la domination avaient un compte à régler avec Belleville. L'aberration architecturale, le souci de rentabilité ne suffisent pas à expliquer une telle brutalité : il fallait éprouver envers ce quartier le même *sentiment* que ceux qui, un siècle plus tôt, avaient effacé de la carte le faubourg Saint-Marceau[1]. Heureusement, comme l'a prédit

1. À ce sujet, une amie m'a récemment indiqué un magnifique passage de *Panégyrique*, de Guy Debord : « Je crois que cette ville a été ravagée un peu avant toutes les autres parce que ses révolu-

Raymond Queneau, « un jour on démolira / ces beaux immeubles si modernes / on en cassera les carreaux / de plexiglas ou d'ultravitre / on démontera les fourneaux / construits à polytechnique / on sectionnera les antennes / collectives de télévision / on dévissera les ascenseurs / on broiera les choffoses / on pulvérisera les frigidons / quand ces immeubles vieilliront / du poids infini de la tristesse des choses [1] ».

Belleville et Ménilmontant ont un versant ouest qui regarde vers Paris et un versant est, moins abrupt et moins étendu, qui regarde vers la banlieue. La ligne de crête nord-sud qui les sépare suit la rue Pelleport, qui, comme la rue Compans, la rue Rébeval, l'avenue Secrétan, porte le nom d'un des officiers qui commandaient les gardes nationaux parisiens, les élèves de l'École polytechnique et ce qui restait de troupes régulières, face à la garde royale prussienne lors de la bataille de Paris, le 30 mars 1814 [2]. La rue Pelleport part de la rue de Belleville près de la station de métro Télégraphe, point culminant des collines de l'est, où Chappe avait installé le télégraphe optique qui apprit aux Parisiens les victoires de Fleurus et de Jemmapes. Plus tard, on y construisit le troisième – et actuel – cimetière du village et les réservoirs surmontés des deux châteaux d'eau jumeaux dont la silhouette fait partie du paysage de Belleville.

Entre la rue Pelleport et le boulevard des maréchaux –

---

tions toujours recommencées n'avaient que trop inquiété et choqué le monde ; et parce qu'elles avaient malheureusement toujours échoué. On nous a donc enfin punis par une destruction aussi complète que celle dont nous avait menacés jadis le Manifeste de Brunswick ou le discours du girondin Isnard : afin d'ensevelir tant de redoutables souvenirs, et le grand nom de Paris. »

1. *Courir les rues*, Paris, Gallimard, 1967.

2. Le seul qui n'ait pas de rue est le maréchal Marmont, bien qu'il se soit vaillamment battu ce jour-là. Mais l'histoire lui tient rigueur d'avoir signé la capitulation de Paris, et aussi sans doute d'avoir commandé les troupes royales en juillet 1830.

qui porte ici le nom de Mortier, autre héros de la bataille de Paris, qui finira parmi les victimes de l'attentat de Fieschi contre Louis-Philippe, boulevard du Temple[1] – s'étend une bande indifférenciée où il est impossible de distinguer la part qui revient à Belleville et celle de Ménilmontant. C'était autrefois un domaine immense, qui irait de la rue Pelleport jusqu'au-delà du boulevard Mortier[2]. Le château et le parc, qui empiétait largement sur les deux villages, appartenaient à une famille de la noblesse de robe, les Le Peletier, qu'on appelait de Saint-Fargeau car ils possédaient une seigneurie de ce nom près d'Auxerre[3]. À ce grand fief aristocratique correspond aujourd'hui la partie la plus déshéritée de la colline, où des HLM de brique des années 1920 alternent avec les psires barres des années 1960, des « cités » comme on dit, en utilisant un mot antique chargé du sens de la vie en commun pour désigner un univers de désintégration de l'espace public. On peut trouver une certaine grâce aux alentours des réservoirs de Ménilmontant, aux jolies stations Art déco de la petite ligne n° 3 *bis* – qui n'en possède en propre que deux, Pelleport et Saint-Fargeau –, à la rue du Groupe-Manouchian, à cause de son nom et de ses petites maisons, mais rien ne vaut vraiment le déplacement dans le long rectangle qui s'étend entre les bicoques prolétariennes du côté de la

1. Fieschi et ses complices firent les essais de leur machine infernale dans un pré de Ménilmontant, le long de la rue d'Annam.

2. Et dans l'autre sens, de la rue du Surmelin à la rue de Romainville, dont la curieuse courbe est due précisément à ce qu'elle contournait le domaine.

3. La rue Le Peletier, qui donne dans le boulevard des Italiens, est nommée d'après Claude Le Peletier, prévôt des marchands sous Louis XIV. L'illustre Louis Le Peletier de Saint-Fargeau, député de la noblesse aux États généraux, conventionnel qui vota la mort du roi et fut assassiné pour cette raison le 20 janvier 1793, avait une fille qui devint pupille de la Nation. C'est elle qui commença à lotir le domaine et qui vendit le vieux château. Dès les années 1850 il ne restait plus rien du domaine sauf peut-être quelques arbres du cimetière de Belleville.

Mouzaïa et le petit quartier à l'anglaise autour de la rue Étienne-Marey près de la porte de Bagnolet.

C'est donc sur la pente ouest de la colline, vers Paris, que se déploient Belleville et Ménilmontant. La limite entre eux était autrefois marquée par un lieu-dit, la Haute-Borne, où se trouvait la célèbre guinguette du Galant-Jardinier. On dit que Cartouche fut arrêté à la Haute-Borne, et c'est là que le jeudi 24 octobre 1776, Jean-Jacques Rousseau fut renversé par un gros chien danois, avec les terribles conséquences que l'on sait (« On me demanda où je demeurais ; il me fut impossible de le dire. Je demandais où j'étais ; on me dit, *à la Haute-Borne* ; c'était comme si l'on m'eût dit *au mont Atlas* [1] »). Même si la rue des Couronnes est une frontière actuellement plausible, la répartition de la colline entre Belleville et Ménilmontant est flottante et les vieux habitants ont sur ce point des avis différents : l'un donne comme limite pour Belleville « le boulevard de Belleville, la rue de Belleville, la rue des Pyrénées, la rue de Ménilmontant.... Alors, voyez, ça fait un quadrilatère. Le cœur, c'était la rue de Tourtille, la rue Ramponeau, la rue de Pali-Kao, la rue des Couronnes ». Une autre : « Nous, nous sommes nés à Ménilmontant, vous savez, qui est un lieu-dit de Belleville. » Un autre encore : « Chacun a son Belleville. Moi, le mien, il est limité par la rue Rébeval, il remonte en se bouclant jusqu'à la rue de Belleville et puis en partant de l'autre côté de la rue, vers la rue Vilin et en redescendant vers la rue des Couronnes » [2].

1. *Rêveries du promeneur solitaire*, « Deuxième promenade ». Le quadrilatère de la Haute-Borne, limité par le boulevard de Belleville, la rue Julien-Lacroix, la rue des Couronnes et la rue de Ménilmontant, a été totalement ravagé dans les années 1960.

2. Françoise Morier (dir.), *Belleville, belle ville, visage d'une planète*, Paris, Creaphis, 1994. La vieille dame a raison de dire que Ménilmontant est un « lieu-dit », car il faisait partie de la commune de Belleville au moment de l'annexion, ce qui explique les hésitations topographiques.

L'opposition entre les deux quartiers est ancienne. « Entre le public des guinguettes de la Courtille et les habitués des guinguettes de Ménilmontant, il y avait une grande différence : ici en effet on venait en famille passer la journée du dimanche et c'était au bal du *Galant Jardinier* ou des *Barreaux Verts* que l'artisan du siècle dernier faisait la connaissance de sa prétendue. À la Courtille au contraire, les bals du *Bœuf Rouge*, du *Sauvage* et de la *Carotte Filandreuse* n'étaient guère fréquentés que par des ivrognes et des filles de mauvaise vie. À Ménilmontant donc, les amours modestes et les gentils dîners sous la tonnelle ; au bal de Belleville, les orgies et les batailles entre gens qui jouaient du couteau ou se mordaient comme des bouledogues[1]. » Dans *L'Apprentie*, roman de Gustave Geffroy qui se passe à Belleville au lendemain de la Commune, le père Pommier emmène ses filles, Céline et Cécile, « jusqu'au lac Saint-Fargeau, où de beaux peupliers ombragent l'eau paisible d'une mare.... et dans les bals de leur ancien quartier *(Ménilmontant)*, les Barreaux Verts de la Chaussée, l'Élysée-Ménilmontant rue Julien-Lacroix. Ici l'endroit était assez particulier : un jardin avec de beaux marronniers, un asile quasi familial. Les traditions s'y étaient maintenues, le public et les mœurs n'étaient pas les mêmes que dans les bals des boulevards extérieurs. Les fillettes descendues à Paris avaient la nostalgie de cette verdure, de cette musique, de ce décor des premiers aveux et des premières révélations[2] ». Dans les années 1950 on entend encore presque les mêmes mots : « Pour moi, Belleville et Ménilmontant, c'est deux quartiers différents. À l'époque, quand on disait qu'on était de Belleville, c'était un petit peu un côté voyou, titi.... Tandis que quand on était de Ménilmontant, c'était sérieux.... C'était comme ça ![3] »

1. La Bédollière, *Le Nouveau Paris...*, *op. cit.*

2. Gustave Geffroy, *L'Apprentie*, Paris, Fasquelle, 1904. Les boulevards *extérieurs* sont bien entendu les boulevards de Belleville, Ménilmontant, etc.

3. *Belleville, belle ville...*, *op. cit.*

La rue de Belleville commence à l'ancienne barrière, qui est le carrefour de quatre arrondissements : Haussmann avait coupé Belleville en deux, si bien que se touchent ici – comme aux États-Unis le Nouveau-Mexique, l'Arizona, le Colorado et l'Utah sur la rivière San Juan – le Xe, le XIe, le XIXe et le XXe. Dans *L'Apprentie*, c'est un « quartier agité, bruyant, ouvrier, commerçant pendant la journée. On a peine à passer entre les fiacres et les omnibus qui cahotent, les tombereaux, les charrettes.... Sur le trottoir, l'encombrement est le même. Une foule défile, stationne, bavarde, achète, entre les boutiques et les voitures de légumes.... La grande rue de Belleville ne ressemble ni à Montrouge, ni à Montmartre, ni au faubourg Saint-Antoine, ni à Ménilmontant si proche. Les premières maisons, avec leurs salles de marchands de vins emplies par l'énormité des comptoirs, leurs concerts, leurs bals, leurs hôtels à transparents, tout scintillants de gaz, ces premières maisons ne font pas songer à une cité de travail, mais évoquent des dessous nocturnes de prostitution et de rixes, tout un souvenir de milord l'Arsouille et des descentes de la Courtille ».

Au début du siècle, Dabit voyait là « un magasin de province, un tailleur-confection, le cinéma *Cocorico*, des cafés : le *Point du Jour*, la *Vielleuse* où s'alignent dix billards qu'entourent dès six heures les joueurs en bras de chemise. Des camelots déballent leur pacotille, des misérables crient des journaux ; quelquefois un colosse au corps tatoué jongle avec des poids de vingt kilos. On débarque à ce carrefour comme dans un port[1] ». Aujourd'hui tout a changé sauf l'esprit du lieu, si bien qu'au fond tout est pareil. Le Point du Jour a été emporté avec le bas du côté gauche de la rue de Belleville. La Vielleuse existe toujours mais dans un bâtiment moderne à la place de la maison qu'évoque Vallès/Vingtras dans la nuit du samedi 27 au dimanche 28 mai 1871 : « Nous répondons par le fusil et le canon au feu terrible dirigé contre nous.

1. *Faubourgs de Paris*, *op. cit.*

Aux fenêtres de la Vielleuse, et de toutes les maisons de l'angle, les nôtres ont mis des paillasses, dont le ventre fume sous la trouée des projectiles[1]. » Ces deux cafés sont joliment représentés sur l'une des baraques foraines du terre-plein central du boulevard. Trois jours par semaine le marché déborde jusqu'au métro. Tous les jours les klaxons, le manège, la foule autour de la bouche du métro, la mélopée des mendiants arabes, les vendeurs de maïs grillé, de marrons, de fleurs, de jouets mécaniques cabriolant sur le trottoir, les plastificateurs de papiers d'identité, les camionnettes en double file déchargeant des cartons devant les supermarchés chinois : le grand port de Belleville est toujours en activité.

Le funiculaire à vapeur, « qui descendait sagement de l'église Saint-Jean-Baptiste à la place de la République, remontait lentement et, branlant, grinçant, pour dix centimes vous faisait parcourir le faubourg du Temple et la rue de Belleville », a été remplacé par la ligne de métro n° 11, sensiblement moins pittoresque[2]. Mais à côté des restaurants et magasins chinois, le bas de la rue de Belleville garde des vestiges de la grande époque, comme le café des Folies-Belleville qui évoque le music-hall où se produisirent Mayol, Dranem, Damia, Georgius, Fréhel et Maurice Chevalier. Quelques mètres plus haut, c'était le théâtre de Belleville. Lucien Daudet : « Je suis allé plusieurs fois à ce théâtre, en compagnie d'Eugène Carrière, de Geffroy et de Rodin. Nous prenions quatre places en haut, après un bon dîner dans une rôtisserie de la rue, où l'on voyait flamber son poulet, l'on achetait son pain à côté, et nous nous régalions des physionomies, trognes et bobines réunies là, penchées en avant, buvant des yeux, et le menton entre les coudes, un spectacle prodigieusement

1. Jules Vallès, *L'Insurgé*, 1884.

2. *Faubourgs de Paris*, *op. cit.* À la fin des années 1990, l'angle du faubourg et de l'avenue Parmentier était occupé par un magasin de chaussures, *Au Funiculaire*, remplacé depuis par une boutique de téléphones portables.

à la Daumier[1]. » Le théâtre fut ensuite transformé en cinéma, l'un des douze que l'on comptait dans l'entre-deux-guerres entre le boulevard et l'église de Belleville, spécialisé dans les films d'horreur. Au Floréal, on jouait des films de gangsters avec Edward G. Robinson et James Cagney, au Paradis, des comédies musicales, à l'Alhambra et au Cocorico, des westerns, et des films soviétiques et des films en yiddish au Bellevue[2].

Les omniprésents Chinois ne sont que les derniers en date d'une longue série d'immigrés dont les vagues se sont succédé à Belleville, en commençant par les juifs russes et polonais qui, fuyant les pogroms du début du siècle, implantèrent sur le bas de la colline la tradition des ouvriers du textile et de la confection, apprise dans les usines de Lodz, de Minsk ou de Bialystok. Dans les années 1920, il y avait à Belleville un syndicat CGT des casquetiers dont le drapeau portait le nom en yiddish. Il y avait des maroquiniers, des fourreurs, qu'on appelait les métiers juifs. On parlait yiddish à la synagogue de la rue Julien-Lacroix, et à la Lumière de Belleville le menu proposait *gefiltefish* et *pickelfleish* comme à Varsovie. Puis vinrent en 1918 les Arméniens fuyant la Turquie. Leur communauté était groupée autour de la rue Jouye-Rouve et de la rue Bisson, et leur spécialité était la chaussure. Ensuite arrivèrent les Grecs chassés d'Asie Mineure, puis les juifs d'Allemagne en 1933, les républicains espagnols

1. Léon Daudet, *Paris vécu*, *op. cit.* Les Folies-Belleville étaient à hauteur du n° 8 et le théâtre, du n° 46. Gustave Geffroy décrit longuement le théâtre dans *L'Apprentie* : « Il y a des animosités, des injures parfois sont échangées entre les différentes classes de cette société de petite ville. Le bruit des galeries supérieures agace les gens paisibles des fauteuils d'orchestre et des baignoires. Des toilettes trop coquettes horripilent l'amphithéâtre, d'où tombe alors un mot ou un projectile.... » (*op. cit.*).

2. Clément Lépidis, « Belleville mon village », in *Belleville*, Paris, Veyrier, 1975.

en 1939. La concentration juive restait si forte que les policiers français n'eurent aucun mal à faire une belle rafle en juillet 1942 : on évalue à huit mille le nombre de ceux qui firent le voyage de Belleville à Auschwitz *via* Drancy.

Après guerre on fit venir les Algériens qu'il fallait pour reconstruire le pays. Avec la Chapelle, Belleville fut pendant la guerre d'Algérie l'un des principaux points d'ancrage du FLN, ce qui n'empêcha pas les pieds-noirs, et les juifs tunisiens en particulier, de s'y implanter massivement dans les années 1960. Sur le boulevard, entre la rue de Belleville et la rue de Ménilmontant, les rues Bisson et de la Fontaine-au-Roi marquent une limite. Du côté Belleville, débordant dans la rue Lemon, la rue Ramponeau, la rue de Pali-Kao, ce sont des restaurants casher, des pâtisseries et des épiceries tenues par des juifs. Du côté Ménilmontant, ce sont des agences de voyages pour le Maghreb, des librairies islamiques, des cafés kabyles – dont le merveilleux Soleil, près du métro. Cette frontière qui se lit sur les boutiques n'empêche pas la population du quartier de se mélanger paisiblement sur le boulevard, vieilles dames juives buvant du thé aux terrasses des pâtisseries, mamans noires en boubou, leur enfant sur le dos, montant du faubourg faire leurs courses au marché, juifs orthodoxes chapeautés de noir comme à Vilna, vieux travailleurs qui se chauffent au soleil, groupés dans des conversations en arabe ou en kabyle qu'on imagine pleines de tolérance et d'humanité.

La place où le boulevard cesse d'être de Belleville pour devenir de Ménilmontant n'a pas de nom. L'élégant retrait en hémicycle des immeubles de la rive du côté de la ville, la station Ménilmontant sous les catalpas de son petit square, le vide du terre-plein central forment un ensemble bien plus calme que la barrière de Belleville. En une immense pente absolument rectiligne, la rue de Ménilmontant ouvre la vue sur les hauteurs et la rue Oberkampf plonge au loin jusqu'au centre de Paris. « Giacometti et moi – et quelques Parisiens sans doute – nous savons qu'il existe à Paris, où elle a sa demeure, une personne d'une grande élégance, fine, hautaine, à pic, singulière et grise – d'un gris très tendre – c'est la rue Oberkampf, qui, désinvolte, change de nom et s'appelle plus haut la rue de Ménilmontant. Belle comme une aiguille, elle monte jusqu'au ciel. Si l'on décide de la parcourir en voiture à partir du boulevard Voltaire, à mesure qu'on monte, elle s'ouvre, mais d'une curieuse façon : au lieu de s'écarter les maisons se rapprochent, offrent des façades et des pignons très simples, d'une grande banalité mais qui, véritablement transfigurés par la personnalité de cette rue, se colorent d'une sorte de bonté, familière et lointaine[1]. »

Si Belleville peut avoir des aspects de gros bourg – près de l'église en particulier, où sont groupés comme en province des merceries, des pâtisseries, des fromagers, des libraires –, Ménilmontant est resté plutôt campagnard. La rue de la Chine, entre l'hôpital Tenon et la mairie du XXe, n'a certes plus « la joyeuse allure d'une ruelle de campagne tout enluminée par des jardinets et par des bicoques » que lui trouvait Huysmans. Les temps ont bien changé depuis que, « dans cet immense quartier dont les maigres salaires vouent à d'éternelles privations les enfants et les femmes, la rue de la Chine et celles qui la rejoignent et la coupent, telles que la rue des Partants et cette étonnante rue Orfila, si fantasque avec ses circuits et ses brusques détours, avec ses clôtures de bois mal équarri, ses gloriettes inhabitées, ses jardins déserts revenus à la pleine nature, poussant des arbustes sauvages et des herbes folles, donnent une note d'apaisement et de calme unique »[2]. Mais on trouve encore à Ménilmontant des terrains vagues où poussent *des arbustes sauvages et des herbes folles*, des passages pavés bordés de jardinets, des rues dont les noms évoquent les sources du nord qui alimentèrent Paris en eau pendant des siècles – rues des Cascades, des Rigoles, de la Mare, de la Duée, de la Cour-

1. Jean Genet, *L'Atelier de Giacometti*, Paris, L'Arbalète, 1963.
2. *Croquis parisiens.*

des-Noues, mots du vieux français qui signifient source et ruisseau. On y longe des murs de pierre couverts de mousse et des *regards* sur les anciennes conduites, dont le plus beau, rue des Cascades au haut de la rue de Savies, date du règne d'Henri IV. Près du passage des Saint-Simoniens, la rue Taclet, la villa Georgina, la villa de l'Ermitage n'ont pas dû beaucoup changer depuis que le père Enfantin s'essayait à mettre en pratique dans ce quartier, à l'écart du monde, la pensée du maître défunt.

* * *

Entre Ménilmontant et Charonne, le Père-Lachaise est d'une beauté intacte, protégée contre le commerce et la mode – dans les cimetières l'esprit du lieu l'emporte toujours sur l'esprit du temps. La limite administrative entre les anciens villages de Belleville et de Charonne passait autrefois plus à l'ouest (rues des Partants, rue Villiers-de-L'Isle-Adam), mais c'est aujourd'hui le Père-Lachaise qui, n'appartenant ni à l'un ni à l'autre, marque leur séparation. Au XVIIIe siècle, Charonne, coteau bien exposé au sud, était entièrement planté de vignes, avec toutes sortes de guinguettes – mot qui d'après Jaillot « vient apparemment de ce qu'on ne vend dans ces cabarets que de méchant petit vin vert que l'on appelle *Guinguet*, tel qu'est celui qu'on recueille aux environs de Paris[1] ». De nombreuses rues du quartier Charonne rappellent son passé agricole : rues des Haies, du Clos, des Grands-Champs, de la Plaine ; rues des Maraîchers, des Vignoles [vignobles], des Orteaux, qui descendent par des chemins mystérieux du latin *hortus*. C'est peut-être cette ascendance paysanne et la consécutive absence de bâtiments remarquables et d'événements historiques qui font que Charonne, bien qu'il ait donné son nom à une rue importante, à un boulevard et à une station de métro, a comme un déficit d'identité. Rares sont ceux qui se disent habitants de Charonne : on ne les trouve guère qu'au centre,

1. *Recherches critiques, historiques et topographiques…*, *op. cit.*

sur le terrain de l'ancien château et autour de l'église, dans ce petit hameau qu'on découvrait « en descendant de Belleville par le Ratrait, à deux kilomètres devant soi, un village aux blanches habitations entrecoupées de jardins, dominées au premier plan par un champêtre clocher[1] ».

Mieux vaut en effet découvrir Charonne en venant du haut, par exemple par la rue Stendhal (curieusement qualifié de « littérateur » sur les plaques bleu et blanc). Cette rue, Queneau la trouvait triste : « Parmi les rues les plus tristes de Paris / on peut citer la rue Villiers-de-L'Is- / le-Adam, la rue Baudelaire (Charles) / et la rue Henri-Beyle dit Stendhal / vraiment on ne les a pas gâtés / on arrive même à penser / qu'on les a peut-être punis / en leur attribuant des rues si tristes à Paris[2]. » Cependant, l'angle aigu que forme la rue Stendhal en se détachant de la rue des Pyrénées est occupé par un dispensaire des années 1910 voué aux *maladies de poitrine*, et, sur le mur-pignon qui le surplombe, on lit par-dessus une publicité pour Saint-Raphaël presque effacée un slogan pour *Cadoricin, shampoing à l'huile*, si bien que ces quelques mètres sont comme un condensé de la première moitié du XXe siècle parisien, du BCG et du timbre antituberculeux à André Kertész et au Poste Parisien. Plus loin apparaissent dans la pente les grands marronniers du cimetière et le clocher pointu de l'église Saint-Germain-de-Charonne. En longeant la pelouse qui couvre les réservoirs de Charonne, on arrive à un immense garage bordé par la rue Lucien-Leuwen. C'est une impasse, certes, mais qui n'en est pas moins *la seule* voie parisienne à porter le nom d'un héros

1. La Bédollière, *Le Nouveau Paris…*, *op. cit.* Le château de Charonne, construit au XVIIe siècle, avait un grand parc qui serait limité, dit Hillairet, par la rue de Bagnolet depuis la rue de la Réunion jusqu'à la rue des Prairies, par cette rue des Prairies, par la rue Lisfranc et par deux lignes qui prolongeraient la rue Lisfranc et la rue de la Réunion pour se rencontrer à l'intérieur du Père-Lachaise du côté du mur des Fédérés.

2. *Courir les rues*, *op. cit.*

de roman (inachevé lui aussi. Il y a bien, non loin de là, la rue Monte-Cristo, mais c'est une île avant d'être un personnage). Ce serait un grand jour que celui où l'on remplacerait par des personnages romanesques tous les noms honteux du Second Empire : l'avenue Mac-Mahon – général capitulard, crétin notoire, président factieux – deviendrait l'avenue Manon-Lescaut (peut-être pourrait-on faire une exception en l'honneur de la salle de cinéma historique de la Nouvelle Vague et l'appeler avenue Anna-Karina) ; l'avenue Bugeaud pourrait devenir avenue du Prince-Michkine, le boulevard de Magenta, boulevard Eugène-Rastignac ; l'avenue de Malakoff, avenue Charles-Swann ; le pont de l'Alma, pont Jean-Valjean ; la rue de Turbigo, rue Moll-Flanders. Ce serait beaucoup de travail car j'ai compté trente et une voies parisiennes qui tirent leur nom des glorieuses campagnes de Napoléon III en Italie, en Crimée et au Mexique. Sans compter celles qui évoquent les hauts faits coloniaux et leurs héros, impériaux ou républicains.

En face de la rue Lucien-Leuwen, dans la rue du Parc-de-Charonne, une petite porte donne accès au haut du cimetière. On a enlevé récemment, pour la restaurer j'espère, la statue en pied d'un homme coiffé d'un tricorne, tenant sa canne d'une main et un bouquet de fleurs de l'autre, et qui serait l'effigie d'un secrétaire de Robespierre reconverti dans l'horticulture. On n'a pas enlevé la tombe de Robert Brasillach (6 février 1945), qu'est venu rejoindre en 1998 Maurice Bardèche. Au bas de la pente, la très ancienne église de Charonne domine par une sorte de parvis surélevé la rue de Bagnolet et la perspective de la rue Saint-Blaise, l'ancienne grand'rue du village (« Saint Blaise, l'un des grands thaumaturges de l'Orient, évêque de Sébaste en Arménie selon les uns, de Césarée en Cappadoce selon les autres, mort en 316, était réclamé surtout contre les vipères et les maux de gorge[1] »).

1. Amédée Boinet, *Les Églises parisiennes*, t. I, Paris, Minuit, 1958.

Sur les derniers contreforts de Charonne, entre la rue de Bagnolet – d'où l'on aperçoit la cime des arbres du Père-Lachaise dépassant les murs au fond de ravissantes impasses – et la très prolétarienne rue d'Avron qui marque l'arrivée dans la plaine, des rues récentes s'intriquent avec des rues de village qui sont, avec la périphérie de la Chapelle, ce qu'il y a de plus *loin de tout* à Paris : la rue des Maraîchers qui longe la voie du chemin de fer de ceinture où pousse une forêt sauvage, la rue Fernand-Gambon d'où l'on aperçoit sur la hauteur les ruines d'une gare à la Magritte, perdue dans le lierre, les entrepôts de la rue du Volga *(sic)* et de la rue des Grands-Champs, et ma préférée, la rue des Vignoles. Là, entre toutes les maisons se faufilent des passages – impasses des Souhaits, de la Confiance, des Crins, de Bergame, impasse Satan en face du passage Dieu, et une impasse sans nom où flotte le drapeau noir et rouge de la CNT. Ils n'ont pas deux mètres de large et partent vers des palissades, des ateliers, des portes branlantes. C'est là – et là seulement dans Paris – que l'on peut encore voir ce que décrivait Huysmans avec tendresse, rue de la Chine : « Tout va de guingois chez elle ; ni moellons, ni briques, ni pierres, mais de chaque côté, bordant le chemin sans pavé creusé d'une rigole au centre, des bois de bateaux, marbrés de vert par la mousse et plaqués d'or bruni par le goudron, allongent une palissade qui se renverse, entraînant toute une grappe de lierres, emmenant presque avec elle la porte visiblement achetée dans un lot de démolitions et ornée de moulures dont le gris encore tendre perce sous la couche de hâle déposée par des attouchements de mains successivement sales[1]. »

* * *

Passé le cours de Vincennes, on change d'univers en entrant dans la partie du XIIe arrondissement annexée aux dépens de la commune de Saint-Mandé. Dans cette

1. *Croquis parisiens.*

région, le mur des Fermiers généraux forme un saillant – boulevard de Picpus, boulevard de Reuilly, place Félix-Éboué / Daumesnil – curieux sur une carte mais dont la raison est claire sur le terrain : le mur suivait le bord d'un plateau qui domine la Seine et le bois de Vincennes (La Bédollière : « Le Bel-Air est le nom d'une avenue qui relie la place du Trône à l'avenue de Saint-Mandé. Cette qualification est justifiée par la pureté de l'air qu'on respire *sur ce plateau* où abondent les pensionnats, les maisons de santé et les couvents »). C'est donc en forte pente que la rue Claude-Decaen mène de la place Daumesnil vers le Bois et la rue Taine vers Bercy et le fleuve[1]. En bas, dans la vallée, la rue de Charenton, parallèle aux voies de la gare de Lyon, termine ici son long trajet depuis la Bastille. Dans ses derniers mètres, à l'angle du boulevard des maréchaux qui porte ici le nom de Poniatowski, elle passe en pont au-dessus des voies rouillées du chemin de fer de ceinture. De cet endroit, en face de la porte du petit cimetière de Bercy qui est la seule enclave ancienne de ce coin perdu, sur le paysage bétonné à l'infini de la banlieue sud-est, c'est la « terrible vue des plaines qui se couchent, harassées, aux pieds de la ville », comme disait Huysmans.

Entre la rue de Charenton et la Seine, une fois franchies (difficilement) les voies de Lyon, c'est Bercy, et c'est une tout autre histoire. Le parc du château de Bercy était bordé par la Seine et par la rue de Charenton[2]. « Le château de Bercy est un bâtiment de forme régulière, élevé sous les dessins et sous la conduite de François Mansart. Ses vues s'étendent fort loin de côté et d'autre, et font un effet très

1. La fontaine de la place Daumesnil était, on s'en souvient, la deuxième fontaine sur la place du Château-d'Eau [de la République]. La rue Claude-Decaen est l'ancien chemin de Reuilly.

2. Elle se prolongeait dans l'actuel Charenton, qui s'appelait Conflans alors. Sur les côtés, le parc était limité par la rue de la Grange-aux-Merciers [Nicolaï] et par la rue de la Liberté à Charenton.

agréable. Il est orné de peintures singulières et estimées.... Les jardins sont spacieux et embellis depuis 1706 de quantités d'allées, de statues, et d'une longue terrasse le long de la rivière. Ce magnifique château a appartenu à monsieur de Bercy, ci-devant intendant des Finances[1]. » Le long de la Seine, en aval du domaine de Bercy, financiers et grands seigneurs avaient fait construire sous la Régence des maisons de plaisance dont la plus célèbre était celle des frères Pâris, que le peuple appelait le Pâté-Paris. On y trouvait aussi des guinguettes spécialisées dans la friture et la matelote, comme au Point du Jour à l'autre extrémité de la ville.

Il y avait à Bercy deux ports, l'un pour le plâtre et le bois flotté, l'autre pour le vin. Après la Révolution, les entrepôts des négociants en vins envahirent progressivement le domaine de Bercy, jusqu'à la démolition du château en 1861. Auparavant, les fortifications de Thiers avaient coupé le parc en deux (une partie restant hors de Paris), puis les voies du chemin de fer de Lyon l'avaient recoupé dans l'autre sens. C'en était fait de ce lieu dont la splendeur pouvait se comparer à celle de Versailles ou, plus justement peut-être, au Greenwich de Christopher Wren au bord de la Tamise. Le nouveau parc de Bercy, à la place des entrepôts de vin, a un tracé un peu raide mais le terrain tout en longueur ne permettait sans doute pas de mieux faire et les éléments sauvegardés – pavés, rails, pavillons, vieux platanes – sont intégrés avec tact. La haute terrasse séparant le parc de la voie rapide en bord de Seine est bien aménagée et, de l'autre côté, les immeubles neufs permettent de mesurer les progrès de l'architecture à

1. Hurtaut et Magny, *Dictionnaire historique*..., *op. cit*. Ils font ici une erreur : le château était de Louis Le Vau et non de François Mansart. Les liens de Bercy avec la finance ne sont donc pas récents. L'avarice des seigneurs de Bercy était notoire, comme en témoignent ces vers de 1715 : « Que le Bercy dans l'or fondu / Satisfasse son avarice / Et que malgré l'horreur de son supplice / Il meure après l'avoir rendu. »

Paris depuis les années du Front de Seine et du haut Belleville.

* * *

Le 19 avril 1919, la France victorieuse votait le « déclassement » de l'enceinte fortifiée de Paris, c'est-à-dire sa démolition. Comme le mur des Fermiers généraux, elle avait duré quatre-vingts ans, mais son rôle militaire avait stérilisé ses abords, il en avait fait la *zone*, non-lieu bien différent du joyeux bazar le long du mur d'octroi. Dans *L'Éducation sentimentale*, en 1848, Frédéric entre dans la ville alors que les fortifications sont tout juste terminées : « .... un bruit sourd de planches le réveilla, on traversait le pont de Charenton, c'était Paris.... Au loin, de hautes cheminées d'usines fumaient. Puis on tourna dans Ivry. On monta une rue ; tout à coup il aperçut le dôme du Panthéon. La plaine, bouleversée, semblait de vagues ruines. L'enceinte des fortifications y faisait un renflement horizontal ; et, sur les trottoirs en terre qui bordaient la route, de petits arbres sans branches étaient défendus par des lattes hérissées de clous. Des établissements de produits chimiques alternaient avec des chantiers de marchands de bois.... De longs cabarets, couleur sang de bœuf, portaient à leur premier étage, entre les fenêtres, deux queues de billard en sautoir dans une couronne de fleurs peintes.... Des ouvriers en blouse passaient, et des haquets de brasseurs, des fourgons de blanchisseuses, des carrioles de bouchers.... On s'arrêta longtemps à la barrière, car des coquetiers, des rouliers et un troupeau de moutons y faisaient de l'encombrement. Le factionnaire, la capote rabattue, allait et venait devant sa guérite pour se réchauffer. Le commis de l'octroi grimpa sur l'impériale, et une fanfare de cornet à pistons éclata. On descendit le boulevard au grand trot.... Enfin la grille du Jardin des Plantes se déploya. »

Entre cette préhistoire et l'édification de la ceinture des HBM dans les années 1920-1930, la zone a suscité toute une littérature populiste assez convenue et c'est plutôt du côté de la photographie qu'il faut chercher les traces de sa poésie mélancolique. Atget, lui surtout, a montré les familles de zoniers sur les marches de leur roulotte à la porte d'Italie, les baraques de tôle et de planches perchées sur les escarpements touffus de la Poterne des Peupliers, les bords enneigés de la Bièvre à l'entrée dans la ville, les chiffonniers poussant leur brouette boulevard Masséna, les fossés près de la porte de Sèvres, les enchevêtrements végétaux à la porte Dauphine, un univers silencieux où la nature, accablée, n'a plus la force d'être accueillante aux miséreux. Longtemps après que les « fortifs » auront disparu, cette tristesse persistera. *MUR de la MORT* : une inscription maladroite sur une roulotte de forains dans le brouillard et la boue d'un terrain vague près de la porte de Clignancourt – c'est une photographie de Robert Frank datant de 1951, et il s'agit sans doute de ce dangereux spectacle, interdit depuis, où des motocyclistes montaient en tournant dans un immense cylindre vertical auquel ils n'adhéraient que par la force centrifuge.

Sur l'emplacement des fortifications détruites, les boulevards des maréchaux et les HBM qui les bordent n'ont plus grand-chose qui rappelle la zone de Flaubert, d'Atget et de Carco, mais le tour de Paris par ce chemin n'a pas la monotonie, l'homogénéité du périphérique. Les boulevards sont aussi variés que les quartiers qu'ils bordent. Le désert du boulevard Macdonald, en ligne droite le long du terrain vague qui remplace l'hôpital Claude-Bernard, l'espace désarticulé du boulevard Ney entre la porte d'Aubervilliers et le grand échangeur de la Chapelle, les casernes du boulevard Bessières prolongées par la masse de béton grisâtre du lycée Honoré-de-Balzac n'ont rien de commun avec les petits hôtels particuliers du boulevard Berthier, la savante utilisation de la brique polychrome du côté de la porte Champerret, ou les immeubles le long du boulevard de la Somme qu'on dirait construits par un élève de Loos. Vers le bois de Boulogne, il n'est même plus question d'HBM. Les boulevards Lannes et Suchet étalent le luxe des années 1910 du côté de la ville – masses monumentales, rotondes d'angle sculptées, pilastres colossaux, balcons à balustres de pierre – et du côté du Bois le marbre, le bronze et les statues du *retour à l'ordre* des années 1930. Il faudrait un Hugo pour faire le parallèle entre la porte de la Muette et ses marronniers roses, somptueux embarcadère pour Cythère, et la porte de Pantin, infranchissable barrage de béton et de bruit, où le périphérique passe au ras des têtes avec sous lui le boulevard Sérurier enfoui dans une hideuse tranchée, où l'herbe pelée du terre-plein central est jonchée de papiers gras et de cannettes de bière, et où les seuls êtres humains à pied sont des natifs de Lvov ou de Tiraspol qui essaient de survivre en mendiant au feu rouge. Une antithèse bien parisienne, au fond.

DEUXIÈME PARTIE

Paris rouge

Tes dômes de métal qu'enflamme le soleil,
Tes reines de Théâtre aux voix enchanteresses,
Tes tocsins, tes canons, orchestre assourdissant,
Tes magiques pavés dressés en forteresses,
Tes petits orateurs, aux enflures baroques
Prêchant l'amour, et puis tes égouts pleins de sang,
S'engouffrant dans l'Enfer comme des Orénoques

CHARLES BAUDELAIRE, projet d'épilogue
pour l'édition de 1861 des *Fleurs du Mal*.

Le petit immeuble qui fait l'angle de la rue Saint-Blaise et de la rue Riblette, à Charonne, a une porte d'entrée comme des milliers d'autres, sauf que dans l'embrasure deux plaques de marbre se font face. Celle de gauche indique :

Ici vivait
Cadix Sosnowski
F. T. P. Français
Fusillé par les Allemands
À l'âge de 17 ans
Mort pour la France
Le 26 mai 1943.

Sur le côté droit, encadrant le visage sérieux d'un garçon d'une quinzaine d'années, l'inscription rappelle :

Ici habitait
Brobion Henri,
F. T. P. F.
Soldat à la brigade Fabien
Tombé au champ d'honneur
Le 18-I-45
À Habsheim, Alsace.

C'est peut-être Cadix qui a entraîné son copain Henri dans la Résistance – je l'imagine avec le regard insolent et les beaux traits slaves de Marcel Rajman sur l'Affiche rouge (« Le tueur, juif polonais, 20 ans, 7 attentats » dont l'exécution du général SS Julius Reitter en plein Paris, près du Trocadéro). Ses parents étaient probablement arrivés de Pologne dans les années 1920, comme beaucoup à Belleville-Ménilmontant. « Mon père était ce qu'on appelle giletier. Il savait faire une veste, il savait faire un costume, il savait faire un gilet pour homme, il savait faire un manteau.... C'était un métier que les Français ne faisaient pas. À l'école Ramponeau nous étions tous des petits rouges. Communiste, front populaire, on ne savait même pas ce que cela voulait dire. Un drapeau rouge et tous les mômes se mettaient derrière ! Tous les frères et sœurs, arrivés en fraude de Pologne, pas de papiers, pas la langue, pas de permis de séjour, pas de métier, pas d'argent, se mettaient à la machine à coudre[1]. »

C'est tout naturellement que les enfants de ces immigrés entraient dans la Résistance : « Mon enfance, je l'ai passée là, rue des Cendriers, mon enfance jusqu'à dix-huit ans où j'étais recherché par la police de Vichy et où je suis parti en zone non occupée me planquer et faire le bûcheron parce que j'étais recherché pour résistance. C'est-à-dire : distribution de tracts, lancers de tracts dans les cinémas de la rue de Ménilmontant, le *Phénix*, le *Ménil-Palace*.... On l'a fait à deux avec André Burty, qui a été fusillé. Mon groupe est tombé, décimé. On est trois ou quatre survivants sur un groupe qui comprenait dans le XXe arrondissement quatre quartiers, Belleville, Père-Lachaise, Pelleport, Charonne.... C'est un miracle, quand on est passé au travers de tout ce qu'on a fait dans cette période. Un soir, on a lancé un drapeau rouge avec un système de griffes métalliques qui se sont accrochées sur le fil électrique au-dessus d'un terrain vague entre la rue des Panoyaux et la rue des Cendriers, et il a fallu le lendemain que les pompiers viennent le décrocher[2]. »

(Dans Paris rouge, les Polonais, juifs ou pas, font partie

1. Étienne Raczymow, in *Belleville, belle ville...*, *op. cit.*
2. Laurent Goldberg, *ibid.*

du tableau. Les deux meilleurs généraux de la Commune de Paris étaient polonais [1]. Dombrowski, condamné à mort par les Russes après l'insurrection de Varsovie, commandait les forces de la rive droite au moment où tout s'écroulait. Louise Michel, qui est sur la barricade de la rue du Delta, trouve pour raconter sa fin un raccourci à la Hugo : « Dombrowski passe avec ses officiers. Nous sommes perdus, me dit-il. Non, lui dis-je. Quand il passa de nouveau, c'était sur une civière, il était mort [2]. » On était le 23 mai, il venait d'être frappé à la barricade de la rue Myrha. Son corps fut transporté au Père-Lachaise pour y recevoir les honneurs, mais dans le trajet, « les fédérés.... avaient arrêté le cortège et placé le cadavre au pied de la colonne de Juillet. Des hommes, la torche au poing, formèrent autour une chapelle ardente, et les fédérés vinrent l'un après l'autre mettre un baiser sur le front du général [3] ». Et Wroblewski, lui aussi officier de carrière, lui aussi insurgé de Varsovie, fut le seul à contre-attaquer pendant la Semaine sanglante à partir de la Butte-

1. « La Commune a admis tous les étrangers à l'honneur de mourir pour une cause immortelle. – Entre la guerre étrangère perdue par sa trahison, et la guerre civile fomentée par son complot avec l'envahisseur étranger, la bourgeoisie avait trouvé le temps d'afficher son patriotisme en organisant la chasse policière aux Allemands habitant en France. La Commune a fait d'un ouvrier allemand son ministre du Travail *(il s'agit de Léo Frankel)*. – Thiers, la bourgeoisie, le Second Empire avaient continuellement trompé la Pologne par de bruyantes professions de sympathie, tandis qu'en réalité ils la livraient à la Russie, dont ils faisaient la sale besogne. La Commune a fait aux fils héroïques de la Pologne l'honneur de les placer à la tête des défenseurs de Paris » (Karl Marx, « Adresse du Conseil général de l'Association internationale des travailleurs », Londres, 30 mai 1871, in *La Guerre civile en France, 1871*, *op. cit.*).

2. Louise Michel, *La Commune, histoire et souvenirs*, Paris, Maspero, 1970; nouvelle édition, La Découverte, 1999.

3. Prosper-Olivier Lissagaray, *Histoire de la Commune de 1871*, Paris, 1876; rééd. Paris, La Découverte, 1990, 1996.

aux-Cailles qu'il défendait avec le 101e bataillon, « tous enfants du XIIIe et du quartier Mouffetard, indisciplinés, indisciplinables, farouches, rauques, habits et drapeau déchirés, n'écoutant qu'un ordre, celui de marcher en avant, au repos ils se mutinent et, à peine sortis du feu, il faut les y replonger[1] ».)

Grâce aux plaques signalant les lieux où vivaient et se réunissaient ceux qui furent fusillés ou déportés sans retour, on peut esquisser les limites d'un Paris de la Résistance, au nord-est d'une ligne joignant la porte de Clichy à la porte de Vincennes en passant par la gare Saint-Lazare, la République et la Bastille, un Paris qui déborde largement sur la banlieue, de Saint-Ouen et Gennevilliers à Montreuil et Ivry.

Si certains lieux sont à cet égard ambivalents – comme le quartier Latin où Cavaillès pouvait fréquenter le même café que Carcopino, ou bien Saint-Germain où Antelme pouvait croiser (et saluer ?) Drieu rue Jacob –, l'autre Paris, celui des Allemands et des collaborateurs, correspond étroitement à ce qu'il est convenu d'appeler les beaux quartiers. La *Kommandantur Gross-Paris* est place de l'Opéra, à l'angle de la rue du Quatre-Septembre. La Gestapo a son siège central dans un hôtel particulier de l'avenue Foch, près de la porte Dauphine, avec des bureaux disséminés dans la ville, dont le plus important est rue des Saussaies dans les locaux de la Sûreté générale. Ses acolytes français, les célèbres Bonny et Lafont, sont installés rue Lauriston, près du Trocadéro. À certains, les simples mots de *rue Lauriston* ou de *rue des Saussaies* donnent encore le frisson : « Il est dans Paris certaines rues déshonorées autant que peut l'être un homme coupable d'infamie », comme il est dit au début de *Ferragus*. La *Propaganda-Staffel* où travaille Ernst Jünger est à

1. *Ibid.* Wroblewski parviendra à s'échapper de cet enfer, il gagnera Londres et fera partie du Conseil général de l'Internationale.

l'hôtel Majestic, rue Dumont-d'Urville, près de l'Étoile. Le général Speidel loge à l'hôtel George-V. Le bureau des laissez-passer est à deux pas, rue Galilée. Le tribunal militaire allemand[1] est rue Boissy- d'Anglas, et le bureau d'engagement dans les Waffen SS avenue Victor-Hugo. Le commissariat (français) aux Affaires juives est rue des Petits-Pères, derrière la place des Victoires. Brinon, « délégué à Paris de la vice-présidence du Conseil », a ses bureaux à l'hôtel Matignon et il habite *un petit palais* avenue Foch[2].

« Lorsque je songe que, chemin faisant, je suis passé devant l'église Saint-Roch sur les marches de laquelle fut blessé César Birotteau, et qu'au coin de la rue des Prouvaires, Baret, la jolie marchande de bas, prenait les mesures de Casanova dans son arrière-boutique, et que ce ne sont là que deux faits infimes dans un océan d'événements réels ou fantastiques – une sorte de mélancolie joyeuse, de volupté douloureuse s'empare de moi », écrit Ernst Jünger, le 10 mai 1943. Une telle notation, si désenchantée et si juste, peu de vrais Parisiens en seraient capables. Pourtant Jünger limite lui aussi ses itinéraires habituels aux quartiers élégants de la rive droite et au faubourg Saint-Germain. Il loge au Raphaël, avenue Kléber, et fréquente les établissements de luxe, la pâtisserie Ladurée, rue Royale (3 juin 1941), le Ritz, « avec Carl Schmitt qui a fait avant-hier une conférence sur le sens, au point

1. De leur côté, les Français avaient créé des sections spéciales auprès des cours d'appel pour juger ceux que la police française arrêtait pour « toute infraction favorisant le communisme, l'anarchie, la subversion sociale et nationale ou la rébellion contre l'ordre social légalement établi ». La section spéciale de Paris siégeait au Palais de Justice.

2. « À midi, avec Speidel, chez l'ambassadeur de Brinon, au coin de la rue Rude et de l'avenue Foch. Le petit palais où il nous a reçus appartiendrait à sa femme qui est juive, ce qui, à table, ne l'a pas empêché de se moquer des "youpins" » (Ernst Jünger, *Journal de guerre*, 8 octobre 1942, trad. fr. Paris, Christian Bourgois, 1979-1980).

de vue du droit public, de la distinction entre la terre et la mer » (18 octobre 1941), la Brasserie-Lorraine de la place des Ternes « après avoir remonté la rue du Faubourg-Saint-Honoré où j'éprouve toujours un sentiment de bien-être » (18 janvier 1942). Il dîne chez Prunier (6 mars 1942), chez Lapérouse (8 avril 1942), chez Maxim's, « où j'étais invité par les Morand. Nous avons parlé entre autres choses des romans américains, notamment de *Moby Dick* et de *Cyclone à la Jamaïque* » (7 juin 1942), à la Tour d'Argent « où Henri IV déjà mangeait du pâté de héron » (4 juillet 1942). Il se promène à Bagatelle, où une amie française lui raconte « qu'on arrête ces jours-ci des étudiants qui avaient arboré des étoiles jaunes avec diverses inscriptions telles que "idéalistes".... Ce sont des êtres qui ne savent pas encore que le temps de la discussion est passé. Ils supposent aussi que l'adversaire a le sens de l'humour » (14 juin 1942).

Les Français qu'il fréquente habitent dans les mêmes quartiers. Il déjeune chez les Morand, avenue Charles-Floquet, où il rencontre Gallimard et Jean Cocteau (23 novembre 1941). Il se rend « le soir, chez Fabre-Luce, avenue Foch » (24 février 1942). Il passe l'après-midi chez Marcel Jouhandeau « qui habite une maisonnette dans la rue du Commandant-Marchand, l'un des coins de Paris pour lequel j'ai depuis longtemps une préférence marquée » (14 mars 1943). S'il s'éloigne, c'est pour aller chiner chez les antiquaires du quai Voltaire ou les librairies de bibliophilie (« l'après-midi je suis allé à la librairie du Palais-Royal où j'ai acheté l'édition de Crébillon imprimée en 1812 chez Didot », 3 octobre 1942), ou pour chercher la tombe de Baudelaire au cimetière Montparnasse.

Ainsi, à l'ouest de la ville, des officiers allemands cultivés, francophiles et plutôt antinazis, signaient des ordres conduisant au poteau d'exécution des enfants qui, à l'est, bricolaient des affiches et jetaient des tracts dans les cinémas de Ménilmontant[1].

1. À la *Propaganda-Staffel* Jünger n'avait pas à signer de tels

Les Champs-Élysées sont l'axe majeur du Paris de la Collaboration, et il y a là comme une tradition. Déjà en 1870 Louise Michel notait qu'on y brisa les chaises et les comptoirs des cafés, les seuls de Paris à avoir ouvert aux Prussiens[1]. Déjà, après le Front populaire, « la foule élégante acclamait Hitler dans les cinémas des Champs-Élysées à vingt francs la place.... Le fond de l'ignominie a peut-être été atteint en 1938, sur ces Champs-Élysées cagoulards où les belles dames acclamaient l'affreux triomphe de Daladier et glapissaient "Les communistes sac au dos, les Juifs à Jérusalem" ». Plus tard, « toute l'élite cagoularde du pays, pressée de regagner ses Champs-Élysées et son boulevard Malesherbes, s'extasiait sur la courtoisie des grands Aryens blonds. Sur ce point il n'y avait qu'un cri d'Auteuil à Monceau : les gentlemen-pendeurs étaient corrects et même un peu hommes du monde à leurs heures »[2]. La relève de la garde de la Wehrmacht eut lieu sur les Champs-Élysées tous les jours pendant quatre ans : à midi, partant du Rond-Point, la garde montante, musique en tête, défilait jusqu'à l'Étoile où elle était passée en revue, puis elle se disloquait pour gagner les palaces des états-majors.

La partition politique de Paris ne date pas d'hier. Vers le 20 mai 1871, juste avant l'entrée des Versaillais, Lissagaray entraîne un ami imaginaire, « un timide de la timide province », dans une promenade à travers la ville. Dans les quartiers populaires, à la Bastille, « joyeuse, animée par la foire au pain d'épices », au cirque Napoléon [cirque d'Hiver], « où cinq mille personnes s'étagent depuis

---

papiers, mais Heinrich von Stülpnagel, le général en chef, avec « sa belle façon de sourire » (*ibid.*, 10 mars 1942), sa grande connaissance de l'histoire de Byzance, et qui se suicidera après l'attentat contre Hitler de juillet 1944...

1. Louise Michel, *La Commune, histoire et souvenirs*, *op. cit.*

2. Vladimir Jankélévitch, « Dans l'honneur et la dignité », *Les Temps modernes*, juin 1948.

l'arène jusqu'au faîte », la fête révolutionnaire continue, malgré (à cause de ?) l'imminence de la catastrophe. Les quartiers chics sont silencieux, plongés dans le noir – il est vrai que, par une ironie du sort, ce sont eux qui reçoivent les obus tirés par les Versaillais depuis le mont Valérien et Courbevoie, et qu'il a fallu obturer l'arche de l'Arc de Triomphe à travers lequel les canons arrosaient les Champs-Élysées. Les sentiments de leurs habitants sont exprimés sans détours par ceux qui animaient hier encore les salons de l'Empire, aux Tuileries et à Compiègne. Edmond de Goncourt, dans les premiers jours : « Le quai et les deux grandes rues qui mènent à l'Hôtel de Ville sont fermés par des barricades avec des cordons de gardes nationaux en avant. On est pris de dégoût en voyant leurs faces stupides et abjectes, où le triomphe et l'ivresse mettent comme une crapulerie rayonnante[1]. » Et plus tard, au moment où Thiers bombarde Paris : « Toujours l'attente de l'assaut, de la délivrance qui ne vient pas. On ne peut se figurer la souffrance qu'on éprouve, au milieu du despotisme sur le pavé de cette racaille déguisée en soldats[2]. »

Pour Maxime Du Camp, qui a gagné la croix de la Légion d'honneur pour sa conduite lors de la « criminelle insurrection » de juin 48, la Commune est « un accès d'épilepsie morale ; une sanglante bacchanale ; une débauche de pétrole et d'eau-de-vie ; une inondation de violences, d'ivrognerie qui faisait de la capitale de la France un marais des plus abjects[3] ». Pour Théophile Gautier, « il y a sous toutes les grandes villes des fosses aux lions, des cavernes fermées d'épais barreaux où l'on parque les bêtes fauves, les bêtes puantes, les bêtes venimeuses, toutes les perversités réfractaires que la civilisation n'a pu apprivoiser, ceux qui aiment le sang, ceux que l'incendie amuse comme un feu d'artifice, ceux que le vol délecte, ceux pour qui l'attentat à la pudeur représente

1. *Journal*, 19 mars 1871.
2. *Ibid.*, 15 mai 1871.
3. Du Camp, *Les Convulsions de Paris*, *op. cit.*

l'amour.... Un jour, il advient ceci, que le belluaire distrait oublie ses clefs aux portes de la ménagerie, et les animaux féroces se répandent par la ville avec des hurlements sauvages. Des cages ouvertes s'élancent les hyènes de 93 et les gorilles de la Commune [1] ».

Deux sujets suscitent une haine particulière : les femmes et Gustave Courbet. Arsène Houssaye estime que « d'un coup de pied sur les jupes, il faut précipiter vers l'enfer des malédictions toutes les horribles créatures qui ont déshonoré la femme dans les saturnales et les impiétés de la Commune ». Un autre : « Leurs femmes, des mégères sans nom, ont parcouru pendant toute la semaine les rues de Paris, versant du pétrole dans les caves et allumant des incendies de tous les côtés. On les abat à coups de fusils comme des bêtes enragées qu'elles sont [2].... Cet infâme Courbet qui a voulu brûler le musée du Louvre, mériterait non seulement d'être fusillé si ce n'est déjà fait, mais qu'on détruisît les sales peintures qu'il a vendues dans le temps à l'État. » Celui qui s'exprime ainsi, c'est Leconte de Lisle. Et Barbey d'Aurevilly, dans *Le Figaro* du 18 avril 1872 : « Les atroces bandits de la Commune, qui avaient pour pitre M. Courbet, ne sont pas des ennemis politiques. Ce sont les ennemis de toute société et de tout ordre. Pouvez-vous dire quel est leur idéal politique ? Allez ! pas plus que vous ne pouvez dire quel est l'idéal esthétique de M. Courbet. Leur idéal, à eux, c'est de

1. Cité in *Les Reporters de l'Histoire. 1871 : la Commune de Paris*, Paris, Liana Levi - Sylvie Messinger, 1983. Les citations sans référence qui suivent sont tirées de cet ouvrage.

2. Les enfants ne sont pas oubliés pour autant : « Tous ces êtres chétifs, malsains, moitié loups et moitié furets, que la libre vie en commun a prématurément dépravés, que des poètes mal inspirés ont essayé de glorifier (*ô Hugo !*), qui tirent l'étymologie de leur nom banal de la voie publique où ils vaquent comme des chiens errants, tous les "voyous" en un mot, se jetèrent dans le combat avec la curiosité, l'insouciance et l'entrain de leur âge » (Du Camp, *Les Convulsions de Paris*, *op. cit.*).

prendre, de tuer et de brûler pour prendre, comme son idéal à lui, c'est de peindre brutalement le fait concret, le détail vulgaire et même abject. »

Dans la grande tradition d'intelligence avec l'ennemi contre Paris rouge, la droite versaillaise est collaboratrice. Les mêmes qui ont poussé à la capitulation de Paris devant une armée inférieure en nombre supplient les Prussiens de les aider contre la Commune. Bazaine, assiégé dans Metz, écrit à Bismarck que son armée est la seule force qui puisse maîtriser l'anarchie – et de fait, c'est l'arrivée de prisonniers libérés par les Prussiens qui donna aux Versaillais, dès les premiers jours de mai, une supériorité décisive. Le 10 mars, avant même le soulèvement de la Commune, Jules Favre écrit à Thiers : « Nous sommes décidés à en finir avec les redoutes de Montmartre et de Belleville et nous espérons que cela se fera sans effusion de sang. Ce soir, jugeant une seconde catégorie des accusés du 31 octobre, le conseil de guerre a condamné par contumace Flourens, Blanqui, Levrault à la peine de mort ; Vallès, présent, à six mois de prison. Demain matin, je vais à Ferrières *m'entendre avec l'autorité prussienne sur une foule de points de détail*[1]. » Dans ses lettres à George Sand, Flaubert, pourtant très hostile à la Commune, confirme : « Beaucoup de conservateurs qui par amour de l'ordre voulaient conserver la république *(en 1851)* vont regretter Badinguet. Et appellent de leur cœur les Prussiens » (31 mars). Et un peu plus tard : « Ah ! Dieu merci les Prussiens sont là ! est le cri universel des bourgeois » (30 avril). Dans *Le Drapeau tricolore* du 2 mai, on lit que « *(Les Allemands)* sont de braves gens et on les a calomniés. Le bruit a couru, il y a huit jours, de leur départ. C'était une désolation générale. Plus de Prussiens, plus de police, plus d'ordre ni de sécurité ! » La collaboration ne se limite pas à des sentiments, elle est aussi militaire. Les fédérés pensaient que les Versaillais n'attaque-

1. Cité par Louise Michel, *La Commune, histoire et souvenirs*, *op. cit.* C'est moi qui souligne.

raient pas du côté tenu par les Prussiens [1]. Or les Prussiens qui occupaient les forts du nord et de l'est laissèrent les Versaillais s'avancer dans ce secteur qui leur était interdit par l'armistice, et leur permirent ainsi de prendre à revers les défenses de Paris.

Quand tout fut fini, en septembre, Francisque Sarcey nota que « la bourgeoisie se voyait, non sans une certaine mélancolie, entre les Prussiens qui lui mettaient le pied sur la gorge et ceux qu'elle appelait les rouges et qu'elle ne voyait qu'armés de poignards. Je ne sais lequel de ces deux maux lui faisait le plus peur ; elle haïssait plus l'étranger, mais elle redoutait plus les Bellevillois ». Cette métonymie est justifiée si l'on prend « Belleville » au sens large, en l'étendant à Ménilmontant d'un côté, au quartier Popincourt et au faubourg du Temple de l'autre et en débordant sur le Xe arrondissement le long du canal Saint-Martin. Le Comité central de la garde nationale s'était formé pendant le siège lors de deux réunions populaires, la première au cirque d'Hiver et l'autre dans la salle du Wauxhall, rue de la Douane [Léon-Jouhaux], près du canal – au cours de laquelle Garibaldi fut nommé par acclamations général d'honneur de la garde nationale. C'est devant la mairie du XIe que dans un grand mouvement de joie le 137e bataillon brûla la guillotine, « la honteuse machine à boucherie humaine » comme dit Louise Michel. Ce Paris rouge était sans cesse traversé par les combattants qui allaient aux forts : « Comme des formes de rêve, ainsi passent les bataillons de la Commune, les Vengeurs de Flourens, les zouaves de la Commune, les éclaireurs fédérés semblables aux guérilleros espagnols, les Enfants perdus qui avec tant

1. « Si la Commune avait écouté mes avertissements ! Je conseillais à ses membres de fortifier le côté nord des hauteurs de Montmartre, le côté prussien, et ils avaient encore le temps de le faire ; je leur disais d'avance qu'autrement ils tomberaient dans une souricière.... » (Karl Marx, lettre au Pr. E. S. Beesly, 12 juin 1871, in *La Guerre civile en France, 1871*, *op. cit.*).

d'entrain sautent de tranchée en tranchée, les Turcos de la Commune, les lascars de Montmartre....[1]. »

La Commune, il est vrai, n'avait pas commencé à Belleville mais à Montmartre. C'est qu'on avait parqué là, au haut de la rue des Rosiers [du Chevalier-de-la-Barre], les canons de la garde nationale. Ce premier affrontement, Hugo le raconte, inimitablement – il est à Bruxelles, il a démissionné de son siège de député dans cette assemblée de ruraux qui l'ont hué et malmené quand il a pris à Bordeaux la défense de Garibaldi « qui, à la première séance, ne put se faire entendre, les vociférations couvraient sa voix tandis qu'il offrait ses fils à la république[2] ».

« Le moment choisi est épouvantable.
Mais ce moment a-t-il été choisi ?
Choisi par qui ?
Examinons.
Qui a fait le 18 mars ?
Est-ce la Commune ?
Non. Elle n'existait pas.
Est-ce le comité central ?
Non. Il a saisi l'occasion, il ne l'a pas créée.
Qui donc a fait le 18 mars ?
C'est l'Assemblée ; ou pour mieux dire, la majorité.
Circonstance atténuante, elle ne l'a pas fait exprès.

La majorité et son gouvernement voulaient simplement enlever les canons de Montmartre. Petit motif pour un si grand risque.

Soit. Enlever les canons de Montmartre.
C'était l'idée ; comment s'y est-on pris ?
Adroitement.

Montmartre dort. On envoie la nuit des soldats saisir les canons. Les canons pris, on s'aperçoit qu'il faut les emmener. Pour cela, il faut des chevaux. Combien ? mille. Mille chevaux ! où les trouver ? On n'a pas songé à cela. Que faire ? On les envoie chercher. Le temps passe, le jour

1. Louise Michel, *La Commune, histoire et souvenirs*, *op. cit.*
2. *Ibid.*

vient, Montmartre se réveille ; le peuple accourt et veut ses canons ; il commençait à n'y plus songer, mais puisqu'on les lui prend il les réclame ; les soldats cèdent, les canons sont repris, une insurrection éclate, une révolution commence.

Qui a fait cela ?

Le gouvernement, sans le vouloir et sans le savoir.

Cet innocent est bien coupable [1]. »

L'esprit qui souffle à Montmartre pendant ces semaines, Louise Michel l'exprime comme personne [2]. Pendant le siège des Prussiens, « Montmartre, mairie, comités de vigilance, clubs, habitants, étaient avec Belleville l'épouvantail des gens de l'ordre ». Le comité de vigilance du XVIIIe se réunit au n° 41, chaussée de Clignancourt, « où l'on se chauffait plus souvent du feu de l'idée que de bûches ». Quand Louise préside les séances, là ou au club de *La Patrie en danger* ou encore à la Reine-Blanche, elle a près d'elle « sur le bureau un petit vieux pistolet sans chien qui, habilement placé et saisi au bon moment, arrêta souvent les gens de l'ordre ». Pendant la Commune, elle ne quitte Montmartre que pour aller se battre aux fortifications. Elle lit Baudelaire avec un étudiant dans une tranchée devant Clamart pendant que les balles sifflent autour d'eux, elle tiraille avec les défenseurs du fort d'Issy (« Le fort est magnifique, une forteresse spectrale.... j'y passe une bonne partie du temps avec les artilleurs, nous y recevons la visite de Victorine Eudes.... elle aussi ne tire pas mal »), elle est ambulancière « dans les tranchées des Hautes-Bruyères où j'ai connu Paintendre, le commandant des Enfants perdus. Si jamais ce nom a été justifié, c'est par lui, c'est par eux tous ; leur audace était telle qu'il ne semblait plus qu'ils pouvaient être tués ».

Le 22 mai, quand tout est perdu, « sur la porte de la mai-

1. Lettre à Ch. Vacquerie, Bruxelles, 28 avril 1871.

2. Toutes les citations qui suivent sont extraites de *La Commune, histoire et souvenirs*, *op. cit.*

rie *(du XVIIIe)*, des fédérés du 61e nous rejoignent. Venez, me disent-ils, nous allons mourir, vous étiez avec nous le premier jour, il faut y être le dernier.... Je m'en vais avec le détachement au cimetière Montmartre, nous y prenons position. Quoique bien peu, nous pensions tenir longtemps. Nous avions par place crénelé les murs avec nos mains. Des obus fouillaient le cimetière, de plus en plus nombreux.... Cette fois, l'obus tombant près de moi, à travers les branches, me couvrit de fleurs, c'était près de la tombe de Murger. La figure blanche, jetant sur cette tombe des fleurs de marbre, faisait un effet charmant.... Nous sommes de moins en moins ; nous nous replions sur les barricades, elles tiennent encore. Drapeau rouge en tête, les femmes étaient passées ; elles avaient leur barricade place Blanche.... Plus de dix mille femmes, aux jours de mai, éparses ou ensemble, combattirent pour la liberté ».

Au moment de l'entrée des Versaillais dans Paris, on assista à un prodigieux sursaut. Les fédérés, las de se faire pilonner dans les forts et les tranchées, étaient presque joyeux de se retrouver sur leur terrain familier, dans leurs rues, avec leurs pavés. Delescluze[1], délégué à la Guerre

1. Étudiant en droit, il est blessé en 1830 dans une émeute républicaine. Il participe à toutes les journées insurrectionnelles sous la monarchie de Juillet et doit s'exiler en Belgique jusqu'en 1840. En 1848, ayant pris le parti des insurgés de Juin, il est condamné à 11 000 francs d'amende et trois ans de prison pour des articles contre Cavaignac et les massacreurs. Passé en Angleterre, il revient clandestinement à Paris en 1853, il est pris, déporté à Belle-Île, en Corse puis à Cayenne. Rentré en 1860, il fonde *Le Réveil*, qui dès le premier numéro lui vaut amende et prison. En août 1870, il est de nouveau incarcéré et son journal suspendu pour avoir protesté contre la déclaration de guerre. À la chute de l'Empire, il est élu maire du XIXe arrondissement mais il démissionne devant la lâcheté du gouvernement provisoire. L'échec de l'insurrection de janvier 1871 entraîne une fois de plus la suspension de son journal et son emprisonnement, mais aux élections législatives il est triomphalement élu à Paris avec plus de 150 000 voix. Pendant la Commune, il est l'un des très rares représentants de la tendance

depuis quelques jours, rédige le 22 mai une proclamation que n'auraient pas désavouée les anarchistes à Barcelone pendant l'été 1936 : « Assez de militarisme ! plus d'états-majors galonnés et dorés sur toutes les coutures ! Place au peuple, aux combattants aux bras nus ! L'heure de la guerre révolutionnaire a sonné.... Le peuple ne connaît rien aux manœuvres savantes. Mais quand il a un fusil à la main, du pavé sous les pieds, il ne craint pas tous les stratégistes de l'école monarchique [1]. »

Les barricades poussent à toute vitesse. « Celle de la rue de Rivoli qui protégera l'Hôtel de Ville, se dresse à l'entrée du square Saint-Jacques, au coin de la rue Saint-Denis. Cinquante ouvriers du métier, bâtissent, maçonnent, et des gamins brouettent la terre du square.... Dans le IXe, les rues Auber, de la Chaussée-d'Antin, de Châteaudun, les carrefours du faubourg Montmartre, de Notre-Dame-de-Lorette, de la Trinité, la rue des Martyrs, remuent vivement leurs pavés. On barricade les grandes voies d'accès ; la Chapelle, les Buttes-Chaumont, Belleville, Ménilmontant, la rue de la Roquette, les boulevards Voltaire et Richard-Lenoir, la place du Château-d'Eau [de la République], les grands boulevards, surtout à partir de la porte Saint-Denis ; sur la rive gauche, le boulevard Saint-Michel sur toute sa longueur, le Panthéon, la rue Saint-Jacques, les Gobelins et les principales avenues du XIIIe.... Place Blanche, écrivait Maroteau dans *Le Salut public* du lendemain, "il y a une barricade parfaitement construite et défendue par un bataillon de femmes, cent vingt environ. Au moment où j'arrive, une forme noire se

"jacobine" à prendre – contrairement à Ledru-Rollin, à Louis Blanc, à Schœlcher – le parti de la révolution contre celui de l'Assemblée, de Paris contre Versailles. Élu au conseil de la Commune par les IXe et XIXe arrondissements, il donne sa démission de député à l'Assemblée. Il appartient à la Commission des relations extérieures, au Comité de salut public, et finalement, le 11 mai, lorsque la situation se fait critique, il accepte de devenir délégué à la Guerre.

1. Lissagaray, *Histoire de la Commune de 1871*, *op. cit.*

détache de l'enfoncement d'une porte cochère. C'est une jeune fille au bonnet phrygien sur l'oreille, le chassepot à la main, la cartouchière aux reins : Halte-là, citoyen, on ne passe pas !"[1] »

Mais la plupart de ces barricades fragiles sont vite emportées. La Commune doit évacuer l'Hôtel de Ville et les combats se concentrent autour de la place du Château-d'Eau et de la Bastille. « Les Versaillais *(occupent)* la barricade Saint-Laurent à la jonction du boulevard de Sébastopol, établissent des batteries contre le Château-d'Eau et, par la rue des Récollets, ils s'engagent sur le quai de Valmy.... Dans le IIIe arrondissement, on les arrête rue Meslay, de Nazareth, du Vert-Bois, Charlot, de Saintonge. Le IIe, envahi de tous côtés, dispute encore sa rue Montorgueil.... » À la Bastille, « à sept heures *(le 26 mai)*, on annonce l'apparition des soldats dans le haut du faubourg. On y court avec des canons. Qu'il tienne, ou la Bastille est tournée. Il tient bon. La rue d'Aligre et la rue Lacuée rivalisent de dévouement.... Adossés aux mêmes murs, les fils des combattants de Juin disputent le même pavé que leurs pères.... La maison d'angle des boulevards Beaumarchais et Richard-Lenoir, le coin gauche de la rue de la Roquette, l'angle de la rue de Charenton s'écroulent à vue d'œil, en décor de théâtre[2] ».

Ce qui reste de la Commune et du Comité central s'est replié sur la mairie du XIe. Sur les marches du grand escalier, des femmes cousent silencieusement des sacs pour les barricades. Dans la grande salle, la Commune est en séance : « Tout le monde est mêlé, officiers, simples gardes, porteurs de képis à un ou plusieurs filets, ceintures à glands blancs ou à glands jaunes, membres de chez nous *(la Commune)* ou du Comité central – et c'est tout ce monde qui délibère[3]. » Dans cette confusion dramatique, Delescluze prend la parole. Pour l'écouter on fit un grand

1. *Ibid.*
2. *Ibid.*
3. Vallès, *L'Insurgé*.

silence, car le moindre chuchotement aurait couvert sa voix presque morte.

Oscar Wilde à qui l'on demandait quel avait été l'événement le plus triste de sa vie, répondit que c'était la mort de Lucien de Rubempré dans *Splendeurs et misères des courtisanes*. S'il me fallait répondre à la même question, je choisirais comme *événement* la mort de Delescluze sur la barricade du Château-d'Eau. Dans le récit qu'il en donne, Lissagaray s'élève au niveau de Plutarque : « Il dit que tout n'était pas perdu, qu'il fallait tenter un grand effort, qu'on tiendrait jusqu'au dernier souffle.... "Je propose, dit-il, que les membres de la Commune, ceints de leur écharpe, passent en revue, sur le boulevard Voltaire, tous les bataillons qu'on pourra rassembler. Nous nous dirigerons ensuite à leur tête sur les points à reconquérir." L'idée transporta l'assistance.... La fusillade, le canon du Père-Lachaise, le murmure confus des bataillons entraient par bouffées dans la salle. Voyez ce vieillard, debout dans la déroute, les yeux pleins de lumière, la main droite levée défiant le désespoir, ces hommes armés tout suants de la bataille, suspendant leur souffle pour entendre cette adjuration qui monte de la tombe ; il n'est pas une scène plus tragique dans les mille tragédies de ce jour. »

Bien sûr, les choses tournent mal très vite. « La place du Château-d'Eau est ravagée par un cyclone d'obus et de balles.... À sept heures moins un quart environ.... nous aperçûmes Delescluze, Jourde et une cinquantaine de fédérés marchant dans la direction du Château-d'Eau. Delescluze dans son vêtement ordinaire, chapeau, redingote et pantalon noir, écharpe rouge autour de la ceinture, peu apparente comme il la portait, sans armes, s'appuyant sur une canne. Redoutant quelque panique au Château-d'Eau, nous suivîmes le délégué, l'ami. Quelques-uns de nous s'arrêtèrent à l'église Saint-Ambroise pour prendre des cartouches.... Plus loin, Lisbonne blessé que soutenaient Vermorel, Theisz, Jaclard. Vermorel tombe à son tour grièvement frappé ; Theisz et Jaclard le relèvent, l'emportent sur une civière. Delescluze serre la main du blessé et lui dit quelques mots d'espoir. À cinquante mètres de la barricade, le peu de gardes qui ont suivi Delescluze s'effacent, car les projectiles obscurcissent l'entrée du boulevard.

« Le soleil se couchait derrière la place. Delescluze, sans regarder s'il était suivi, s'avançait du même pas, le seul être vivant sur la chaussée du boulevard Voltaire. Arrivé à la barricade, il obliqua à gauche et gravit les pavés. Pour la dernière fois, cette face austère, encadrée dans sa courte barbe blanche, nous apparut tournée vers la mort. Subitement, Delescluze disparut. Il venait de tomber foudroyé, sur la place du Château-d'Eau. » Pour plus de sécurité, les Versaillais le firent condamner à mort par contumace en 1874.

Les deux derniers jours, samedi 27 et dimanche 28 mai, par un temps superbe, Paris rouge se réduit lentement au faubourg du Temple. Le samedi soir, les Versaillais campent place des Fêtes, rue Fessart, rue Pradier jusqu'à la rue Rébeval où ils sont contenus. Les fédérés occupent un quadrilatère entre la rue du Faubourg-du-Temple, la rue de la Folie-Méricourt, la rue de la Roquette et le boulevard de Belleville. Dimanche matin, la résistance est réduite au petit carré que forment les rues du Faubourg-du-Temple, des Trois-Bornes, des Trois-Couronnes et le boulevard de Belleville. Des barricades de la Commune, quelle est la dernière à avoir tenu ? Pour Lissagaray, c'est celle de la rue Ramponeau. « Pendant un quart d'heure, un seul fédéré la défend. Trois fois il casse la hampe du drapeau versaillais arboré sur la barricade de la rue de Paris [de Belleville]. Pour prix de son courage, le dernier soldat de la Commune réussit à s'échapper. » La légende veut qu'il s'agît de Lissagaray lui-même. Pour d'autres, la dernière barricade était rue Rébeval. Mais la plus souvent citée est celle de la rue de la Fontaine-au-Roi. Louise Michel : « Sur la barricade flotte un immense drapeau rouge. Il y a là les deux Ferré, Théophile et Hippolyte, J.-B. Clément, Cambon, un garibaldien, Varlin, Vermorel, Champy. La barricade de la rue Saint-Maur vient de mourir, celle de la

Fontaine-au-Roi s'entête, crachant la mitraille à la face sanglante de Versailles. On sent la bande furieuse des loups qui s'approchent.... Les seuls encore debout, en ce moment où se tait le canon du Père-Lachaise, sont ceux de la Fontaine-au-Roi. Au moment où vont partir leurs derniers coups, une jeune fille venant de la barricade de la rue Saint-Maur arrive, leur offrant ses services. Ils voulaient l'éloigner de cet endroit de mort, elle resta malgré eux. À l'ambulancière de la dernière barricade et de la dernière heure, J.-B. Clément dédia longtemps après la chanson des Cerises. »

Quand on pense à la Commune, la première image est celle de la barricade, bien que les *magiques pavés* n'aient surgi que dans la dernière semaine de sa brève existence. Mais si la Commune est devenue un paradigme de la révolution dans sa forme la plus pure, c'est par sa manière de faire face à la mort sur les barricades plus que par les mesures prises, si forte que soit leur charge politique-poétique. En fait, comme dispositif de combat, la barricade n'a jamais été bien efficace. À la phase ascendante des soulèvements, dressée en quelques minutes avec ce qui tombe sous la main – une charrette renversée, deux armoires, trois tonneaux hissés sur une pile de pavés –, elle n'est pas défendue longtemps, elle est là pour gêner les mouvements des troupes de ligne lourdement chargées, pour faire trébucher les chevaux. Quand elle devient un grand ouvrage défensif comme « La Charybde du faubourg Saint-Antoine et la Scylla du faubourg du Temple » de juin 1848 décrites au début de la cinquième partie des *Misérables*, ou comme la gigantesque redoute maçonnée qui barrait la rue de Rivoli à hauteur de la rue Saint-Florentin en mai 1871, elle ne tient que quelques heures car contre elle, depuis juin 1832, les forces de l'ordre n'hésitent plus à utiliser le canon.

Dès ses débuts, la barricade joue un rôle qui redouble son statut guerrier, celui d'un dispositif scénique. Scène comique, lorsque de part et d'autre les combattants s'apostrophent, s'insultent comme sous les murs de Troie, ou cherchent à convaincre ceux d'en face – de capituler avant d'être massacrés ou, en sens opposé, de rejoindre les rangs de leurs frères. Scène tragique, *all'antica*, où le héros descend des pavés et marche seul vers les soldats, dans un ultime effort de persuasion ou simplement pour ne pas subir la défaite, pour en finir avec la vie. C'est ce rôle théâtral de la barricade qui explique sa résurgence au XXe siècle, de Saint-Pétersbourg à Barcelone, du Berlin spartakiste à la rue Gay-Lussac, alors même qu'au fil du temps son efficacité militaire tendait asymptotiquement vers zéro.

* * *

Même si de nombreuses rues de l'Ancien Paris gardent le souvenir d'émeutes et d'insurrections remontant au moins à Étienne Marcel, même si l'on pourrait raconter un Paris « rouge » qui s'étendrait sur des siècles, j'ai pris le parti de concentrer la narration sur l'apogée de cette grande *forme symbolique* de la révolution parisienne qu'est la barricade, c'est-à-dire sur le XIXe siècle.

Elle fait sa réapparition à Paris vers la fin des années 1820, après deux siècles d'absence. On avait eu le temps d'oublier la *journée des barricades* de mai 1588 où, face aux troupes déployées dans la ville par Henri III, « incontinent, chacun prend les armes, sort en garde par les rues et cantons, en moins de rien tend les chaînes et fait barricades aux coins des rues[1] ». Elles étaient loin elles aussi, les barricades de la Fronde, dressées en une nuit d'août 1648, et que le cardinal de Retz raconte en des termes étrangement familiers pour qui a lu Lissagaray : « Le mouvement fut comme un incendie subit et violent, qui se prit du Pont-Neuf à toute la ville. Tout le monde, sans exception, prit les armes. L'on voyait les enfants de cinq et six ans avec les poignards à la main ; on voyait les mères qui les leur apportaient elles-mêmes. Il y eut dans

1. Pierre de L'Estoile, *Journal pour le règne de Henri III*.

Paris plus de douze cents barricades en moins de deux heures, bordées de drapeaux et de toutes les armes que la Ligue avait laissées entières. »

Depuis, il y avait bien eu des barricades au faubourg Saint-Antoine pendant les journées de Prairial, mais c'était peu de chose dans l'immensité des événements révolutionnaires. Et même si dans les *Mémoires d'outre-tombe* Chateaubriand note que, « au reste, les barricades sont des retranchements qui appartiennent au génie parisien : on les retrouve dans tous nos troubles, depuis Charles V jusqu'à nos jours », entre le Paris baroque et le Paris romantique il y avait eu comme un long hiatus dans l'histoire de la barricade.

Or, le 19 novembre 1827, elle reparaît[1]. C'est un soir d'élections. Deux semaines auparavant, Villèle a dissous la Chambre des députés et fait nommer soixante-seize nouveaux pairs pour garder la main sur la Chambre haute. L'opposition libérale remporte un grand succès à Paris. Dans la soirée du 18, les députés élus donnent des banquets et illuminent leurs fenêtres. Le directeur général de la police met en garde le préfet de police : « Comme il serait possible que le mouvement imprimé par les révolutionnaires allât plus loin qu'on aurait pu le prévoir, je vous invite à vous tenir en mesure de réprimer tout désordre.... Je suis convenu avec le major de la garde royale que trois cents hommes de cavalerie resteraient consignés pour être disponibles à la première réquisition. » De fait, le 19 au soir, rue Saint-Denis, un indicateur note qu'« on lance sur la voie publique des fusées, des pétards ; des hommes, la plupart commis marchands, se promènent un parapluie

1. Voir *La Barricade*, dir. Alain Corbin et Jean-Marc Mayeur, actes du colloque organisé les 17, 18 et 19 mai 1995 par le Centre de recherches en histoire du XIXe siècle et la Société d'histoire de la révolution de 1848 et des révolutions du XIXe siècle, Paris, Publications de la Sorbonne, 1997. Les citations qui suivent sans références sont extraites de cet ouvrage.

à la main, déployé et surmonté d'une chandelle allumée et plantée sur le bout de la canne. De loin en loin, on tire, de l'intérieur des maisons, des coups de fusil ou de pistolet ; en un mot, du côté de ces rues précitées, où se poste la foule, on voit se renouveler toutes les scènes scandaleuses qui ont eu lieu lors du retrait de la loi sur la licence de la presse ». À dix heures du soir, la foule attaque le poste de police de la rue Mauconseil. Le préfet envoie cinquante gendarmes à cheval pour le dégager. L'officier qui les commande racontera devant la commission d'enquête que « lorsque ces troupes sont arrivées, elles ont trouvé la rue Saint-Denis dépavée en beaucoup d'endroits et quatre barricades formées successivement, derrière lesquelles étaient retranchés en grande quantité de mauvais sujets armés de pierres ». La barricade la plus haute, au débouché du passage du Grand-Cerf dans la rue Saint-Denis, essuie un feu de peloton. Les gendarmes finissent par rétablir l'ordre. En se retirant, ils tirent dans la rue aux Ours et blessent plusieurs personnes dont un étudiant de vingt-deux ans, Auguste Blanqui, touché d'une balle au cou.

Le lendemain soir, des bandes parcourent de nouveau la rue Saint-Denis et ses alentours. L'enquête de la Cour royale indique que « des gens inconnus se portèrent dans les maisons en construction, devant l'église Saint-Leu et devant le passage du Grand-Cerf, dont ils enfoncèrent les clôtures ; ils s'emparèrent des outils et des matériaux qui avaient servi la veille à établir des barricades et que l'on s'était borné à renfermer dans les maisons au lieu de les faire enlever. Les nouvelles barricades sont faites avec plus de soin et d'intelligence que la veille. Ce travail, fait par des jeunes gens, la plupart de l'âge de quinze à dix-huit ans, a duré deux heures, sans obstacles, sans qu'aucune force publique se soit mise en devoir de l'empêcher ». À onze heures du soir, le colonel de Fitz-James qui commande les troupes de ligne arrive rue Saint-Denis par la rue Greneta : « À la distance d'environ cinquante toises, on aperçut alors une forte barricade, et derrière était la foule dont on entendait les cris, et quand nous n'aurions pas distingué parfaitement alors les injures et les provocations, les pierres qui commençaient à arriver dans les jambes du peloton d'avant-garde nous avertissaient positivement des intentions de ceux qui étaient en deçà des barricades. » La troupe tire et fait quatre morts. La cavalerie dégage les rues adjacentes. *Le Journal des débats* du lendemain 21 novembre juge que les forces de l'ordre ont manqué de vigueur : « On ne peut trop regretter que cette tourbe n'ait pas été pourchassée et saisie par les troupes. » Mais le préfet de police affirme que « les événements de cette soirée ont inspiré dans le quartier une crainte salutaire qui préviendra, il faut l'espérer, le retour de semblables désordres ».

Cet espoir ne se réalisera pas. Au cours du demi-siècle qui s'écoule entre les barricades nocturnes et anonymes de novembre 1827 et les soixante-dix journées solaires de la Commune, la liste des manifestations, émeutes, coups de main, soulèvements, insurrections de Paris est si longue qu'aucune autre capitale ne peut en revendiquer de semblable. Leur géographie, leur répartition entre les quartiers parisiens, est un reflet de la révolution industrielle, de la relation nouvelle entre patrons et ouvriers, de la migration centrifuge de la population laborieuse et dangereuse, de l'évolution des grands travaux, de l'« embellissement stratégique » de la ville. Ce sont les mêmes noms de rues et de quartiers qui reviennent sans cesse tout au long du siècle, mais on voit néanmoins le centre de gravité de Paris rouge se déplacer lentement vers le nord et l'est, avec des cassures et des accélérations qui impriment sur le plan de la ville la marque d'une vieille notion aujourd'hui bien mal vue, la lutte des classes.

Le déroulement des insurrections parisiennes au XIXe siècle est bien connu, mais c'est une histoire souvent présentée comme un montage d'images d'Épinal, Delacroix et sa *Liberté*, Lamartine et son drapeau tricolore, Hugo, ses *Châtiments* et son rocher, Gambetta et ses ballons. Ainsi s'est constituée, de noms de stations de métro en biographies romancées, une généalogie républicaine idéale qui donne une version rassurante de ce qui fut en réalité une suite d'affrontements sanglants et impitoyables. Le soin mis à en donner la relation la plus édulcorée possible est encore plus manifeste aujourd'hui où, au nom du rejet de l'archaïque, on nous presse d'abandonner le « poussiéreux corpus philosophique et culturel » du XIXe siècle[1]. J'essaierai de retracer les étapes de cette histoire insurrectionnelle en me limitant à ce qui s'est passé dans les rues et les quartiers du Paris rouge, mais sans oublier que ces événements ont servi à toute l'Europe de signaux d'action, de modèles théoriques et de raisons d'espérer.

Le 27 juillet 1830, le lendemain de la publication des ordonnances sur la presse et la loi électorale, la police se présente au *Temps*, rue de Richelieu, pour briser les presses[2]. Les imprimeurs du quartier, craignant le chômage, ont renvoyé leurs ouvriers. Ceux-ci ont prévu le coup : « Les ouvriers imprimeurs ne travaillent jamais le lundi. Or, ce fut précisément le lundi 26 juillet qu'ils apprirent la publication des ordonnances qui, en sapant la liberté de la presse, les mettaient sans pain.... Ils sortirent de Paris, se répandirent hors des barrières, dînèrent dans les guinguettes, avec le dessein bien arrêté de ne rien négliger pour remuer l'esprit des maçons, des charpen-

1. Jacques Rancière, *Aux bords du politique*, Paris, La Fabrique, 1998.

2. « La première ordonnance établit la suppression de la liberté de la presse dans ses diverses parties ; c'est la quintessence de tout ce qui s'était élaboré depuis quinze ans dans le cabinet noir de la police. La seconde ordonnance refait la loi d'élection. Ainsi, les deux premières libertés, la liberté de la presse et la liberté électorale étaient radicalement extirpées : elles l'étaient, non par un acte inique et cependant légal, émané d'une puissance législative corrompue, mais par des *ordonnances*, comme au temps du bon plaisir » (Chateaubriand, *Mémoires d'outre-tombe*).

tiers, des serruriers et autres ouvriers[1]. » Le lendemain, ils se mêlent aux étudiants, aux élèves de l'École polytechnique, en criant « À bas Polignac ! ». Au Palais-Royal, on lance des pierres sur les gendarmes. Une compagnie d'infanterie ouvre le feu sur la foule, un manifestant tombe. Aussitôt, des hommes surgis d'on ne sait où s'emparent du cadavre, qu'ils promènent en criant vengeance. La foule s'enflamme, commence à piller les armureries, dresse une barricade rue de Richelieu. Pourtant, le soir, Paris semblait tranquille, les députés s'étaient terrés, il semblait n'y avoir ni chefs ni organisations. Ils parurent pendant la nuit. Carbonari et demi-solde formèrent douze comités directeurs, saisirent et distribuèrent des armes et mirent la main sur l'Imprimerie royale. Au matin du 28, l'armée royale trouva en face d'elle sur les barricades les anciens soldats de l'Empire qui apprirent aux Parisiens à se battre. Paris était en ébullition : « On abattait et l'on brûlait les armes de France ; on les attachait à la corde des lanternes cassées ; on arrachait les plaques fleurdelisées des conducteurs de diligence et des facteurs de la poste ; les notaires retiraient leurs panonceaux, les huissiers leurs rouelles, les voituriers leurs estampilles, les fournisseurs de la cour leurs écussons. Ceux qui jadis avaient recouvert les aigles napoléoniennes peintes à l'huile de lis bourboniens détrempés à la colle n'eurent besoin que d'une éponge pour nettoyer leur loyauté : avec un peu d'eau on efface aujourd'hui la reconnaissance et les empires[2]. » À midi, l'état de siège était proclamé. Le maréchal Marmont, major général de la garde, « homme d'esprit, de mérite, brave soldat, savant, mais malheureux général, prouva pour la millième fois qu'un génie militaire est insuffisant aux troubles civils : le premier officier de police eût mieux su ce qu'il y avait à faire que le maré-

1. Lettre d'un libraire parisien de l'époque, citée *in* Paul Chauvet, *Les Ouvriers du livre en France, de 1789 à la constitution de la Fédération du livre*, Paris, PUF, 1956.

2. Chateaubriand, *Mémoires d'outre-tombe*.

chal.... *(Il)* n'avait qu'une poignée d'hommes et conçut un plan pour l'exécution duquel il lui aurait fallu trente mille soldats[1] ». Ce plan consistait à faire partir du Louvre quatre colonnes, l'une par les boulevards vers la Bastille, une autre vers la même destination mais en suivant les quais, une colonne intermédiaire vers le marché des Innocents [les Halles] et une quatrième qui remonterait la rue Saint-Denis[2]. Mais les troupes royales sont vite bloquées. Quand elles parviennent à passer, les rues se referment derrière elles. « À mesure qu'on avançait, les postes de communications laissés sur la route, trop faibles et trop éloignés les uns des autres, étaient coupés par le peuple et séparés par des abattis d'arbres et des barricades[3]. »

Le 29 au matin, une colonne d'insurgés part du Panthéon vers le Louvre, défendu par les Suisses. Sur le trajet, deux régiments de ligne qui occupent la place Vendôme passent du côté des insurgés. Marmont est obligé de dégarnir le Louvre. Les étudiants escaladent la façade, les Suisses battent en retraite et les troupes de Marmont refluent en désordre vers les Champs-Élysées. Charles X doit s'enfuir car, comme rétorque Benjamin Constant à des émissaires cherchant un accommodement, « "il serait trop commode pour un roi de faire mitrailler son peuple et d'en être quitte pour dire ensuite : *Il n'y a rien de fait*".... Au Pont-Neuf, la statue d'Henri IV tenait à la main,

1. *Ibid.* À rapprocher de Tocqueville à propos du général Bedeau en 1848 : « J'ai toujours remarqué que les hommes qui perdent le plus aisément la tête et qui se montrent d'ordinaire les plus faibles dans les jours de révolution sont les gens de guerre » (*Souvenirs*, 1893, rédigés en 1850-1851).

2. Dubech et D'Espezel (*Histoire de Paris*, Paris, 1926) notent que le trajet des trois principales colonnes de Marmont correspond au tracé des grands travaux entrepris par Rambuteau sous Louis-Philippe : élargissement et nivellement des boulevards, percement de la rue Rambuteau qui unit les Innocents à la Bastille et aménagement des quais de la Seine. Comme quoi Haussmann n'a pas inventé l'« embellissement stratégique » de Paris.

3. Chateaubriand, *Mémoires d'outre-tombe*.

comme un guidon de la Ligue, un drapeau tricolore. Des hommes du peuple disaient, en regardant le roi de bronze : “Tu n’aurais pas fait cette bêtise-là, mon vieux”[1] ».

Une lithographie de Granville intitulée *Révolution de 1830* montre une cohue d’êtres terrifiants – animaux à tête de cauchemar vêtus de redingotes bourgeoises – à l’assaut d’un escalier au haut duquel trône une bizarre créature, composée semble-t-il de billets de banque. *Le peuple a vaincu, ces Messieurs partagent*, dit la légende. Les rues de Paris ne sont pas encore dégagées des pavés empilés et des arbres abattus que le peuple manifeste déjà son mécontentement du tour de passe-passe qui a porté sur le trône « la meilleure des républiques » sous la forme de Louis-Philippe. Dès le 6 août, une semaine après la fin des combats, un cortège de plusieurs milliers d’étudiants, mené par les *médecins des pauvres*, Ulysse Trélat et François Raspail, part du quartier Latin pour porter une adresse au Palais-Bourbon refusant à la Chambre de Charles X le pouvoir constituant[2].

À la fin août, la Société des Amis du peuple[3] animée par Trélat envoie un bataillon combattre aux côtés des révolutionnaires belges contre les Hollandais. En

1. *Ibid.*

2. « La Nation.... ne peut reconnaître comme pouvoir constituant ni une chambre élective nommée durant l’existence et sous l’influence de la royauté qu’elle a renversée, ni une chambre aristocratique dont l’institution est en opposition directe avec les sentiments et les principes qui lui ont mis les armes à la main » (*La Révolution*, 8 août 1830, cité par Jeanne Gilmore, *La République clandestine, 1818-1848*, trad. fr. Paris, Aubier, 1997).

3. « Il s’y trouvait plus de quinze cents hommes serrés dans une salle étroite qui avait l’air d’un théâtre. Le citoyen Blanqui, fils d’un conventionnel, fit un long discours plein de moquerie contre la bourgeoisie, ces boutiquiers qui avaient été choisir pour roi Louis-Philippe, “la boutique incarnée”. Ce fut un discours plein de sève, de droiture et de colère » (Henri Heine, *De la France*, *op. cit.*, chronique du 10 février 1832).

novembre, les élèves des grandes écoles formeront des brigades pour aller soutenir l'insurrection de Varsovie.

Le 21 septembre, une immense foule descend dans la rue pour célébrer l'anniversaire de l'exécution de Jean-François Borie et des trois autres sergents de La Rochelle, exécutés place de Grève huit ans auparavant. La rentrée à Polytechnique est si agitée que le ministre est obligé de nommer François Arago, très populaire parmi les élèves, à la tête de l'École.

Le 10 décembre, le char funèbre de Benjamin Constant, tiré jusqu'au Père-Lachaise par les étudiants, est suivi par tous les chefs républicains. Trélat prononce un discours sur la tombe : « Amis du peuple, jurons tous que nos journées de Juillet si chèrement achetées de la vie de nos frères ne seront pas perdues[1]. »

En décembre toujours, une émeute éclate devant le Luxembourg où se déroule le procès des ministres de Charles X. La foule, qui a attendu pendant des jours entiers, manifeste sa fureur devant un verdict limité à des peines de prison. La répression est violente. Parmi les blessés, un étudiant en droit de vingt-deux ans, Charles Delescluze.

Le 13 février 1831, les légitimistes célèbrent une messe à

1. Georges Weill, *Histoire du parti républicain en France, 1814-1870*, Paris, Alcan, 1928. Assistant aux funérailles de Casimir Perier, mort en 1832 du choléra, Heine raconte : « Mes voisins, en regardant le convoi, parlaient des funérailles de Benjamin Constant. Comme je ne suis à Paris que depuis un an, je ne connais que par les récits l'affliction que montra alors le peuple. Je puis toutefois me faire une idée de ces manifestations de la douleur populaire, ayant assisté peu après à l'enterrement de l'ex-évêque de Blois, le conventionnel Grégoire. Là, pas de hauts fonctionnaires, pas d'infanterie ni de cavalerie.... ni canons, ni ambassadeurs aux livrées chamarrées, nulle pompe officielle. Mais le peuple pleurait, la douleur était peinte sur tous les visages et, en dépit d'une pluie violente, toutes les têtes étaient nues ; le peuple s'attela au corbillard et le traîna lui-même au cimetière Montparnasse » (*De la France*, *op.cit.*, 12 mai 1832).

Saint-Germain-l'Auxerrois pour l'anniversaire de l'assassinat du duc de Berry. Une quête est organisée au profit des Suisses blessés pendant les journées de Juillet[1]. La nouvelle ayant circulé, la foule envahit l'église et la met à sac. Le lendemain, l'archevêché est pris d'assaut et complètement dévasté. Dans *La Messe de l'Athée*, court chef-d'œuvre daté de 1836, Balzac utilise l'événement – mémorable donc, même si pour Martin Nadaud il s'agissait d'une provocation policière[2] – pour dater la rencontre qui sert de chute à la nouvelle : « Enfin, à sept ans de distance, après la révolution de 1830, quand le peuple se ruait sur l'Archevêché, quand les inspirations républicaines le poussaient à détruire les croix dorées qui pointaient, comme des éclairs, dans l'immensité de cet océan de maisons ; quand l'Incrédulité, côte à côte avec l'Émeute se carrait dans les rues.... » Après cette explosion de fureur anticléricale, le roi est obligé de retirer les lys des armes de France et cesse de se rendre à la messe en public. (Ce n'était d'ailleurs pas une première : en janvier 1815, le peuple avait ravagé l'église Saint-Roch – dont le curé avait refusé d'assurer le service funèbre d'une actrice de la Comédie-Française, Mlle Raucourt – aux cris de « Mort aux prêtres ».)

Le 7 septembre 1831, Varsovie, assiégée par les troupes de Paskievitch, a capitulé. Quand la nouvelle arrive à Paris, la foule se porte boulevard des Capucines devant l'hôtel des Affaires étrangères, aux cris de « Vive la Pologne ! À bas les ministres ! ». Dispersés par les dragons, les émeutiers gagnent la porte Saint-Denis en pillant au passage une armurerie boulevard Bonne-Nouvelle. Le

1. « Les royalistes, pleins d'excellentes qualités, mais quelquefois bêtes et souvent taquins, ne calculent jamais la portée de leurs démarches, croyant toujours qu'ils rétabliraient la légitimité en affectant de porter une couleur à leur cravate ou une fleur à leur boutonnière, ont amené des scènes déplorables » (*Mémoires d'outre-tombe*).

2. Martin Nadaud, *Léonard, maçon de la Creuse*, Bourganeuf, 1895 ; rééd. Paris, La Découverte, 1998.

lendemain, des barricades sont dressées boulevard Montmartre et il faut trois jours aux troupes et à la garde nationale pour rétablir l'ordre.

L'agitation est incessante. George Sand, qui est à Paris depuis quelques semaines, écrit le 6 mars 1831 : « C'est vraiment très drôle. La révolution est en permanence, comme la Chambre ; et l'on vit aussi gaiement, au milieu des baïonnettes, des émeutes et des ruines, que si l'on était en pleine paix[1]. » Des réfugiés politiques affluent de tous les pays où les insurrections, lancées dans le sillage de Paris, sont écrasées l'une après l'autre[2]. Casimir Perier, président du Conseil à poigne nommé après l'affaire de Saint-Germain-l'Auxerrois, les envoie dans des zones de résidence appelées « dépôts » où, soumis à toutes sortes de tracasseries policières, ils n'ont pas le droit de changer de domicile ni d'employeur sans autorisation administrative.

Au début de 1832, alors que la première insurrection des canuts de Lyon vient d'être écrasée par une véritable armée commandée par le maréchal Soult, le choléra frappe à Paris. Le 13 février 1832, la maladie foudroie un portier de la rue des Lombards, puis une petite fille de la rue du Haut-Moulin dans la Cité, puis une marchande ambulante de la rue des Jardins-Saint-Paul, puis un marchand d'œufs de la rue de la Mortellerie[3]. En mars, il

1. Correspondance, Paris, Garnier, t. I.

2. « .... Bruxelles chassant les Nassau comme Paris les Bourbons, la Belgique s'offrant à un prince français et donnée à un prince anglais, la haine russe de Nicolas, derrière nous deux démons du midi, Ferdinand en Espagne, Miguel en Portugal, la terre tremblant en Italie, Metternich étendant la main sur Bologne, la France brusquant l'Autriche à Ancône, au nord on ne sait quel sinistre bruit de marteau reclouant la Pologne dans son cercueil.... » (Victor Hugo, *Les Misérables*).

3. Chevalier, introduction à *Classes laborieuses et classes dangereuses...*, *op. cit.*

meurt dans les huit cents personnes par jour. La nature et la propagation de la maladie sont aussi mystérieuses que lors de la Peste noire, cinq siècles auparavant. Après un voyage d'étude à Londres, Magendie soutient que l'affection n'est pas contagieuse. À l'Hôtel-Dieu, dans le service de Broussais – républicain convaincu mais thérapeute dangereux –, la mortalité est effroyable. Le corbillard de son plus éminent client, le président du Conseil Casimir Perier, emporte avec lui le « physiologisme » du maître[1]. Heine, le 19 avril 1832 : « Beaucoup de prêtres déguisés circulent aujourd'hui parmi le peuple et soutiennent qu'un rosaire béni est un préservatif contre le choléra. Les saint-simoniens comptent au nombre des avantages de leur religion qu'aucun saint-simonien ne peut mourir de la maladie régnante, attendu que le progrès est une loi de la nature, que le progrès social est dans le saint-simonisme, et qu'ainsi, tant que le nombre de ses apôtres n'aura pas atteint un chiffre suffisant, aucun d'entre eux ne mourra. Les bonapartistes assurent qu'aussitôt qu'on ressent les symptômes du choléra, il suffit de lever les yeux vers la colonne Vendôme pour guérir. »

L'épidémie fait durement sentir l'inégalité sociale devant la mort : Jules Janin évoque « cette peste d'une populace qui se meurt seule et la première, donnant par sa mort un démenti formidable et sanglant aux doctrines d'égalité dont on l'a amusée depuis un demi-siècle ». Les haines se déchaînent dans la ville. Les bourgeois accusent les pauvres d'avoir déclenché et propagé le fléau : « Tous les hommes atteints de ce mal épidémique, lit-on dans *Le Journal des débats* du 28 mars 1832, appartiennent à la classe du peuple. Ce sont des cordonniers, des ouvriers

1. Voir Georges Canguilhem, *Idéologie et Rationalité dans l'histoire des sciences de la vie*, Paris, Vrin, 1988. Il n'est pas difficile de comprendre le phénomène. Les cholériques mouraient surtout en se vidant. Les méthodes « anti-inflammatoires » de Broussais, elles-mêmes fondées sur la déplétion (sangsues, saignées), ne pouvaient qu'être désastreuses.

qui travaillent à la fabrication des couvertures de laine. Ils habitent les rues sales et étroites de la Cité et du quartier Notre-Dame. » Le peuple, lui, accuse le gouvernement d'empoisonner les fontaines publiques, les tonneaux des porteurs d'eau, les malades dans les hôpitaux. Heine note qu'« il murmura hautement quand il vit que les riches se sauvaient et prenaient, avec un bagage de médecins et de pharmacies, le chemin de contrées plus saines. Le pauvre remarqua avec mécontentement que l'argent était devenu une protection aussi contre la mort ».

« La grande ville ressemble à une pièce de canon ; quand elle est chargée, il suffit d'une étincelle qui tombe, le coup part. En juin 1832, l'étincelle fut la mort du général Lamarque[1]. » Maximilien Lamarque, député des Landes, qui avait commandé victorieusement contre Wellington en Espagne, était populaire parmi la jeunesse. Le 5 juin, une immense foule accompagne le corbillard qui l'emporte vers Mont-de-Marsan. Le cortège mêle bonapartistes et républicains avec en tête les élèves de l'École vétérinaire d'Alfort et de Polytechnique (Lucien Leuwen, on s'en souvient, « avait été chassé de l'École polytechnique pour s'être allé promener mal à propos, un jour qu'il était consigné ainsi que tous ses camarades : c'était à l'époque d'une des célèbres journées de juin, avril ou février 1832 ou 1834 »). Parti de la rue d'Anjou, le cercueil arrive à la Madeleine et suit les boulevards jusqu'à la Bastille. Là, « les longues files de curieux redoutables qui descendaient du faubourg Saint-Antoine firent leur jonction avec le cortège et un certain bouillonnement terrible commença à soulever la foule.... Le corbillard dépassa la Bastille, suivit le canal, traversa le petit pont et atteignit l'esplanade du pont d'Austerlitz. Là, il s'arrêta. Un cercle

1. *Les Misérables*. Hugo écrit longtemps après les événements, mais il s'est très bien documenté sur cet épisode et son récit correspond aux témoignages contemporains comme celui de Rey-Dussueil.

se traça autour du corbillard. La vaste cohue fit silence. La Fayette parla et dit adieu à Lamarque.... Tout à coup un homme à cheval, vêtu de noir, parut au milieu du groupe avec un drapeau rouge [1] ». Heine note lui aussi que « ce fut une circonstance singulièrement mystérieuse que l'apparition de cet étendard rouge bordé de noir, sur lequel était écrit en caractères noirs, “La liberté ou la mort”, et qui, comme une bannière de consécration funèbre, dominait toutes les têtes au pont d'Austerlitz [2] ». La tradition veut qu'il s'agisse de la première apparition du drapeau rouge du côté de l'émeute, par un singulier détournement puisqu'il servait jusque-là d'avertissement donné par les forces de l'ordre juste avant le déclenchement de la répression (« Au signal du drapeau rouge, tout attroupement devient criminel et doit être dispersé par la force », telle était la loi depuis octobre 1789).

« Cependant sur la rive gauche la cavalerie municipale s'ébranlait et venait barrer le pont, sur la rive droite les dragons sortaient des Célestins et se déployaient le long du quai Morland [3]. Le peuple.... les aperçut et cria : les dragons ! Les dragons s'avançaient au pas, en silence, pistolets dans les fontes, sabres aux fourreaux, mousquetons aux porte-crosse, avec un air d'attente sombre. » D'où partirent les premiers coups de feu ? L'histoire ne le dit pas, mais ce qui devait arriver arriva : « La tempête se déchaîne, les pierres pleuvent, la fusillade éclate, beaucoup se précipitent au bas de la berge et passent le petit

1. *Ibid.*

2. *De la France*, *op. cit.*, 16 juin 1832.

3. La caserne des Célestins, reconstruite à la fin du XIXe siècle, abrite toujours la cavalerie de la garde républicaine. L'île Louviers n'était pas encore rattachée à la berge de la rive droite (elle correspond aujourd'hui au terrain qui entoure le bâtiment administratif de la Ville de Paris, entre le boulevard Morland et le quai des Célestins). C'était un chantier de bois flotté, pour la construction et le chauffage. Le boulevard Morland était donc bien un quai et l'Arsenal était au bord de l'eau.

bras de la Seine aujourd'hui comblé ; les chantiers de l'île Louviers, cette vaste citadelle toute faite, se hérissent de combattants ; on arrache des pieux, on tire des coups de pistolet, une barricade s'ébauche, les jeunes gens refoulés passent le pont d'Austerlitz avec le corbillard au pas de course et chargent la garde municipale, les carabiniers accourent, les dragons sabrent, la foule se disperse dans tous les sens, une rumeur de guerre vole aux quatre coins de Paris.... La colère emporte l'émeute comme le vent emporte le feu [1]. »

Dans la soirée, la foule parcourt le Marais, les quartiers Saint-Martin et Saint-Denis en criant : « Aux armes ! vive la liberté ! vive la République ! » Dans les rues Saint-Martin et Saint-Denis, les réverbères sont brisés et on élève des barricades. Les postes de police de la place du Châtelet, de la rue de la Verrerie et de la rue Mauconseil sont désarmés et l'on pille l'armurerie Lepage, rue du Bourg-l'Abbé [2]. À sept heures du soir les insurgés sont maîtres du Châtelet, des quais de la Mégisserie et de Gesvres, mais le gouvernement a massé dans Paris 25 000 hommes de troupe et cette fois la garde nationale est de son côté – sauf l'artillerie qui refuse de canonner le peuple [3]. Le lendemain 6 juin, les insurgés doivent abandonner presque toutes leurs positions et le combat se concentre au cloître Saint-Merri, dédale de ruelles sur l'emplacement actuel du centre Beaubourg, de son esplanade et du quartier de l'Horloge. Rey-

1. *Les Misérables*.

2. Cet armurier avait de la constance, car ses boutiques étaient pillées à chaque insurrection. Dans *Choses vues*, Hugo raconte comment elle fut forcée le 24 février 1848 : « .... quarante hommes à la fois, poussent l'omnibus d'un seul effort contre la devanture.... » Il existe encore aujourd'hui, place du Théâtre-Français, une armurerie Lepage.

3. Son uniforme était noir avec un pompon rouge au shako. La jeunesse était attirée par cet élégant costume et, comme elle était moins boutiquière que ses aînés, il fallut plusieurs fois dissoudre l'artillerie de la garde nationale pendant ces années-là.

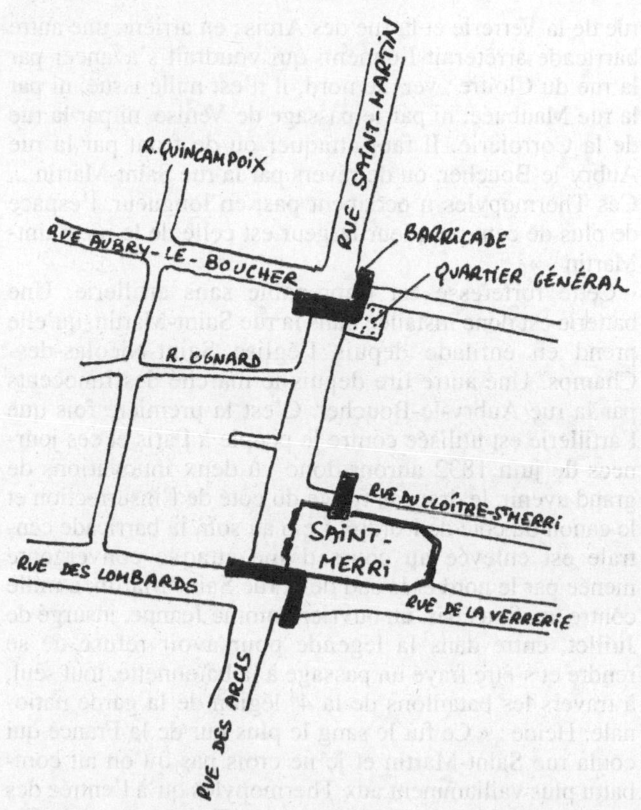

Dussueil : « En moins d'une heure ils ont improvisé une forteresse. Une maison qui fait face à la rue Aubry-le-Boucher est leur quartier général, et une barricade de cinq pieds de haut en défend les approches.... Deux réchauds enflammés sont placés devant la porte ; le plomb liquide coule à flots dans les moules et s'arrondit en balles dont chacune semble avoir sa destination *(Baudelaire : « Toi dont l'œil clair connaît les profonds arsenaux / Où dort enseveli le peuple des métaux »)*. Au sud, en avant de l'église *(Saint-Merri)* des pierres amoncelées ferment la rue de la Verrerie et la rue des Arcis ; en arrière, une autre barricade arrêterait l'ennemi qui voudrait s'avancer par la rue du Cloître ; vers le nord, il n'est nulle issue, ni par la rue Maubuée, ni par le passage de Venise, ni par la rue de la Corroierie. Il faut attaquer ou de front par la rue Aubry-le-Boucher, ou de revers par la rue Saint-Martin.... Ces Thermopyles n'occupent pas, en longueur, l'espace de plus de cent pas ; leur largeur est celle de la rue Saint-Martin [1]. »

Cette forteresse est imprenable sans artillerie. Une batterie est donc installée dans la rue Saint-Martin, qu'elle prend en enfilade depuis l'église Saint-Nicolas-des-Champs. Une autre tire depuis le marché des Innocents par la rue Aubry-le-Boucher. C'est la première fois que l'artillerie est utilisée contre le peuple à Paris et ces journées de juin 1832 auront donc vu deux innovations de grand avenir, le drapeau rouge du côté de l'insurrection et le canon du côté de l'ordre. Le 6 au soir, la barricade centrale est enlevée au cours d'une attaque convergente menée par le nord et le sud de la rue Saint-Martin, à mille contre un. Son chef, un ouvrier nommé Jeanne, insurgé de Juillet, entre dans la légende pour avoir refusé de se rendre et s'être frayé un passage à la baïonnette, tout seul, à travers les bataillons de la 4e légion de la garde nationale. Heine : « Ce fut le sang le plus pur de la France qui coula rue Saint-Martin et je ne crois pas qu'on ait combattu plus vaillamment aux Thermopyles qu'à l'entrée des petites rues Saint-Merri et Aubry-le-Boucher, où à la fin,

1. M. Rey-Dussueil, *Le Cloître Saint-Merry*, Paris, Ambroise Dupont, 1832. La rue des Arcis est la rue Saint-Martin au sud de l'axe transversal rue de la Verrerie-rue des Lombards. C'est bien sûr la grande barricade de Saint-Merri qui servira de modèle à la barricade de la rue de la Chanvrerie dans *Les Misérables*, celle que défend Jean Valjean et où meurt Gavroche. Voir Thomas Bouchet, « La barricade des Misérables » in *La Barricade*, *op. cit.* C'est aussi à Saint-Merri que meurt héroïquement le républicain Michel Chrestien des *Illusions perdues*.

une poignée d'environ soixante républicains se défendirent contre soixante mille hommes de la ligne et de la Garde nationale et les repoussèrent deux fois.... Le petit nombre de ceux qui ne succombèrent pas ne demandèrent pas merci.... *(ils)* coururent, la poitrine découverte, au-devant de leurs ennemis et se firent fusiller. » La loi martiale fut proclamée dès le lendemain et, pour reconnaître les morts, « beaucoup de gens se rendaient à la Morgue, et l'on y faisait queue comme au grand Opéra quand on donne *Robert le Diable* ». Dans ces files qui piétinaient devant la Morgue, la colère grondait : « Pour remède aux longs maux qu'ils ont jetés sur nous, pour consolation à leur ordre de choses où tout va au désespoir, ils nous ouvrent à deux battants les portes de la Morgue, et leur police nous y pousse, l'épée dans le flanc ! Un jour n'est pas loin où ils craindront d'avouer les crimes de la nuit ; on parlera de massacre, de pont, de rivière, et l'on se taira du reste[1]. »

En avril 1834, Thiers, ministre de l'Intérieur du gouvernement Soult, fait voter une loi sur les crieurs publics et les colporteurs, qui prive soudain le peuple de sa principale source d'information, et une autre exigeant l'autorisation préalable pour toutes les associations. « À peine promulguée, cette monstrueuse loi fut aussitôt appliquée ; on ferma les clubs, on supprima la vente des journaux sur la voie publique et, comme surcroît d'infamie, le droit de réunion fut complètement supprimé, puisque c'était commettre un délit que de se réunir sans autorisation à plus de vingt et un citoyens dans un lieu quelconque[2]. » Lyon se lance alors dans une seconde insurrection, au moment où sont jugés les chefs de la première. Les ouvriers de la Croix-Rousse sont massacrés au canon et, le 10 avril, Soult peut faire une deuxième entrée triomphale dans la ville en compagnie du prince héritier, le duc d'Orléans.

1. Rey-Dussueil, *Le Cloître Saint-Merry*, *op. cit.*
2. Nadaud, *Léonard, maçon de la Creuse*, *op. cit.*

À Paris, le 12 avril, Armand Marrast, qui dirige le journal républicain *La Tribune*, fait imprimer un numéro spécial appelant les soixante-trois sections de la Société des Droits de l'homme à descendre dans la rue. La police fait une descente à l'imprimerie, saisit le journal et arrête Marrast et son adjoint, Charles Delescluze. Trop tard : dans la nuit du 12 au 13, des barricades s'élèvent, une fois de plus dans le quartier qu'on appelait encore Maubuée : rue Beaubourg, rue de Montmorency, rue Aubry-le-Boucher, rue Transnonain, rue Geoffroy-Langevin, rue aux Ours, rue du Grenier-Saint-Lazare. Mais les quelques centaines d'insurgés sont rapidement submergées par les soldats du 25e de ligne. Alors que le combat est terminé, on tire un coup de fusil d'une fenêtre du n° 12 de la rue Transnonain, où une barricade a résisté plus longtemps que les autres[1]. Les soldats entrent dans la maison et massacrent tous les habitants, hommes, femmes et enfants. Dans son *Grand Dictionnaire universel du XIXe siècle*, Pierre Larousse indique que « le régiment qui avait ainsi souillé, par l'assassinat, le glorieux uniforme français fut pendant tout le règne de Louis-Philippe un objet d'horreur dans ses diverses garnisons[2] ». Et Bugeaud, qui commandait les troupes en appliquant les techniques mises au point en

1. La rue Transnonain a disparu lors du percement de la rue de Turbigo et de l'élargissement de la rue Beaubourg, mais une partie de ses maisons a été intégrée dans le côté des numéros pairs de cette dernière.

2. Entrée « Avril 1834, Journées de ». Dans *Quelques caricaturistes français*, qui date de 1857, Baudelaire décrit la célèbre lithographie de Daumier : « Dans une chambre pauvre et triste, la chambre traditionnelle du prolétaire, aux meubles banals et indispensables, le corps d'un ouvrier nu, en chemise et en bonnet de coton, gît sur le dos, tout de son long, les jambes et les bras écartés. Il y a eu sans doute dans la chambre une grande lutte et un grand tapage, car les chaises sont renversées, ainsi que la table de nuit et le pot de chambre. Sous le poids de son cadavre, le père écrase entre son dos et le carreau le cadavre de son petit enfant. Dans cette mansarde froide il n'y a rien que le silence et la mort. »

Algérie, sera pour toujours « le boucher de la rue Transnonain ». La répression s'abat sur les chefs républicains. Un grand procès – 121 accusés – se tient en avril 1835, devant la Cour des pairs siégeant au palais du Luxembourg. Tous ceux qui ne sont pas emprisonnés sont en fuite. En juillet 1835, Armand Carrel, directeur du *National*, est tué en duel par Émile de Girardin. Comme l'écrit son ami Chateaubriand, « il semblait qu'il n'y eût jamais assez de péril pour lui [1] ». Sa mort affaiblit encore le camp des républicains, et les journées d'avril 1834 seront leur dernière tentative armée avant 1848.

Mais il reste Blanqui. Si, dans les années 1830, il a participé à la plupart des « journées », c'est sans la moindre illusion sur la façon dont la bourgeoisie républicaine conçoit l'égalité et la fraternité. En janvier 1832, devant la cour d'assises où il est accusé de délit de presse, le procureur lui demande sa profession. Il répond « prolétaire ». Le procureur objecte que ce n'est pas une profession. Blanqui réplique : « C'est la profession de la majorité de notre peuple, qui est privé de droits politiques [2]. » Les magistrats acquittent Blanqui pour le délit de presse mais le condamnent à un an de prison pour insolence devant la cour. Au début de 1834, ayant purgé sa peine, il fonde *Le Libérateur, journal des opprimés* où il écrit, en guise de programme : « Notre drapeau, c'est l'égalité.... La République, c'est l'émancipation des ouvriers, c'est la fin du règne de l'exploitation, c'est l'avènement d'un ordre nouveau qui affranchira le travail de la tyrannie du capital. » On ne trouve pas grand monde qui s'exprime ainsi en 1834, ni en France, ni ailleurs (Marx est âgé de seize ans.

1. Cette étrange amitié (Armand Carrel avait été volontaire aux côtés des républicains espagnols en 1823 et avait donc combattu les troupes françaises que Chateaubriand avait largement contribué à envoyer) est l'un des nombreux signes montrant que Chateaubriand n'est pas un réactionnaire ordinaire comme on le croit souvent.

2. Jacques Rancière, *Aux Bords du politique*, *op. cit.*

Bien plus tard, il dira que l'essentiel, il l'a appris auprès des ouvriers parisiens, blanquistes pour une bonne part).

En 1835, Barbès et Blanqui, pas encore brouillés, fondent la Société des familles. En 1836 ils sont arrêtés pour avoir monté, rue de Lourcine, un atelier de fabrication de poudre. Amnistié, Blanqui organise la Société des saisons et au début de 1839, les cadres de l'armée de l'émeute sont prêts[1]. Le jour est fixé au 12 mai, un dimanche, parce que Paris est vidé d'une partie de la police et que les bourgeois sont aux courses hippiques à Neuilly. Le millier d'hommes sur lequel Blanqui comptait pour engager l'affaire devait se réunir entre la rue Saint-Denis et la rue Saint-Martin, dans des arrière-salles de marchands de vin, dans des immeubles près du magasin de l'armurier Lepage, rue du Bourg-l'Abbé. Vers midi, Blanqui arrive au café du coin de la rue Mandar et de la rue Montorgueil. Il annonce brièvement le but de la convocation. Tous sortent, les affiliés débouchent par les rues avoisinantes, on entend retentir le cri : « Aux armes ! » Les portes de Lepage sont enfoncées, Barbès et Blanqui distribuent les fusils et les cartouches par les fenêtres. Mais l'affaire s'engage mal, les Parisiens voient passer les groupes armés avec stupéfaction. « Vers trois heures, deux ou trois cents jeunes gens mal armés ont brusquement investi la mairie du VIIe arrondissement *(rue des Francs-Bourgeois)*, ont désarmé le poste et pris les fusils. De là, ils ont couru à l'Hôtel de Ville et ont fait la même équipée.... Quand ils ont eu l'Hôtel de Ville, qu'en faire ? Ils s'en sont allés.... En ce moment on fait des barricades rue des

1. « Les groupes se subdivisent en Semaines et en Mois. Les trois Mois qui forment une Saison reçoivent le mot d'ordre d'un chef qui se nomme Printemps. Le Mois comprend quatre Semaines dirigées par un Juillet. Les Semaines sont formées de six membres sous la conduite d'un Dimanche. On ne voit pas les chefs, Blanqui n'assiste pas aux réunions générales..... C'est la conscription occulte et le recrutement secret de l'armée de l'émeute » (G. Geffroy, *L'Enfermé*, *op. cit.*).

Quatre-Fils. Aux angles de toutes les petites rues de Bretagne, de Poitou, de Touraine, etc., il y a des groupes qui écoutent.... Il est sept heures ; je suis sur mon balcon, place Royale ; on entend des feux de peloton [1]. »

Les insurgés n'ont pas été compris ni rejoints. Tous reviennent au quartier Saint-Martin, dans les rues Simon-le-Franc, Beaubourg, Transnonain. Blanqui et Barbès se retrouvent pour défendre contre la garde nationale les trois barricades de la rue Greneta. Mais très vite ils doivent reculer sous une grêle de balles jusqu'à la rue du Bourg-l'Abbé. La dernière barricade, quartier Saint-Merri, est prise, c'est fini, l'émeute est vaincue. Au procès de dix-neuf insurgés, en juin, Barbès et Blanqui sont condamnés à mort, Blanqui par contumace car il a réussi à fuir, mais il sera bientôt pris. Tous deux, leur peine commuée, passeront des années au mont Saint-Michel. C'est pour un long moment la fin des soulèvements parisiens. Heine écrit, le 17 septembre 1842 : « Ici règne actuellement le plus grand calme. Tout est silencieux comme dans une nuit d'hiver enveloppée de neige. Rien qu'un petit bruit mystérieux et monotone, comme des gouttes qui tombent. Ce sont les rentes des capitaux, tombant dans les coffres-forts des capitalistes, et les faisant presque déborder. On entend distinctement la crue continuelle des richesses des riches. De temps en temps il se mêle à ce sourd clapotement quelque sanglot poussé à voix basse, le sanglot de l'indigence. Parfois aussi résonne un léger cliquetis, comme d'un couteau que l'on aiguise [2]. »

1. Hugo, *Choses vues*, « 1839. Journal d'un passant pendant l'émeute du 12 mai ».

2. Heine, *Lutèce*, Paris, Michel Lévy, 1855. Un autre étranger de Paris, le Russe Alexandre Herzen, fait un diagnostic concordant : « Le capital donnait ses votes au gouvernement et le gouvernement prêtait ses bayonnettes à la défense de tous les abus du capital. Ils avaient un ennemi commun, le prolétaire, l'ouvrier.... » (*Lettres de France et d'Italie*, 10 juin 1848).

Les couteaux vont sortir de leurs gaines en 1848 à propos d'un banquet qui n'aura même pas lieu. Pour clore la campagne qui s'est déroulée en province, l'opposition prépare un immense banquet à Paris, organisé par la 12e légion de la garde nationale – la légion du faubourg Saint-Marceau, commandée par François Arago – et les étudiants du quartier Latin qui est en ébullition : les cours de Michelet et de Quinet ont été suspendus et les étudiants manifestent en masse les 4 et 6 janvier pour exiger leur rappel. Le 14 janvier, Guizot interdit le banquet. Après bien des hésitations, l'opposition décide de le maintenir. Le 19 février, *Le National* publie que la manifestation aura irrévocablement lieu le 22 février à midi. Rodolphe Apponyi, un attaché d'ambassade autrichien, note dans son journal, le 18 février : « Depuis quelques jours, on ne parle ici que du fameux banquet qui doit avoir lieu. On n'en connaît encore ni le jour ni le lieu, mais l'idée seule d'une semblable réunion, à laquelle on invite non seulement les émeutiers de Paris mais aussi ceux des villes à cent lieues à la ronde, fait frémir. Les meneurs eux-mêmes en ont peur, car si la tête du cortège, qui doit parcourir tout Paris, se tient tranquille, il n'est pas dit que la queue fera de même[1]. »

Dans ses *Souvenirs*, Tocqueville écrit : « Le 20 février, parut dans presque tous les journaux de l'opposition, sous le nom de programme du prochain banquet, une véritable proclamation, qui appelait la population entière à former une manifestation politique immense.... On eût déjà dit un décret émané du Gouvernement provisoire, qui, trois jours après, devait se fonder. » Ce « programme » prévoyait que les députés, pairs de France et autres invités au banquet s'as-

1. Rodolphe Apponyi, *De la Révolution au coup d'État, 1848-1851*, Paris, Plon, 1913 ; rééd. Genève, La Palatine, 1948. Issu d'une vieille famille de Hongrie, Apponyi est le cousin de l'ambassadeur d'Autriche à Paris. Secrétaire d'ambassade, il réside à Paris de 1826 à 1852. Son journal, vivant et écrit dans un français impeccable, donne le point de vue d'un diplomate mondain et cultivé, partisan de l'ordre mais sans férocité.

sembleraient à onze heures au lieu ordinaire des réunions de l'opposition parlementaire, place de la Madeleine. Le cortège devait se diriger par la place de la Concorde et les Champs-Élysées vers Chaillot, lieu prévu du banquet.

La journée du 22 est plutôt bon enfant. À neuf heures, les étudiants se rassemblent sans armes au Panthéon où ils sont rejoints par des ouvriers venus des faubourgs Saint-Marceau et Saint-Antoine. Le cortège arrive à la Madeleine vers onze heures. Après une petite échauffourée avec la garde du poste de police du quartier, il descend la rue Royale, traverse la place de la Concorde, bouscule les gardes municipaux qui défendent le pont et envahit la cour du Palais-Bourbon. Les dragons et les gendarmes dégagent l'Assemblée, la pluie ne cesse de tomber, la journée est finie.

Le 23 au matin, il pleut toujours. Duchâtel, ministre de l'Intérieur, ordonne que deux bataillons de chaque légion de la garde nationale gagnent les zones stratégiques : la place de la Bastille, la place de l'Hôtel-de-Ville, les Tuileries, la place de la Concorde, la place des Victoires, la pointe Saint-Eustache, la porte Saint-Denis. Or, dans la matinée, la plupart des légions, loin de se porter au-devant des barricades qui s'élèvent dans tout le centre de la ville, refusent de se battre, crient « Vive la Réforme, à bas Guizot ! », et s'interposent entre les troupes de ligne et les insurgés. À cette nouvelle, Louis-Philippe, jusque-là optimiste – « Vous appelez *barricade* un cabriolet de place renversé par deux polissons », disait-il –, s'effondre. Il renvoie Guizot et le remplace par Molé [1]. À cette nouvelle, la fête déferle sur Paris. « L'aspect des boulevards était féerique. Une longue guirlande de lumière diversement

1. « Il était trois heures quand M. Guizot parut à la porte de la salle *(des séances de la Chambre)*. Il entre de son pas le plus ferme et de son air le plus altier ; il traverse silencieusement le couloir et monte à la tribune en renversant presque la tête en arrière de peur de paraître la baisser ; il annonce en deux mots que le roi vient d'appeler M. Molé pour former un nouveau ministère. Jamais je ne vis un tel coup de théâtre » (Tocqueville, *Souvenirs*).

colorée, suspendue à tous les étages, unissait les maisons, joyeux emblème de l'union des cœurs. L'allégresse était dans l'air, la satisfaction sur tous les visages. De temps à autre, on voyait passer sur la chaussée des bandes qui portaient des drapeaux, des transparents allégoriques, et chantaient en chœur *La Marseillaise*.... Vers neuf heures et demie, une bande beaucoup plus considérable, une longue colonne agitant des torches et un drapeau rouge, parut sur les boulevards à hauteur de la rue Montmartre. Elle venait des profondeurs du faubourg Saint-Antoine.... Attirés par la beauté des chants, un grand nombre de curieux se joignaient à une démonstration qui semblait inoffensive. Dans l'effusion de cette fête commune, bourgeois et prolétaires se donnaient la main[1]. » Mais l'état-major républicain ne se satisfaisait pas de cette conclusion qui ressemblait à un dénouement de comédie. Les hommes d'action de ce parti restèrent donc en armes et se fortifièrent dans le vieux centre des insurrections populaires, dans les rues Beaubourg, Transnonain, etc.

Dans la nuit du 23 au 24, le cours de la révolution se précipite. Apponyi est aux premières loges. Il a quitté la princesse de La Trémoille au faubourg Saint-Germain et rentre chez lui. « Les boulevards étaient remplis de promeneurs : des femmes, des enfants, des curieux comme moi. Cependant l'hôtel des Affaires étrangères était si bien gardé qu'à ses abords il ne restait plus de place pour marcher ; il fallait descendre dans la rue Basse-du-Rempart, encore plus sale que d'habitude[2]. Une foule de jeunes gens, la plupart en blouses, s'avançaient sur les boulevards, précédés de porteurs de lanternes en papier

1. Daniel Stern (la comtesse d'Agout), *Histoire de la Révolution de 1848*, Paris, Librairie internationale, 1850.

2. Guizot habitait l'hôtel des Affaires étrangères, à l'angle de la rue et du boulevard des Capucines, d'où la garde ce soir-là. La rue Basse-du-Rempart, on l'a vu, longeait le boulevard des Capucines en contrebas et à l'extérieur, séparée de lui par un muret et une rampe métallique.

rouge et jaune attachées à de longues perches. Cette tourbe joyeuse fit mine d'entrer dans la rue de la Paix, mais les militaires qui y étaient placés l'en empêchèrent et elle arriva vers nous. Pour éviter de me trouver au milieu de cette masse en blouses, dont l'attitude était peu rassurante pour un individu armé d'un simple parapluie, je crus bien faire de marcher le plus près possible de la rampe en fer qui règne dans cet endroit le long de la rue Basse-du-Rempart. Je n'avais fait que peu de pas ainsi vers la foule qui arrivait, lorsque tout à coup la ligne fit un feu de peloton sur nous, et nous voilà une centaine de personnes couchées, tombées, roulées par terre ; les unes sur les autres, avec des cris et des gémissements.... Mes deux petites femmes *(avec lesquelles il parlait quelques minutes auparavant)* n'étaient plus que des cadavres ! avec plus de cinquante autres que frappe une seconde décharge avant que les blessés de la première eussent le temps de se relever. »

La suite fait partie des images révolutionnaires les plus célèbres : le chariot attelé d'un cheval blanc, les cadavres empilés, éclairés par une torche brandie par un enfant, le tour du centre de Paris aux cris de « Vengeance ! on égorge le peuple ! ». Le 24 au matin, « la troupe, qui a bivouaqué à la pluie, les pieds dans la boue, l'esprit perplexe et le corps transi, aperçoit aux premières lueurs de l'aube une multitude gaillarde et résolue, qui afflue par les rues Saint-Martin, Rambuteau, Saint-Merri, du Temple, Saint-Denis, où sur beaucoup de points elle a élevé des barricades[1] ». Tocqueville, qui n'a rien entendu, sort de chez lui de bon matin. « *(Je)* n'eus pas plus tôt mis le pied dans la rue que je sentis aussitôt pour la première fois que je respirais en plein l'atmosphère des révolutions. Le boulevard.... présentait alors un étrange spectacle. On n'y apercevait presque personne, quoiqu'il fût près de neuf heures du matin ; et l'on n'y entendait pas le moindre bruit de voix humaine ; mais toutes les petites guérites, qui

1. Daniel Stern, *Histoire de la Révolution de 1848*, *op. cit.*

s'élèvent le long de cette vaste avenue, semblaient s'agiter, chanceler sur leurs bases et, de temps en temps, il en tombait quelqu'une avec fracas, tandis que les grands arbres des bas-côtés s'abattaient sur la chaussée comme d'eux-mêmes. Ces actes de destruction étaient le fait d'hommes isolés, qui les opéraient silencieusement, diligemment et à la hâte, préparant ainsi les matériaux de barricades que d'autres allaient élever.... Je ne sais si aucun des spectacles dont je fus le témoin dans le cours de la journée me causa autant d'impression que cette solitude où l'on voyait, pour ainsi dire, s'agiter les plus mauvaises passions sans que les bonnes parussent. » On voit assez quelles sont, pour Tocqueville, les « bonnes passions ». Un peu plus tard, il croise une colonne d'infanterie qui se replie vers la Madeleine : « Les rangs étaient rompus, les soldats marchaient en désordre, la tête basse, d'un air à la fois honteux et craintif ; dès que l'un d'eux se détachait un moment de la masse, il était aussitôt entouré, saisi, embrassé, désarmé et renvoyé ; tout cela se faisait en un clin d'œil. » Ce sont les troupes du général Bedeau qui refluent de la Bastille vers les Tuileries par les boulevards. Ce jour-là, à neuf heures du matin, les insurgés tiennent quatre des points stratégiques que les forces de l'ordre devaient défendre à tout prix : la Bastille, la porte Saint-Denis, la place des Victoires et la pointe Saint-Eustache. La Préfecture de police et l'Hôtel de Ville sont pris sans combat. Seule une compagnie du 14e de ligne, mal renseignée sur l'évolution des événements, se fera tuer au Palais-Royal. Tourgueniev note que le seul combat sérieux des journées de Février a été livré sur la place du Palais-Royal[1]. « Deux compagnies de ligne occupaient le poste formant l'aile gauche du Château d'Eau. Cet édifice.... ne pouvait être enfoncé que par le canon. C'est de là que la

1. Ivan Tourgueniev, *Monsieur François (souvenir, de 1848)*, texte publié en français dans une traduction de l'auteur revue par Flaubert, dans *La Nouvelle Revue*, 15 décembre 1879 ; rééd. in *L'Exécution de Troppmann et autres récits, op. cit.*

troupe tirait sur le peuple posté en face dans la cour du Palais-Royal, et dont les décharges ne frappaient que la pierre.... Enfin, on pénétra dans les écuries du roi, on roula les voitures sous les fenêtres du poste et on y mit le feu[1]. » À une heure, le roi qui a abdiqué quitte les Tuileries pour Saint-Cloud en répétant, hébété : « Comme Charles X, comme Charles X ! » Les insurgés envahissent les Tuileries, le trône royal est porté jusqu'à la Bastille et brûlé. C'est la fin de la première phase de cette révolution, pour Tocqueville « la plus courte et la moins sanglante que le pays ait connue ».

Les jours qui suivent, le calme règne dans les rues. « J'ai circulé hier très aisément en fiacre, note Apponyi le 27 février, les barricades existent encore, mais on laisse un espace assez large pour pouvoir passer en voiture. J'ai été ainsi chez Rothschild : on ne saurait se figurer la terreur des banquiers et des notaires, ils sont dans un état déplorable. » Le Gouvernement provisoire autoproclamé siège à l'Hôtel de Ville dans des conditions inédites[2] : pendant deux semaines, jusqu'au 5-6 mars, il délibère sous la pression directe de la foule massée sur la place. À chaque minute les séances sont interrompues par l'irruption de

1. Louis Ménard, *Prologue d'une révolution, février-juin 1848*, Paris, Au Bureau du peuple, 1848.

2. Il est formé de députés (Dupont de l'Eure, François Arago, Lamartine, Ledru-Rollin, Garnier-Pagès, Crémieux et Marie) et de trois non-parlementaires, Louis Blanc, Flocon et Albert, mécanicien, membre de la Société des Nouvelles Saisons, « figurant tiré de la classe ouvrière » (Karl Marx). « Pourquoi le sort du peuple, à peine affranchi depuis un moment, tomba-t-il précisément dans les mains de ces hommes ? Savaient-ils quelque chose des besoins, des aspirations de ce peuple, s'étaient-ils exposés à la mort pour lui, avaient-ils vaincu, eux ? Ou peut-être avaient-ils une pensée nouvelle, féconde ? Non, cent fois non. Ils occupèrent les charges, parce qu'il se trouva des hommes assez hardis pour clamer leur propre nom, non sur les barricades, mais dans un bureau de journal, non pas sur le lieu de la lutte, mais dans la Chambre vaincue » (Alexandre Herzen, *Lettres de France et d'Italie*, *op. cit.*, 10 juin 1848).

délégués du peuple. La méfiance règne autour du pouvoir naissant, l'escamotage de juillet 1830 est trop proche pour être oublié. C'est dans ces conditions que se déroule, dès le 25 au soir, l'affaire du drapeau rouge, qui dévoile brutalement les antagonismes. Lamartine : « Les voûtes, les cours, les marches des grands escaliers, la salle Saint-Jean étaient jonchées de cadavres. Des bandes d'hommes insensés et d'enfants féroces allaient chercher çà et là des cadavres de chevaux noyés dans des mares de sang. Ils leur passaient des cordes autour du poitrail et les traînaient avec des rires et des hurlements sur la place de Grève, puis sous la voûte, au pied de l'escalier *(de l'Hôtel de Ville)*[1]. »

À la tête des *séditieux*, un ouvrier prend la parole. Il s'appelle Marche. « Son visage noirci par la fumée de la poudre était pâle d'émotion ; ses lèvres tremblaient de colère ; ses yeux enfoncés sous un front proéminent lançaient du feu.... Il roulait dans sa main gauche un lambeau d'étoffe rouge ; il tenait de la main droite le canon d'une carabine dont il faisait à chaque mot résonner la crosse sur le parquet.... Il parla non en homme, mais en peuple qui veut être obéi et qui ne sait pas attendre.... Il répéta toutes les conditions du programme de l'impossible que les vociférations tumultueuses du peuple enjoignaient d'accepter et de réaliser à l'instant : le renversement de toute sociabilité connue, l'extermination de la propriété, des capitalistes, la spoliation, l'installation immédiate du prolétaire dans la communauté des biens, la proscription des banquiers, des riches, des fabricants, des bourgeois de toute condition supérieure aux salariés, un gouvernement la hache à la main pour niveler toutes les suprématies de la naissance, de l'aisance, de l'hérédité, du travail même ; enfin l'acceptation sans réplique et sans délai du drapeau rouge, pour signifier à la société sa défaite, au peuple sa victoire, à Paris la terreur, à tous les gouvernements étrangers, l'invasion. Chacune de ces injonctions était appuyée par l'orateur d'un coup de crosse sur le plancher, d'une

1. *Histoire de la révolution de 1848*, 1850.

acclamation frénétique de ceux qui étaient derrière lui, d'une salve de coups de feu tirés sur la place[1]. » Lamartine (qui parle de lui-même à la troisième personne dans cette *Histoire*) finit par placer son fameux discours – jalon essentiel de la généalogie républicaine – sur le drapeau rouge, « qui n'a jamais fait que le tour du Champ-de-Mars traîné dans le sang du peuple » alors que le drapeau tricolore « a fait le tour du monde avec le nom, la gloire et la liberté de la patrie ». Apponyi lui est bien reconnaissant d'avoir emporté la décision : « Nous devons cette victoire au courage et au dévouement inouï de M. de Lamartine, qui a passé soixante heures sans boire ni manger, sans dormir.... il était tout et faisait tout avec une force d'esprit et de corps miraculeuse. » C'est ainsi, note Herzen, que « le drapeau du peuple, arboré sous les boulets, le drapeau de la démocratie, de la République future, fut rejeté.... et le drapeau qui servit d'enseigne pendant dix-sept ans à la boutique Louis-Philippe, le drapeau derrière lequel les municipaux tiraient sur le peuple, le drapeau de la bourgeoisie royaliste, fut pris comme étendard de la nouvelle république.... Dès que la bourgeoisie apprit l'affaire du drapeau tricolore, les magasins s'ouvrirent, elle eut le cœur plus léger. Pour cette concession, elle aussi en faisait une, elle consentait à reconnaître la République[2] ».

Très vite la confrontation change de terrain et la grande affaire devient la date de l'élection de l'Assemblée constituante. Les partis bourgeois cherchent à faire voter le plus vite possible alors que la gauche républicaine veut avoir le temps d'une campagne électorale pour s'adresser aux nouveaux électeurs, surtout en province[3]. Le 17 mars,

1. *Ibid.*

2. Herzen, *Lettres de France et d'Italie*, *op. cit.*, 10 juin 1848.

3. La nouvelle loi électorale prévoit le suffrage universel (masculin), ce qui signifie des millions de nouveaux électeurs. Granier de Cassagnac : « M. Ledru-Rollin ne trouvait pas la France assez républicaine. Il voulait avoir le temps de souffler de tous côtés, par l'organe de ses clubs, l'esprit de la démagogie » (*Histoire de la*

150 000 manifestants viennent demander dans le calme le report des élections : « De tous les quartiers, de tous les faubourgs, de toute la banlieue, les ouvriers se dirigeaient par bandes vers la place de la Révolution [de la Concorde]. Ils n'avaient ni le costume, ni la physionomie d'hommes arrachés à l'atelier par l'émeute.... Bientôt une colonne immense et organisée couvre la grande allée des Champs-Élysées, depuis la grille des Tuileries jusqu'à la barrière de l'Étoile [1]. » La colonne, où l'on remarque les drapeaux de la Pologne, de l'unité italienne, de l'unité allemande et le drapeau vert de l'Irlande, prend par les quais la direction de l'Hôtel de Ville. Une cinquantaine de délégués, parmi lesquels Blanqui, Raspail, Cabet et Barbès, sont reçus par le Gouvernement provisoire. Blanqui parle. Il demande l'éloignement des troupes, le report des élections. Lamartine ment avec éloquence : « Il n'y a pas de troupes à Paris, si ce n'est peut-être mille cinq cents ou deux mille hommes, dispersés pour les postes extérieurs, pour la protection des portes et des chemins de fer, et il est faux que le gouvernement ait songé à en rapprocher de Paris.... La République, à l'intérieur, ne veut pas d'autres défenseurs que le Peuple armé [2]. » Louis Blanc, hésitant entre le peuple et le gouvernement, fait avorter le mouvement commencé en prenant parti pour le pouvoir. Proudhon remarque qu'il emploie les mêmes termes que ceux de Guizot pour désigner les manifestants [3]. Finalement, le scrutin ne sera reporté que de deux semaines, délai insuf-

chute du roi Louis-Philippe, de la République de 1848 et du rétablissement de l'Empire, 1847-1855, Paris, Plon, imprimeur de l'Empereur, 1857).

1. Garnier-Pagès, *Histoire de la Révolution de 1848*, Paris, Pagnerre, 1861-1872.

2. Ménard, *Prologue d'une révolution…*, *op. cit.*

3. Geffroy, *L'Enfermé*, *op. cit.* Dans ses *Pages d'histoire de la révolution de Février*, Louis Blanc écrit : « J'aperçus parmi les assistants des figures inconnues dont l'expression avait quelque chose de sinistre. »

fisant pour « appeler le peuple dans ses comices, l'éclairer, faire son éducation politique », comme dira Blanqui au procès de Bourges.

Le dimanche 16 avril, une semaine avant la date prévue pour les élections, une foule ouvrière se rassemble au Champ-de-Mars pour élire ses officiers de la garde nationale. Ici et là on agite la question des élections. Une délégation part vers l'Hôtel de Ville pour y porter le produit d'une collecte, mais Ledru-Rollin a fait battre le rappel et les ouvriers étonnés doivent passer entre les baïonnettes de la garde nationale bourgeoise et de la garde mobile pour parvenir à la Maison du peuple. Le soir, la garde nationale des beaux quartiers parcourt les rues aux cris de « À bas les communistes ! mort à Blanqui ! mort à Cabet ! ».

Pourtant, une part de la bourgeoisie élégante avait pris ses habitudes au club de Blanqui, la Société républicaine centrale, salle du Conservatoire : « La société parisienne, après le premier mouvement de consternation, trop troublée encore pour reprendre ses réunions et ses plaisirs accoutumés, courait de club en club.... Le club de Blanqui avait la faveur des curieux de cette trempe. Les loges et galeries où, les années précédentes, on venait entendre avec recueillement les chefs-d'œuvre de l'art musical, étaient chaque soir envahies par un public singulièrement mélangé et tapageur. On se reconnaissait de loin en loin, on se saluait d'un geste rapide, perdu qu'on était dans cette foule en blouse et en veste que l'on croyait armée [1]. »

1. Daniel Stern, *Histoire de la Révolution de 1848*, *op. cit.* Dans la longue liste des clubs qui s'ouvrent alors, les plus importants sont le club de Barbès (club de la Révolution), qui est au Palais national [Royal]; celui de Raspail (club des Amis du peuple), dans le Marais; celui de Cabet, rue Saint-Honoré. Mais il en est bien d'autres, comme le club des Amis des Noirs, la Société démocratique allemande, le club des Blessés et combattants de la barricade Saint-Merri, le club des Condamnés politiques, celui des Démocrates de Belleville, ceux des Émigrés italiens, des Français non naturalisés, de la Fraternité du faubourg Saint-Antoine, des Vésuviennes, le seul réservé aux femmes…

Parmi les membres de la Société républicaine centrale se trouve Charles Baudelaire, qui publie en mars avec Champfleury et Toubin les deux numéros du *Salut public*. C'est sans doute dans cette salle du Conservatoire qu'il crayonne le portrait de Blanqui dont parle Walter Benjamin en rapprochant, dans une singulière intuition, le poète et l'homme en noir. « La solitude de Baudelaire et la solitude de Blanqui » (*Zentralpark*) ; « Le capharnaüm énigmatique de l'allégorie chez l'un, le bric-à-brac mystérieux du conspirateur chez l'autre » (*La Bohème*) ; et dans les *Litanies de Satan* – « Toi qui fais au proscrit ce regard calme et haut / Qui damne tout un peuple autour d'un échafaud » – Benjamin voit luire « comme un éclair entre les lignes le sombre visage de Blanqui ».

Quelques jours plus tard, après la fête de la Fraternité, Blanqui prédit que « le fruit de cette fraternité de la bourgeoisie et de l'armée sera une Saint-Barthélemy de prolétaires [1] ». La journée du 15 mai en est le prélude – avec les *événements* de Rouen où la garde nationale a tiré sur les ouvriers qui manifestaient sans armes. Les clubs ont décidé une grande manifestation de soutien à la Pologne. Blanqui s'est opposé à ce mouvement : le compte rendu du procès de Bourges note que « M. Blanqui.... explique qu'après avoir résisté à la manifestation, il fut forcé de la subir et de s'y joindre. "C'est que, dit-il, quand on manie l'élément populaire, ce n'est pas comme un régiment qui attend, l'arme au pied, auquel on dit : marche, et il marche ; arrête, et il arrête. Non, messieurs, il n'en est pas ainsi, et j'ai dû subir cette invasion populaire en faveur de la Pologne." »

Partie de la Bastille, la manifestation arrive à la Madeleine par les boulevards, traverse la place de la Concorde et parvient au Palais-Bourbon où siège la nouvelle Constituante qui s'est réunie pour la première fois une dizaine de jours auparavant. Blanqui, Barbès, Raspail sont là. Tocqueville aussi, qui a été élu député de la Manche dans sa circonscription de Valognes : « La séance commença comme eût com-

1. Ménard, *Prologue d'une révolution*..., *op. cit.*

mencé toute autre ; et, ce qu'il y eut de fort étrange, vingt mille hommes environnaient déjà la salle, sans qu'aucun bruit du dehors annonçât leur présence. Wolowski était à la tribune : il mâchonnait entre ses dents je ne sais quel lieu commun sur la Pologne, lorsque le peuple manifesta enfin son approche par un cri terrible, qui, pénétrant de tous côtés à travers les fenêtres qu'on avait laissées ouvertes à cause de la chaleur, tomba sur nous comme s'il fût venu du ciel.... les tribunes s'ouvrent avec fracas ; le flot du peuple les inonde, les remplit et bientôt les déborde. Pressés par la foule qui les suit.... les premiers venus franchissent les balustrades.... se laissent pendre le long des murs et sautent dans la salle au milieu de l'assemblée.... Pendant qu'une partie du peuple tombait ainsi dans la salle, une autre composée principalement des chefs des clubs, nous envahissait par toutes les portes. Ceux-là portaient avec eux plusieurs emblèmes de la Terreur et agitaient en l'air une multitude de drapeaux, dont quelques-uns étaient surmontés du bonnet rouge.... Quelques-uns.... étaient armés.... mais aucun ne semblait avoir la pensée de nous frapper.... point de chef commun auquel on semblât obéir, c'était une cohue et non une troupe. Je vis parmi eux des hommes ivres, mais la plupart paraissaient seulement en proie à une excitation fébrile.... ils dégouttaient de sueur, quoique la nature et l'état de leurs vêtements ne dût pas leur rendre la chaleur fort incommode, car plusieurs étaient fort débraillés.... Pendant que ce désordre avait lieu dans son sein, l'Assemblée se tenait passive et immobile.... Quelques membres de la Montagne fraternisaient avec le peuple, mais furtivement et à voix basse. »

Raspail lit à la tribune une pétition pour la Pologne dans une grande confusion. Le président agite sa sonnette. Mais soudain le silence se fait, Blanqui va parler[1]. « C'est alors

1. Dans le compte rendu du procès de Bourges, Blanqui explique : « Il est bien vrai que j'étais venu malgré moi, en haussant les épaules, et que pourtant j'ai prononcé un discours de sang-froid. C'est qu'un homme politique se retrouve toujours… Si nous avions voulu renverser l'Assemblée, je vous prie de croire que

que je vis paraître, à son tour, à la tribune un homme que je n'ai vu que ce jour-là, mais dont le souvenir m'a toujours rempli de dégoût et d'horreur; il avait des joues hâves et flétries, des lèvres blanches, l'air malade, méchant et immonde, une pâleur sale, l'aspect d'un corps moisi, point de linge visible, une vieille redingote noire collée sur des membres grêles et décharnés; il semblait avoir vécu dans un égout et en sortir; on me dit que c'était Blanqui. »

Sur cette description, il faut s'arrêter. Blanqui vient de passer huit ans dans les pires prisons, sa santé est ruinée, il crache le sang, sa femme est morte, et l'on veut bien croire que ces épreuves l'ont marqué. Il ne devait d'ailleurs pas être au mieux ce jour-là, plongé dans une affaire qu'il n'avait pas voulue. Mais dans les mots de Tocqueville il y a de la haine, la même qu'envers la tourbe, l'*ochlos*, envers ces hommes « dégouttant de sueur, fort débraillés », la même qu'il ressentira bientôt pour les insurgés de Juin. Tocqueville, le grand homme de l'institut des Sciences politiques et de feu la fondation Saint-Simon, l'idole des libéraux, est possédé par la haine du peuple et, bien que fort poli d'ordinaire, il l'exprime de façon immonde, pour reprendre l'un de ses adjectifs [1].

---

nous nous y serions pris tout autrement. Nous avons quelque habitude des insurrections et des conspirations, et je vous assure qu'on ne reste pas trois heures à bavarder dans une Assemblée qu'on veut renverser. »

1. Il est intéressant de comparer la description de Tocqueville à celle d'un autre adversaire de Blanqui, Victor Hugo : « Blanqui en était à ce point de ne plus porter de chemise. Il avait sur le corps les mêmes habits depuis douze ans, ses habits de prison, des haillons, qu'il étalait avec un orgueil sombre dans son club. Il ne renouvelait que ses chaussures, et ses gants qui étaient toujours noirs.... Il y avait dans cet homme un aristocrate brisé et foulé aux pieds par un démagogue.... Une habileté profonde; nulle hypocrisie. Le même dans l'intimité et en public. Âpre, dur, sérieux, ne riant jamais, payant le respect par l'ironie, l'admiration par le sarcasme, l'amour par le dédain, et inspirant des dévouements extraordinaires. Figure sinistre.... À de certains moments, ce n'était plus un homme, c'était

L'affaire tourne au désastre. Blanqui n'est pas bien convaincant, oscillant entre la Pologne et la situation française. Après lui, Barbès, sans doute dans un mouvement de folle surenchère dirigé contre Blanqui dont il est devenu l'ennemi, réclame un impôt immédiat d'un milliard sur les riches. Un nommé Huber – la suite montrera qu'il s'agit d'un agent provocateur – proclame dans un chaos total la dissolution de l'Assemblée. La plupart des députés quittent la salle. Bientôt on entend le rappel, les gardes mobiles surgissent et chassent les manifestants. La journée est finie. Dans la soirée, Barbès, Albert, Raspail sont arrêtés. Les clubs de Blanqui et de Raspail sont fermés. Blanqui, quelques jours introuvable, est arrêté le 26 mai avec ses fidèles amis, Flotte le cuisinier et Lacambre le médecin. Ainsi, le résultat le plus clair de cette journée est de priver le prolétariat parisien de ses chefs au moment même où il va en avoir le plus besoin.

« *Plutôt une fin effroyable qu'un effroi sans fin !* », tel est le cri que lance le bourgeois, « dans un accès de fureur, à sa République parlementaire »[1]. Pendant les cinq semaines qui s'écoulent entre la journée du 15 mai et l'insurrection de Juin, la bourgeoisie se prépare à la *fin effroyable*. Contre Paris rouge, c'est l'union sacrée : orléanistes, légitimistes, républicains de toutes tendances y compris la quasi-totalité des socialistes n'ont qu'une idée : il faut en finir. Très rares sont les voix discordantes comme celle de Pierre Leroux à l'Assemblée le 10 juin : « Vous n'avez pas d'autre solution que la violence, la menace, le sang, la vieille, fausse, absurde économie politique. Il y a des solutions nouvelles, le socialisme les apporte, permettez au socialisme de faire vivre l'humanité ! » Daniel Stern note que « rien ne devait paraître plus

---

une sorte d'apparition lugubre dans laquelle semblaient s'être incarnées toutes les haines nées de toutes les misères » (*Choses vues*, 1848).

1. Karl Marx, *Le 18 Brumaire de Louis Bonaparte*, 1852.

singulier à cette assemblée qui commençait à trouver qu'elle était un peu trop en république, que de s'entendre dire qu'elle n'y était pas assez ».

Les préparatifs de la bataille contre le prolétariat parisien se font au grand jour. Lamartine en présente les grandes lignes devant la Commission exécutive – qui a remplacé le gouvernement provisoire en mai : « Je ne veux pas assumer sur mon nom la responsabilité d'une situation de faiblesse, et de désarmement de la société qui pourrait dégénérer en anarchie. Je demande deux choses : des lois de sécurité publique sur les attroupements, sur les clubs, sur les abus du criage des journaux anarchiques, sur la faculté d'éloigner de Paris les agitateurs convaincus de troubles publics, et enfin un corps de vingt mille hommes sous les murs de Paris, pour prêter main-forte à l'armée de Paris et à la garde nationale dans la campagne certaine, imminente, que nous aurons inévitablement à faire contre les ateliers nationaux et contre des factions plus coupables qui peuvent surgir et s'emparer de cette armée de toutes les séditions[1]. »

Le doux poète élégiaque, le chef de l'École angélique comme l'appelle ironiquement Balzac, va obtenir satisfaction. Une loi sur les attroupements est votée, qui punit de douze ans de prison et de la privation des droits civiques tout citoyen faisant partie d'un attroupement armé qui ne s'est pas dispersé à la première sommation. Est considéré comme armé tout attroupement où se trouve un seul individu armé. Grâce à cette loi, « les prisons de la République se rouvrirent pour ceux qui avaient vieilli dans les prisons de la monarchie[2] ».

Les souvenirs de février sont encore frais. Le parti de l'ordre sait que la troupe peut virer de bord et que la garde nationale des arrondissements populaires n'est pas sûre. On crée donc un nouveau corps, spécialement recruté et encadré pour la répression : la garde mobile, reconnaissable à ses épaulettes vertes. C'est à son sujet que Marx

1. Lamartine, *Histoire de la révolution de 1848*.
2. Ménard, *Prologue d'une révolution…*, *op. cit.*

utilise, pour la première fois je crois, le terme de *Lumpenproletariat*. D'après Victor Marouk, « des gens sans aveu », et pour Hippolyte Castille, « l'écume de Paris ». Pour Louis Ménard, « aucune précaution n'ayant été prise lors du recrutement, cette population sans aveu qui pullule dans les grandes villes n'avait pas eu de peine à s'y introduire [1] ». Il s'agit de très jeunes gens, pour beaucoup des chômeurs issus de la classe ouvrière, attirés par la solde (trente sous par jour), l'uniforme, l'aventure [2]. La bourgeoisie se demandera jusqu'au dernier moment s'ils ne vont pas la trahir. Tocqueville exprime cette crainte lors de la fête de la Concorde au Champ-de-Mars, parodie sinistre de la fête de la Fédération de 1790. « Le spectacle de ces deux cent mille baïonnettes ne sortira jamais de ma mémoire.... Les légions des quartiers riches présentaient seules un très grand nombre de gardes nationaux revêtus de l'habit militaire.... Dans les légions des faubourgs qui, à elles seules, formaient de longues armées, on ne voyait guère que des vestes ou des blouses, ce qui ne les empêchait pas de marcher avec une contenance très guerrière. La plupart d'entre elles, en passant devant nous, criaient : "Vive la république démocratique !" ou chantaient *la Marseillaise* et l'air des *Girondins*.... Les bataillons de la garde mobile firent entendre des acclamations diverses qui nous laissèrent pleins de doutes et d'anxiété sur l'intention de ces jeunes gens ou plutôt de ces enfants qui tenaient alors, plus que personne, dans leurs mains nos destinées. Les régiments de ligne qui fermaient la marche défilèrent en silence. J'assistai à ce long spectacle, le cœur rempli de

1. *Ibid.*

2. Pierre Gaspard, « Aspects de la lutte des classes en 1848 : le recrutement de la garde nationale mobile », *La Revue historique*, n° 511, juillet-septembre 1974. Par une ironie de l'histoire, leurs uniformes sont confectionnés par l'Association fraternelle des tailleurs, deux mille tailleurs venus d'un peu partout et qui travaillaient dans les locaux désaffectés de la prison pour dettes de Clichy (J. Rancière, *La Nuit des prolétaires*, Paris, Fayard, 1981).

tristesse.... je sentais que c'était la revue des deux armées de la guerre civile que nous venions de faire. »

Dans ses ateliers, le prolétariat se prépare lui aussi à la bataille. Il s'agit surtout de fabriquer de la poudre et des munitions, car des armes, on n'en manque pas. Au faubourg du Temple on fond même un canon. En juillet, un certain Allard, chef de la police de sûreté, témoignera devant la commission d'enquête parlementaire : « J'ai fait fouiller les maisons à droite et à gauche de toute la longueur de la rue de Charenton. Nous étions obligés quelquefois d'enfoncer les portes. Nous rencontrions des fusils encore chauds, des mains noires de poudre. Mais ce qui frappa surtout notre attention, c'est une véritable manufacture de poudre et d'autres munitions de guerre dans un petit passage, rue du Chantier, entre la rue de Charenton et le faubourg Saint-Antoine.... Il y a là, au n° 10, une fonderie de serrurerie où se fabriquaient poudre, balles, cartouches. Des balles étaient coulées dans des dés à coudre, d'autres dans des canons de fusils. Il en sortait des lingots de plomb qu'on découpait ensuite[1]. »

Pour en finir il fallait un prétexte et ce furent les ateliers nationaux. Créés sur une idée de Louis Blanc au lendemain de la révolution de Février, ils devaient soulager la misère en organisant des formes nouvelles de travail. Mais très vite l'immensité de la demande transforma ces projets coopératifs et généreux en tâches stériles : en mai-juin on comptait plus de 100 000 hommes et 20 000 femmes, embrigadés tous métiers confondus pour être terrassiers ou couturières à 2 francs par jour – 1 franc pour les femmes[2]. Il n'y avait plus d'argent pour financer les

1. *Rapport de la Commission d'enquête sur l'insurrection qui a éclaté dans la journée du 25 juin et sur les événements du 15 mai.*

2. Pour un ordre de grandeur, un correspondant d'Eugène Sue lui écrit : « Votre Chourineur.... gagne trop peu. Si vous étiez bien informé, vous sauriez qu'un bon tireur *(dans un chantier de bois flotté)* gagne de 7 à 8 francs par jour, et que 35 sous est ce que l'on

grands travaux initialement prévus, la crise économique qui durait depuis 1846 était aggravée par la fuite des capitaux[1]. L'immense majorité de l'Assemblée souhaitait la fermeture des ateliers nationaux, car non seulement ils coûtaient cher mais ils faisaient peur. Daniel Stern : « Cette masse confuse et flottante qu'on a poussée là pour en débarrasser la place publique s'est animée insensiblement d'un esprit commun. Elle s'est disciplinée, organisée par sa propre force ; elle constitue une armée véritable.... et qui s'est donné par l'élection des chefs de son choix auxquels seuls elle obéira au jour décisif. » Mais si « quelques esprits, tenant compte des circonstances, cherchent un mode de dissolution lent et ménagé qui ne jette pas brusquement dans la détresse les familles de braves ouvriers dont le seul tort est de manquer d'ouvrage, d'autres au contraire traitent de complaisance coupable l'équité des premiers et veulent sur l'heure, sans transition ni ménagement, chasser de Paris et disperser à tout prix, sans s'occuper de leur trouver du pain, ces lazzaroni, ces janissaires, comme ils les appellent dans leur langage aussi injuste qu'imprudent ».

Sous l'influence de Falloux, rapporteur du Comité du travail, l'Assemblée et la Commission exécutive décident de faire vite[2]. Le 20 juin, Victor Hugo demande la disso-

---

donne à un barboteur » (cité par Louis Chevalier, *Classes laborieuses et classes dangereuses…*, *op. cit.*).

1. « Les affaires vont de plus en plus mal ; Lamartine est complètement débordé, les finances sont déplorables, les banqueroutes se succèdent d'une manière inconcevable, le numéraire devient tellement rare qu'on a toutes les peines à s'en procurer… Ce qui retient encore quelques personnes ici, c'est le manque d'espèces pour se mettre en route, car, excepté Rothschild, aucun banquier ne paie plus, les plus riches n'ont pas cent ou deux cents francs à leur disposition » (Apponyi, *De la Révolution au coup d'État, 1848-1851*, *op. cit.*).

2. Discours de Falloux le 29 mai : « Les Ateliers nationaux ne sont plus aujourd'hui au point de vue industriel, qu'une grève

lution dans des termes fort proches de Falloux, auquel il fait d'ailleurs référence : « Indépendamment de la funeste perturbation que les ateliers nationaux font peser sur nos finances, les ateliers nationaux tels qu'ils sont, tels qu'ils menacent de se perpétuer, pourraient à la longue – danger *qu'on vous a déjà signalé* et sur lequel j'insiste – altérer gravement le caractère de l'ouvrier parisien. » Le 21 juin, la Commission décrète que tous les ouvriers de 18 à 25 ans seront immédiatement enrôlés dans l'armée. Les autres partiront dans les départements qu'on leur désignera pour y faire des travaux de terrassement. Le premier contingent doit quitter Paris pour les marais de Sologne dès le lendemain, 22 juin.

Ce décret tombe sur une ville en effervescence. « Le 6 juin, nouvel attroupement rue Saint-Denis, qui ne cesse d'augmenter. À dix heures il y avait une foule compacte sur le boulevard.... des détachements de la garde nationale et de la garde mobile et des troupes de ligne débouchent de divers côtés.... Mêmes attroupements le 8. La foule est chaque jour plus considérable, la répression plus énergique.... Le 11, l'agitation continue, on arrête 134 *séditieux*[1]. » Le soir, des groupes d'affamés parcourent les rues en psalmodiant à mi-voix « du pain ou du plomb, du plomb ou du pain », version contractée et sombre du cri de guerre des canuts de Lyon, « vivre en travaillant ou mourir en combattant. »

La provocation de la Commission va déclencher l'insurrection de Juin, pour Tocqueville « la plus grande et la plus singulière qui ait eu lieu dans notre histoire et peut-être dans aucune autre : la plus grande, car, pendant quatre

permanente et organisée à 170 000 francs par jour, soit 45 millions par an. C'est au point de vue politique, un foyer actif de fermentation menaçante ; au point de vue financier, une dilapidation quotidienne ; au point de vue moral, l'altération la plus affligeante du caractère si glorieux et si pur du travailleur. »

1. Maurice Vimont, *Histoire de la rue Saint-Denis*, Paris, Les Presses modernes, 1936.

jours, plus de cent mille hommes y furent engagés et il y périt cinq généraux ; la plus singulière, car les insurgés y combattirent sans cri de guerre, sans chefs, sans drapeaux et pourtant avec un ensemble merveilleux et une expérience militaire qui étonna les plus vieux officiers. Ce qui la distingua encore parmi tous les événements de ce genre qui se sont succédé depuis soixante ans parmi nous, c'est qu'elle n'eut pas pour but de changer la forme du gouvernement, mais d'altérer l'ordre de la société. Elle ne fut pas, à vrai dire, une lutte politique.... mais un combat de classe, une sorte de guerre servile. »

Le 22 juin, à la nouvelle du décret, des dizaines de milliers d'ouvriers parcourent les rues, criant « À bas Marie ! À bas Lamartine ! » et chantant en cadence d'un ton monotone : « On ne partira pas, on ne partira pas… » Une colonne se rend au Luxembourg où siègent la Commission exécutive et le Comité du travail, pour demander la suspension du décret. Une délégation conduite par Pujol, lieutenant des ateliers nationaux, est reçue par Marie, ministre des Travaux publics. Le ton monte vite et Marie finit par lâcher les mots fatals : « Si les ouvriers ne veulent pas partir pour la province, nous les y contraindrons par la force. » Sortis furieux du Luxembourg, les délégués descendent vers la place Saint-Sulpice où Pujol, juché sur la fontaine, rend compte de la réponse du gouvernement et convoque les ouvriers pour le soir même au Panthéon.

Dans la nuit, une foule immense, des hommes et des femmes venus du Paris ouvrier, du faubourg du Temple et du faubourg Saint-Antoine, montent la rue Saint-Jacques et se massent autour du Panthéon. Pardigon, étudiant en droit qui prendra part à l'insurrection, raconte : « Plusieurs orateurs prenaient la parole à la fois et sans entraîner de confusion. Chacun d'eux avait son public. À certains moments des murmures sourds et des oscillations parmi ces groupes où l'on ne distinguait même pas les visages, prouvaient qu'une pensée commune émouvait ces esprits, pensée aussi grave et froide qu'absorbante, car on ne remarquait pas les cris, les vivats, les applaudissements et l'expansion ordinaires aux réunions populaires.... Le spectre de la Sologne se présenta bientôt à tous les esprits, comme une Sibérie française, où l'on aurait voulu exiler les travailleurs des ateliers nationaux pour trancher la question du *Droit au travail*, et pour dégarnir Paris de ses forces révolutionnaires [1]. » Pour finir, Pujol, hissé sur un montant de la grille, invite les ouvriers à se rassembler au même endroit le lendemain. « Des acclamations accueillent ces paroles incendiaires, les torches s'éteignent, la foule s'écoule, et la nuit se passe en horribles et sourds préparatifs [2]. »

Cette nuit-là, le préfet de police reçoit l'ordre de faire occuper la place du Panthéon et d'arrêter les cinquante-six délégués des ateliers nationaux du XIIe arrondissement, qui réunissaient les *masses faméliques*, comme disait Lamartine, du quartier Latin et du faubourg Saint-Marceau. Cet ordre n'est pas exécuté et à six heures du matin plusieurs milliers d'ouvriers sont massés sur la place du Panthéon. Descendant par la rue Saint-Jacques et la rue de la Harpe, ils dressent des barricades dans les ruelles autour de l'église Saint-Séverin, occupent le Petit-Pont, se fortifient dans le dédale de la Cité où ils menacent la Préfecture de police [3].

Pendant ce temps, une autre masse insurgée se rassemble aux barrières Poissonnière et Saint-Denis [carrefours Barbès-Rochechouart et de la Chapelle] et au clos Saint-Lazare, c'est-à-dire dans le chantier de l'hôpital Louis-Philippe [Lariboisière] en construction. Ce groupe se fortifie autour de la toute neuve église Saint-

1. F. Pardigon, *Épisodes des journées de juin*, Londres, Bruxelles, 1852.

2. *Histoire des journées de juin*, brochure anonyme, Martinon éditeur, 5, rue du Coq-Saint-Honoré, Paris, 1848.

3. Elle se trouvait rue de Jérusalem, petite rue de la Cité disparue sous Haussmann. L'on disait « la rue de Jérusalem » pour désigner la police comme on dit aujourd'hui « le Quai d'Orsay » ou « l'Élysée ».

Vincent-de-Paul et sur la place La Fayette [Franz-Liszt]. Rue de Bellefond, rue Rochechouart, rue du Faubourg-Poissonnière, les mécaniciens des gares construisent des barricades.

Le troisième foyer insurrectionnel est au faubourg Saint-Antoine. Il fait sa jonction avec le faubourg du Temple à travers le quartier Popincourt et établit ses avant-postes tout contre l'Hôtel de Ville, en fortifiant les ruelles autour de l'église Saint-Gervais. « Dans toutes les petites rues qui avoisinent ce monument *(l'Hôtel de Ville)*, je trouvai le peuple occupé à établir des barricades ; il procédait à ce travail avec l'habileté et la régularité d'un ingénieur, ne dépavant que ce qu'il fallait pour fonder, à l'aide des pierres carrées qu'il se procurait ainsi, un mur épais, très solide et même assez propre, dans lequel il avait soin d'ordinaire de laisser une petite ouverture le long des maisons afin qu'on pût circuler[1]. »

Ainsi, la place du Panthéon et le clos Saint-Lazare, positions culminantes sur la rive gauche et la rive droite, formaient les deux places fortes extrêmes de l'insurrection. Elles étaient reliées au faubourg Saint-Antoine, qui en était le quartier général, la première par la place Maubert, la Cité et le quartier de l'Hôtel de Ville et la deuxième par les faubourgs et boulevards Saint-Martin et du Temple. L'insurrection se trouvait ainsi maîtresse d'un immense demi-cercle sur la moitié est de Paris, la plus populeuse et la plus pauvre, où les rues étroites et la nature des maisons rendaient toute attaque très problématique. « Une fois maîtresse de ce vaste espace, et ayant grossi ses rangs de toute la population ouvrière de ces quartiers, *(l'insurrection)* pouvait s'avancer sur la rive gauche et sur la rive droite simultanément, par les boulevards et par les quais, vers l'autre moitié la plus riche et la moins peuplée de Paris, celle où sont les Tuileries, le Palais-Royal, les ministères, l'Assemblée nationale, la Banque, etc.[2]. »

1. Tocqueville, *Souvenirs*.
2. *Histoire des journées de juin*, *op. cit.*

Mais une telle offensive aurait nécessité une conception stratégique, qui n'existait pas. « L'insurrection de Juin s'est faite sans plan d'ensemble, sans conspiration dans la force du mot, sans état-major, mais elle ne s'est point faite sans un travail du peuple sur lui-même, sans un concert préalable », écrit Pardigon. Louis Ménard ne pense pas autrement : « Les chefs de la démocratie n'étaient pour rien dans l'insurrection. Les plus habiles et les plus énergiques étaient *(emprisonnés)* à Vincennes. Les autres manquaient d'audace et de foi ; de là, dans le parti du Peuple, cette absence d'unité, de plan d'ensemble, qui rendit possible la victoire de ses adversaires[1]. »

Quoi qu'il en soit, à la fin de la matinée du 23 juin, la moitié de Paris est aux mains du peuple sans un coup de fusil tiré. Dans l'après-midi, la Commission exécutive a confié tous les pouvoirs militaires au ministre de la Guerre, le général Cavaignac (« Les fusées lumineuses de Lamartine sont devenues les fusées incendiaires de Cavaignac », écrit Karl Marx dans la *Neue Rheinische Zeitung*). Fils de conventionnel, polytechnicien – et l'École est alors un foyer républicain –, frère de Godefroy Cavaignac qui avait été une vedette de l'opposition républicaine (« notre Godefroy », comme disait Delescluze), le personnage aurait pu avoir quelque ambiguïté, mais c'est le général d'Afrique qui l'emporte chez lui, tout d'une pièce : « Cette fois, ils ne nous échapperont pas.... Je suis chargé d'écraser l'ennemi et j'agirai contre lui par masses, comme à la guerre. S'il le faut, je l'attaquerai en rase campagne et j'achèverai de le battre[2]. »

1. *Prologue d'une révolution...*, *op. cit.*

2. Cité par Maïté Bouyssy dans l'introduction à *La Guerre des rues et des maisons*, par le maréchal Bugeaud, Paris, Jean-Paul Rocher, 1997. Les militaires ne sont pas les seuls à avoir une vision humaniste de la guerre coloniale. Tocqueville : « J'ai souvent entendu en France des hommes que je respecte, mais que je n'approuve pas, trouver mauvais qu'on s'emparât des hommes sans armes, des femmes, des enfants. Ce sont là, selon moi, des néces-

Son dispositif est fait de trois corps qui doivent opérer, comme il le dit, par masses compactes, pour éviter l'émiettement et la démoralisation au contact des insurgés. « Les quartiers généraux étaient : 1° la porte Saint-Denis, d'où l'on devait agir contre le clos Saint-Lazare, les faubourgs Saint-Martin et du Temple ; M. de Lamoricière, qui commande de ce côté, va se distinguer par la rapidité de son coup d'œil et l'élan de son brillant courage ; 2° l'Hôtel-de-Ville, où Duvivier prépare ses opérations contre le quartier et le faubourg Saint-Antoine ; 3° la Sorbonne, d'où Bedeau et Damesme, commandant la garde mobile, agiront contre le Panthéon et les faubourgs Saint-Jacques et Saint-Marceau[1]. »

Le premier engagement a lieu le 23 en fin de matinée, à la porte Saint-Denis. « Le détachement qui était parti du clos Saint-Lazare pour l'occuper *(la Porte)* se composait d'une troupe d'enfants que précédait un tambour. À l'arrivée de cette troupe, une voix crie : Aux barricades ! Aux armes ! mille voix lui répondent ; de toutes les maisons, de toutes les rues sortent des insurgés, hommes, femmes, enfants, qui s'emparent des voitures, dépavent la rue, et en quelques minutes dressent une formidable barricade. Une femme arbore au sommet un drapeau sur lequel on lit : *Ateliers nationaux, 4e arrondissement, 5e section*[2]. » La rue et le faubourg Saint-Denis, la rue Sainte-Apolline, les rues d'Aboukir et de Cléry se couvrent de barricades. Les rampes et les grilles du boulevard de Bonne-Nouvelle sont arrachées. Tout à coup débouche un détachement de gardes nationaux qui descendent les boulevards. Voyant la barricade, ils tirent les premiers, avant les sommations. Les insurgés répliquent et les gardes s'enfuient. Surviennent alors un bataillon de la 2e légion et une compagnie

---

sités fâcheuses, mais auxquelles tout peuple qui voudra faire la guerre aux Arabes sera obligé de se soumettre » (cité *in* A. Brossat, *Le Corps de l'ennemi*, Paris, La Fabrique, 1998).

1. *Histoire des journées de juin*, *op. cit.*

2. *Ibid.* Le IVe arrondissement était le quartier des Halles.

de la 3e. Le chef des insurgés qui commandait le feu tombe, frappé d'une balle. Une femme reprend le drapeau, « les cheveux épars, les bras nus, vêtue d'une robe de couleur éclatante, elle semble défier la mort. À cette vue, les gardes nationaux hésitent à faire feu ; ils crient à la jeune fille de se retirer ; elle reste intrépide ; elle provoque les assaillants du geste et de la voix ; un coup de feu part ; on la voit chanceler et s'affaisser sur elle-même. Mais une autre femme s'élance soudain à ses côtés ; d'une main elle soutient le corps sanglant de sa compagne, de l'autre elle lance des pierres aux assaillants. Une nouvelle décharge retentit ; la voici qui tombe à son tour sur le cadavre qu'elle tenait embrassé [1] ».

La barricade est prise. Au même moment débouche sur le boulevard, venant de la Madeleine, la tête de la colonne conduite par Lamoricière – troupes de ligne et gardes mobiles –, qui va prendre position au Château-d'Eau. Elle balaie les boulevards, les faubourgs Saint-Denis et Saint-

1. Daniel Stern, *Histoire de la Révolution de 1848*, *op. cit.* Daniel Stern, on s'en souvient, est une femme, la comtesse d'Agout. Dans *Choses vues*, Victor Hugo décrit cet épisode d'une façon à la fois proche et opposée : « La garde nationale, plus irritée qu'intimidée, se rua sur la barricade au pas de course. En ce moment, une femme parut sur la crête de la barricade, une femme jeune, belle, échevelée, terrible. Cette femme, qui était une fille publique, releva sa robe jusqu'à la ceinture et cria aux gardes nationaux, dans cette affreuse langue de lupanar qu'on est toujours forcé de traduire : – Lâches, tirez, si vous l'osez, sur le ventre d'une femme ! – Ici, la chose devient effroyable. La garde nationale n'hésita pas. Un feu de peloton renversa la misérable. Elle tomba en poussant un grand cri. Il y eut un silence d'horreur dans la barricade et parmi les assaillants. Tout à coup une seconde femme apparut. Celle-ci était plus jeune et plus belle encore ; c'était presque une enfant, dix-sept ans à peine. Quelle profonde misère ! C'était encore une fille publique. Elle leva sa robe, montra son ventre, et cria : – Tirez, brigands ! On tira. Elle tomba trouée de balles sur le corps de la première. Ce fut ainsi que cette guerre commença. »

Martin et s'avance vers le nord dans le faubourg Poissonnière où elle prend d'assaut les barricades dressées rue Richer et rue des Petites-Écuries. Mais elle bute sur les gigantesques défenses de la place La Fayette, commandées par un dessinateur industriel, Legénissel, capitaine de la garde nationale dont la compagnie est passée à l'insurrection. Lamoricière doit battre en retraite vers la porte Saint-Denis.

Ce vendredi 23, premier des quatre jours de la bataille, les insurgés assurent leurs positions. « Le clos Saint-Lazare, les barrières Poissonnière, de la Chapelle, de la Villette, du Temple, les communes de Montmartre, de la Chapelle, de la Villette, de Belleville, le faubourg du Temple, le quartier Popincourt, le faubourg et la rue Saint-Antoine, les quartiers Saint-Jacques et Saint-Victor sont entièrement au pouvoir de l'insurrection.... En outre, dans le quartier Saint-Martin, qui se trouve coupé des trois grands centres de la rébellion, des barricades sont élevées aux rues Rambuteau, Beaubourg, Planche-Mibray, etc. Une partie de la garde nationale des VIIIe, XIe et XIIe arrondissements s'est établie elle-même derrière les barricades[1]. »

Au Panthéon, il s'en faut de peu que deux légions de la garde nationale en viennent aux mains. La 11e, commandée par Edgar Quinet, est pour l'essentiel du côté de l'ordre. La 12e, engagée du côté du peuple, exige que la 11e rentre dans les limites de son arrondissement. « Une trentaine d'élèves de l'École normale supérieure, dans leur nouvel uniforme et armés de fusils, intercédèrent pour éviter l'effusion de sang. Sans être hostiles à l'insurrection, ils la déploraient[2]. » Le maire du XIIe arrondissement, un médecin très populaire, parlemente avec les barricades lorsque soudain un détachement conduit par le vieux François Arago arrive du Luxembourg et bute sur une bar-

1. *Histoire des journées de juin*, *op. cit.* Le VIIIe arrondissement correspond à la partie nord du Marais, le XIe au Luxembourg et le XIIe, on l'a vu, au quartier Latin et au faubourg Saint-Marceau.

2. Pardigon, *Épisodes des journées de juin*, *op. cit.*

ricade qui barre la rue Soufflot. Furieux, Arago demande aux insurgés pourquoi ils se battent contre la République, pourquoi ces barricades. Un vieil insurgé lui rappelle : « Nous en avons fait ensemble rue Saint-Merri. » Après les sommations, la barricade est attaquée et prise. À la place de Cambrai, rue Neuve-des-Mathurins, nouvelles barricades, et cette fois Arago fait donner le canon[1].

Quinet, Arago, comment ces vieux républicains en vinrent-ils à canonner le peuple ? « Ces hommes qui, pendant toute leur vie, avaient combattu pour le progrès des idées démocratiques.... persuadés cette fois que le peuple, en s'insurgeant contre la représentation nationale, engloutirait, avec la loi et le droit, la République et peut-être l'État dans son calamiteux triomphe, se portèrent, le cœur navré mais l'âme ferme, à la rencontre de cet étrange ennemi dont l'affranchissement était, depuis plus de vingt années, le but de leurs efforts[2]. » Peut-être aussi, devant ce prolétariat dont ils n'avaient jusque-là qu'une vision abstraite, l'instinct de classe l'a-t-il emporté chez eux sur les idées généreuses.

Dans l'après-midi du 23, le général Bedeau part de l'Hôtel de Ville à l'assaut de la montagne Sainte-Geneviève avec deux colonnes. L'une traverse la Seine par le pont d'Arcole et l'autre par le pont Notre-Dame. Pour les soutenir, une batterie d'artillerie est installée dans l'Hôtel-Dieu[3]. La garde emporte facilement la barricade du Petit-Pont du côté de la Cité, mais de l'autre côté, celle qui barre l'entrée de la rue Saint-Jacques résiste. Elle est défendue par d'anciens républicains qui avaient été en pri-

1. La place de Cambrai était située devant le Collège de France, avant le percement de la rue des Écoles. La rue Neuve-des-Mathurins donnait dans la rue Saint-Jacques non loin de là.

2. Daniel Stern, *Histoire de la Révolution de 1848*, *op. cit.*

3. L'ancien Hôtel-Dieu, au bord du petit bras de la Seine, à l'emplacement actuel du square et de la statue de Charlemagne, avait une extension sur la rive gauche à laquelle il était réuni par un pont-galerie. C'est sans doute là qu'était placée la batterie.

son sous Louis-Philippe avec Guinard, l'officier qui commande l'artillerie d'en face. « Le citoyen Guinard était en tête avec ses artilleurs, qu'il n'avait pas tous, car quelques-uns de ces derniers étaient dans la barricade, de façon qu'ils pouvaient réciproquement se connaître et s'appeler par leur nom [1]. » Comme très souvent au cours de ces journées, c'est l'arrivée de la garde mobile qui fait la décision. La barricade est prise. Les insurgés cherchent refuge dans un magasin de nouveautés du bas de la rue Saint-Jacques, *Aux Deux Pierrots*. « Belval, leur chef, homme énergique et d'un grand sang-froid, voulait abattre l'escalier et se battre des étages supérieurs. Il ne fut pas écouté et mal en prit à ses compagnons. Les gardes mobiles commencèrent un épouvantable carnage. Les ouvriers cachés derrière les ballots, sous les comptoirs, sous les combles, dans les caves, furent tués à coups de baïonnette au milieu des rires sauvages des massacreurs. Le sang coulait par ruisseaux [2]. »

Tocqueville avait eu tort de s'inquiéter du comportement de la garde mobile. « La bravoure des enfants de la garde mobile, en cette première et terrible épreuve, ne saurait être même imaginée par ceux qui n'en ont pas été témoins. Le bruit des décharges, le sifflement des balles, leur semble un jeu nouveau qui les met en joie. La fumée, l'odeur de la poudre les excite. Ils courent à l'assaut, grimpent sur les pavés croulants, se cramponnent à tous les obstacles avec une agilité merveilleuse ; une fois lancés, nul commandement ne les saurait retenir ; une émulation jalouse les emporte et les jette au-devant de la mort. Arracher un fusil des mains sanglantes d'un combattant, appuyer sur une poitrine nue le canon d'une carabine, enfoncer dans des chairs palpitantes la pointe d'une baïonnette, fouler du pied les cadavres, se montrer, debout, le premier, au plus haut de la barricade, recevoir sans chanceler des atteintes mortelles, regarder en riant couler son

1. Pardigon, *Épisodes des journées de juin*, *op. cit.*
2. Marouk, *Juin 1848*, *op. cit.*

propre sang, s'emparer d'un drapeau, l'agiter au-dessus de sa tête, défier ainsi les balles ennemies, c'étaient là, pour ces débiles et héroïques enfants de Paris, des ravissements inconnus qui les transportaient et les rendaient insensibles à tout. Il ne fallut pas moins que ce transport de jeunesse et cette folie de gloire, soutenus par la valeur brillante et calme des officiers de l'armée, pour entraîner les régiments, et la masse de la garde nationale. Si la garde mobile avait passé à l'insurrection, comme on l'appréhendait, il est à peu près sûr que la victoire y eût passé avec elle[1]. »

Après ce succès, le général Bedeau s'enfonce dans la rue Saint-Jacques, mais le feu part de toutes les fenêtres, les munitions de la troupe s'épuisent, les barricades se multiplient dans la montée, les pertes sont énormes. La nuit tombe, il n'est plus question d'atteindre le Panthéon. Les troupes se replient sur l'Hôtel de Ville. « Tant de morts et de blessés, des pertes si disproportionnées avec les minces avantages remportés, jettent une grande tristesse dans l'âme du général Bedeau[2]. » Sur l'autre flanc de la Montagne, vers le sud, la situation du côté de l'ordre n'est pas meilleure. La garde mobile a subi de très lourdes pertes et une compagnie a été désarmée rue Mouffetard. En cette soirée du 23, sur la rive gauche l'insurrection est invaincue.

Sur la rive droite, Cavaignac et Lamartine, à cheval, dirigent les opérations, accompagnés par Pierre Bonaparte (« intrépide jeune homme, fils de Lucien, héritier du républicanisme de son père », écrit Lamartine dans son *Histoire*. Vingt-deux ans plus tard ce Bonaparte assassinera le journaliste Victor Noir, ce qui mettra tout Paris dans la rue pour la première fois depuis le coup d'État). Sous l'orage, ils s'attaquent au faubourg du Temple. « Déjà plusieurs représentants qui s'y étaient présentés dans la journée avaient été reçus à coups de fusil, lorsque MM. Cavaignac et Lamartine se mettent à la tête de colonnes d'attaque qui

1. Daniel Stern, *Histoire de la Révolution de 1848*, *op. cit.*
2. *Ibid.*

livrent successivement assaut à toutes les barricades[1]. » Cavaignac et ses sept bataillons sont arrêtés par une immense barricade à l'angle des rues de la Fontaine-au-Roi et de la Pierre-Levée – là même où résistera la dernière barricade de la Commune. Cavaignac fait donner l'assaut par le 20e bataillon de la garde mobile, qui est arrêté net par une terrible décharge. Un second bataillon subit le même sort et, un par un, les sept sont repoussés. « Alors, il *(Cavaignac)* fait avancer le canon. Seul, à cheval, au milieu du pavé, ajusté de toutes parts, il reste immobile et donne ses ordres avec un sang-froid parfait ; les deux tiers des servants des pièces sont tués ou blessés à ses côtés. Le général envoie plusieurs détachements par les rues latérales pour essayer de tourner la barricade. Tout est en vain. Les heures passent, les munitions s'épuisent. Cavaignac qui est venu porter du renfort à Lamoricière est contraint de lui en faire demander. La nuit approche. Ce n'est qu'après une lutte de près de cinq heures que la barricade est enfin prise par le colonel Dulac, à la tête du 29e de ligne.... Cavaignac, le cœur navré de ce triste succès *(ces généraux étaient décidément de grands sensibles)* reprend le chemin du Palais-Bourbon[2]. » La barricade sera reconstruite dès le lendemain.

Autour de l'Hôtel de Ville, en cette fin de journée du 23, le parti de l'ordre n'est pas en meilleure position. « La prise de la maison commune, qui est le siège traditionnel du gouvernement populaire, donnerait en quelque sorte un caractère légal à l'insurrection ; aussi les insurgés font-ils des efforts inouïs pour s'en rendre maîtres[3]. » Les barricades enserrent l'Hôtel de Ville, par la Cité, par la rue Saint-Antoine, par les ruelles autour de Saint-Gervais, par la rue du Temple. La troupe est harcelée par des feux de tirailleurs partant des maisons entre la place de l'Hôtel-de-Ville et la place du Châtelet.

1. *Histoire des journées de juin*, *op. cit.*
2. Daniel Stern, *Histoire de la Révolution de 1848*, *op. cit.*
3. *Ibid.*

À l'Assemblée ce soir-là, l'atmosphère est sombre et tendue. « À la reprise de la séance, nous apprenons que Lamartine a été reçu à coups de fusil devant toutes les barricades qu'il a essayé d'approcher ; deux de nos collègues, Bixio et Dornès, ont été blessés mortellement en voulant haranguer les insurgés. Bedeau a eu la cuisse traversée à l'entrée du faubourg Saint-Jacques ; beaucoup d'officiers de marque sont déjà tués ou hors de combat.... Vers minuit, Cavaignac se présente.... D'une voix saccadée et brisée et en paroles simples et précises, *(il)* raconte les principaux incidents de la journée. Il annonce qu'il a donné l'ordre à tous les régiments placés le long des chemins de fer de marcher sur Paris et que toutes les gardes nationales des environs sont averties....[1]. »

Le lendemain samedi, le 24 juin, Victor Hugo à qui l'on vient d'annoncer (à tort) que sa maison de la place des Vosges a été brûlée pendant la nuit, assiste à l'agonie de la Commission exécutive. « .... je me trouvai brusquement face à face avec tous ces hommes qui étaient le pouvoir. Cela ressemblait plutôt à une cellule où des accusés attendaient leur condamnation qu'à un conseil de gouvernement.... M. de Lamartine, debout dans l'embrasure de la fenêtre de gauche, causait avec un général en grand uniforme, que je voyais pour la première et pour la dernière fois, et qui était Négrier. Négrier fut tué le soir de ce même jour devant une barricade. Je courus à Lamartine qui fit quelques pas vers moi. Il était blême, défait, la barbe longue, l'habit non brossé et tout poudreux. Il me tendit la main : "Ah ! bonjour Hugo."....

– Où en sommes-nous, Lamartine ?

– Nous sommes f… !

– Qu'est-ce que cela veut dire ?

– Cela veut dire que dans un quart d'heure l'Assemblée sera envahie....

– Comment ! Et les troupes ?

1. Tocqueville, *Souvenirs*.

– Il n'y en a pas [1]. »

Mais l'Assemblée, par un coup d'État parlementaire fomenté par les royalistes alliés aux républicains de droite, déclare Paris en état de siège et donne pleins pouvoirs au général Cavaignac pour rétablir l'ordre. Soixante députés seulement votent contre le décret (dont Tocqueville, mais il avouera plus tard qu'il avait eu tort). La Commission exécutive démissionne dans l'indifférence générale. Il est décidé que « soixante membres de la Chambre.... se répandraient dans Paris, iraient annoncer aux gardes nationaux les différents décrets que venait de rendre l'Assemblée et ranimeraient la confiance de cette milice, qu'on disait incertaine et découragée [2] ». Parmi eux, Tocqueville et Victor Hugo.

Le 24 juin, dès trois heures du matin, la bataille a repris avec une violence extrême. Sur la rive gauche, l'église Saint-Séverin, la place Maubert, les barricades de la rue Saint-Jacques sont enlevées successivement. Les troupes arrivent sur la place du Panthéon où les insurgés occupent le monument, l'école de droit et les maisons voisines. Pardigon, familier des lieux et acteur de la bataille, raconte : « Les insurgés, retranchés sous les portiques et sur les ailes du Panthéon, manœuvraient et se défendaient en maîtres. Deux barricades, fortes comme des bastions, flanquaient le monument. L'une d'elle commandait la rue d'Ulm.... Le canon de la troupe tirait de la rue Soufflot. Les boulets traversaient la nef dans le sens du grand axe : l'un d'eux fit sauter la tête à la statue de l'Immortalité qui se dresse sur le perron du chœur. Les feux de peloton des insurgés rivalisaient de précision avec ceux de la troupe, et laissaient bouche béante les officiers de la garde nationale. » Mais les soldats parviennent à s'introduire dans l'école de droit par une porte de derrière. Ils tirent par les fenêtres sur les insurgés qui répondent depuis la coupole du monument et la mairie. Le général Damesme – qui sera

1. *Choses vues*.
2. Tocqueville, *Souvenirs*.

blessé à la cuisse et en mourra les jours suivants – parvient à mettre des canons en batterie au milieu de la rue Soufflot. La porte du Panthéon s'écroule, l'assaut est donné, on se bat corps à corps dans le monument, les prisonniers sont fusillés sur place. La troupe court à l'assaut des rues des Fossés-Saint-Jacques et de l'Estrapade. Dans la soirée, le général Bréa, qui a remplacé Damesme, descend le versant sud de la Montagne par la rue Mouffetard et enlève les barricades du faubourg Saint-Marceau et des abords du Jardin des Plantes.

Du côté de l'Hôtel de Ville, les insurgés ont repris pendant la nuit les rues Planche-Mibray, des Arcis, de la Verrerie et Saint-Antoine. Le général Duvivier essaie de dégager le bâtiment, mais pour enlever le pâté de maisons qui entoure Saint-Gervais il doit faire donner le canon, et l'on se bat maison par maison. « À la place Baudoyer, malgré le canon qu'on employa contre les barricades, la résistance fut si vive que, la nuit venue, on résolut de ramener les troupes aux environs de l'Hôtel de Ville [1]. »

Dans les faubourgs du nord, les combats se concentrent autour de la place La Fayette, où les ouvriers mécaniciens de La Chapelle et Saint-Denis ont construit une immense barricade appuyée sur les maisons à l'angle de la place et des rues La Fayette et d'Abbeville. Cet ensemble fortifié résiste pendant des heures, mais le soir la grande barricade, canonnée sans relâche, est prise. Les ouvriers se replient sur le clos Saint-Lazare. Au faubourg Saint-Denis, les troupes attaquent sans succès les barricades défendues par les ouvriers des chemins de fer du Nord. Les deux généraux qui commandent la canonnade, Korte et Bourgon, sont blessés, le dernier mortellement.

Dimanche matin, le 25, les insurgés ne tiennent plus que des quartiers isolés : au nord, le clos Saint-Lazare et la partie adjacente des faubourgs Poissonnière et Saint-Denis ; au centre-est, la plus grande partie du faubourg du Temple et du faubourg Saint-Antoine ; et au sud la péri-

1. *Histoire des journées de juin*, *op. cit.*

phérie du faubourg Saint-Marceau vers la barrière de Fontainebleau [place d'Italie]. Cavaignac fait afficher une proclamation qui se termine si généreusement qu'on la croirait de Lamartine : « Venez à nous, venez comme des frères repentants et soumis à la loi, et les bras de la République sont tout prêts à vous recevoir ! » Comme l'écrit Marouk, ces bras étaient tout prêts à recevoir les insurgés, mais pour les égorger. Les combats reprennent dès l'aube. Autour de l'Hôtel de Ville, les troupes parviennent cette fois-ci à lever l'encerclement et, à la fin de la matinée, elles parviennent à la Bastille. Au sud, Bréa arrive devant une grande barricade à la barrière de Fontainebleau, défendue par deux mille hommes. Il sera fusillé là dans des circonstances peu claires et cette mort, avec celle de Mgr Affre, archevêque de Paris, le même jour au faubourg Saint-Antoine, servira de justification – jusque dans certains manuels scolaires actuels – aux massacres après la défaite (les otages de la rue Haxo jouent le même rôle dans l'histoire de la Commune). Comme l'explique en termes choisis Granier de Cassagnac, « on usa donc, envers des hommes coupables des plus grands excès, pour beaucoup des plus grands crimes, de toute la modération que conseillait la victoire et que permettait l'état de la société.... Des factieux, qui se dispensent tout à fait des lois, seront toujours mal venus de se plaindre des vainqueurs qui se dispensent un peu des formes [1] ».

En ce dimanche, le rapport de forces s'inverse, car « entraient alors dans la ville des milliers d'hommes accourant de tous les points de la France à notre aide. Grâce aux chemins de fer.... Ces hommes appartenaient indistinctement à toutes les classes de la société ; il y avait, parmi eux, beaucoup de paysans, beaucoup de bourgeois, beaucoup de grands propriétaires et de nobles, tous mêlés et confondus dans les mêmes rangs [2] ».

1. *Histoire de la chute du roi Louis-Philippe, de la République de 1848…, op. cit.*
2. Tocqueville, *Souvenirs.*

Après la chute de la barrière d'Italie, la rive gauche est perdue. Ce matin-là, Tocqueville, qui joue son rôle de représentant du peuple aux armées avec assez de courage, est au Château-d'Eau, d'où Lamoricière s'attaque au faubourg du Temple[1]. « J'arrivai ainsi au Château-d'Eau, autour duquel était amassé un gros corps de troupes de différentes armes. Au bas de cette fontaine était une pièce de canon, qui tirait dans la rue Samson [Léon-Jouhaux]. Je crus d'abord que les insurgés y répondaient de leur côté par le canon, mais je finis par m'apercevoir que j'étais trompé par un écho qui répétait avec un fracas épouvantable le bruit de notre propre pièce. Je n'en ai jamais entendu de pareil ; on eût pu se croire au milieu d'une grande bataille. En réalité, les insurgés ne répondaient que par un feu de mousqueterie rare mais meurtrier.... En arrière de la fontaine, Lamoricière, planté sur un grand cheval, en point de mire, donnait ses ordres au milieu des balles. Je le trouvai plus animé et plus loquace que je n'imaginais que dût être un général en chef dans une telle conjoncture.... et j'avoue que j'aurais plus admiré son courage s'il eût été plus tranquille.... Je ne me serais jamais imaginé la guerre sous cet aspect. Comme, au-delà du Château-d'Eau, le boulevard *(du Temple)* paraissait libre, je ne comprenais pas pourquoi nos colonnes ne passaient pas outre ni pourquoi, si on tenait à s'emparer d'abord de la grande maison qui faisait face à la rue, on ne l'enlevait pas en courant, au lieu de rester si longtemps exposés à la fusillade meurtrière qui en partait. Rien pourtant de plus facile à expliquer ; le boulevard qui me paraissait libre.... ne l'était pas ; au-delà d'un coude qu'il fait en cet endroit, il était au contraire hérissé de barricades jusqu'à la Bastille. Avant d'attaquer les barricades, on voulait se rendre maître des rues qu'on laissait derrière soi et surtout s'emparer de la maison qui faisait face à la rue *(Samson)* et qui, domi-

1. Pour comprendre son récit, il faut se représenter les lieux avant le percement de la place de la République, du boulevard Voltaire, etc. Voir page 176.

nant le boulevard, eût beaucoup gêné nos communications et enfin, on ne prenait pas cette maison d'assaut, parce qu'on était séparé d'elle par le canal que, du boulevard, je ne voyais pas.... Comme les insurgés n'avaient pas de canon, la guerre manquait ici de cet aspect horrible qu'elle doit avoir quand le champ de bataille est labouré par le boulet. Les hommes qui étaient atteints devant moi semblaient percés par un trait invisible ; ils chancelaient et tombaient sans qu'on vît d'abord autre chose qu'un petit trou fait dans leurs vêtements.... C'était une chose étrange.... que de voir changer soudainement les visages et le feu du regard s'y éteindre tout à coup dans la terreur de la mort.... Je remarquai que, de notre côté, les moins animés étaient les soldats de ligne.... Les plus vifs étaient, sans contredit, ces mêmes gardes mobiles dont nous nous étions tant défiés, et je dis encore, malgré l'événement, avec tant de raison, car il tint à fort peu qu'ils ne se décidassent contre nous au lieu de tourner de notre côté. »

Quelques heures plus tard, la troupe a progressé vers la Bastille. Victor Hugo est sur le boulevard. « Les insurgés tiraient, sur toute la longueur du boulevard Beaumarchais, du haut des maisons neuves.... Ils avaient mis aux fenêtres des mannequins, bottes de paille revêtues de blouses et coiffées de casquettes. Je voyais distinctement un homme qui s'était retranché derrière une petite barricade de briques bâtie à l'angle du balcon du quatrième de la maison qui fait face à la rue du Pont-aux-Choux. Cet homme visait longtemps et tuait beaucoup de monde. Il était trois heures. Les soldats et les mobiles couronnaient les toits du boulevard du Temple et répondaient au feu.... Je crus devoir tenter un effort pour faire cesser, s'il était possible, l'effusion de sang ; et je m'avançai jusqu'à l'angle de la rue d'Angoulême [Jean-Pierre-Timbaud]. Comme j'allais dépasser la petite tourelle qui est tout près, une fusillade m'assaillit. La tourelle fut criblée de balles derrière moi. Elle était couverte d'affiches de théâtre déchiquetées par la mousqueterie. J'en ai détaché un chiffon de papier comme souvenir. L'affiche auquel il appartenait annonçait pour ce même dimanche une fête au Château des Fleurs avec *dix mille lampions*[1]. »

Dimanche dans l'après-midi les insurgés ne tiennent plus que le clos Saint-Lazare et le faubourg Saint-Antoine. Cavaignac décide d'en finir avec le premier pour porter toutes ses forces sur le second. « Au clos Saint-Lazare, la lutte a pris des proportions gigantesques : c'était, au dire même de la garde nationale, une bataille complète avec des traits d'héroïques audaces et des morts sublimes. Que ces hommes soient ou non des factieux, quiconque les a vus tomber sous l'ouragan de mitraille qui les labourait de quatre côtés à la fois, n'a pu se défendre d'une involontaire admiration », écrit Lamennais dans son journal, *Le Peuple constituant*. À la fin, le chef des insurgés, un journaliste nommé Benjamin Laroque, l'un des rares intellectuels engagés dans la bataille du côté du peuple, finit par marcher au-devant de la mort, à la romaine, comme le feront un jour Baudin au faubourg Saint-Antoine et Delescluze place du Château-d'Eau.

Le 26 au matin, le faubourg Saint-Antoine reste seul. Une tentative de conciliation menée par trois députés est repoussée par le commandement. « Les généraux africains ne voulaient pas lâcher leur proie. Le faubourg Saint-Antoine ne pouvait échapper au sort des autres quartiers ouvriers. *L'honneur* de l'armée l'exigeait[2]. » La colonne de Lamoricière débouche du quartier Popincourt par la rue Saint-Maur et la rue Basfroi en même temps que toutes les troupes massées autour de la Bastille s'engouffrent dans le faubourg avec une formidable artillerie. Le combat est de courte durée mais d'une violence terrible. À dix heures, le faubourg capitule. Quelques insurgés résistent jusqu'au soir à la barrière des Amandiers [boulevard de Charonne, à l'angle ouest du Père-Lachaise], mais à deux heures, Sénart qui préside l'Assemblée peut s'écrier : « Tout est fini, remercions Dieu, messieurs ! »

1. *Choses vues*.
1. Marouk, *Juin 1848*, *op. cit*.

« Mitraillez, messieurs, ne calomniez pas ! » demandait Blanqui, du fond de sa prison[1]. Les vainqueurs de Juin avaient commencé à appliquer la première partie de cette exhortation au cours même des combats. À cet égard comme à bien d'autres, juin 1848 tranche sur les insurrections des années 1830. Certes, il n'était pas très sain d'être pris les armes à la main au cloître Saint-Merri ou rue Transnonain et, si l'on en réchappait, les tribunaux de la monarchie de Juillet n'avaient pas coutume de plaisanter. Mais le banquier Leuwen ne pouvait ignorer que son cher Lucien combattait de l'autre côté avec ses condisciples de l'École polytechnique. Une partie des fils de la bourgeoisie républicaine se trouvait avec les ouvriers derrière les barricades, ce qui excluait la fusillade en masse des prisonniers. Aucun souci de ce genre en Juin. Ménard, Pardigon, Castille parlent de ruisseaux de sang, de montagnes de cadavres empilés, d'égorgements, noyades, cervelles éclatées, chairs trouées et sanglantes, de chasses à l'homme, de jardins publics transformés en abattoirs, et il ne s'agit pas de métaphores. Les insurgés pris les armes à la main sont fusillés sur place. « La plupart des ouvriers pris à la barricade de la rue des Noyers et aux autres barricades de la rue Saint-Jacques, furent conduits au poste de la rue des Mathurins, hôtel de Cluny, et fusillés.... Lorsque la proclamation *(de Cavaignac, promettant la vie sauve aux insurgés faisant soumission)* fut connue des ouvriers, un grand nombre d'entre eux se rendirent prisonniers. Alors, les uns furent fusillés sur place, les autres conduits à l'Hôtel de Ville et sur quelques autres points qui servaient plus spécialement d'abattoirs. Sur le pont d'Arcole, les prisonniers tombaient sous les feux croisés des gardes mobiles placés sur les deux quais. Sur le pont Louis-Philippe, plus de quarante furent jetés à l'eau. On en amenait d'autres sur le quai de l'Hôtel-de-Ville, on les précipi-

1. « Adresse au banquet des travailleurs socialistes », 3 décembre 1848.

tait dans l'eau, où les balles les atteignaient. Le plus souvent ils tombaient sur la berge, et d'autres mobiles les achevaient à coups de fusil[1]. » La ville insurgée se transforme en charnier. Les pavés, le sable des jardins sont rouges. « Il fallait attendre qu'une pluie d'orage vînt laver les mares de sang[2]. » Les morts sont entassés dans des puits, jetés dans la Seine, empilés dans des fosses communes creusées à la hâte.

Au Carrousel, dans la nuit du 24 au 25 juin, la garde nationale, d'autant plus féroce qu'elle n'avait pas fait merveille dans la bataille, assassine une colonne de prisonniers que l'on conduisait vers les souterrains des Tuileries. Pardigon est parmi eux : « Mon genou avait à peine effleuré le sol qu'une décharge terrible, venue de face, éclata comme une machine infernale. L'ouragan s'abattit sur nous. La tête de la colonne fut balayée.... Quelques cris faibles se firent entendre, plusieurs se renversèrent lourdement, silencieusement, ils étaient morts en même temps que frappés. Les blessés, les vivants se débandèrent parmi les morts et les mourants.... Une grêle de balles pleuvait toujours. Moi-même, je tombai, la face contre terre, j'étais atteint.... Des balles étaient allées se perdre au-delà de la grille, vers le Louvre, du côté de la rue de Rohan, tout autour enfin. Des gardes nationaux étaient postés dans ces différents endroits. Visités par les balles, ils se crurent attaqués et ripostèrent. Alors de tous côtés convergèrent sur nous des milliers de balles. Cette masse noire d'hommes, que les réverbères de la place n'éclairaient que trop, devint le point de mire général. » Et il conclut : « Les morts sont là, il ne reste plus qu'à les enlever. Les blessés se traînent, on va les lier. Les survivants se sont enfuis, mais on les rattrapera. Tout n'est pas fini,

1. Ménard, *Prologue d'une révolution…*, *op. cit.* À propos de la garde mobile dans la répression, Hippolyte Castille note : « Les petits hommes à épaulettes vertes ressemblaient à des fouines trempant le museau dans le sang » (*Les Massacres de juin*, 1857).

2. Ménard, *Prologue d'une révolution…*, *op. cit.*

place à la vengeance ! » Cette affaire fit grande impression dans toute l'Europe. Même les Russes à Varsovie, même les Autrichiens à Milan n'avaient pas fait mieux. Une dizaine d'années plus tard, *Les Fleurs du mal* rappelleront ce massacre aussi explicitement que le permet la censure. Dans *Le Cygne*, l'évocation finale de la place du Carrousel se clôt sur une pensée « Aux captifs, aux vaincus !... à bien d'autres encor ! », et les derniers vers de *La Cloche fêlée* sont comme un écho du récit de Pardigon : « Moi, mon âme est fêlée, et lorsqu'en ses ennuis / Elle veut de ses chants peupler l'air froid des nuits, / Il arrive souvent que sa voix affaiblie / Semble le râle épais d'un blessé qu'on oublie / Au bord d'un lac de sang, sous un grand tas de morts, / Et qui meurt, sans bouger, dans d'immenses efforts »[1].

Après les tueries commence la grande traque, perquisitions, fouilles, dénonciations, arrestations. Le procureur général adresse à la police des *Instructions sur les moyens de découvrir les combattants de Juin*. Il conseille de « vérifier si les prisonniers ont les lèvres ou les mains noircies de poudre. Des grains de poudre peuvent être demeurés dans les rides ou crevasses des mains calleuses. Le pouce qui a servi à armer le chien du fusil doit porter quelquefois une écorchure, le plus souvent une ecchymose.... Les poches doivent être scrutées scrupuleusement ; elles peuvent contenir quelques grains de poudre ou des capsules.... L'oreille placée près de la crosse du fusil doit, dit-on, sentir l'odeur de la poudre huit jours encore après le feu[2] ».

Les prisonniers ratissés sont enfermés dans les forts,

1. Sur les échos des journées de Juin dans la littérature, voir Dolf Oehler, *1848. Le Spleen contre l'oubli*, *op. cit.*

2. Cité par Marouk, *Juin 1848*, *op. cit.* Ces directives furent appliquées : « Dans le petit bois voisin du passage Ronce *(à Ménilmontant)*, on fusilla des hommes sans armes sous prétexte que leurs mains sentaient la poudre » (Ménard, *Prologue d'une révolution*..., *op. cit.*).

dans les casernes, au Luxembourg, véritable quartier général des tueries [1], dans les sous-sols de l'Hôtel de Ville et des Tuileries, où on les laisse mourir de faim. S'ils font du bruit, s'ils réclament, on tire dans le tas à travers les barreaux. Le récit de Pardigon (« On tirait aussi par la grille, dans la longueur du caveau. Ce n'était plus là tirer au hasard, mais à coup sûr ») préfigure le geste fameux du père Roque dans *L'Éducation sentimentale* : « D'autres prisonniers apparurent dans le soupirail, avec leurs barbes hérissées, leurs prunelles flamboyantes, tous se poussant et hurlant : – Du pain ! Le père Roque fut indigné de voir son autorité méconnue. Pour leur faire peur, il les mit en joue ; et, porté jusqu'à la voûte par le flot qui l'étouffait, le jeune homme, la tête en arrière, cria encore une fois : – Du pain ! – Tiens ! En voilà ! dit le père Roque, en lâchant son coup de fusil. Il y eut un énorme hurlement, puis, rien [2]. »

Dans la catastrophe, le prolétariat parisien de Juin est seul. Ceux qui devaient le soutenir, « ce parti qui osait s'appeler la Montagne » comme dit Louis Ménard, ne sont pas les derniers à le faire mitrailler. Ledru-Rollin, ministre de l'Intérieur, se décharge de la répression sur Cavaignac au moment de la démission de la Commission exécutive, mais juste avant, il « prend sur lui de faire jouer le télégraphe pour mander au plus vite, par les chemins de fer,

1. « Dès la première nuit de la bataille, le massacre fut organisé au Luxembourg. Les insurgés prisonniers étaient amenés par vingt. On les faisait mettre à genoux, puis on les fusillait. Après ces exécutions, le jardin resta fermé quinze jours. Il fallait bien cacher les mares de sang qui témoignaient de l'hécatombe... » (Marouk, *Juin 1848*, *op. cit.*).

2. Certains, comme Dolf Oehler, s'appuient sur ce passage (et d'autres) pour faire de Flaubert un vague sympathisant des ouvriers insurgés. Je pense que ses idées politiques s'expriment bien dans la même page de *L'Éducation sentimentale* : « .... l'aristocratie eut les fureurs de la crapule, et le bonnet de coton ne se montra pas moins hideux que le bonnet rouge. » Son dégoût du peuple s'exprimera mieux encore au moment de la Commune (voir ses lettres à George Sand).

les régiments de ligne, la garde nationale des départements, et jusqu'aux marins des rades de Brest et de Cherbourg[1] ». Louis Blanc, « accusé d'avoir favorisé l'insurrection, affirmera au mois d'août : Personne n'est demeuré plus complètement étranger que moi à ces malheureuses affaires, personne n'a plus que moi profondément gémi sur ce déplorable conflit dont la première nouvelle m'a été donnée par mon concierge[2] ». Très rares sont ceux qui osent protester publiquement contre le massacre – Pierre Leroux, Considérant, Proudhon[3]. En annonçant le sabordage de son journal, le vieux Lamennais est presque seul à montrer qu'il a tout compris : « *Le Peuple constituant* a commencé avec la République, il finit avec la République. Car ce que nous voyons, ce n'est pas, certes, la République, ce n'est même rien qui ait un nom : Paris est en état de siège, livré à un pouvoir militaire, livré lui-même à une faction qui en a fait son instrument ; les cachots et les

1. Daniel Stern, *Histoire de la Révolution de 1848*, *op. cit.* Dans *Le Prolétariat*, Victor Marouk commente en 1885 l'inauguration de la statue de Ledru-Rollin, place Voltaire [Léon-Blum] : « Des discours seront prononcés, qui rappelleront les titres du célèbre républicain à la reconnaissance populaire. Des journaux.... nous parleront du tribun et de ses superbes discours, du membre du gouvernement provisoire, du père du suffrage universel, du défenseur de la Constitution, du proscrit de l'Empire. Orateurs et journalistes se garderont sans doute de rien dire du Ledru-Rollin réacteur et fusilleur, du Ledru-Rollin du 16 avril 1848 et des journées de Juin. » Et il conclut : « Les fils des fusillés se tiendront éloignés de l'apothéose du fusilleur. »

2. Cité *in* Marouk, *Juin 1848*, *op. cit.*

3. « J'ai manqué, par hébétude parlementaire, à mon devoir de représentant. J'étais là pour voir, et je n'ai pas vu.... Je devais, moi élu de la plèbe, journaliste du prolétariat, ne pas laisser cette masse sans direction et sans conseil. 100 000 hommes enrégimentés méritaient que je m'occupasse d'eux. Cela eût mieux valu que de me morfondre dans vos bureaux. » *Confessions d'un révolutionnaire*, Paris, Lacroix et Verboeckhoven, 1868 (écrit entre 1849 et 1851).

forts de Louis-Philippe encombrés de 14000 prisonniers, à la suite d'une affreuse boucherie ; des transportations en masse, des proscriptions telles que 93 n'en fournit pas d'exemples ; des lois attentatoires au droit de réunion, détruit de fait ; l'esclavage et la ruine de la presse.... le Peuple décimé et refoulé dans sa misère, plus profonde qu'elle ne le fut jamais, non, encore une fois, non certes, ce n'est pas la République ; mais autour de sa tombe sanglante, les saturnales de la réaction. »

La Commune de Paris, dont la répression fit beaucoup plus de fusillés, de déportés et de bannis que les journées de Juin, a fini par se trouver intégrée dans l'histoire républicaine consensuelle grâce à Hugo, à Jaurès, à Péguy, au point qu'on oublie parfois qu'en 1871 les sociaux-démocrates étaient à Versailles et non à Paris. Au n° 17 de la rue de la Fontaine-au-Roi une plaque indique : « Dans la rue de la Fontaine-au-Roi résista la dernière barricade de la Commune. Cent vingt ans après, le Parti socialiste et son premier secrétaire Pierre Mauroy rendent hommage au peuple de Paris qui voulut changer la vie, et aux 30000 fusillés du Temps des cerises. » Cette forfanterie fait bon marché de l'histoire, car Louis Blanc, le Mauroy de l'époque, affirmait : « Cette insurrection est tout à fait condamnable et doit être condamnée par tout véritable républicain. »

Si les journées de Juin sont expédiées en quelques lignes dans les manuels scolaires, si lors du cent-cinquantenaire de 1848 il n'en fut jamais question, si le seul ouvrage monographique qui leur soit consacré, celui de Marouk, date d'il y a cent vingt ans, c'est que leur fantôme est toujours aussi encombrant. À l'époque déjà, les plus lucides avaient compris que Juin était une rupture fondamentale, que ces journées marquaient la fin d'une époque, la fin de l'illusion qui sous-tendait toutes les luttes depuis la Restauration, à savoir que la bourgeoisie et le peuple, la main dans la main, allaient terminer ce qui avait été commencé en 1789.

Les soixante-dix jours de la Commune ont donné le temps à bien des épisodes joyeux où les hommes et les femmes se parlaient dans la rue et s'embrassaient sans se connaître. Surtout, malgré la phrase fameuse d'Engels sur le « solo funèbre » joué par le prolétariat pendant la Commune, les ouvriers parisiens n'étaient pas seuls en 1871. Il y avait avec eux toute une bohème littéraire et artistique – Courbet et Vallès n'étaient pas des cas isolés – et des personnages très sérieux, des savants comme Flourens, comme Élisée Reclus. Il y avait des étrangers, garibaldiens, polonais, allemands. Il y avait des républicains qui avaient rompu avec les leurs comme Delescluze, comme le docteur Tony-Mollin, comme Millière qui sera fusillé sur les marches du Panthéon en criant « Vive l'humanité ! ».

Rien de tel en Juin, dont la désolation frappe jusqu'aux moins sentimentaux. Pour Blanqui, « le 26 juin est une de ces journées que la Révolution revendique en pleurant, comme une mère réclame le cadavre de son fils [1] ». Pour Marx : « La révolution de Juin est la révolution *haïssable*, la révolution répugnante, parce que la chose a pris la place de la phrase, parce que la République a mis à nu la tête du monstre, en abattant la couronne qui le dissimulait.... Malheur à Juin ! [2] » C'est avec stupéfaction que la bourgeoisie a vu surgir de nulle part ces brutes menaçantes, ces nouveaux barbares, ces bêtes féroces, ces êtres envers lesquels Balzac, Lamartine, Musset, Tocqueville, Mérimée, Dumas, Berlioz, Delacroix expriment leur dégoût et leur terreur. Hugo, dans son discours du 20 juin sur les ateliers nationaux, lance en péroraison : « Prenez garde ! deux fléaux sont à votre porte, deux monstres attendent et rugissent, là, dans les ténèbres, derrière nous et derrière vous : la guerre civile et la guerre servile, c'est-à-dire le lion et le tigre... » L'insurgé de Juin, qu'il soit nouveau prolétaire industriel, maçon sans travail, artisan déraciné,

1. *Adresse au banquet des travailleurs...*, *op. cit.*
2. Marx, *Les Luttes de classes en France*, 1850; trad. fr., Paris, Éditions sociales, 1948.

c'est l'*Homo sacer* d'Agamben, celui qu'on a le droit de tuer sans qu'il y ait crime ni sacrifice[1]. Pour le fusiller, pour le déporter, inutile de mettre en scène l'acte judiciaire, où alors c'est pure dérision : « En face de la rue des Mathurins, les gardes mobiles ayant formé avec des tréteaux une espèce de tribunal, ils simulèrent un conseil de guerre et rendirent des sentences de mort qui furent exécutées sur l'heure[2]. »

Ces barbares issus des ténèbres n'ont aucun dirigeant connu. Trente ans plus tard, Marouk évoque le souvenir de quelques chefs de barricades : « Legénissel, dessinateur et ancien déserteur, capitaine de la garde nationale, dirigeait la défense à la place La Fayette. Le clos Saint-Lazare avait pour chef un journaliste, Benjamin Laroque. Un vieillard de soixante ans, cordonnier en vieux, Voisambert, commandait la rue Planche-Mibray. Un jeune ouvrier mécanicien, Barthélemy, dirigeait les barricades de la rue Grange-aux-Belles. Au faubourg Saint-Antoine, on remarquait Pellieux, l'ouvrier Marche[3], Lacollonge, rédacteur en chef de *L'Organisation du travail, journal des ouvriers*, le lieutenant de vaisseau Frédéric Cournet. Le mécanicien Racary commandait la place des Vosges. Touchard, ex-montagnard, était chef rue de Jouy, et Hibruit, un chapelier, rues des Nonnains-d'Hyères, du Figuier et Charlemagne. Au Panthéon se trouvait Raguinard et, à la barrière d'Italie, le maçon Lahr, accompagné du maquignon Wappreaux, de Choppart et de Daix[4]. »

1. Giorgio Agamben, *Homo sacer, le pouvoir souverain et la vie nue*, Turin, 1995 ; trad. fr. Paris, Le Seuil, 1997. À rapprocher des exclamations de Pardigon : « Prisonniers tant méprisés, tant exécrés ! Hommes de rebut, dont les vies sans valeur sont versées à tout hasard dans l'océan de la destruction. »

2. Daniel Stern, *Histoire de la Révolution de 1848*, *op. cit.*

3. Celui qui avait tenu tête à Lamartine lors de l'affaire du drapeau rouge.

4. Lahr – un Allemand – et Daix seront guillotinés le 17 mars 1849 pour le « meurtre » du général Bréa. Le lendemain, Deles-

Les héros de Juin sont des anonymes, des cordonniers, des mécaniciens, des obscurs, des sans-part. On voit bien la raison du refoulement, de l'occultation du monument noir des journées de Juin : c'est qu'elles constituent la vraie, la profonde fracture dans l'histoire du XIXe siècle en France, qu'elles brouillent le consensus républicain en faisant éclater de façon brève mais fulgurante l'ordre de la distribution des corps en communauté, cet ordre que Rancière appelle la *police*.

La disruption des journées de Juin se lit encore d'une autre façon : c'est une insurrection qui ne se déroule pas – pas entièrement en tout cas – dans les lieux traditionnels des soulèvements parisiens. Le Paris rouge préindustriel, celui des années 1830 – celui de *La Comédie humaine* serait-on tenté de dire si Balzac n'était pas muet sur le sujet –, c'est le cœur de la ville ancienne, un quadrilatère limité par les Tuileries, la Bastille, les Boulevards et la Seine. La zone des grandes tempêtes est plus restreinte encore, centrée sur la partie basse des rues Saint-Denis et Saint-Martin, où les quartiers ont gardé leur nom médiéval, depuis les Marchés, c'est-à-dire les Halles, jusqu'aux Arcis autour de l'Hôtel de Ville. Ce sont les mêmes rues qui reviennent sans cesse dans les rapports de police, les récits des témoins, les enquêtes parlementaires : rues Mauconseil, du Bourg-l'Abbé, Greneta, Tiquetonne ; rues Beaubourg, Transnonain, des Gravilliers, au Maire ; rues Aubry-le-Boucher, Maubuée, Neuve-Saint-Merri ; rue de la Verrerie, rue Planche-Mibray où l'on se bat presque à chaque fois car elle donne accès au pont Notre-Dame [1]. Même si ce n'est pas là que l'affaire commence, même si

cluze écrit dans son journal, *La Révolution démocratique et sociale* : « Les insensés ! ils ont relevé l'échafaud politique… »

1. L'actuelle rue Saint-Martin, passé la rue des Lombards, devenait la *rue des Arcis*, puis, entre la tour Saint-Jacques et la Seine, c'était la rue *Planche-Mibray*, nom médiéval venant des planches pour traverser le *bray*, c'est-à-dire la boue des rues.

les premiers coups de feu sont tirés au pont d'Austerlitz ou sur le boulevard des Capucines, on en vient toujours à se battre dans ce labyrinthe.

Cette constance ne s'explique pas seulement par la symbolique, même si c'est la prise de l'Hôtel de Ville qui permet à l'émeute de s'appeler révolution. Elle a aussi des raisons stratégiques qui tiennent à l'enchevêtrement et à l'étroitesse des rues (il faut imaginer ces quartiers sans le boulevard de Sébastopol, ni les rues de Rivoli et Beaubourg actuelles, ni l'avenue Victoria ; il faut se souvenir que les seuls espaces tant soit peu dégagés sont la place du Châtelet et la place de Grève, bien plus petites qu'actuellement). Rey-Dussueil : « Au cœur du vieux Paris, vers un point où les rues étroites se croisent et s'enlacent en mille sens, inextricable labyrinthe tant hérissé de maisons hautes et noires que la voie n'y semble pas assez large aux passants, est une église *(Saint-Merri)*, dont la flèche modeste ne s'élève guère au-dessus des toits.... Là se sont arrêtés les braves, là est le chemin qui mène à l'Hôtel de Ville, et ce dédale de rues, de monuments en ruine, offre mille moyens d'attaque et de défense. »

Sur la guerre dans ces quartiers, il existe deux ouvrages techniques remarquables, *La Guerre des rues et des maisons* du maréchal Bugeaud et les *Instructions pour une prise d'armes* d'Auguste Blanqui[1]. Le premier est écrit au lendemain de juin 1848, avec le souci d'opposer à la coûteuse et maladroite stratégie de Cavaignac, que Bugeaud déteste, la science dont il avait lui-même fait preuve face à l'émeute de 1834. Les *Instructions* de Blanqui datent de la fin des années 1860, après un long passage dans l'obscurité, en prison et en exil. La parenté est frappante entre ces deux manuels rédigés par des hommes qui n'ont

1. Maréchal Bugeaud, *La Guerre des rues et des maisons*, *op. cit.* Blanqui, *Instructions pour une prise d'armes* ; *L'Éternité par les astres, et autres textes*, présentation de Miguel Abensour et Valentin Pelosse, Paris, La Tête de Feuilles, 1972.

jamais échangé que du plomb. Tous deux insistent sur l'organisation, la concentration des forces. Blanqui : « ....le vice de la tactique populaire, cause certaine de ses désastres.... point de direction ni de commandement général, pas même de concert entre les combattants. Chaque barricade a son groupe particulier, plus ou moins nombreux, mais toujours isolé.... Souvent il n'y a pas même un chef pour diriger la défense.... Les soldats n'en font qu'à leur tête. Ils restent, ils partent, ils reviennent, suivant leur bon plaisir. Le soir, ils vont se coucher.... De ce qui se passe ailleurs on ne sait rien et on ne s'embarrasse pas davantage.... On écoute paisiblement le canon et la fusillade, en buvant sur le comptoir du marchand de vins. Quant à porter secours aux positions assaillies, on n'en a pas même l'idée. "Que chacun défende son poste, et tout ira bien", disent les plus solides. Ce singulier raisonnement tient à ce que la plupart des insurgés se battent dans leur propre quartier, faute capitale qui a des conséquences désastreuses, notamment les dénonciations des voisins, après la défaite. » Bugeaud met lui aussi en garde contre l'éparpillement : « Ce qu'il y a de plus compromettant, de plus dangereux, de plus paralysant pour la force publique, c'est de se laisser serrer de près par la multitude ameutée.... Ainsi, en arrivant sur un boulevard ou sur une place, il faut faire évacuer complètement le terrain qu'on doit occuper et ne plus laisser personne s'y introduire. La parole énergique des chefs suffira d'ordinaire à opérer ce refoulement, surtout quand ces paroles seront accompagnées par la marche de la troupe déployée de manière à remplir tout l'espace. »

Comme Bugeaud, Blanqui estime que « c'est aux fenêtres qu'est le véritable poste de combat. De là, des centaines de tirailleurs peuvent diriger dans tous les sens un feu meurtrier ». Et il décrit un fantastique système de bataille dans les étages, tout comme Bugeaud propose, pour éviter toute émeute future, de transformer une série de maisons stratégiques en forts urbains : « On ferait choix des maisons qui commandent plusieurs rues, le passage des ponts et les grandes artères des faubourgs.... Les ouvertures qui ont vue sur les rues seraient murées et crénelées.... Les portes d'entrée seraient doublées en fer.... Ces maisons devraient être considérées comme de petits fortins. Le service s'y ferait avec la même régularité que dans les plans de guerre.... Il y aurait dans chaque maison un approvisionnement de 30000 ou 40000 rations de biscuit et d'eau-de-vie, de 30000 cartouches.... »

Tous deux s'accordent à penser que le canon ne sert pas à grand-chose, ce qui montre que leurs instructions portent sur la guerre des rues dont ils ont l'expérience, celle qui se déroule dans les tortuosités de la ville médiévale. Quand Blanqui expose un cas pratique, il décrit un front de défense sur le boulevard de Sébastopol pour adapter son propos à la ville moderne, mais c'est dans le labyrinthe médiéval adjacent qu'il organise la défense, décrivant de la façon obsessionnelle qui est la sienne la disposition des barricades, des contre-gardes, des points de tir.

La prédilection de l'émeute des années 1830 pour les quartiers centraux de la rive droite a d'autres raisons que stratégiques. Parmi la population de ces vieilles rues, on trouve toujours des hommes, des femmes, des enfants prêts à se joindre à une insurrection. Ce sont des quartiers d'immigrés, où la proportion de ceux qui vivent en garni est la plus haute de Paris et celle de la population féminine la plus basse [1]. Ils viennent des régions agricoles du Bassin parisien et du Nord, de Lorraine, du Massif central. Ils sont portefaix, manœuvres, porteurs d'eau comme Bourgeat, l'Auvergnat généreux, l'ami du professeur Desplein dans *La Messe de l'athée* ; ils sont maçons, souvent originaires de la Creuse comme Martin Nadaud, vivant entassés à dix par chambre rue de la Mortellerie – rue des gâcheurs de mortier – dans une saleté telle qu'ils ont, dit-on, apporté le choléra à Paris [2]. On dit aussi qu'ils sentent mauvais, qu'ils

1. Chevalier, *Classes laborieuses et classes dangereuses…*, *op. cit.*
2. En dehors de toute épidémie, Villermé indique que « la rue de

sont paresseux et voleurs, qu'ils ne parlent même pas français, qu'ils prennent le travail des vrais Parisiens en ces temps de crise et de chômage. « Le dimanche, écrit La Bédollière, les porteurs d'eau auvergnats vont à la musette, à la danse auvergnate, jamais au bal français ; car les Auvergnats n'adoptent ni les mœurs, ni la langue, ni les plaisirs parisiens. Ils restent isolés comme les Hébreux de Babylone....[1]. » *Le Journal des débats* du 10 juillet 1832 regrette « le vacarme effroyable que fit, il y a déjà plusieurs mois, l'opposition à propos d'un mot, celui de "barbares" appliqué par nous à une classe d'hommes que son défaut d'instruction et sa vie précaire tiennent en effet dans un état d'hostilité dangereux pour la société ». Des mesures s'imposent pour arrêter cette invasion. À la Chambre, dans les jours suivant la révolution de 1830, le baron Dupin « demande qu'on emploie de préférence *(aux travaux de terrassement)* les pères de famille et les ouvriers domiciliés à Paris.... Le gouvernement devrait chercher le moyen de faire refluer volontairement dans les départements la classe surabondante des ouvriers qui se trouvent à Paris ». (*Violents murmures* : « Et la liberté ? ») Dupin reprend : « Je suis aussi pour le maintien de l'ordre en demandant qu'on emploie de préférence aux travaux publics de la capitale des ouvriers domiciliés dans la capitale (*Interruption prolongée*)[2]. »

Ces sauvages qui n'ont rien à perdre ne sont pas les seuls mauvais sujets de ces quartiers. Dans la population sédentaire, chez les artisans, drapiers, merciers, orfèvres, batteurs d'or, faïenciers, chez les typographes, « il existe une très grande quantité d'hommes qui se situent entre le maître et l'ouvrier, c'est-à-dire qu'ils tiennent du maître et

la Mortellerie présente quatre fois et demie autant de décès que les quais de l'île Saint-Louis où les habitants logent dans des appartements vastes et bien aérés » (*La Mortalité en France dans la classe aisée, comparée à celle qui a lieu parmi les indigents*, Paris, 1827).

1. La Bédollière, *Les Industriels*, Paris, 1842.
2. *Le Journal des débats*, 27 août 1830.

de l'ouvrier, car ils travaillent pour des maîtres et sont traités par ces mêmes hommes d'ouvriers, et eux à leur tour sont traités de maîtres par les ouvriers qu'ils occupent[1] ». Dans cette population préindustrielle, maîtres et ouvriers se retrouvent souvent sur les barricades, et ils sont rejoints par les commis marchands, prompts à saisir les occasions de dépaver. On les a déjà rencontrés en novembre 1827, préparant de mauvaises actions dans la nuit, « un parapluie à la main, déployé et surmonté d'une chandelle allumée ».

À ce ramassis de gens peu recommandables viennent se mêler des enfants errants. Ce n'est pas un hasard si Gavroche est devenu un nom commun, un type au même titre que Don Juan ou Don Quichotte. C'est déjà lui qui bondissait, en brandissant ses pistolets, dans la *Liberté* de Delacroix. Canler, ancien préfet de police, raconte dans ses *Mémoires* que juste après l'insurrection de juin 1832 (celle, faut-il le rappeler, où meurt Gavroche), « un gamin d'une douzaine d'années, vêtu d'une veste couleur auvergnate, s'était, bon gré, mal gré, faufilé au premier rang. Tout le monde connaît cette race de gamins de Paris, qui dans nos rassemblements ont toujours poussé le cri séditieux, dans nos émeutes ont porté le premier pavé de la barricade, et presque toujours ont tiré le premier coup de feu[2] ». À la barricade de la rue Saint-Merri, le drapeau de la Société des Droits de l'homme fut longtemps tenu debout par un gamin de seize ans. Rey-Dussueil fait du petit Joseph l'un des personnages centraux de son *Saint-Merri*, et cette description a peut-être influencé Hugo : Joseph se cache derrière l'éléphant de la Bastille – domicile de Gavroche, comme on sait – pour jeter des pierres à la garde nationale ; et quand les hommes veulent l'envoyer porter une lettre pour l'éloigner de la barricade, sa

1. Rapport d'Achille Leroux, BNF, Fonds Enfantin, Ms 7816, cité par Jacques Rancière, *La Nuit des prolétaires*, *op. cit.*

2. Cité par Louis Chevalier, *Classes laborieuses et classes dangereuses…*, *op. cit.*

réplique – « Serviteur, dit l'enfant, je n'ai pas le temps » – est du pur gavroche.

Comme le seront les « pétroleuses » de la Commune, ces gamins sont exécrés par les tenants de l'ordre. Le critique de *La Revue des Deux Mondes* commente un tableau d'Adolphe Leleux intitulé *Le Mot de passe*, un groupe où figure en position centrale un gosse portant un long fusil : « *(Le tableau)* a certainement des qualités solides, de la vie, du mouvement et de l'harmonie ; mais pour Dieu ! que signifie le choix d'un sujet pareil ?.... Le gamin de Paris est un type qui ne devrait tenter aucun artiste. Il est généralement laid, petit, malingre.... Dans notre boue immonde, la pauvreté est repoussante, et les haillons sont affreux. Puisque M. Leleux aime les guenilles, je lui conseille de s'en tenir à celles d'Espagne et d'Orient[1]. »

Pendant les années 1830, on ne s'est guère battu dans les faubourgs et encore moins dans les champs et les vignobles des communes des alentours, Belleville, Montmartre ou Charonne. Depuis la Révolution, la population des faubourgs ouvriers vient traditionnellement combattre au centre de Paris. Mais au cours des dix années qui s'écoulent entre l'action de *La Cousine Bette* et celle de *L'Éducation sentimentale*, les faubourgs et la banlieue se sont transformés. Au nord et à l'est, les usines, les entrepôts, les logements ouvriers ont repoussé les maraîchers, les vignerons et les marchands de bestiaux. La construction des fortifications dans les années 1840 a amené là quantité de manœuvres qui sont restés et n'ont plus de travail (« La révolution industrielle qui.... avait attiré dans ses murs tout un nouveau peuple d'ouvriers, auquel les travaux des fortifications avaient ajouté un autre peuple de cultivateurs maintenant sans ouvrage.... [2] »). Entre la

1. Cité par T. J. Clark, *The Absolute Bourgeois, Artists and Politics in France, 1848-1851*, Londres, Thames and Hudson, 1973. Le tableau de Leleux fut exposé au Salon de 1849.

2. Tocqueville, *Souvenirs*. Le passage mérite d'être cité plus

population des villages de La Villette ou de La Chapelle et celle du faubourg Poissonnière ou du faubourg du Temple, il n'y a plus guère de différence. En même temps, les ouvriers commencent à être chassés des vieilles rues du centre, dont Rambuteau a entamé la destruction : « Il a *(le VIIe arrondissement d'alors, le Marais)* des quartiers mal percés, mal construits, malsains et mal habités. Le plus ignoble est le quartier des Arcis qui, sauf le quai Pelletier *(entre le pont Notre-Dame et le pont d'Arcole)*, est occupé en grande partie par des logeurs en garni au mois et à la nuit et par la population qu'attire ce genre d'établissement. Grâce au percement de la rue Rambuteau, le quartier Beaubourg qui était dans une position non moins fâcheuse va recevoir un peu de soleil. Les principales rues de cet arrondissement sont commerçantes et n'auraient besoin que d'être élargies pour le devenir davantage[1]. » Parmi les ouvriers expulsés, certains essaiment dans les quartiers voisins – le centre de l'île Saint-Louis, « si bien habitée autrefois, et qui n'a plus de population aisée que dans les maisons qui bordent les quais », les alentours déjà dangereux de la place Maubert – mais d'autres partent s'installer bien plus loin, à Belleville ou sur les pentes nord de Montmartre.

L'insurrection de juin 1848 se déroule dans des lieux inhabituels et cette topographie nouvelle reflète les bouleversements de l'ère industrielle. Si tout commence autour

---

longuement : « .... l'ardeur des jouissances matérielles qui, sous l'aiguillon du gouvernement *(républicain)* excitait de plus en plus cette multitude elle-même, le malaise démocratique de l'envie qui la travaillait sourdement; les théories économiques et politiques, qui commençaient à s'y faire jour et qui tendaient à faire croire que les misères humaines étaient l'œuvre des lois et non de la Providence, et qu'on pouvait supprimer la pauvreté en changeant la société d'assiette.... ».

1.Rapport de la Commission des Halles, 1842. Cité par Louis Chevalier, *Classes laborieuses et classes dangereuses…*, *op. cit.*

du Panthéon, ce n'est pas que les ouvriers espèrent entraîner avec eux la jeunesse des écoles. Lors de la mémorable soirée du 22 juin où, malgré les torches, les visages de l'immense foule restent noyés dans l'ombre comme dans *L'Émeute* de Daumier, ils ne se sont réunis sur la grande place que parce qu'elle leur est familière : tous les soirs, depuis février, on y fait la paye des ateliers nationaux. À la phase ascendante de l'insurrection, les ouvriers investissent, il est vrai, le centre de Paris et parviennent à travers les quartiers traditionnels de l'émeute tout près de l'Hôtel de Ville. Mais cette offensive se fait à partir de leurs bases que sont les faubourgs du nord, de l'est et du sud. C'est dans ces nouveaux quartiers émeutiers qu'ils se replieront quand la poussée vers le centre aura échoué et c'est là qu'ils se battront jusqu'au bout. Et pendant la dernière semaine de mai 1871, malgré les transformations de la ville, les fédérés se défendront dans les mêmes rues, les mêmes places, les mêmes carrefours, et ce sont peut-être les mêmes pavés qui auront servi deux fois pour dresser des barricades décrites dans les mêmes termes à vingt-trois ans d'intervalle, rue Saint-Maur, rue de la Fontaine-au-Roi, à la barrière des Amandiers ou à l'entrée du faubourg Saint-Antoine.

* * *

Dans le dernier numéro du *Peuple constituant*, au lendemain de Juin, Lamennais avait prédit que « les hommes qui se sont faits ses ministres *(de la réaction)*, ses serviteurs dévoués, ne tarderont pas à recueillir la récompense qu'elle leur destine et qu'ils n'ont que trop méritée. Chassés avec mépris, courbés sous la honte, maudits dans le présent, maudits dans l'avenir, ils s'en iront rejoindre les traîtres de tous les siècles ». C'était bien vu. La IIe République est désormais en survie artificielle. Dans ses deux derniers soubresauts, l'un qui marque la fin du régime parlementaire et l'autre qui est un combat sans espoir contre le coup d'État de Louis Bonaparte, « le peuple est aux fenêtres, le bourgeois seul est dans la rue », comme dit Hippolyte Babou, l'ami de Baudelaire[1].

La première de ces « journées », le 13 juin 1849 – et cette date de juin n'est sans doute pas entièrement un hasard – est un simulacre d'insurrection conduit par la « Montagne », de plus en plus inquiète de l'attitude du président de la République élu en décembre 1848, Louis Bonaparte. Le prétexte est l'expédition de Rome[2]. Le 11 juin, Ledru-Rollin dépose une demande de mise en accusation du président de la République et des ministres, pour avoir violé la Constitution en attentant à la liberté d'un peuple. La majorité royaliste-cléricale de l'Assemblée législative rejette la demande. La Montagne décide alors une démonstration non violente. Ses partisans se réunissent sans armes au Château-d'Eau le 13 à midi, et se dirigent par les Boulevards vers l'Assemblée. Mais à la hauteur de la rue de la Paix, la cavalerie de Changarnier débouche et les disperse. Les dirigeants de la Montagne se regroupent alors au Conservatoire des arts et métiers et décident de s'y constituer en « Convention nationale », sous la protection de l'artillerie de la garde nationale commandée par Guinard, celui-là même qui dirigeait la canonnade contre les insurgés de la rue Saint-Jacques l'année précédente. Les tentatives pour déclencher une véritable insurrection dans les rues avoisinantes tournent court et en fin d'après-midi tout est terminé dans la confusion et le ridicule. La Montagne est mise hors la loi, Ledru-Rollin, Considérant, Louis Blanc s'enfuient à l'étranger, d'autres seront traduits en Haute Cour. Juin 1849 fut, comme dit Marx, la Némésis de juin 1848.

1. Hippolyte Babou, *Les Prisonniers du 2 décembre, mes émotions, mes souvenirs*, Paris, 1876.

2. Avant de se séparer, les constituants avaient voté un crédit pour l'envoi d'un corps expéditionnaire en Italie, avec mission de défendre les républicains italiens révoltés contre l'Autriche. En fait, cette petite armée, commandée par Oudinot, fut utilisée pour attaquer les républicains romains et restaurer l'autorité du pape.

La résistance au coup d'État du 2 décembre fut une affaire autrement sérieuse et qui fit beaucoup de morts, contrairement à ce que laisse croire l'historiographie relativiste actuelle, tout entière orientée vers la réhabilitation de Louis Bonaparte. Les événements peuvent être suivis d'heure en heure grâce à un prodigieux document historique dû à l'un des chefs de la résistance : *Histoire d'un crime*, écrit par Victor Hugo à Bruxelles de décembre 1851 à mai 1852, « d'une main chaude encore de la lutte contre le coup d'État », avec pour sous-titre *Déposition d'un témoin*[1].

Parenthèse Hugo. Je suis convaincu que son parcours politique, inverse de l'habituelle trajectoire de la jeunesse généreuse à la caducité réactionnaire, fut déterminé par les journées de Juin. Hugo avait été royaliste à l'époque d'*Hernani*, pair de France sous Louis-Philippe, élu très jeune à l'Académie française – et dans son discours de réception il évoquait la *populace*, pour l'opposer il est vrai au *peuple* – « l'ochlocratie *(qui)* s'insurge contre le démos », comme il écrira plus tard, à propos des journées de Juin[2]. Au moment décisif, on l'a vu se joindre aux partisans de l'épreuve de force, demander que l'on ferme les ateliers nationaux. Mais sur les journées de l'insurrection, Hugo, d'ordinaire si vif à saisir et à conter, étonne par sa discrétion, ne décrivant des combats que deux épisodes parmi les plus souvent cités, et en termes assez convenus. Sur la répression, presque rien, une note comme en passant à propos du fameux souterrain des Tuileries, celui de Pardigon et du père Roque. Et sur son rôle personnel – il faisait partie, on l'a vu, des députés chargés d'aller au feu pour soutenir le moral défaillant des gardes nationaux

1. Le livre fut publié chez Calmann-Lévy en pleine affaire Mac-Mahon. Hugo avait fait figurer en tête ces mots : « Ce livre est plus qu'actuel ; il est urgent. Je le publie. V.H., Paris, 1er octobre 1877. » Le premier tirage fut de 165 000 exemplaires.

2. *Les Misérables*, cinquième partie.

bourgeois –, Hugo est évasif. Il insistera toujours sur ses efforts de conciliation. Boulevard Beaumarchais, le 24 juin, « je crus devoir tenter un effort pour faire cesser, s'il était possible, l'effusion de sang....[1] ». Ou encore : « J'étais un des soixante représentants envoyés par l'Assemblée au milieu de la bataille avec mission de précéder partout les colonnes d'attaque, de porter, fût-ce au péril de leur vie, des paroles de paix aux barricades, d'empêcher l'effusion de sang et d'arrêter la guerre civile[2]. »

Mais la réalité semble avoir été quelque peu différente. En septembre 1848, devant le deuxième conseil de guerre de Paris, Hugo témoigne : « *Nous venions d'attaquer une barricade* de la rue Saint-Louis [de Turenne], d'où partait depuis le matin une fusillade assez vive qui nous avait coûté beaucoup de braves gens ; cette barricade enlevée et détruite, je suis allé seul vers une autre barricade placée en travers de la rue Vieille-du-Temple, et très forte[3]. » *Le Moniteur* du 11 juillet 1848 relate : « Aujourd'hui, MM. Victor Hugo et Ducoux ont amené à l'Assemblée nationale et présenté au président un intrépide garde national de la 6e légion, M. Charles Bérard, blessé en prenant le drapeau de la barricade de la barrière des Trois-Couronnes [à l'emplacement du métro Couronnes]. Charles Bérard était de ceux qui avaient accompagné MM. Victor Hugo et Galy-Cazalat dans la journée du samedi à l'attaque et la prise des barricades du Temple et du Marais, attaque qui n'eut lieu comme on sait, qu'après que M. Victor Hugo eut épuisé tous les moyens de conciliation.... » Donc, après des efforts pour faire capituler les insurgés par la magie du verbe, Hugo a pris part aux combats, sans aller toutefois jusqu'à commander les charges et les

1. *Ibid.*

2. *Histoire d'un crime*, XVII, « Contrecoup du 24 juin sur le 2 décembre ».

3. *Actes et paroles*, I, « Avant l'exil », in *Politique*, notes annexes de Victor Hugo, Paris, Laffont, coll. « Bouquins »). C'est moi qui souligne.

mitraillades, comme Lamartine, comme Arago. Il a donc été témoin des fusillades de prisonniers, des arrestations en masse, de la chasse à l'homme dans les rues. Or il n'en dit pas un mot, et ce silence, j'y vois l'indice d'un sentiment de culpabilité pour avoir été du côté des massacreurs dans ce qu'il appelle les *fatales* journées de Juin. Et tout le reste de sa vie politique peut se lire comme un long effort pour se racheter à ses propres yeux.

C'est d'abord cette extraordinaire série de discours, dès juillet 1848 à la Constituante, puis à la Législative : pour la liberté de la presse ; contre l'état de siège ; contre la peine de mort ; pour l'enseignement laïque (« Votre loi est une loi qui a un masque.... C'est Votre habitude. Quand vous forgez une chaîne, vous dites : Voici une liberté ! Quand vous faites une proscription, vous criez : Voilà une amnistie !..... Vous êtes non les croyants, mais les sectaires d'une religion que vous ne comprenez pas. Vous êtes les metteurs en scène de la sainteté. Ne mêlez pas l'Église à vos affaires, à vos combinaisons, à vos doctrines, à vos ambitions ») ; contre les déportations (« Mais levez-vous donc, catholiques, prêtres, évêques, hommes de la religion qui siégez dans cette assemblée ; levez-vous, c'est votre rôle ! Qu'est-ce que vous faites sur vos bancs ? ») ; sur la misère (« Il y a dans Paris, dans ces faubourgs de Paris que le vent de l'émeute soulevait naguère si aisément, il y a des rues, des maisons, des cloaques, où des familles, des familles entières vivent pêle-mêle, hommes, femmes, jeunes filles, enfants, n'ayant pour lits, n'ayant pour couvertures, j'ai presque dit pour vêtements que des monceaux infects de chiffons en fermentation, ramassés dans la fange du coin des bornes, espèce de fumier des villes, où des créatures humaines s'enfouissent toutes vivantes pour échapper au froid de l'hiver.... »).

Dans *Les Misérables* – commencés en 1845, abandonnés en 1848 pour cause de révolution, repris en 1860 et terminés en 1862 à Hauteville House –, la cinquième partie s'ouvre par un chapitre intitulé « La Charybde du faubourg Saint-Antoine et la Scylla du faubourg du Temple ».

Hugo s'excuse de cette insertion, totalement étrangère au reste du livre : « Les deux plus mémorables barricades que l'observateur des maladies sociales puisse mentionner n'appartiennent point à la période où est placée l'action de ce livre. » Suit le parallèle entre les deux forteresses, celle de l'entrée du faubourg Saint-Antoine – « ravinée, déchiquetée, dentelée, hachée, crénelée d'une immense déchirure, contre-butée de monceaux qui étaient eux-mêmes des bastions, poussant des caps çà et là, puissamment adossée aux deux grands promontoires de maisons du faubourg, elle surgissait comme une levée cyclopéenne au fond de la redoutable place qui a vu le 14 juillet » – et celle du faubourg du Temple, où « il était impossible, même aux plus hardis, de ne pas devenir pensif devant cette apparition mystérieuse. C'était ajusté, emboîté, imbriqué, rectiligne, symétrique, et funèbre. Il y avait là de la science et des ténèbres. On sentait que le chef de cette barricade était un géomètre ou un spectre. On regardait cela et l'on parlait bas ». La seule raison d'être de cet extraordinaire chapitre, c'est l'hommage aux insurgés de Juin, à leur cause, à leur courage (« Les lâches ! disait-on. Mais qu'ils se montrent donc ! qu'on les voie ! ils n'osent pas ! ils se cachent ! – La barricade du faubourg du Temple, défendue par quatre-vingts hommes, attaquée par dix mille, tint trois jours.... Pas un seul des quatre-vingts lâches ne songea à fuir, tous y furent tués.... »). Et Hugo livre, comme un aveu, son sentiment sur son propre rôle en Juin : « C'est là un de ces moments rares où, en faisant ce qu'on doit faire, on sent quelque chose qui déconcerte et qui déconseillerait presque d'aller plus loin ; on persiste, il le faut ; mais la conscience satisfaite est triste, et l'accomplissement du devoir se complique d'un serrement de cœur. »

C'est cet Hugo-là qui va jouer l'un des premiers rôles dans la résistance au coup d'État de Louis Bonaparte. Sa tête est mise à prix, ce qui ne lui déplaît pas car il pense qu'il est de son devoir de se faire tuer lors de ces journées. Il le dit brièvement, sans forfanterie : « Il *(Jules Simon, au moment du massacre sur le boulevard Montmartre)* m'arrêta – Où allez-vous ? me dit-il, vous allez vous faire tuer. Qu'est-ce que vous voulez ? Cela, lui dis-je. Nous nous serrâmes la main. Je continuai d'avancer. » Mais pour une erreur d'horaire, c'est Baudin qui meurt à sa place sur la barricade du faubourg Saint-Antoine. C'est ce qui le hantera toujours. Si madame Bovary c'est l'autre, Baudin, c'est lui.

Sombre comme une nuit de décembre, sans la rhétorique imprécatoire des *Châtiments* ou de *Napoléon le Petit*, *Histoire d'un crime* peut se lire à trois niveaux. Le premier, c'est la description historique des événements du 2 au 6 décembre 1851. Au début (« Le Guet-apens »), c'est d'abord la surprise : les bruits de coup d'État couraient depuis trop longtemps, on n'y croyait plus. « On en venait à rire. On ne disait plus : quel crime ! mais quelle farce ! [1] » Mais dans la nuit du 1er au 2, des régiments acquis à Bonaparte prennent position autour de l'Assemblée. Le préfet de police convoque les quarante-huit commissaires de police de Paris. « Il s'agissait de saisir chez eux soixante-dix-huit démocrates influents dans leurs quartiers et redoutés de l'Élysée comme chefs possibles de barricades. Il fallait, attentat plus audacieux encore, arrêter dans leur maison seize représentants du peuple. » Pour imprimer les affiches annonçant le décret de dissolution de l'Assemblée, l'Imprimerie nationale est réquisitionnée : « On plaça chacun d'eux *(les ouvriers)* entre deux gendarmes, avec défense de prononcer une parole, puis on distribua dans l'atelier les pièces à imprimer, coupées en très petits morceaux de façon que pas un ouvrier ne pût lire une phrase entière. » À six heures du matin, les troupes commencent à se masser place de la Concorde. Les députés arrêtés et les généraux républicains tricolores,

1. Le matin du 2 décembre, Babou et un groupe d'amis rencontrent Pierre Leroux qui leur dit : « Ô jeunes gens ! riez comme nous et achetez des sifflets : le coup d'État va tomber dans le ridicule » (*Les Prisonniers du 2 décembre*, *op. cit.*).

les fusilleurs de Juin – Cavaignac, Lamoricière, Bedeau – traversent Paris désert en voiture cellulaire vers la prison de Mazas, « immense bâtisse rougeâtre, élevée tout à côté de l'embarcadère du chemin de fer de Lyon, sur les terrains vagues du faubourg Saint-Antoine ».

Dans la matinée, la troupe envahit l'Assemblée et chasse les députés. Une soixantaine de représentants de la gauche (dont Hugo) se réunissent dans un appartement de la rue Blanche et proclament la mise hors la loi de Bonaparte. La droite, groupe plus nombreux, se réunit dans son quartier, à la mairie du Xe arrondissement, et vote la déchéance[1] (« À la déchéance, la légalité finissait ; à la mise hors la loi, la révolution commençait.... Quelques-uns de ces hommes qui s'appelaient *hommes d'ordre* grommelaient, tout en signant la déchéance : Gare la république rouge ! et semblaient craindre également de succomber et de réussir »). Les chasseurs de Vincennes surviennent et emmènent les 220 représentants – Hugo en donne la liste – de la mairie à la caserne d'Orsay. « Ainsi finirent le parti de l'ordre, l'Assemblée législative et la révolution de février[2]. » Pendant ce temps, le groupe de la gauche, qui a erré toute la journée de refuge en refuge, décide de soulever le faubourg Saint-Antoine le lendemain.

La deuxième journée (« La Lutte »), c'est la mort de Baudin au petit matin sur une barricade du faubourg Saint-Antoine[3], l'appel aux armes et, dans la soirée, un début d'agitation sur les Boulevards et dans les vieux quartiers du centre (« La soirée fut menaçante. Les groupes s'étaient formés sur les boulevards. À la nuit ils se grossirent et devinrent des attroupements, qui bientôt se mêlèrent et ne firent plus

1. Le Xe arrondissement correspondait à la partie ouest de la rive gauche, Saint-Germain-des-Prés et le faubourg Saint-Germain. La mairie était rue de Grenelle, à l'abouchement de la rue des Saints-Pères.

2. Marx, *Le 18 Brumaire...*, *op. cit.*

3. Elle était dressée à l'abouchement des rues de Cotte et Sainte-Marguerite [Trousseau].

qu'une foule. Foule immense, à chaque instant accrue et troublée par les affluents des rues, heurtée, ondoyante, orageuse, et d'où sortait un bourdonnement tragique »). Le lendemain (« Le Massacre ») : « Louis Bonaparte n'avait pas dormi. Dans la nuit, il avait donné des ordres mystérieux; de là, le matin, sur cette face pâle, une sorte de sérénité épouvantable. » Le centre de Paris, le Marais, le quartier Saint-Honoré, le quartier des Halles sont couverts de barricades. Le coup d'État semble marquer le pas. Mais soudain, dans l'après-midi, boulevard Montmartre, c'est le carnage. « En un clin d'œil il y eut, sur le boulevard, une tuerie longue d'un quart de lieue.... Tout un quartier de Paris plein d'une immense fuite et d'un cri terrible. Partout la mort subite. On ne s'attend à rien. On tombe.... Être dans la rue est un crime, être chez soi est un crime. Les égorgeurs montent dans les maisons et égorgent.... Une brigade tuait les passants de la Madeleine à l'Opéra [rue Le Peletier]; une autre de l'Opéra au Gymnase; une autre du boulevard Bonne-Nouvelle à la porte Saint-Denis; le 75e de ligne ayant enlevé la barricade de la porte Saint-Denis, il n'y avait point de combat, il n'y avait que le carnage. Le massacre rayonnait – horrible mot vrai – du boulevard dans toutes les rues. Fuir ? Pourquoi ? Se cacher ? À quoi bon ? La mort courait derrière vous plus vite que vous. » La dernière journée (« La Victoire »), c'est la fin d'une lutte sans espoir, la mort de Denis Dussoubs sur une barricade de la rue du Cadran, la poursuite du massacre, la traque, les prisonniers entassés – une nouvelle fois – dans la cave des Tuileries sous la terrasse du bord de l'eau (« Ils se rappelèrent qu'en juin 1848 les insurgés avaient été renfermés là en grand nombre et plus tard transportés »), d'où trois cent trente-sept partiront au matin pour être fusillés dans la cour de l'École militaire.

Histoire d'un crime se lit aussi comme une aventure personnelle. Un grand bourgeois, écrivain illustre, académicien, député, devient en l'espace de quelques heures un clandestin pourchassé. La police de Bonaparte est à ses trousses. La nuit, il erre d'arrière-salles de cafés de faubourgs en appartements d'amis de rencontre. Le jour, il court de réunion en réunion à travers ces quartiers si bien pacifiés trois ans auparavant, rue de la Cerisaie, quai de Jemmapes, rue de Charonne. Au n° 82 de la rue Popincourt, « dans un cul-de-sac assez long, faiblement éclairé par un vieux réverbère à l'huile de l'ancien éclairage de Paris.... nous entrions par un passage étroit dans une grande cour encombrée d'appentis et de matériaux. Nous étions chez Cournet ». Cournet ! celui-là même qui, dans *Les Misérables* – et dans la réalité –, commandait la *Charybde* du faubourg Saint-Antoine, « intrépide, énergique, irascible, orageux ; le plus cordial des hommes, le plus redoutable des combattants ». Hugo ne manque pas l'occasion de faire le lien entre les journées de décembre et le passé et l'avenir de Paris rouge, Juin et la Commune. Dans une troublante contraction du temps, deux hommes qui vont mourir sous les balles, l'un le lendemain matin et l'autre vingt ans plus tard, Baudin et Millière, se rencontrent au 70, rue Blanche. « Millière, je vois encore ce jeune homme pâle, cet œil à la fois perçant et voilé, ce profil doux et sinistre. L'assassinat et le Panthéon l'attendaient[1].... *(Il)* s'approcha : – Vous ne me connaissez pas, dit-il, je m'appelle Millière, mais moi je vous connais, vous êtes Baudin. » Et Hugo conclut : « J'ai assisté au serrement de main de ces deux spectres », et ces mots me font encore frissonner.

Comme si le danger n'était pas suffisant, Hugo en rajoute, il fait de la provocation. Le premier jour, il roule vers le centre de Paris. « Quand l'omnibus s'engagea dans le ravin de la porte Saint-Martin, un régiment de grosse cavalerie arrivait en sens inverse.... C'étaient des cuirassiers. Ils défilaient au grand trot et le sabre nu.... Subitement

1. On se souvient que Millière fut fusillé sur les marches du Panthéon le 26 mai 1871. Il avait refusé de se mettre à genoux et mourut en criant « Vive l'humanité ! ». Dans *Histoire d'un crime*, publié en 1877, ce passage est évidemment un ajout tardif. J'ai lu il y a très longtemps les souvenirs d'un écrivain soviétique de la grande époque – impossible de me souvenir lequel – qui racontait combien ce cri de « Vive l'humanité ! » l'avait frappé dans sa jeunesse.

le régiment fit halte.... En s'arrêtant il arrêta l'omnibus. Nous avions sous les yeux, devant nous, à deux pas.... ces Français devenus des mamelouks, ces citoyens combattants de la grande république transformés en souteneurs du Bas-Empire.... Je n'y pus tenir. Je baissai la vitre de l'omnibus, je passai la tête dehors et, regardant fixement cette ligne épaisse de soldats qui me faisaient front, je criai : – À bas Louis Bonaparte ! Ceux qui servent des traîtres sont des traîtres ! Les plus proches tournèrent la face de mon côté et me regardèrent d'un air ivre ; les autres ne bougèrent pas et restèrent au port d'armes, la visière du casque sur les yeux, les yeux fixés sur les oreilles de leurs chevaux. »

Le lendemain, se hâtant vers la barricade où il arrivera trop tard pour mourir, il passe en fiacre à la Bastille (les cochers de fiacre étaient alors singulièrement courageux). « Quatre batteries attelées étaient rangées au pied de la colonne. Çà et là quelques groupes d'officiers parlaient à voix basse, sinistres.... L'émotion que j'avais eue la veille devant le régiment de cuirassiers me reprit. Voir en face de moi, à quelques pas, debout, dans l'insolence d'un triomphe tranquille, les assassins de la patrie, cela était au-dessus de mes forces. Je m'arrachai mon écharpe *(de député, tricolore)*, je la pris à poignée, et passant mon bras et ma tête par la vitre du fiacre, et agitant l'écharpe, je criai : – Soldats, regardez cette écharpe, c'est le symbole de la loi, c'est l'Assemblée nationale visible.... On vous trompe, rentrez dans le devoir.... Louis Bonaparte est un bandit, tous ses complices le suivront au bagne. Regardez cet homme qui est à votre tête et qui ose vous commander. Vous le prenez pour un général, c'est un forçat.... » Quelqu'un lui murmure qu'il va se faire fusiller, mais Hugo n'entend rien, il continue : « Vous qui êtes là, habillé comme un général, c'est à vous que je parle, monsieur. Vous savez qui je suis.... et je sais qui vous êtes, et je vous l'ai dit, vous êtes un malfaiteur. Maintenant, voulez-vous savoir mon nom ? Le voici : et je lui criai mon nom. Et j'ajoutai : À présent, vous, dites-moi le vôtre. Il ne répondit pas. Je repris : Soit, je n'ai pas besoin de savoir votre nom de général, mais je saurai votre numéro de galérien. »

Le troisième niveau d'*Histoire d'un crime*, c'est l'analyse politique où Hugo rejoint Marx – dont il n'a peut-être jamais entendu parler –, qui demande : « Pourquoi le prolétariat parisien ne s'est-il pas soulevé après le 2 décembre ? *(C'est que)* toute révolte sérieuse du prolétariat l'aurait *(la bourgeoisie)* aussitôt rendue à la vie, réconciliée avec l'armée et aurait valu aux ouvriers une seconde défaite de juin[1]. » Pour Hugo, la vérité sort de la bouche d'une vieille femme, dès le premier jour, dans une scène où apparaît le fantôme de Juin : « À l'angle de la rue du Faubourg-Saint-Antoine, devant la boutique de l'épicier Pépin, à l'endroit même où se dressait à la hauteur de deux étages la gigantesque barricade de juin 1848, les décrets du matin étaient affichés, quelques hommes les examinaient quoiqu'il fît nuit noire et qu'on ne pût les lire, et une vieille femme disait : – Les vingt-cinq francs sont à bas. Tant mieux ! » (« Les vingt-cinq francs » : une expression de mépris désignant les députés par leur indemnité quotidienne – le salaire des ateliers nationaux, on s'en souvient, était de deux francs pour les hommes et d'un franc pour les femmes. Le lendemain, aux ouvriers du faubourg qui lui demandent s'il pense vraiment qu'ils vont se faire tuer pour lui conserver ses vingt-cinq francs, Baudin fait avant de monter sur la barricade la réponse fameuse – légende ou réalité : « Vous allez voir comment on meurt pour vingt-cinq francs. ») Dans un chapitre au titre explicite, « Contrecoup du 24 juin sur le 2 décembre », Auguste, marchand de vin de la rue de la Roquette, à qui Hugo a sauvé la vie en juin, explique lucidement que « le peuple était ahuri, qu'il leur semblait à tous que le suffrage universel était restitué, que la loi du 31 mai à bas, c'était une bonne chose[2].... que, pour tout dire, la constitution, on n'y tenait pas beaucoup – qu'on

1. *Le 18 Brumaire...*, *op. cit.*

2. Cette loi du 31 mai 1850 abolissait de fait le suffrage universel proclamé en février 1848 : pour être électeur il fallait désormais justifier d'une installation *permanente* alors que la plupart des ouvriers étaient des migrants. Les affiches du coup d'État promettaient le retour au suffrage universel.

aimait la république, mais.... que dans tout cela on ne voyait qu'une chose bien clairement, les canons prêts à mitrailler – qu'on se souvenait de juin 1848 – qu'il y avait des pauvres gens qui avaient bien souffert – que Cavaignac avait fait bien du mal – que les femmes se cramponnaient aux blouses des hommes pour les empêcher d'aller aux barricades – qu'après ça, pourtant, en voyant des hommes comme nous à la tête, on se battrait peut-être, mais que ce qui gênait, c'est qu'on ne savait pas bien pourquoi ». Tous les efforts d'Hugo et de ses amis pour soulever les faubourgs sont vains : après la mort de Baudin, « en quittant la barricade de la rue Sainte-Marguerite, de Flotte alla au faubourg Saint-Marceau, Madier alla à Belleville, Charamaule et Maigne se portèrent sur les boulevards, Schoelcher, Dulac, Malardier et Brillier remontèrent le faubourg Saint-Antoine par les rues latérales que la troupe n'avait pas encore occupées. Ils criaient : Vive la république ! Ils apostrophaient le peuple sur le pas des portes.... Ils allèrent jusqu'à chanter la Marseillaise. On ôtait les chapeaux sur leur passage, et l'on criait : Vive nos représentants ! Mais c'était tout ». Il fallait bien se faire une raison. « Il était évident que les quartiers populaires ne se lèveraient pas, il fallait se tourner du côté des quartiers marchands, renoncer à remuer les extrémités de la ville et agiter le centre. » Cette stratégie à rebrousse-temps, en sens inverse de la sociologie révolutionnaire, c'est l'échec de la résistance. Le dernier coup de feu est tiré rue Montorgueil, à portée de fusil du lieu où les barricades avaient fait leur réapparition en novembre 1827. Pour Paris rouge, c'est une parenthèse de vingt ans qui commence.

Dans ce siècle des barricades, tous les soulèvements parisiens, toutes les révolutions auront donc été des défaites, immédiates ou à retardement. Rien d'étonnant à ce qu'en 1871 le vieux Blanqui ait élaboré dans sa cellule du fort du Taureau une cosmogonie qui reflète son désarroi devant l'éternel retour de la défaite : « Toutes ces terres s'abîment, l'une après l'autre, dans les flammes rénovatrices, pour en renaître et y retomber encore, écoulement monotone d'un sablier qui se retourne et se vide éternellement lui-même. C'est du nouveau toujours vieux, et du vieux toujours nouveau.... Voici néanmoins un grand défaut : il n'y a pas progrès. Hélas ! non, ce sont des rééditions vulgaires, des redites.... Hommes du XIXe siècle, l'heure de nos apparitions est fixée à jamais, et nous ramène toujours les mêmes, tout au plus avec la perspective de variantes heureuses. Rien là pour flatter beaucoup la soif du mieux. Qu'y faire ? Je n'ai point cherché mon plaisir, j'ai cherché la vérité [1]. »

Mais si l'on explore les alentours de cette notion de *défaite*, par-delà les exécutions sommaires, les proscriptions et les déportations en masse, ce qui reste, c'est un immense effet de vérité. La défaite montre ce qui n'avait pas lieu d'être vu. Là où règne l'illusion – de la fraternité républicaine, de la neutralité de la loi et du droit, du suffrage universel émancipateur –, la défaite révèle soudain la véritable nature de l'ennemi, elle dissipe le consensus, elle démonte les mystifications idéologiques de la domination. Aucune analyse politique, aucune campagne de presse, aucune lutte électorale n'est porteuse d'un message aussi clair que le spectacle de gens qu'on fusille dans la rue.

Pendant un siècle (1871-1968), la pacification des mœurs politiques – autrement dit la poursuite de la guerre civile par d'autres moyens – a favorisé le retour de l'illusion. Dans des efforts qui pourraient être risibles s'il n'en résultait pas tant d'accablement, ceux qui sont, malgré qu'ils en aient, les héritiers des Montagnards de 1848 et des socialistes versaillais de 1871, n'ont cessé d'œuvrer au replâtrage de la vieille caserne-prison prétendument démocratique et républicaine. En Mai 68, ceux qui avaient prévu et préparé la révolution se plaçaient explicitement dans la continuité des désordres du XIXe siècle. « Il faut reprendre, lit-on dans l'*Internationale situationniste* en 1962, l'étude du mouvement ouvrier classique d'une

1. Auguste Blanqui, *L'Éternité par les astres, hypothèse astronomique*, *op. cit.*

manière désabusée, et d'abord désabusée quant à ses diverses sortes d'héritiers politiques ou pseudo-théoriques, car ils ne possèdent que l'héritage de son échec. » Et quelque temps après, le 10 mai 1968, les barricades réapparaissaient dans la nuit, rue Gay-Lussac. L'extraordinaire idée de dépaver la rue n'était pas un résidu de mémoire collective et encore moins un hasard. C'était une tentative délibérée, expérimentale, pour ébranler les mécanismes de la domination en faisant surgir du sol la grande figure spectrale de la révolution, à peine modernisée par l'incendie des automobiles. Bien sûr, ces *magiques pavés* étaient moins efficaces que jamais *stratégiquement*, et tous les Malraux qui affirmaient que les tanks eussent emporté la rue Gay-Lussac bien plus vite que la gendarmerie mobile avaient raison. Mais c'est par cette mise en jeu symbolique que le soulèvement de Paris rouge en mai 1968 put mettre le feu – comme juillet 1789, comme juillet 1830, comme février 1848 – non plus à la seule Europe cette fois mais à toute la planète, de Tokyo à Mexico, ce que les étudiants de Berkeley n'avaient pas pu faire, faute justement d'ancrage historique. Les insurgés parisiens surent pourtant éviter les séductions archaïques et les pièges du romantisme. Ils ne prirent pas d'assaut les commissariats, ils ne pillèrent pas les armureries ni ne tentèrent d'investir les bâtiments du pouvoir (on se souvient de l'étonnement des journalistes quand les manifestants passaient devant le Palais-Bourbon comme sans le voir). Ce n'est pas seulement par juste évaluation du rapport de forces : nul doute que si des balles étaient venues se mêler aux pavés et aux cocktails curieusement dénommés « Molotov », on aurait vu jusqu'où pouvaient aller l'humanisme du préfet Grimaud et l'esprit républicain de ces généraux qui avaient gagné leurs étoiles, comme Lamoricière, comme Cavaignac, en Algérie. Le massacre n'eut pas lieu parce que Mai 68 était la première révolution moderne : *elle n'avait pas pour but la prise du pouvoir*. Informée de tous les désastres du siècle, elle s'est déroulée sur le mode d'une défaite programmée, dont on n'a pas fini d'évaluer les effets dévastateurs sur le vieux monde. Aucun des dispositifs de la domination n'a pu fonctionner après Mai comme avant. Les deux organisations rivales et solidaires dans l'ordre policier de l'époque, le gaullisme et le parti « communiste », ont pu sembler triompher avec la manifestation des Champs-Élysées et les accords Pompidou-Séguy à Grenelle. Elles ne savaient pas qu'elles couraient déjà dans le vide, comme ces personnages de dessins animés qui poursuivent leur trajectoire au-delà du bord de la falaise. Il leur faudra quelque temps pour regarder vers le sol et amorcer alors le plongeon que l'on sait.

La révolution de Mai n'est généralement pas appelée par son nom. Elle est désignée par le terme vague et lâche d'*événements*. Cette dénégation a pour argument – implicite le plus souvent – qu'à cette affaire d'étudiants il n'est pas convenable de conférer la même dignité qu'à 1793 ou 1917. La CGT n'a cessé d'opposer le *sérieux* des ouvriers en grève à la fête de la jeunesse étudiante-bourgeoise. Que ce soient les étudiants qui ont imaginé et programmé Mai, que le quartier Latin ait été d'un bout à l'autre le Q.G. des opérations, c'est un fait. La grande manifestation du 13 mai avait comme point de ralliement la place de la République mais on se souvient surtout de son passage boulevard Saint-Michel et à Montparnasse. Il ne s'est pas passé grand-chose en mai sur la rive droite, tout au plus une tentative peu convaincue de mettre le feu à la Bourse. Les quartiers traditionnels des révolutions parisiennes, le faubourg Saint-Antoine, le faubourg du Temple, Belleville, n'ont pas bougé. C'est que pendant les années Pompidou ils étaient ravagés, plongés au plus profond de la désindustrialisation-destruction-rénovation. Bâti destructuré, populations chassées, tradition ouvrière effacée, tel était le Paris populaire de la fin des années 1960. La reconstitution d'une population mélangée, faite de ce qui reste de prolétaires parisiens, d'immigrés et d'une jeunesse intellectuelle non universitaire, la reconquête n'avait pas encore commencé.

En dehors des usines occupées et de leurs abords immédiats, les communes de la « ceinture rouge », Ivry et Villejuif d'un côté, Saint-Denis et Gennevilliers de l'autre, n'ont pas bougé non plus, solidement tenues qu'elles étaient par le parti « communiste » dont la descente aux enfers a commencé alors, avec ses pathétiques efforts pour maintenir l'ordre. Mais ce qui a toujours été soigneusement occulté, gommé lors des commémorations, des anniversaires (et à cet égard le trentième a été exemplaire), c'est que *des milliers* de jeunes travailleurs, de marginaux, de chômeurs, d'étrangers étaient accourus au quartier Latin. Dans les A.G. on ne les entendait pas souvent, mais quand il s'agissait de balancer élégamment le pavé, de renverser et brûler les cars de police et de shooter dans les grenades lacrymogènes, ils étaient les premiers, avec l'aisance de qui aurait passé sa vie sur des barricades. Les bureaucrates des « jeunesses révolutionnaires » de tous bords cherchaient à les écarter et jamais on ne les a vus à la télévision, sauf quand il fallait montrer à la province épouvantée des « casseurs » arrêtés. Pourquoi leur en voulait-on ? Ils ne faisaient que tester par anticipation l'idée que « ce qui fait le caractère politique d'une action, ce n'est pas son objet ou le lieu où elle s'exerce mais uniquement sa forme, celle qui inscrit la vérification de l'égalité dans l'institution d'un litige, d'une communauté n'existant que dans la division [1] ».

Ceux qui se félicitent de voir aujourd'hui la ville si calme, engluée dans le continuum du temps bergsonien de la domination et de l'ennui, pourraient se trouver un jour bien étonnés. Mieux que toute autre, l'histoire de Paris rouge illustre la remarque de Benjamin que le temps des opprimés est par nature discontinu. Au cours des combats de juillet 1830, des témoins concordants et stupéfaits affirment qu'en plusieurs endroits de Paris les insurgés faisaient feu sur les horloges des monuments.

1. Rancière, *La Mésentente*, Paris, Galilée, 1995.

TROISIÈME PARTIE

Traversant de Paris le fourmillant tableau....

Les flâneurs

> La plupart des hommes se promènent à Paris comme ils mangent, comme ils vivent, sans y penser.... Oh ! errer dans Paris ! adorable et délicieuse existence ! Flâner est une science, c'est la gastronomie de l'œil. Se promener, c'est végéter ; flâner, c'est vivre.
>
> BALZAC, *Physiologie du mariage.*

« Ici est rassemblé tout ce qui est grand par l'amour ou par la haine, par le sentiment comme par la pensée, par le savoir ou par la puissance, par le bonheur comme par le malheur, par l'avenir ou par le passé.... On crée ici un nouvel art, une nouvelle religion, une nouvelle vie ; c'est ici que s'agitent joyeusement les créateurs d'un nouveau monde. » Dans ses chroniques parisiennes pour la *Gazette universelle* d'Augsbourg, Heine force les couleurs pour faire ressortir le noir de la réaction austro-prussienne, mais il n'empêche : le Paris de cette époque est bien la première ville du monde occidental, et ce n'est pas par hasard qu'un autre juif allemand immigré en rassemblera un siècle plus tard les traces et intitulera l'exposé central du grand ouvrage qu'il projette *Paris, capitale du XIXe siècle*[1].

Pendant les années parisiennes de Heine, entre *Adolphe* et *Madame Bovary*, entre le *Cuirassier blessé* de Géricault et *Le Torero mort* de Manet, entre l'achèvement de la Madeleine et celui de la gare du Nord, le système des

1. Walter Benjamin a donné ce titre, on le sait, à deux exposés présentés en 1935 et 1939, ce dernier rédigé en français.

Lettres qui avait cours en France depuis deux siècles, déjà bien fissuré, finit par tomber en morceaux. Je tenterai ici de tracer les étapes, sur moins d'un siècle, de ce rejet général des genres, des frontières et des hiérarchies, rejet pour lequel Paris représente bien plus qu'un cadre, qu'un milieu favorable. Paradigme de la ville « moderne » où *les obélisques de l'industrie vomissent contre le firmament leurs coalitions de fumées*, où la population ne cesse de croître, où l'éclairage au gaz remplace les quinquets à huile, où l'on détruit sans pitié les vieilles rues, Paris joue alors un rôle de détonateur. La ville, lorsque l'action d'un livre s'y trouvait située, était jusque-là un décor abstrait ou stylisé : on chercherait en vain des précisions sur des lieux parisiens dans *La Princesse de Clèves*, *Manon Lescaut* ou la *Vie de Marianne*. Désormais, dans des rues dénommées et décrites – ce qui constitue une rupture décisive dans le statut littéraire de la métropole – peuvent se croiser une mendiante rousse et une comtesse adultère, un grand chirurgien, un porteur d'eau auvergnat, un chiffonnier, un futur ministre, un policier – Vidocq, Javert, Peyrade – ou un notaire en faillite. La hiérarchie des genres, selon laquelle certaines formes étaient naturellement offertes à des couches sociales précises, n'y résiste pas. Par les feuilletons des journaux qu'on crie dans les rues, le roman envahit les salons à la mode, les cabinets de lecture *et* les arrière-salles des marchands de vin. Tout a vocation à devenir sujet, de drame, de sonnet, de chanson, de nouvelle, et tous les sujets sont égaux entre eux, si bien qu'il n'y a plus de relation obligée entre forme et contenu. Des zones de flou viennent troubler les frontières entre l'art et ce qui traditionnellement n'en fait pas partie. En 1857, Hippolyte Babou peut écrire sans blasphémer que, « quand Balzac découvre les toits ou perce les murs pour donner un champ libre à l'observation, vous parlez insidieusement au portier, vous vous glissez le long des clôtures, vous pratiquez de petits trous dans les cloisons, vous écoutez aux portes, vous braquez votre lunette d'approche, la nuit, sur les ombres chinoises qui dansent au loin derrière les vitres éclairées ; vous faites, en un mot, ce que nos voisins les Anglais appellent dans leur pruderie le *police detective*[1] ». C'est d'ailleurs « dans un obscur cabinet de lecture de la rue Montmartre » que le narrateur de *Double Assassinat dans la rue Morgue* rencontre un certain Dupin, le premier détective amateur de la littérature : non pas à Londres ni à New York, mais à Paris où Poe n'a jamais mis les pieds.

Ceux qui vont constituer la métropole en objet théorique, en instrument de rupture avec les formes du passé, ce sont des flâneurs. Les prodromes de ce phénomène initiateur de la modernité – la grande ville comme matériau, l'errance comme support de la création – s'égrènent tout au long du XVIIIe siècle finissant[2]. C'est le vieux Rousseau qui chaque jour quitte la rue Plâtrière [Jean-Jacques-Rousseau] et traverse Paris à pied pour aller herboriser. « Je n'ai jamais pu rien faire, écrit-il dans les *Confessions*, la plume à la main vis-à-vis d'une table et de mon papier », et dans ses *Notes écrites sur des cartes à jouer* : « Ma vie entière n'a été qu'une longue rêverie divisée en chapitres par mes promenades de chaque jour. » Dans son *Essai sur Jean-Jacques Rousseau*, Bernardin de Saint-Pierre le montre, impeccablement vêtu, lorsque « à soixante-dix ans il allait après midi au Pré-Saint-Gervais, ou il faisait le tour du bois de Boulogne, sans qu'à la fin de cette promenade il parût fatigué.... Le cuir de ses sou-

1. In *La Vérité sur le cas Champfleury*, Paris, 1857. Cité par W. Benjamin in *Charles Baudelaire, un poète lyrique à l'apogée du capitalisme*, trad.fr. Jean Lacoste, Paris, Payot, 1982.

2. J'emploie *modernité* au sens baudelairien : « La modernité, c'est le transitoire, le fugitif, le contingent, la moitié de l'art, dont l'autre moitié est l'éternel et l'immuable » (« Le Peintre de la vie moderne », IV, « La Modernité »). Pour une analyse des errements actuels dans l'emploi du mot, voir Jacques Rancière, *Le Partage du sensible*, Paris, La Fabrique, 2000. Dans *Libération* du 18 mai 2000, l'éditorial commence ainsi : « Les premières alarmes suscitées par les téléphones portables sont à peu près contemporaines de l'apparition de cet objet symbolique de la modernité. »

liers était découpé de deux étoiles à cause des cors qui l'incommodaient.... Il dînait à midi et demi. À une heure et demie il allait prendre du café assez souvent au café des Champs-Élysées où nous nous donnions rendez-vous. Ensuite il allait herboriser dans les campagnes, le chapeau sous le bras en plein soleil, même dans la canicule ». Rousseau sait trouver la campagne à l'intérieur même de Paris : « ....le temps étant assez beau quoique froid, j'allai faire une course jusqu'à l'École militaire, comptant d'y trouver des mousses en pleine fleur. » Un autre jour, « m'étant allé promener du côté de la Nouvelle-France, je poussai plus loin, puis tirant à gauche et voulant tourner autour de Montmartre, je traversai le village de Clignancourt » (vient ensuite, dans cette « Neuvième promenade », le célèbre passage du « petit enfant de cinq ou six ans qui serrait mes genoux de toute sa force en me regardant d'un air si familier et si caressant que mes entrailles s'émurent »). Ou encore : « Un dimanche nous étions allés, ma femme et moi, dîner à la porte Maillot. Après le dîner nous traversâmes le bois de Boulogne jusqu'à la Muette ; là nous nous assîmes sur l'herbe à l'ombre en attendant que le soleil fût baissé pour nous en retourner ensuite tout doucement par Passy » (et c'est alors l'épisode des *oublies* offertes aux petites filles, « et cette après-midi fut une de celles de ma vie dont je me rappelle le souvenir avec le plus de satisfaction »).

Rousseau insiste sur la dureté de la métropole et dans les *Rêveries* on entend en bruit de fond la terrible misère du Paris prérévolutionnaire. Le petit garçon rencontré près de la barrière d'Enfer au début de la « Sixième promenade », « fort gentil mais boiteux, qui, clopinant avec ses béquilles, s'en va d'assez bonne grâce demander l'aumône aux passants » fait partie de ce peuple d'enfants abandonnés ou perdus qui hante les rapports de police. Le mardi 19 octobre 1773, un certain commissaire Mouricaud note : « Est comparu Jean Louis Paillard dit Larose gagne-deniers demeurant port Saint-Paul chez la dame Blin marchande de vin, a déclaré que vendredi dernier Savary meneur de nourrices lui a remis en sortant du coche de Sens vers les quatre heures de l'après-midi deux enfants revenant de nourrice pour les porter à leurs pères et mères, que l'un était de sexe masculin dont les parents étaient demeurants à la Courtille et l'autre de sexe féminin que suivant l'adresse à lui donnée par Savary devait être porté chez le sieur Le Roi porte Saint-Martin ainsi que lui ont dit différentes personnes à qui le comparant ne sachant pas lire a fait lire l'adresse ; que n'ayant pu trouver le père de l'enfant tant à la porte Saint-Martin qu'au marché, il a emporté cet enfant avec l'autre à la Courtille, et après avoir remis le garçon à son père a remporté la fille chez lui où elle a soupé et couché[1]. »

Le double ténébreux et débraillé de Rousseau, celui que les contemporains avaient surnommé *le Jean-Jacques des Halles*, Restif le pervers, le fétichiste, était un indicateur de la police de Sartine et de Lenoir et c'étaient ses relations en haut lieu et l'habit bleu sous son manteau qui lui permettaient d'explorer les lieux les plus dangereux[2]. « Hibou ! s'écrie-t-il au début de la première des trois cent quatre-vingt-huit *Nuits de Paris* sous-titrées *Le Spectateur nocturne*, combien de fois tes cris funèbres ne m'ont-ils pas fait tressaillir dans l'ombre de la nuit ! Triste et solitaire, comme toi, j'errais seul, au milieu des ténèbres, dans cette capitale immense : la lueur des réverbères, tranchant avec les ombres, ne les détruit pas, elle les rend plus saillantes : c'est le clair-obscur des grands peintres ! » Il loge dans le quartier misérable entre la place Maubert et la

1. Arlette Farge, *Le Cours ordinaire des choses dans la cité du XVIIIe siècle*, Paris, Le Seuil, 1994.

2. Le parallèle Rousseau-Restif est repris par Maurice Blanchot : « Écrire sans soin, sans gêne et sans recherche, ce n'est pas si facile, Rousseau nous le montre par son exemple. Il faudra attendre que, selon la loi du redoublement de l'histoire, au Jean-Jacques tragique succède le Jean-Jacques comique pour que le manque de soin, le sans-gêne et le bavardage prennent enfin place avec Restif dans la littérature, et le résultat ne sera pas très convaincant » (*Le Livre à venir*, Paris, Gallimard, 1959).

Seine, rue de la Harpe, rue de Bièvre, rue des Bernardins, rue de la Bûcherie enfin. Là, il aménage chez lui une petite imprimerie qui lui permet de reprendre le métier de sa jeunesse et de s'autopublier : « Il ne *composait* que ses propres ouvrages, et telle était sa fécondité qu'il ne se donnait plus la peine de les écrire : debout devant sa casse, le feu de l'enthousiasme dans les yeux, il assemblait lettre à lettre dans son *composteur* ces pages inspirées et criblées de fautes, dont tout le monde a remarqué la bizarre orthographe et les excentricités calculées [1]. »

Son terrain d'action, c'est avant tout le Marais et l'île Saint-Louis. Des liens sentimentaux l'attirent rue de Saintonge et rue Payenne (« Le soir, fort tard – car j'avais écrit jusqu'à onze heures et quart, après mon travail manuel –, je me rendis à la rue Payenne ; j'avais pris le chemin le plus long : il était minuit et demi. La Marquise était à sa fenêtre.... »). Mais il hante aussi les Halles et les Boulevards (« Le soir, à l'heure de quitter mon travail, je vaguai dans les environs du quartier de la Marquise, mais il n'était pas l'heure de la voir. J'avançai jusqu'à la rue de la Haute-Borne.... Je revins sur mes pas et j'entrai dans un misérable cabaret à bière de la rue Basse-du-Rempart, derrière l'Ambigu-Comique et les Danseurs de corde ; je me fis donner une lumière, un pot et six échaudés [2] ; je tirai mon papier et mon écritoire et j'écrivis *L'Homme de nuit* »). Toujours prêt à secourir les jeunes femmes en péril surtout si elles sont jolies, il est sans doute le premier à avoir décrit le plaisir de

1. Gérard de Nerval, *Les Confidences de Nicolas*, texte publié dans *La Revue des Deux Mondes* (15 août-1er et 15 septembre 1850) et repris ensuite dans *Les Illuminés*. Les excentricités en question auraient enchanté Perec : « Quelquefois il lui plaisait d'essayer un nouveau système d'orthographe ; il en avertissait tout à coup le lecteur au moyen d'une parenthèse, puis il poursuivait son chapitre, soit en supprimant une partie des voyelles, à la manière arabe, soit en jetant le désordre dans les consonnes, remplaçant le c par l's, l's par le t, ce dernier par le ç, etc., toujours d'après des règles qu'il développait longuement dans des notes » (*ibid.*).

2. Pour la Haute-Borne, voir p. 279, et pour les échaudés, p. 137.

l'errance nocturne dans ce Paris peuplé de mendiants, de filles et de bandits, l'ivresse qui s'empare de celui qui a marché longtemps tout seul, sans but, au hasard des rues.

Celui qui allait pousser jusqu'à son terme l'exploration de Paris la nuit, Gérard de Nerval, avait une très haute opinion de Restif. « L'exemple de Rousseau, écrit-il, n'eut pas d'imitateur plus hardi que Restif.... Jamais écrivain ne posséda peut-être à un aussi haut degré les qualités précieuses de l'imagination. Diderot lui-même plus correct, Beaumarchais plus habile, ont-ils chacun la moitié de cette verve emportée et frémissante, qui ne produit pas toujours des chefs-d'œuvre, mais sans laquelle les chefs-d'œuvre n'existent pas ?[1] » *Les Nuits d'octobre* de Nerval, version sublimée des *Nuits* de Restif, commencent par une profession de foi réaliste. Le chapitre sur « La Halle » est la première description précise de l'atmosphère de ce quartier, qui restera inchangée jusqu'aux années 1970 : l'arrivée des denrées au début de la nuit (« Le petit carreau des halles commençait à s'animer. Les charrettes des maraîchers, des mareyeurs, des beurriers, des verduriers se croisaient sans interruption. Les charretiers arrivés au port se rafraîchissaient dans les cafés et les cabarets, ouverts sur cette place pour toute la nuit ») ; les mandataires (« Ces hommes en blouse sont plus riches que nous, dit mon compagnon. Ce sont de faux paysans. Sous leur roulière ou leur bourgeron, ils sont parfaitement vêtus et laisseront demain leur blouse chez le marchand de vin pour retourner chez eux en tilbury ») ; les marchandes (« L'une crie : "Mes petits choux, fleurissez vos dames !" Et, comme on ne vend à cette heure-là qu'en gros, il faudrait avoir beaucoup de dames *à fleurir* pour acheter de telles bottes de bouquets. Une autre chante la chanson de son état : "Pommes de reinette et pommes d'api ! – Calville, calville, calville rouge ! – Calville rouge et calville gris !" »). Nerval et son compagnon entrent dans un

1. *Les Confidences de Nicolas*, *op. cit.*

restaurant élégant (« L'usage est d'y demander des huîtres d'Ostende avec un petit ragoût d'échalotes découpées dans du vinaigre et poivrées.... Ensuite, c'est la soupe à l'oignon, qui s'exécute admirablement à la Halle, et dans laquelle les raffinés sèment du parmesan râpé ») puis dans un caboulot misérable (« Un comptoir immense partage en deux la salle, et sept ou huit chiffonnières, habituées de l'endroit, font tapisserie sur un banc opposé au comptoir. Le fond est occupé par une foule assez mêlée, où les disputes ne sont pas rares »). Mais Nerval ne tient pas longtemps la barre du « réalisme ». Déjà, quand ses pas le conduisent vers Montmartre, son autre région d'élection, ce sont les carrières qu'il évoque, lieux par excellence du fantastique. Et à la fin il parcourt en rêve « des corridors. – des corridors sans fin ! », cauchemar qui préfigure l'errance hallucinée de la fin d'*Aurélia* : « Les étoiles brillaient dans le firmament. Tout à coup il me sembla qu'elles venaient de s'éteindre à la fois comme les bougies que j'avais vues à l'église. Je crus que les temps étaient accomplis, et que nous touchions à la fin du monde annoncée dans l'Apocalypse de saint Jean. Je croyais voir un soleil noir dans le ciel désert et un globe rouge de sang au-dessus des Tuileries. Je me dis : "La nuit éternelle commence, et elle va être terrible. Que va-t-il arriver quand les hommes s'apercevront qu'il n'y a plus de soleil ?" »

Ces premiers explorateurs solitaires de la ville nocturne ont toute une descendance : Villiers, Huysmans, Apollinaire, Breton, qui préférait Restif à Rousseau et qui plaçait Nerval parmi ceux qui ont *entendu la voix surréaliste*[1].

1. « À côté de lui *(Sade)*, et présentant d'ailleurs un intérêt littéraire supérieur au sien, il est juste de ranger Restif de la Bretonne, dont *Le Paysan et la Paysanne pervertis* et *Monsieur Nicolas* apparaissent aujourd'hui comme des ouvrages plus importants que les *Confessions* de Rousseau, déjà au catalogue de votre bibliothèque » (« Projet pour la bibliothèque de Jacques Doucet », in *Œuvres complètes*, Paris, Gallimard, coll. « La Pléiade », t. I). Et sur Nerval :

Mais à côté de ce Paris sombre, silencieux et encore tout imprégné du sentiment de la nature, une autre ville émerge dans les années 1830, une ville où « trois mille boutiques scintillent, et le grand poème de l'étalage chante ses strophes de couleur depuis la Madeleine jusqu'à la porte Saint-Denis [1] ». Cette ville brillamment éclairée, où le flâneur nage dans la foule, où le vice, la mode et l'argent s'étalent avec la marchandise sur les Boulevards, c'est celle de Balzac. Il faut prendre ce génitif au sens fort : entre *La Comédie humaine* et le Paris de la monarchie de Juillet, la relation n'est pas seulement celle d'une œuvre avec son modèle. Le retentissement de celle-là était tel qu'elle ne pouvait manquer d'influer sur la physionomie de celui-ci, mettant en jeu à l'échelle d'une ville ce qui poussait, dit-on, certains aristocrates russes à se distribuer les rôles des *Scènes* balzaciennes et à modeler leur vie sur celle du personnage qu'ils s'étaient choisi. Dans son *Grand Dictionnaire universel du XIXe siècle*, Pierre Larousse, voltairien et républicain, qui déteste Balzac défenseur du trône et de l'autel, juge que « son influence sur la littérature de son temps n'a pas été moindre que son influence sur les mœurs dans une certaine classe de la société, et sous beaucoup de rapports, elle n'a pas été moins déplorable ».

Au premier abord, Balzac n'est pas moins sévère que Rousseau sur Paris. Dans l'exorde de *Ferragus*, les mots *monstre* et *monstrueux* reviennent à plusieurs reprises, et il est noté que « chaque homme, chaque fraction de maison

---

« .... sans doute aurions-nous pu nous emparer du mot SUPERNATURALISME, employé par Gérard de Nerval dans la dédicace des *Filles du Feu*. Il semble, en effet, que Nerval posséda à merveille l'esprit dont nous nous réclamons.... » Ce terme utilisé par Nerval dans la dédicace de l'œuvre à Alexandre Dumas (« cet état de rêverie super-naturaliste, comme disent les Allemands ») est une référence à son ami Heine, qui à plusieurs reprises se définit comme *supernaturalist*, comme dans le Salon de 1831 par exemple.

1. Balzac, *Histoire et physiologie des boulevards de Paris*, *op. cit.*

est un lobe du tissu cellulaire de cette grande courtisane », métaphore bien naturelle chez un admirateur de Broussais et de Geoffroy Saint-Hilaire. Au début de *La Fille aux yeux d'or* le leitmotiv *l'or et le plaisir* est pris « comme une lumière *(pour parcourir)* cette grande cage de plâtre, cette ruche à ruisseaux noirs », et le lecteur est prévenu : « .... ce n'est pas seulement par plaisanterie que Paris a été nommé un enfer.... Là, tout fume, tout brûle, tout brille, tout bouillonne, tout flambe, s'évapore, s'éteint, se rallume, étincelle, pétille et se consume. » Mais au beau milieu de ses considérations moralisantes, Balzac laisse échapper comme un aveu son amour de la grande ville. Dans ce même début de *Ferragus*, il s'écrie soudain : « Mais, ô Paris ! qui n'a pas admiré tes sombres paysages, tes échappées de lumière, tes culs-de-sac profonds et silencieux ; qui n'a pas entendu tes murmures, entre minuit et deux heures du matin, ne connaît encore rien de ta vraie poésie, ni de tes bizarres et larges contrastes. » Et après la longue ouverture de *La Fille aux yeux d'or* où la population de la ville, grisâtre et blême, est « comme le plâtre des maisons qui a reçu toute espèce de poussière et de fumée », soudain résonnent des accents élégiaques : « par une de ces belles matinées de printemps, où les feuilles ne sont pas vertes encore, quoique dépliées ; où le soleil commence à faire flamber les toits et où le ciel est bleu ; où la population parisienne sort de ses alvéoles, vient bourdonner sur les boulevards, coule comme un serpent à mille couleurs, par la rue de la Paix vers les Tuileries, en saluant les pompes de l'hyménée que recommence la campagne ; dans une de ces joyeuses journées donc.... » C'est alors, dans la grande allée, qu'Henri de Marsay rencontre les yeux d'une inconnue, « dont les rayons semblaient avoir la nature de ceux que lance le soleil et dont l'ardeur résumait celle de ce corps parfait où tout était volupté ».

On a souvent décrit comment, à partir de l'*Histoire des Treize* et du *Père Goriot*, les récits qui composent *La Comédie humaine* s'ouvrent les uns dans les autres, les personnages principaux et secondaires réapparaissant d'œuvre en œuvre pour donner à l'ensemble son unité. Mais cette trame, cette concaténation ne réunissent pas seulement les humains, elles portent aussi sur les lieux. Walter Benjamin l'a noté : « Balzac est parvenu à donner un caractère mythique à son univers grâce à certains contours topographiques. Paris est l'assise de sa mythologie – Paris avec ses deux ou trois grands banquiers (Nucingen, Du Tillet), avec son entrepreneur César Birotteau, avec ses quatre ou cinq grandes cocottes, avec son usurier Gobseck… Mais ce sont surtout les mêmes rues et les mêmes recoins, les mêmes lieux et les mêmes angles qui forment l'arrière-fond devant lequel les figures de cet univers apparaissent. Qu'est-ce à dire, sinon que la topographie donne le plan de cet espace mythique de la tradition, comme des autres, et peut même en devenir la clef ?[1] » Et d'ailleurs, ce qui forme le tissu conjonctif de *La Comédie humaine*, plus encore que le retour des personnages principaux dans leurs sites privilégiés, c'est la richesse des liens secondaires, de « ces indications de parenté, de voisinage, d'amitié, références d'affaires et de clientèles, notations d'adresses qui semblent empruntées à ces registres d'état civil ou à ces répertoires commerciaux, dans la sécheresse et le dénuement desquels l'histoire recherche ses plus intenses et ses plus sûres évocations[2] ».

Quand il est question de la relation personnelle, physique, de Balzac avec Paris, on cite toujours le début de *Facino Cane*, où le narrateur suit un couple d'ouvriers qui revient de l'Ambigu-Comique : « En entendant ces gens, je pouvais épouser leur vie, je me sentais leurs guenilles sur le dos, je marchais les pieds dans leurs souliers percés ; leurs désirs, leurs besoins, tout passait dans mon âme, ou mon âme passait dans la leur. C'était le rêve d'un homme éveillé. » Je ne pense pas que Balzac ait jamais utilisé un tel procédé. Qu'il cite dans ce passage la rue Lesdiguières où il a habité, qu'il emploie la première personne du singulier ne suffit pas à en

1. *Le Livre des passages*, *op. cit.*
2. Chevalier, *Classes laborieuses et classes dangereuses…*, *op. cit.*

faire une indication autobiographique. C'est un prélude comme un autre chez Balzac, qui ne commençait jamais sans quelques accords. Il ne savait pas, ou ne voulait pas attaquer brusquement, comme Stendhal avec le début de *Lucien Leuwen* cité au chapitre précédent, ou le coup de cymbales de la première phrase de la *Chartreuse*.

Balzac dormant le jour et travaillant la nuit, la robe de chambre, les plumes d'oie taillées, la cafetière, cette légende comporte sûrement une part de vérité. Mais Balzac n'est pas un reclus comme le Proust des dernières années. Il passe beaucoup de temps dans Paris, pour chercher une demeure digne d'accueillir l'Étrangère, pour acheter les cafés de son mélange, le bourbon rue de la Chaussée-d'Antin, le martinique rue des Haudriettes et le moka rue de l'Université. Théophile Gautier qui l'a souvent accompagné se souvient : « Comme il aimait et connaissait ce Paris moderne dont en ce temps-là les amateurs de couleur locale et de pittoresque appréciaient si peu la beauté ! Il le parcourait en tous sens, de nuit et de jour.... Il savait tout de sa ville chérie ; c'était pour lui un monstre énorme, hybride, formidable, un polype aux cent mille bras qu'il écoutait et regardait vivre, et qui formait à ses yeux comme une immense individualité. Chacun a pu le rencontrer, surtout le matin, lorsqu'il courait aux imprimeries porter la copie et chercher les épreuves. L'on se rappelle la veste de chasse verte, le pantalon à pied quadrillé noir et gris.... *(il marchait)* enfoncé dans de gros souliers à oreilles, le foulard rouge tortillé en corde autour du col.... Malgré le désordre et la pauvreté de cet accoutrement, personne n'eût jamais tenté de prendre pour un inconnu vulgaire ce gros homme qui passait, emporté par son rêve comme par un tourbillon[1]. » Avec Gozlan, Balzac arpente le centre de Paris en tous sens pour pêcher sur une enseigne un nom pour le héros de sa dernière nouvelle. Ils marchent depuis des heures, Gozlan est fatigué.

1. Théophile Gautier, *Honoré de Balzac*, Paris, Poulet-Malassis, 1859.

« Donnez-moi, demande Balzac, jusqu'à Saint-Eustache. Ce n'était qu'un prétexte pour me faire toiser, dans toute leur longueur, les rues du Mail, de Cléry, du Cadran, du faubourg Montmartre et la place des Victoires, criblée de magnifiques noms alsaciens qui font venir le Rhin à la bouche. Jusqu'à ce que, rue du Bouloi – je ne l'oublierai de ma vie –, après avoir élevé le regard au-dessus d'une porte mal indiquée dans le mur, une porte oblongue, étroite, efflanquée, ouvrant sur une allée humide et sombre, changeant subitement de couleur, un tressaillement qui passa de son bras dans le mien, il poussa un cri et me dit : Là ! là ! là ! Lisez, lisez, lisez ! L'émotion brisait sa voix. Et je lus MARCAS.

– Marcas ! Eh bien, qu'en dites-vous ? Marcas ! quel nom ! Marcas !

– Je ne vois pas…

– Taisez-vous ! Marcas !

– Mais…

– Taisez-vous, vous dis-je. C'est le nom des noms ! n'en cherchons plus d'autre. Dans Marcas il y a le philosophe, l'écrivain, le grand politique, le poète méconnu, il y a tout. Marcas, que j'appellerai Z. Marcas, pour ajouter à son nom une flamme, une aigrette, une étoile[1]. »

Le quartier de Paris où habitent les personnages de *La Comédie humaine* est choisi avec le même soin que leur nom et il en dit autant que leur vêtement ou leur intérieur. La rive gauche, faubourg Saint-Germain mis à part, est le pays des déclassés, des marginaux, des victimes de la vie – ou de ceux dont le métier est de vivre parmi eux, comme le bon juge Popinot de *L'Interdiction* (sa maison est rue du Fouarre, « toujours humide et dont le ruisseau roule vers la Seine les eaux noires de quelques teintureries ») ou bien les inquiétants policiers, Peyrade qui loge avec sa fille rue des Marais-Saint-Germain [Visconti] où Balzac avait eu son imprimerie, et Corentin qui habite rue Cassette, où Carlos Herrera s'installera avec Lucien de Rubempré. Dans *L'Interdiction*

1. Léon Gozlan, *Balzac en pantoufles*, Paris, Michel Lévy, 1862.

encore, le pauvre marquis d'Espard, dépouillé par sa femme qui le fait passer pour gâteux, vit avec ses deux fils rue de la Montagne-Sainte-Geneviève, « dans un appartement dont le dénuement est indigne de son nom et de sa qualité ». Au début de *La Rabouilleuse*, Mme Bridau, vieille veuve sans le sou, vient se loger dans « un des plus horribles coins de Paris.... la portion de la rue Mazarine, à partir de la rue Guénégaud jusqu'à l'endroit où elle se réunit à la rue de Seine, derrière le palais de l'Institut ». Rue des Quatre-Vents (« une des plus horribles rues de Paris », est-il indiqué dans *La Messe de l'athée*), à l'ombre de Saint-Sulpice, se succèdent – dans une de ces maisons « dont la porte bâtarde donne sur une allée au bout de laquelle est un tortueux escalier éclairé par des jours justement nommés *jours de souffrance* » – deux jeunes gens encore pauvres et inconnus : d'Arthez, le grand écrivain du Cénacle, l'un des « doubles » de Balzac, et Desplein qui finira chirurgien-chef de l'Hôtel-Dieu comme son modèle, le grand Dupuytren.

Plus loin, dans le faubourg Saint-Marceau, la misère est plus profonde encore. Le colonel Chabert, héros de la bataille d'Eylau, qui passe pour mort et n'a plus d'existence légale, loge rue du Petit-Banquier [Watteau] et le bon Derville, l'avoué qui lui rend visite, est forcé d'aller à pied car son cocher refuse de s'engager dans une rue non pavée et dont les ornières sont trop profondes pour les roues d'un cabriolet.

Sur la rive droite, le Marais en pleine décadence abrite des personnages humbles mais dignes. Le cousin Pons, chef d'orchestre dans un petit théâtre des Boulevards et qui donne des leçons de musique dans quelques pensionnats de demoiselles pour ne pas mourir de faim, habite, on l'a vu, rue de Normandie. Dans *L'Envers de l'histoire contemporaine*, Mme de la Chanterie, lorsqu'elle avait dix-sept ans, « se vit obligée de vivre, elle et la fille qu'elle nourrissait, du travail de ses mains, dans un obscur quartier où elle se retira » : cette noble femme ruinée exerce pendant la Révolution la dure profession de faiseuse de corsets rue de la Corderie-du-Temple.

Bien différents de ces nobles vestiges, les personnages

que Balzac loge du côté de la place Vendôme, de la rue Saint-Honoré et des Halles appartiennent au monde du négoce. Quand il est à Paris, l'Illustre Gaudissart, l'un de ces « profonds négociateurs parlant au nom des calicots, du bijou, de la draperie, des vins, et souvent plus habiles que les ambassadeurs, qui, la plupart, n'ont que des formes », habite l'hôtel du Commerce, au bout de la rue des Deux-Écus. *La Reine des Roses*, la parfumerie où César Birotteau a mis au point la *Pâte des Sultanes* et l'*Eau Carminative*, se trouve rue Saint-Honoré, près de l'église Saint-Roch où il avait été blessé le 13 vendémiaire (ce qui lui permit de faire « de solides réflexions sur l'alliance ridicule de la politique et de la parfumerie »). Popinot, son ancien commis devenu son gendre, est installé rue des Cinq-Diamants [Quincampoix]. Le confrère de Gobseck, l'usurier Gigonnet qui joue son rôle dans la déroute de Birotteau (on a souvent souligné à quel point elle est exactement décrite, avec déjà les manœuvres frauduleuses du tribunal de Commerce – et il est vrai qu'en matière de faillite Balzac savait de quoi il parlait), habite rue Greneta, « le troisième étage d'une maison dont toutes les fenêtres étaient à bascule et à petits carreaux sales.... Sur *(le)* fétide escalier, chaque palier offrait aux yeux les noms du fabricant écrits en or sur une tôle peinte en rouge et vernie, avec des échantillons de ses chefs-d'œuvre ».

Mais le plus balzacien de tous les quartiers, c'est le Nouveau Paris au-delà des boulevards, dans l'arc compris entre le faubourg Saint-Martin et les Champs-Élysées[1]. Quand Balzac cherche à acheter une maison, c'est cette région-là qu'il explore. Le 4 décembre 1845, il écrit à l'Étrangère :

1. Aucun personnage important de *La Comédie humaine* n'habite l'est de Paris. Si le faubourg Saint-Antoine est souvent cité, c'est de façon métaphorique (Mme Madou déboule chez Birotteau, on l'a vu, « comme une insurrection du faubourg Saint-Antoine »). Le faubourg du Temple apparaît seulement parce que Birotteau « y loua une baraque et des terrains et y fit peindre en gros caractères : Fabrique de César Birotteau ».

« Demain je vais voir rue des Petits-Hôtels, place Lafayette, tu sais, un petit hôtel à vendre, c'est tout à côté de cette église de Saint-Vincent-de-Paul que nous sommes allés voir.... La rue des Petits-Hôtels donne dans la rue Hauteville qui descend au boulevard à la hauteur du Gymnase, et dans la place Lafayette qui, par la rue Montholon enfile la rue Saint-Lazare et la rue de la Pépinière. On se trouve au cœur de la partie de Paris qu'on appelle *la rive droite*, et où seront toujours tous les théâtres, les boulevards, etc. : c'est le quartier de la haute banque. »

Et dans *La Comédie humaine*, la banque Keller est rue Taitbout – où logent le peintre Théodore de Sommervieux [1] et, pendant un temps, Rastignac. La banque Claparon est rue de Provence et celle de Mongenod, rue de la Victoire, dans un magnifique hôtel, entre cour et jardin. Des deux filles du père Goriot, Mme de Restaud habite rue du Helder et Delphine de Nucingen rue Saint-Lazare « une de ces maisons légères, à colonnes minces, à portiques mesquins, qui constituent le *joli* à Paris, une véritable maison de banquier, pleine de recherches coûteuses, des stucs, des paliers d'escalier en mosaïque de marbre ». Son jardin est mitoyen de celui de l'hôtel de Saint-Réal, où la marquise séquestre la Fille aux yeux d'or. Rue de la Chaussée-d'Antin, Camille Maupin achète « pour cent trente mille francs un des plus beaux hôtels de la rue [2] ». La rue Saint-Georges est moins élégante : c'est la rue des *lorettes*, le monde « des Fanny Beaupré, des Suzanne du Val-Noble, des Mariette, des Florentine, des Jenny Cadine, etc. » C'est là que le baron de Nucingen installe la pauvre Esther et que plus tard Du Tillet – de petit voleur devenu grand banquier et député du centre gauche – logera « l'illustre Carabine, dont l'esprit vif, les manières cavalières, le brillant dévergondage formaient un contrepoids aux travaux de sa vie domestique, politique et financière [3] ».

1. *La Maison du Chat-qui-pelote*, 1829.
2. *Béatrix*.
3. *Les Comédiens sans le savoir*.

Autre région d'amours vénales, le quartier de l'Europe, alors en construction : « Sans les Aspasies du quartier Notre-Dame-de-Lorette, il ne se bâtirait pas tant de maisons à Paris. Pionniers des plâtres neufs, elles vont remorquées par la Spéculation le long des collines de Montmartre, plantant les piquets de leurs tentes, soit dit sans jeu de mots, dans ces solitudes de moellons sculptés qui meublent les rues européennes d'Amsterdam, de Milan, de Stockholm, de Londres, de Moscou.... La situation de ces dames se détermine par celle qu'elles prennent dans ces quartiers apocryphes ; si leur maison se rapproche de la ligne tracée par la rue de Provence, la femme a des rentes, son budget est prospère ; mais cette femme s'élève-t-elle vers la ligne des boulevards extérieurs, remonte-t-elle vers la ville affreuse des Batignolles, elle est sans ressources. Or, quand M. de Rochefide rencontra Mme Schontz, elle occupait le troisième étage de la seule maison qui existât rue de Berlin, elle campait donc sur la lisière du malheur et sur celle de Paris[1]. »

Le faubourg Saint-Honoré, les Champs-Élysées sont évidemment le quartier de l'aristocratie – avec le faubourg Saint-Germain, mais on a vu que Balzac, comme plus tard Proust, lui donne des frontières plus symboliques que géographiques. La marquise d'Espard, ancienne femme du colonel Chabert, loge près de l'Élysée et la belle duchesse de Maufrigneuse, une des reines de Paris, habite l'immense hôtel de Cadignan, tout en haut du faubourg. Mais dans ces parages on rencontre aussi des fortunes récentes et pas toujours bien acquises : « Quoique sans famille, quoique parvenu, Dieu sait comment ! du Tillet avait épousé en 1831 la dernière fille du comte de Granville, l'un des plus célèbres noms de la magistrature française.... *(ce qui lui permettait d'habiter)* dans un des plus beaux hôtels de la rue Neuve-des-Mathurins[2]. »

Ainsi, les mailles du réseau déployé sur la ville

1. *Béatrix.* On reste perplexe sur le « jeu de mots » des piquets de tente. Carrément une obscénité ?

2. *Une Fille d'Ève*, 1839.

accueillent et relient les épisodes parisiens de *La Comédie humaine*. L'extraordinaire nouveauté qui consiste à prendre les nœuds de ce réseau pour construire le *thème* des personnages va devenir l'une des marques du récit français, d'Eugène Sue à Georges Simenon, avec comme étapes illustres *Les Misérables* et les romans parisiens de Zola. Et si Proust situe le plus souvent hors de Paris les lieux-clés de ses personnages, si Oriane y a importé la Vivonne et ses nymphéas comme Albertine la digue de Balbec, le procédé est le même, et ce n'est pas là le moindre des emprunts de la *Recherche du temps perdu* à *La Comédie humaine*.

Le Rôdeur de Paris, *Le Promeneur solitaire*, *Lueurs et Fumées*, tels sont quelques-uns des titres auxquels Baudelaire avait pensé avant que Banville et Asselineau aient judicieusement choisi *Le Spleen de Paris* pour l'édition originale posthume des *Petits Poèmes en prose*. Il fallait la conjonction du malheur d'un poète et d'un grand vacillement de la ville sur elle-même pour que soit élaborée « avec fureur et patience » une œuvre complexe au point de pouvoir être perçue tantôt comme ce « temple enseveli.... *(où)* il allume hagard un immortel pubis », tantôt comme « l'œuvre qui tend l'arc qui va du *taedium vitae* des Romains au modern style » ou encore comme la « transfiguration de la marchandise absolue »[1]. Ses contradictions et ses écarts, si longtemps critiqués, sont précisément ce qui nous le rend si proche, contribuant à créer cette *coïncidence brusque* où le Paris du XIXe siècle se concentre, se ramasse sur lui-même avant d'éclater une nouvelle fois. Dans les allégories que reprend Baudelaire en transformant radicalement leur caractère grâce au même *démon cruel* qu'il voit à l'œuvre dans les eaux-fortes de Meryon, il rassemble et déborde les visions de la grande ville de Nerval, de Balzac et de Poe et, le 19 février

1. Stéphane Mallarmé, *Le Tombeau de Charles Baudelaire*, Walter Benjamin, *Le Livre des passages*, et Giorgio Agamben, *Stanze*, trad. fr. Paris, Christian Bourgois, 1981.

1859, il peut écrire à bon droit à Poulet-Malassis : « *Les Nouvelles Fleurs* faites. À tout casser, comme une explosion de gaz, chez un vitrier. »

« Il me semble que je serais toujours bien là où je ne suis pas, et cette question de déménagement en est une que je discute sans cesse avec mon âme[1]. » Rue de l'Estrapade, quai de Béthune, rue Vaneau, hôtel Pimodan quai d'Anjou, hôtel Corneille rue Corneille, hôtel de Dunkerque et Folkestone rue Laffitte, rue de Provence, rue Coquenard [Lamartine], rue de Tournon, rue de Babylone, rue Pigalle, rue des Marais-du-Temple [Yves-Toudic], boulevard de Bonne-Nouvelle, hôtel d'York rue Sainte-Anne [hôtel Baudelaire], hôtel du Maroc rue de Seine, hôtel de Normandie rue des Bons-Enfants, rue d'Angoulême [Jean-Pierre-Timbaud], hôtel Voltaire quai Voltaire, rue Beautreillis, hôtel de Dieppe rue d'Amsterdam, hôtel du Chemin de fer du Nord place du Nord : depuis le lycée Louis-le-Grand jusqu'à la maison d'hydrothérapie du docteur Duval, rue du Dôme, qu'il ne quittera que pour le cimetière Montparnasse, les domiciles de Baudelaire dessinent dans Paris un archipel dont les deux îles principales sont le quartier Latin et le Nouveau Paris entre les Boulevards et les barrières du nord. Sa géographie ne serait sans doute pas très différente si l'on connaissait vraiment *tous* les endroits où Baudelaire a dormi. Le 5 avril 1855 il écrit à sa mère : « Depuis UN MOIS j'ai été contraint de déménager SIX fois, vivant dans le plâtre, dormant dans les puces – mes lettres (les plus importantes) refusées, ballotté d'hôtel en hôtel ; – j'avais pris un grand parti, je vivais et je travaillais à l'imprimerie[2], ne pouvant plus travailler chez moi. » Dans *Mon cœur mis à nu*, il note : « Étude de la grande Maladie de l'horreur du Domicile. Raisons de la Maladie. Accroissement progressif de la Maladie. »

Baudelaire, écrit Walter Benjamin, « était obligé de revendiquer la dignité du poète dans une société qui n'avait plus aucune sorte de dignité à accorder. D'où la bouffon-

1. *Le Spleen de Paris*, *Anywhere out of the world.*
2. Il travaillait à sa traduction d'Edgar Poe.

de son attitude[1] ». Baudelaire fait partie de cette ...ée d'artistes qui, depuis Byron, ont travaillé leur per-...nage physique jusqu'à le constituer en partie intégrante ...e leur œuvre – partie qui deviendra prépondérante plus ...ard, chez Duchamp, chez Warhol, chez Beuys. Comme souvent, l'idéal qu'il cherche à atteindre, il le décrit chez un autre : « Ses manières, mélange singulier de hauteur avec une douceur exquise, étaient pleines de certitude. Physionomie, démarche, gestes, airs de tête, tout le désignait, surtout dans ses bons jours, comme une créature d'élection[2]. » Il s'agit d'Edgar Poe, dont il s'était fait une sorte de double parfait. On a sans doute donné trop d'importance aux jugements de Baudelaire sur la photographie et pas assez au nombre et à la qualité des portraits photographiques que l'on a de lui, si poignants que le seul talent de Nadar ou de Carjat ne peut suffire à l'expliquer. Au début, sous des poses très étudiées, c'est un beau jeune homme au regard insolent – comme les premiers autoportraits de Rembrandt. Vingt ans plus tard, la série se clôt avec une photographie prise à Bruxelles, dédicacée à Poulet-Malassis, « le seul être dont le rire ait allégé ma tristesse en Belgique », image où les longs cheveux grisonnants et les yeux las expriment « ces mortelles fatigues qui précèdent la mort », dont parle Proust, à propos de Baudelaire précisément[3].

1. Benjamin, *Charles Baudelaire, un poète lyrique…*, *op. cit.*

2. *Edgar Poe, sa vie et ses œuvres*. En 1864, dans une lettre à Thoré qui accusait Manet d'imiter la peinture espagnole, Baudelaire écrit : « Eh bien, on m'accuse, moi, d'imiter Edgar Poe. Savez-vous pourquoi je l'ai si patiemment traduit ? parce qu'il me ressemblait. La première fois que j'ai ouvert un livre de lui, j'ai vu, avec épouvante et ravissement, non seulement des sujets rêvés par moi, mais des phrases pensées par moi, et écrites par lui vingt ans auparavant. »

3. Cette photographie, due à Charles Neyt, est reproduite dans le catalogue *Baudelaire Paris*, préface d'Yves Bonnefoy, textes de Claude Pichois et Jean-Paul Avice, Paris, Paris-Musées, 1993.

La citation de Proust est extraite de « À Propos de Baudelaire », *Nouvelle Revue française*, 1er juin 1921 : « Peut-être faut-il avoir ressenti les mortelles fatigues qui précèdent la mort, pour pouvoir

À la pension Levêque et Bailly, rue de l'Estrapade, où il feint de préparer l'École des chartes, son ami Prarond le décrit descendant l'escalier, « mince, le cou dégagé, un gilet très long, des manchettes intactes, une légère canne d'or à la main et d'un pas souple, lent, presque rythmique [1] ». Plus tard, Nadar le rencontre près de l'hôtel Pimodan dans l'île Saint-Louis, « un pantalon noir bien tiré sur la botte vernie, une blouse – blouse roulière bleue bien raide en ses plis neufs – pour toute coiffure ses longs cheveux noirs, naturellement bouclés, le linge de toile éclatante et strictement sans empois.... et des gants roses tout frais.... Baudelaire parcourait son quartier et la ville d'un pas saccadé, nerveux et mat à la fois, comme celui du chat, et choisissant chaque pavé comme s'il eût à se garer d'y écraser un œuf [2] ». Baudelaire entrant à la rédaction du *Corsaire-Satan*, « on vit alors apparaître sur le boulevard son fantastique habit noir, dont la coupe imposée au tailleur contredisait insolemment la mode, long et boutonné, évasé par en haut comme un cornet et terminé par deux pans étroits et pointus, en queue de sifflet comme eût dit Petrus Borel [3] ». En 1848, « on le rencontrait.... sur les boulevards extérieurs, vêtu tantôt d'une vareuse et tantôt d'une blouse ; mais aussi irréprochable, aussi correct dans cette tenue démocratique que sous l'habit noir des jours prospères [4] ». Deux mois après le procès des *Fleurs du mal*, en octobre 1857, les Goncourt, jamais à court de sentiments bas, dînent au café Riche, rue Le Peletier : « Baudelaire soupe à côté, sans cravate, le col nu, la tête

---

écrire sur elle le vers délicieux que jamais Victor Hugo n'aurait trouvé : *Et qui refait le lit des gens pauvres et nus.* » Proust est mort le 18 novembre 1922, et ces « mortelles fatigues », il les connaissait depuis longtemps.

1. Cité *in* François Porché, *Baudelaire, histoire d'une âme*, Paris, Flammarion, 1944.

2. Firmin Maillard, *La Cité des intellectuels*, Paris, 1905, cité *in* W. Benjamin, *Le Livre des passages*, *op. cit.*

3. Charles Asselineau, *Charles Baudelaire*, Paris, Lemerre, 1869 ; rééd. Cognac, Le Temps qu'il fait, 1990.

4. *Ibid.*

…sée, en vraie toilette de guillotiné. Une seule recherche : de petites mains lavées, écurées, mégissées. La tête d'un fou, la voix nette comme une lame. Une élocution pédantesque ; vise au Saint-Just et l'attrape. – Se défend, assez obstinément et avec une certaine passion rêche, d'avoir outragé les mœurs dans ses vers. »

À plusieurs reprises, Baudelaire se qualifie lui-même de *dandy* et de *flâneur* et ces termes, depuis, reviennent sans cesse à son propos. Ce n'est évidemment pas sans raisons, mais leur emploi devrait se faire à travers un double filtre, rendu nécessaire à la fois par le goût de Baudelaire pour la mystification et par la dérive du sens des mots au cours du siècle et demi qui nous sépare des *Fleurs du mal*. *Dandy* parisien, Baudelaire l'est assurément par la recherche vestimentaire, l'insolence froide, l'affectation d'impassibilité. Dans *Mon cœur mis à nu*, il multiplie les provocations : « La femme est naturelle, c'est-à-dire abominable. Aussi est-elle toujours vulgaire, c'est-à-dire le contraire du Dandy. » Ou bien : « Le Dandy doit aspirer à être sublime sans interruption ; il doit vivre et dormir devant un miroir. » Ou encore, plus ambigu : « Éternelle supériorité du Dandy. Qu'est-ce que le Dandy ? » Ou enfin, se découvrant presque : « Un Dandy ne fait rien. Vous figurez-vous un Dandy parlant au peuple, excepté pour le bafouer ? » Mais pour saisir le fond de sa pensée, il y a dans le portrait de M.G., *Le Peintre de la vie moderne*, ce passage où il est impossible que Baudelaire ne pense pas à lui-même : « Je le nommerais volontiers un *dandy*, et j'aurais pour cela quelques bonnes raisons ; car le mot *dandy* implique une quintessence de caractère et une intelligence subtile de tout le mécanisme moral de ce monde ; mais, d'un autre côté, le dandy aspire à l'insensibilité, et c'est par là que M.G., qui est dominé, lui, par une passion insatiable, celle de voir et de sentir, se détache violemment du dandysme.... Le dandy est blasé, ou il feint de l'être, par politique et raison de caste. M.G. a horreur des gens blasés. » Et quand Baudelaire écrit à sa mère : « Combien de fois me suis-je dit : "Malgré mes nerfs, malgré le mauvais temps, malgré mes terreurs, malgré les créanciers, malgré l' de la solitude, voyons, courage !" », ou encore : « Je suis qué d'une effroyable maladie, qui ne m'a jamais tant rava que cette année, je veux dire, la *rêverie*, le *marasme*, *découragement* et l'*indécision* », il est à une infinie distance des élégances boulevardières sur le perron de Tortoni.

Le terme de *flâneur* est aujourd'hui inséparable de la notion d'oisiveté : la flânerie est perçue comme une façon improductive de passer le temps. Or, ce que Baudelaire craint le plus, c'est précisément sa tendance à l'oisiveté. Le 4 décembre 1847, il écrit à sa mère : « L'oisiveté absolue de ma vie apparente, contrastant avec l'activité perpétuelle de mes idées, me jette dans des colères inouïes. » Quand il se laisse aller, ce n'est pas dans la rue, c'est chez lui qu'il reste à ne rien faire : « Il m'est arrivé de rester trois jours au lit, tantôt faute de linge, tantôt faute de bois. Franchement, le laudanum et le vin sont de mauvaises ressources contre le chagrin. Ils font passer le temps, mais ne refont pas la vie. »

Pour Baudelaire, la flânerie n'a rien de passif. Il réfléchit à sa fonction dans le travail poétique à propos d'un grand personnage de l'époque – et même si ses sentiments à son égard sont pour le moins ambivalents, on le sent impressionné : « Depuis bien des années déjà Victor Hugo n'est plus parmi nous. Je me souviens d'un temps où sa figure était une des plus rencontrées parmi la foule ; et bien des fois je me suis demandé, en le voyant si souvent apparaître dans la turbulence des fêtes ou dans le silence des lieux solitaires, comment il pouvait concilier les nécessités de son travail assidu avec ce goût sublime, mais dangereux, des promenades et des rêveries. Cette apparente contradiction est évidemment le résultat d'une existence bien réglée et d'une forte constitution spirituelle qui lui permet de travailler en marchant, ou plutôt de ne pouvoir marcher qu'en travaillant[1]. » Et dans *Le Peintre de la vie moderne*, Baude-

1. *Réflexions sur quelques-uns de mes contemporains*, parues dans la *Revue fantaisiste* de Catulle Mendès en 1861. Hugo est en exil depuis dix ans.

concentre et développe sa théorie de la flânerie : ur le parfait flâneur, pour l'observateur passionné, c'est immense jouissance que d'élire domicile dans le mbre, dans l'ondoyant, dans le mouvement, dans le fugi-f et l'infini. Être hors de chez soi, et pourtant se sentir partout chez soi ; voir le monde, être au centre du monde et rester caché au monde, tels sont quelques-uns des moindres plaisirs de ces esprits indépendants, passionnés, impartiaux, que la langue ne peut que maladroitement définir.... *(L)*'amoureux de la vie universelle entre dans la foule comme dans un immense réservoir d'électricité. On peut aussi le comparer, lui, à un miroir aussi immense que cette foule ; à un kaléidoscope doué de conscience, qui, à chacun de ses mouvements, représente la vie multiple et la grâce mouvante de tous les éléments de la vie. »

Ce ne sont pas seulement des raisons d'ordre poétique qui poussent Baudelaire dans les rues de Paris. Ses déménagements tiennent dans une charrette à bras et jamais il n'a chez lui de quoi travailler. « À l'hôtel Pimodan, raconte Banville, quand j'y allai pour la première fois, il n'y avait pas de lexiques, ni de cabinet de travail, ni de table avec ce qu'il faut pour écrire, pas plus qu'il n'y avait de buffets et de salle à manger, ni rien qui rappelât le décor à compartiments des appartements bourgeois [1]. » C'est pire quand il habite avec Jeanne qui lui rend la vie impossible. « Je t'écris *(à sa mère, 27 mars 1852, 2 heures de l'après-midi)* d'un café en face de la grande poste, au milieu du bruit, du trictrac et du billard, afin d'avoir plus de calme et de facilité de réflexion.... Quelquefois, je me sauve de chez moi afin de pouvoir écrire, et je vais à la bibliothèque ou dans un cabinet de lecture ou chez un marchand de vin ou dans un café comme aujourd'hui. Il en résulte en moi un état de colère perpétuel. »

La rue parisienne a pour Baudelaire deux fonctions distinctes. La première s'apparente à une quête. Il ne s'agit pas d'accumuler du matériel documentaire, comme plus tard Zola arpentant avec carnet et crayon la Goutte-d'Or ou la

1. Théodore de Banville, *Mes souvenirs*, 1882.

rue de Seine : Baudelaire n'est jamais à court de sarcasme envers « un certain procédé littéraire appelé *réalisme*, – injure dégoûtante jetée à la face de tous les analystes, mot vague et élastique qui signifie pour le vulgaire, non pas une méthode nouvelle de création, mais une description minutieuse des accessoires ». Il ne place pas non plus très haut ce qu'il appelle *l'observation*. Quand il évoque « Balzac, ce prodigieux météore qui couvrira notre pays d'un nuage de gloire », il s'étonne « que *(sa)* grande gloire fût de passer pour un observateur : il m'avait toujours semblé que son principal mérite était d'être visionnaire, et visionnaire passionné »[1]. Ce que Baudelaire cherche dans la foule, c'est le *choc* de la rencontre, la vision soudaine qui enflamme l'imagination, qui crée ce « mystérieux et complexe enchantement », l'essence de la poésie.

Dans certains textes, il révèle sa manière d'aller au-devant de ce *merveilleux qui nous enveloppe et nous abreuve comme l'atmosphère*. « Un jour, sur un trottoir, je vois un gros rassemblement ; je parviens à lever les yeux par-dessus les épaules des badauds, et je vois ceci : un homme étendu par terre, sur le dos, les yeux ouverts et fixés sur le ciel, un autre homme, debout devant lui, et lui parlant par gestes seulement, l'homme à terre lui répondant des yeux seulement, tous les deux ayant l'air animé d'une prodigieuse bienveillance. Les gestes de l'homme debout disaient à l'intelligence de l'homme étendu : "Viens, viens encore, le bonheur est là, à deux pas, viens au coin de la rue. Nous n'avons pas complètement perdu de vue la rive du chagrin, nous ne sommes pas encore au *plein-mer* de la rêverie ; allons, courage, ami, dis à tes jambes de satisfaire ta pensée." » L'autre, qui « était sans doute arrivé au *plein-mer* » (d'ailleurs il naviguait dans le ruisseau), ne veut rien entendre, et son ami « toujours plein d'indulgence s'en va seul au cabaret, puis il revient une corde à la main. Sans doute il ne pouvait pas souffrir l'idée de naviguer seul et de courir seul après le bon-

1. « *Madame Bovary* par Gustave Flaubert », paru dans *L'Artiste*, le 18 octobre 1857.

ur ; c'est pour cela qu'il venait chercher son ami en voiture. La voiture, c'est la corde ; il lui passe la voiture autour des reins. L'ami, étendu, sourit : il a compris sans doute cette pensée maternelle. L'autre fait un nœud ; puis il se met au pas, comme un cheval doux et discret, et il charrie son ami jusqu'au rendez-vous du bonheur »[1].

L'autre raison pour laquelle on trouve Baudelaire plus souvent dehors que chez lui, c'est que la lente élaboration de ses poèmes se fait en marchant. « Pour ma part, je le voyais bien arrêtant au vol des vers le long des rues ; je ne le voyais pas assis devant une main de papier », écrit Prarond. Et Asselineau : « Baudelaire travaillait lentement et inégalement, repassant vingt fois sur les mêmes endroits, se querellant lui-même pendant des heures sur un mot, et s'arrêtant au milieu d'une page pour aller *cuire* sa pensée au four de la flânerie et de la conversation.... En somme, la flânerie (lenteur, inégalité) était pour lui une condition de perfection et une nécessité de nature[2]. » La première strophe du *Soleil* sonne à cet égard comme l'exorde d'un *Discours de la méthode* :

Quand le soleil cruel frappe à traits redoublés
Sur la ville et les champs, sur les toits et les blés,
Je vais m'exercer seul à ma fantasque escrime,
Flairant dans tous les coins les hasards de la rime,
Trébuchant sur les mots comme sur les pavés,
Heurtant parfois des vers depuis longtemps rêvés.

Ces mots-pavés sur lesquels trébuche Baudelaire, on peut se demander si Proust – qui connaissait *Les Fleurs du mal* par cœur[3] – ne s'en est pas souvenu lorsque, à la fin du

1. *Du vin et du hachisch. Le Vin.*
2. Alphonse Séché, *La Vie des Fleurs du mal*, Amiens, 1928, cité par Walter Benjamin in *Le Livre des passages* ; Charles Asselineau, *Charles Baudelaire*, *op. cit.*
3. Dans *À propos de Baudelaire*, *op. cit.*, où il cite de très nombreux vers, Proust insère une note : « Quand j'écrivis cette lettre à Jacques Rivière, je n'avais pas auprès de mon lit de malade un seul livre. On excusera donc l'inexactitude possible, et facile à rectifier. »

Temps retrouvé, le Narrateur bute sur un pavé dans la cou[illegible] l'hôtel de Guermantes et heurte, non pas un « vers depu[illegible] longtemps rêvé », mais une chose qui n'en est pas si loin, l[illegible] « vision éblouissante et indistincte » de Venise, qu'« un brusque hasard avait impérieusement fait sortir, dans la série des jours oubliés ». Et quelques secondes avant de se trouver plongé dans la fête finale, c'est encore à Baudelaire que pense le Narrateur : « Chez Baudelaire enfin, ces réminiscences, plus nombreuses encore *(que chez Nerval)* sont évidemment moins fortuites et par conséquent, à mon avis, décisives. C'est le poète lui-même qui, avec plus de choix que de paresse, recherche volontairement, dans l'odeur d'une femme par exemple, de sa chevelure et de son sein, les analogies inspiratrices qui lui évoqueront "l'azur du ciel immense et rond" et "un port rempli de flammes et de mâts". J'allais chercher à me rappeler les pièces de Baudelaire à la base desquelles se trouve ainsi une sensation transposée, pour achever de me replacer dans une filiation aussi noble, et me donner par là l'assurance que l'œuvre que je n'avais plus aucune hésitation à entreprendre méritait l'effort que j'allais lui consacrer.... » Ces simples mots, « avec plus de choix que de paresse », pourraient servir d'épigraphe à toute réflexion sur la flânerie baudelairienne.

Hormis le Louvre et le Carrousel dans *Le Cygne*, Baudelaire ne nomme ni ne décrit aucun lieu, ce qui n'empêche pas chacun de ses poèmes parisiens, en vers ou en prose, d'être *situé* avec la plus grande précision. Tantôt il évolue dans les quartiers élégants où les femmes ont la légèreté de celles de Constantin Guys, tantôt, dans le vacarme des Boulevards, il rencontre la *Passante*, la *Mendiante rousse*, et aussi – « dans l'explosion du nouvel an : chaos de boue et de neige, traversé de mille carrosses » – le *Plaisant*, cet idiot « qui me parut concentrer en lui tout l'esprit de la France » (Baudelaire parle de la France comme Nietzsche parlera de l'Allemagne, et ce n'est pas là leur seul point commun).

Mais souvent – et c'est là le Paris de sa « fantasque escrime », celui de sa promenade favorite, les bords du

[...]l Saint-Martin – il marche des heures dans les *fau[...]rgs*. Le mot revient souvent dans *Les Fleurs du mal* et *[...] Spleen de Paris*, parfois dans son sens strict (« Le long [...]u vieux faubourg, où pendent aux masures / Les persiennes, abri des secrètes luxures » où *le long du* évoque une rue comme le Faubourg-du-Temple que Baudelaire arpentait sans doute quand il habitait rue des Marais-du-Temple et rue d'Angoulême) et parfois dans le sens plus général de périphérie urbaine (« Pluviôse, irrité contre la terre entière, / De son urne à grands flots verse un froid ténébreux / Aux pâles habitants du voisin cimetière / Et la mortalité sur les faubourgs brumeux »). Dans *Le Vin des chiffonniers* (« Au cœur d'un vieux faubourg, labyrinthe fangeux / Où l'humanité grouille en ferments orageux »), dans *Les Sept Vieillards* (« Je suivais, roidissant mes nerfs comme un héros / Et discutant avec mon âme déjà lasse, / Le faubourg secoué par les lourds tombereaux »), dans l'étrange *Mademoiselle Bistouri* (« Comme j'arrivais à l'extrémité du faubourg, sous les éclairs du gaz, je sentis un bras qui se coulait doucement sous le mien ») ou dans le sublime *Projet pour un épilogue* de l'édition de 1861 (« Tes bombes, tes poignards, tes victoires, tes fêtes, / Tes faubourgs mélancoliques, / Tes hôtels garnis »), le faubourg parisien est toujours chez Baudelaire un lieu de misère et de mort. Là, ses tonalités n'ont plus rien des rouges et des verts qu'il admire chez Delacroix, ni avec ce qui enchante Proust, les vastes portiques, les soleils marins, l'or et la moire, les cités antiques « et la couleur écarlate qu'elles mettent çà et là dans son œuvre », comme il est écrit dans la lettre à Rivière. Les faubourgs baudelairiens, eux, sont des monochromes gris. Ils sont pluvieux comme il se doit en automne et, malgré l'immense corpus d'images accumulées depuis Hésiode autour de cette période de l'année, les vers de Baudelaire sur « les fins de saisons chargées de splendeurs énervantes » se lisent comme si personne n'en avait parlé avant lui. C'est le début de *Brumes et Pluies* : « Ô fins d'automne, hivers, printemps trempés de boue, / Endormeuses saisons !.... » ; ou celui de *Chant d'automne* : « Bientôt nous plongerons dans les froides ténèbres ; / Adieu, vive clarté de nos étés trop courts ! / J'entends déjà tomber avec des chocs funèbres / Le bois retentissant sur le pavé des cours » ; ou les premières lignes du *Confiteor de l'artiste* : « Que les fins de journées d'automne sont pénétrantes ! Ah ! pénétrantes jusqu'à la douleur ! car il est certaines sensations délicieuses dont le vague n'exclut pas l'intensité ; et il n'est pas de pointe plus acérée que celle de l'Infini. »

Ce *faubourg mélancolique* est le Paris des pauvres. On y rencontre *Les Bons Chiens* (« le chien crotté, le chien pauvre, le chien sans domicile, le chien flâneur, le chien saltimbanque ») et leurs maîtres, les *Chiffonniers* (« Oui, ces gens harcelés de chagrins de ménage, / Moulus par le travail et tourmentés par l'âge, / Éreintés et pliant sous un tas de débris, / Vomissement confus de l'énorme Paris »). Les deux *Crépuscules* sont peuplés par les pauvres. *Le Crépuscule du soir* : « C'est l'heure où les douleurs des malades s'aigrissent ! / La sombre Nuit les prend à la gorge ; ils finissent / Leur destinée et vont vers le gouffre commun.... » Et *Le Crépuscule du matin* : « C'était l'heure où parmi le froid et la lésine / S'aggravent les douleurs des femmes en gésine ; / Comme un sanglot coupé par un sang écumeux / Le chant du coq au loin déchirait l'air brumeux.... » Envers ces éclopés, ces malades, ces mourants qui peuplent *Les Fleurs du Mal* et *Le Spleen de Paris*, envers les mendiants, les vieillards en haillons, les petites vieilles ratatinées, les chiffonniers, les prostituées errant « à travers les lueurs que tourmente le vent », les affreux aveugles, « les pauvresses, traînant leurs seins maigres et froids », Baudelaire ne manifeste jamais de pitié, ni – pire encore – d'attendrissement charitable, sentiments alors si répandus et qui le mettent en colère (dans *Mon cœur mis à nu* : « Si je la rencontrais *(George Sand)* je ne pourrais m'empêcher de lui jeter un bénitier à la tête »). Il en est préservé par son satano-dandysme, mais surtout, envers ces loqueteux, c'est de la fraternité qu'il éprouve. Pour tout dire, *il se sent l'un d'eux*. À la fin des *Petites Vieilles*, après s'être montré « L'œil inquiet, fixé sur vos pas incertains, / Tout comme si j'étais votre père, ô merveille ! », il a ce cri stupéfiant : « Ruines ! ma famille ! ô cerveaux congénères ! [1] » Un autre jour, plongé dans une fête foraine, il voit *Le Vieux Saltimbanque*, « voûté, caduc, décrépit, une ruine d'homme, adossé contre un des poteaux de sa cahute.... Il ne riait pas, le misérable ! Il ne pleurait pas, il ne dansait pas, il ne gesticulait pas, il ne criait pas ; il ne chantait aucune chanson, ni gaie, ni lamentable, il n'implorait pas. Il était muet et immobile. Il avait renoncé, il avait abdiqué. Sa destinée était faite.... Et, m'en retournant, obsédé par cette vision, je cherchai à analyser ma soudaine douleur, et je me dis : Je viens de voir l'image du vieil homme de lettres qui a survécu à la génération dont il fut le brillant amuseur ; du vieux poète sans amis, sans famille, sans enfants, dégradé par sa misère et par l'ingratitude publique, et dans la baraque de qui le monde oublieux ne veut plus entrer ! »

C'est cette identification avec les opprimés qui définit *tout au long de sa vie* la position politique de Baudelaire, et non ses déclarations provocantes et contradictoires, à propos desquelles on ne doit jamais oublier ce qu'il écrivait de son modèle idéal : « Poe fut toujours grand, non seulement dans ses conceptions nobles, mais encore comme farceur [2]. » Ceux qui ont répandu la légende d'un Baudelaire revenu de ses errements révolutionnaires de février et de juin 1848, bon catholique et sérieusement acquis aux doctrines de Joseph de Maistre, sont les héritiers de ceux qui l'ont méprisé et persécuté toute sa vie. C'est un masque qu'il met, lorsqu'il écrit dans *Mon cœur mis à nu* : « Je n'ai pas de convictions, comme l'entendent les gens de mon siècle, parce que je n'ai pas d'ambition. » Ce masque, il le soulève à peine, un peu plus loin :

1. Dans *Contre Sainte-Beuve*, Proust, s'adressant à sa mère qui n'aime pas Baudelaire, écrit : « Il est certain que dans un poème sublime comme *Les Petites Vieilles*, il n'y a pas une de leurs souffrances qui lui échappe. Ce n'est pas seulement leurs immenses-douleurs, il est dans leurs corps, il frémit avec leurs nerfs, il frissonne avec leur faiblesse. »

2. *Notes nouvelles sur Edgar Poe*, 1857.

« Cependant, j'ai quelques convictions, dans un sens plus élevé, et qui ne peut pas être compris par les gens de mon temps. » Walter Benjamin, dans le parallèle qu'on l'a vu établir entre Blanqui et Baudelaire, montre combien la position de celui-ci après juin 1848 relève du camouflage : « Sous les masques qu'il utilisait, le poète, chez Baudelaire, préservait son incognito. Il était dans son œuvre aussi prudent qu'il pouvait paraître provocant dans les relations personnelles.... Sa prosodie est comparable au plan d'une grande ville où l'on peut circuler discrètement à l'abri des pâtés de maisons, des portes cochères ou des cours. Sur ce plan, les mots ont leurs places exactement définies, comme des conspirateurs avant que n'éclate la révolte.... Ses images sont originales par la bassesse des comparaisons.... *Les Fleurs du mal* sont le premier livre à avoir utilisé des mots de provenance non seulement prosaïque mais urbaine dans la poésie lyrique.... Elles connaissent *quinquet*, *wagon* ou *omnibus* ; elles ne reculent pas devant *bilan*, *réverbère*, *voirie*. Ainsi se crée le vocabulaire lyrique dans lequel, brusquement, surgit une allégorie que rien ne prépare... Là où la Mort, ou le Souvenir, le Repentir ou le Mal apparaissent, c'est là que sont les centres de la stratégie poétique. L'apparition fulgurante de ces charges reconnaissables à leurs majuscules au beau milieu d'un texte qui ne repousse pas le plus banal des vocabulaires, trahit la main de Baudelaire. Sa technique est la technique du putsch[1]. »

1. Walter Benjamin, *Charles Baudelaire, un poète lyrique...*, *op. cit.*

Les belles images

> Paris est rayé : les hautes cheminées minces qui se développent à partir de cheminées plates, toutes les petites cheminées qui ont la forme d'un pot de fleurs, les vieux candélabres à gaz excessivement muets, les raies transversales des jalousies,.... les petites chaises que l'on voit en plein air et les petites tables de café dont les jambes sont des traits, les jardins publics avec leurs grilles aux pointes dorées.
>
> FRANZ KAFKA, *Journal*, « Lugano, Paris, Erlenbach », septembre 1911.

> Paris est la ville des miroirs. L'asphalte de ses chaussées, lisse comme un miroir, et surtout les terrasses vitrées devant chaque café. Une surabondance de glaces et de miroirs dans les cafés pour les rendre plus clairs à l'intérieur et donner une agréable ampleur à tous les compartiments et les recoins minuscules qui composent les établissements parisiens. Les femmes ici se voient plus qu'ailleurs ; de là vient la beauté particulière des Parisiennes.
>
> Walter Benjamin, *Le Livre des passages.*

Ville rayée, ville miroir, ville en noir et blanc en tout cas : c'est peut-être de ce côté qu'il faut chercher les raisons du lien entre Paris et la photographie, si intime qu'on les dirait presque de la même famille. Ce n'est pas seulement parce que la photographie commence à Paris, avec *La Table de déjeuner* de Niepce comme préhistoire près de la Saône. C'est aussi qu'il existe des moments de cette ville dont la photographie, seule ou presque, restitue la réalité avec la précision de la poésie. Ni les romans malgré Calet, ni le cinéma malgré les actualités, ni les chansons malgré Prévert et Kosma ne rendent un compte juste de l'époque qui suivit la Libération. Les dernières lignes d'autobus à bandages pleins désignées par des lettres, le sombre hiver 1946, les queues sous la neige, les tickets de pain, les soldats américains, les enfants pauvres sans souliers, les péniches prises dans la glace sur le canal Saint-Martin, les locomotives à vapeur sur la Petite Ceinture, les Juvaquatre, les zazous, le cuivre des percolateurs, le retour des fêtes foraines, c'est chez Doisneau qu'on en trouve la trace, bien plus exacte que les travaux historiques centrés sur les sinistres clowns du tripartisme.

La première prise de vue d'un être humain dans une ville date de 1838, année où Balzac commence *Splendeurs et misères des courtisanes*. Pour cette image, Daguerre est monté au sommet de son diorama, boulevard du Temple[1]. Que cette vue mythique ait été prise de cet édifice, et par un peintre paysagiste et décorateur de théâtre, on peut le voir comme un condensé des relations entre la nouvelle invention, la peinture et la littérature, comme une anticipation de

1. La caserne (actuellement de la garde républicaine) a été construite sur cet emplacement à l'époque du percement de la place de la République. Pour certains, Daguerre a pris cette vue depuis le dernier étage de sa maison, située juste derrière le diorama, rue des Marais-du-Temple [Yves-Toudic]. Dans une lettre à son frère datée du 7 mars 1839, le savant américain Samuel Morse, inventeur de l'alphabet qui porte son nom, décrit ainsi l'image : « Le boulevard *(du Temple)* d'habitude empli d'une cohue de piétons et de voitures, était parfaitement désert, à cela près qu'un homme se faisait cirer les bottes. Ses pieds, bien sûr, ne pouvaient pas bouger, l'un étant posé sur la boîte du cireur, l'autre par terre. C'est pourquoi ses bottes et ses jambes sont si nettes, alors qu'il est privé de sa tête et de son corps, qui ont bougé » (in *Paris et le Daguerréotype*, cat. exp., dir. Françoise Raynaud, Paris-Musées, 1989).

que Baudelaire écrira dans le « Salon de 1845 » à la fin du chapitre sur « Le paysage », où il souhaite « être ramené vers les dioramas dont la magie brutale et énorme sait m'imposer une utile illusion. Je préfère contempler quelques décors de théâtre, où je trouve artistement exprimés et tragiquement concentrés mes rêves les plus chers. Ces choses, parce qu'elles sont fausses, sont infiniment plus près du vrai ; tandis que la plupart de nos paysagistes sont des menteurs, justement parce qu'ils ont négligé de mentir ».

Pour les *daguerréotypistes*, la prise de vue depuis le haut des immeubles est l'une des façons de faire les plus courantes : les portraits et les vues d'intérieurs sont difficiles pour des raisons d'éclairage, et les boîtes, lourdes et fragiles, se prêtent mal à sortir dans la rue. D'où les images de rues en plongée que la peinture reprendra trente ans plus tard (la série des *Boulevard des Capucines* de Monet, celle des *Place du Théâtre-Français* de Pissarro du haut de l'hôtel du Louvre, les perspectives de Caillebotte vers le boulevard Malesherbes depuis son appartement de la rue de Miromesnil). Sur le Pont-Neuf, au dernier étage de la maison d'angle avec le quai de l'Horloge, l'opticien Lerebours, spécialisé dans la fabrication des objectifs et des plaques, a installé un pavillon de verre d'où ses clients peuvent prendre des vues, éventuellement panoramiques, en direction du pont des Arts, de la colonnade du Louvre et de l'Institut.

Il était sans doute inévitable qu'un procédé d'une telle nouveauté fût mal compris, considéré comme un moyen de restituer de façon automatique et exacte le « réel » – opinion soutenue par Daguerre lui-même pour qui « le daguerréotype n'est pas un instrument qui sert à dessiner la nature, mais un procédé chimique et physique qui lui donne la facilité *de se reproduire d'elle-même*[1] ». Mais ainsi considérée, la photographie eut pour conséquence de précipiter la ruine d'une esthétique – déjà bien fatiguée –

1. Annonce de l'invention, 1838 (c'est moi qui souligne). Fox Talbot, qui se tenait, non sans arguments, pour le vrai inventeur de la photographie (c'est d'ailleurs son ami, l'astronome John

fondée sur la mimésis comme essence de l'art. L'existence d'un appareil capable de satisfaire mécaniquement aux exigences de la reproduction du réel obligeait à trouver d'autres finalités à l'activité artistique. Cette idée passa dans le domaine public à une vitesse étonnante. On lisait dans *Le Charivari* du 10 septembre 1839 : « Quand vous aurez, non pas dessiné mais calqué les pavillons des Tuileries, les buttes Montmartre ou la plaine Montfaucon avec une fidélité infinitésimale, croyez-vous bonnement que vous aurez fait de l'art ? Croyez-vous que ce soit ainsi que procèdent les véritables artistes ? Les commissaires-priseurs, c'est possible, mais les artistes non. L'artiste choisit, dispose, arrange, idéalise. Le daguerréotype copie brutalement la matière, ou, pour mieux dire, plagie[1]. »

D'entrée de jeu la photographie se trouvait donc poussée hors des frontières de l'art, avec interdiction d'entrée sur le territoire. Sur la porte de l'atelier d'Atget, à la fin du siècle, une plaque indiquait *Documents pour Artistes*. Il ne s'agissait pas seulement d'une marque de modestie (comme l'était sans doute, vers la même époque, la pancarte du Douanier Rousseau, rue Perrel à Plaisance : *Dessin, peinture, musique. Cours à domicile, prix modérés*). Atget voulait probablement montrer qu'il n'avait pas perdu de vue l'injonction baudelairienne du « Salon de 1859 » – et les nombreux textes reprenant la même idée : « Il faut donc qu'elle *(la photographie)* rentre dans son véritable devoir, qui est d'être la servante des sciences et des arts, mais la très humble servante, comme l'imprimerie et la sténographie, qui n'ont ni créé ni suppléé la litté-

Herschel, qui trouva le nom en 1844), intitula son premier recueil sur les merveilles du procédé *The Pencil of Nature*.

1. Quelque quatre-vingts ans plus tard, André Breton écrivait dans la préface au catalogue de l'exposition Max Ernst au *Sans-Pareil* : « Un instrument aveugle permettant d'atteindre à coup sûr le but qu'ils s'étaient jusqu'alors proposé, les artistes prétendirent non sans légèreté rompre avec l'imitation des aspects » (*Les Pas perdus*).

...ure.... qu'elle soit enfin le secrétaire et le garde-note de quiconque a besoin dans sa profession d'une absolue exactitude matérielle, jusque-là rien de mieux.... Mais s'il lui est permis d'empiéter sur le domaine de l'impalpable et de l'imaginaire, sur tout ce qui ne vaut que parce que l'homme y ajoute de son âme, alors malheur à nous ! »

Dans les interminables controverses sur le territoire et le rôle respectifs de la peinture et du nouveau médium, la photographie de Paris occupe une place à part, privilégiée car sans véritable concurrence. C'est qu'à l'époque du plein essor de l'invention, dans les années 1840-1870, il n'existe pas vraiment de *peinture de Paris*. C'est certes un grand moment de la gravure : Granville, Daumier, Meryon, Nanteuil, Potémont, Braquemond prolongent une lignée d'illustrateurs et de graveurs de Paris qui remonte au XVIe siècle. Il ne manque pas non plus de bons artistes, comme Eugène Lami ou Constantin Guys, qui « croquent » avec des techniques tenues pour mineures – l'aquarelle, le lavis, la gouache – des scènes de rue vivantes et colorées. Mais dans les comptes rendus des Salons de cette période où les photographes de Paris créent tant de chefs-d'œuvre, il n'est pas question à ma connaissance *d'une seule toile* dont le sujet soit un extérieur parisien. Cette absence n'est pas une nouveauté. Chez les grands peintres qui, depuis le XVIIe siècle, ont travaillé à Paris, de Le Sueur à Géricault, de Philippe de Champaigne et Simon Vouet à Ingres et Delacroix, on a trop des doigts d'une main pour compter les tableaux dont Paris est le sujet[1]. Watteau, quand il peint *L'Enseigne* pour son marchand et ami Gersaint installé sur le Pont-Neuf, ne représente de la ville que quatre rangées de pavés parallèles au seuil de la boutique, que franchit avec tant d'élégance la dame en rose. Chardin, qui passe

1. Dans la « grande » peinture, je connais comme exceptions de belles toiles de Hubert Robert comme *La Démolition des maisons du Pont-Neuf* (1786) ou *Le Décintrement du pont de Neuilly* (1772), et un superbe *Quai des Orfèvres* de Corot, daté de 1833.

presque toute sa vie rue de Seine et ne la quitte que p traverser le fleuve et s'installer au Louvre, n'a pas fait moindre esquisse de ces lieux si familiers. Et il faut des cir constances exceptionnelles pour que David, attendant la guillotine après Thermidor, peigne de sa cellule une vue des jardins du Luxembourg aussi belle que les *Jardins de la villa Médicis* de Vélasquez – lui qui conseillait à ses élèves d'aller dessiner sur le motif dans les panoramas.

Paris, ville jusque-là sans images donc, à la différence d'Amsterdam et de Delft, de Venise ou de Rome. Il existait bien des *vedute* parisiennes, souvent pleines de charme, mais elles étaient destinées aux touristes et n'étaient pas considérées comme des œuvres d'art[1]. La « vue de Paris » n'appartenait à aucun des *genres* répertoriés au Salon : ni histoire, ni paysage, ni « genre », dont les scènes d'extérieur étaient situées dans des cadres de convention. La seule ville dont la représentation était admise dans la catégorie du paysage, c'était Rome justement, parce qu'elle était considérée comme le berceau de la peinture et que les artistes, pensionnaires de la villa Médicis le plus souvent, n'en montraient que des ruines pittoresques, des jardins intemporels et une campagne idéalisée.

Sans concurrence donc, la photographie de Paris débute pourtant sur le mode documentaire. La nature même du daguerréotype y est sans doute pour quelque chose : son extrême définition et son manque de profondeur le rapprochent de la gravure. C'est peut-être cette finesse – au double sens du mot, précision du détail et sensation de couche mince – qui explique la crainte superstitieuse de Balzac, rap-

1. Au XVIe et au début du XVIIe siècle, ces *vedute* sont réalisées par des artistes flamands (Abraham de Verweer, Pieter Bout, Theodor Matham, Hendrik Mommers, bien représentés au musée Carnavalet). Dans ce domaine, les Français apparaissent plus tard. Dans la seconde moitié du XVIIIe siècle, on trouve parmi eux d'excellents artistes, comme Raguenet ou Pierre-Antoine Demachy, qui peuvent éventuellement être de l'Académie et exposer au Salon, mais pas des vues de Paris.

…ée par Nadar : convaincu que « chaque corps dans la …ure se trouve composé de séries de spectres, en couches …perposées à l'infini », il pensait que « chaque opération daguerrienne venait surprendre, détachait et retenait en se l'appliquant une des couches du corps objecté »[1]. Les sujets les plus fréquents s'apparentent eux aussi au genre documentaire – le Louvre, les Tuileries, la Madeleine, l'Hôtel de Ville, les Invalides, Notre-Dame sous toutes ses faces, le Panthéon : les daguerréotypistes travaillent autour de monuments dont la situation dégagée permet un bon éclairage, plutôt que dans les venelles. Peut-être aussi ces pionniers, qui sont pour la plupart d'anciens peintres formés dans les grands ateliers, éprouvent-ils le désir plus ou moins conscient de reconstituer une hiérarchie des genres, le monument étant un sujet plus noble que les ruelles boueuses du *sombre Paris*.

Dans les années 1845-1850, l'image photographique change totalement de nature avec le système négatif-positif. La *prise de vue* sur un négatif de papier est suivie d'un *tirage*, lui aussi sur papier et qui délivre l'image positive. Non seulement la vue peut être tirée en plusieurs exemplaires (alors que la plaque de cuivre du daguerréotype est forcément unique) mais le résultat est très différent[2]. La résolution est moins fine, l'image est souvent même un peu floue, le grain du papier est visible et surtout, en jouant sur le contraste au moment du tirage, le photographe peut accentuer l'opposition des masses sombres et des zones

1. Nadar, *Quand j'étais photographe*, *op. cit.* Nadar avait copié photographiquement un extraordinaire daguerréotype de Balzac qu'il avait acheté à Gavarni. Il fait remarquer que, vu son embonpoint, une ou deux couches de moins ne lui auraient pas fait de mal…

2. Fox Talbot, inventeur de ce système qu'il nomme calotype (de *kalos* : beau) considère qu'il s'agit là de la vraie invention de la photographie. Les querelles de paternité tiennent une grande place dans l'histoire de ces premières années. Fâché avec les Français, Fox Talbot vient néanmoins à Paris dans les années 1840 pour y faire de sublimes photographies.

claires, caractéristique des rues étroites où la lumière tom[illegible] par plages géométriquement localisées. Parallèlement, l[illegible] temps de pose se raccourcit et la figure humaine en mouvement apparaît dans la ville. En 1851, Charles Nègre – sorti de l'atelier de Delaroche comme son ami Le Gray, et Le Secq qui l'a présenté à Meryon[1] – habite l'île Saint-Louis. Depuis sa cour du 21, quai de Bourbon qui lui sert d'atelier extérieur, il prend une photographie intitulée *Ramoneurs en marche*, frise de trois personnages marchant vers l'est au soleil levant. Le seul élément net de la photo est la pierre gris sombre du parapet de l'île. Au loin, de l'autre côté du fleuve, le quai des Célestins, la ligne irrégulière des toits, le rythme serré des fenêtres noires dans le halo clair des maisons. Au premier plan, le trottoir, presque blanc, un peu brûlé par le tirage. Celui des trois personnages qui marche devant dépasse à peine le haut du parapet : c'est un enfant (il fallait un enfant dans les équipes de ramoneurs, pour monter dans les cheminées). Il est coiffé d'un bonnet et regarde vers le fleuve, si bien qu'on ne voit pas ses traits. Derrière, les deux autres figures sont des hommes, ils portent un sac sur l'épaule, leur visage noirci par la suie est encore obscurci par la visière de la casquette. Techniquement parlant, les personnages sont trop sombres, pas très nets, et le tirage est trop contrasté. Mais ce sont justement le flou et la violence des oppositions de valeurs qui donnent à cette image une nouveauté mystérieuse. On n'avait jamais rien vu de comparable, ni en gravure, ni en peinture où le *sfumato* le plus subtil n'est jamais aussi troublant que la vibration de la photographie dans cette brève et merveilleuse période de son innocence.

Malgré leurs réticences de principe, les écrivains et les artistes de l'époque sont fascinés. Le grand Nadar – le seul à avoir photographié, en une trentaine d'années, les quatre membres de l'équipe de relais du génie, Delacroix-Baudelaire-Manet-Mallarmé – raconte qu'on faisait la tournée des

1. Charles Nègre a présenté un *Embarquement pour Cythère* au Salon de 1845.

…iers des photographes, comme aujourd'hui celle des …leries d'art contemporain. Ils étaient groupés sur les bou…evards entre la rue de la Paix et la Madeleine : Nadar au 35, boulevard des Capucines (façade de verre et métal, si chargée d'histoire, détruite au début des années 1990 par le Crédit foncier pour y installer un magasin de chaussures), les frères Bisson et Le Gray un peu plus loin vers la Madeleine. « La boutique des Bisson fit fureur. Ce n'était pas seulement le luxe extraordinaire et le bon goût de l'installation ni la nouveauté et la perfection des produits qui arrêtaient le passant : il trouvait un intérêt non moins vif à contempler à travers le cristal des devantures les illustres visiteurs qui se succédaient sur le velours oreille d'ours du grand divan circulaire, se passant de main en main les épreuves du jour. C'était en vérité comme un rendez-vous de l'élite du Paris intellectuel : Gautier, Cormenin Louis, Saint-Victor, Janin, Gozlan, Méry, Préault, Delacroix, Chassériau, Nanteuil, Baudelaire, Penguilly, les Leleux – tous ! J'y vis, par deux fois, un autre amateur assez essentiel en son genre, M. Rothschild – le baron James, comme on l'appelait –, fort affable d'ailleurs et qui achevait déjà de ne plus se faire jeune. Et tout ce haut personnel d'état-major, au sortir de chez les Bisson, complétait sa tournée en montant chez le portraitiste Le Gray[1]. »

Bien qu'une place soit lentement accordée à la nouvelle invention parmi les pratiques artistiques – à partir de 1859 les photographes exposent dans le même bâtiment que celui du Salon –, l'œuvre majeure de la photographie de Paris au XIXe siècle est le résultat d'une commande technique et documentaire. En 1865, l'administration municipale décide de faire photographier les anciennes voies sur le point d'être détruites et confie le travail à Charles Marville. Connu comme illustrateur (il a participé avec Huet et Meissonier à une célèbre édition romantique de *Paul et Virginie*), ses

1. *Quand j'étais photographe*, *op. cit.* Le baron James de Rothschild est le principal modèle du Nucingen de *La Comédie humaine*.

débuts dans la photographie datent des années 1850, a en particulier des études de nuages à la tombée du jour da le ciel parisien – et c'est sans doute consciemment que c homme cultivé cherchait à rivaliser sur ce thème, par les nuances de ses gris, avec les couleurs de Constable et de Delacroix. La tâche qui lui est proposée est sans précédent : décrire ce que l'on se propose de détruire, avec pour but de prouver que ce qui va disparaître ne valait pas la peine d'être conservé. Mais Marville va montrer le charme silencieux de ce qu'on voulait faire voir trouble et malsain. Sans aucune recherche de pittoresque, sans recourir le moins du monde à l'esthétique de la misère, il ne fait qu'utiliser les ressources de la photographie d'une façon qu'on qualifiera bien plus tard d'*objective* (Marville est aux rues du vieux Paris ce que Sander sera aux gens de Cologne dans les années 1930). Il place son appareil très bas, presque au ras du sol, si bien que dans ses images les pavés occupent une grande surface, avec un effet perspectif évoquant les tracés théoriques de la Renaissance italienne[1]. Souvent luisants de pluie, ils reflètent la lumière du petit matin ou du soir, quand les belles ombres accentuent les reliefs et les contrastes. Et bien qu'il n'y ait pas de personnages dans ses clichés, il utilise la lettre, omniprésente dans le Paris de l'époque – enseignes et réclames peintes sur les murs – pour faire sentir le cocasse ou la mélancolie. Rue de la Monnaie, où le seul signe de présence humaine est une charrette bâchée comme une tête de Magritte, c'est une *Librería española* à l'enseigne du *Siège de Sébastopol* ; rue de la Tonnellerie, au-dessus des antiques piliers des Halles, on conseille de traiter les *Glaçures aux seins (et autres)* par le *Cosmétique Liébert* (Ô Birotteau !) et sur l'autre face de la même maison d'angle opère un *Cardeur de voitures à cheval et à bras*. *Bains russes* place Saint-André-des-Arts, *Dépôt d'huîtres de Dunkerque* rue Mondé-

1. Atget, au contraire, cherchera à éviter que la partie inférieure de ses images soit occupée par le pavé : pour cela il ne tirera pas toujours le rideau de l'obturateur à fond, ce qui explique que ses négatifs puissent avoir des dimensions variables.

Matériaux de démolition à vendre passage des Deux-…ars, *Henriat, Tolier-poëllier* cour du Dragon, toutes ces activités, Marville les recense à la veille de leur disparition, sans aucun attendrissement décelable, et l'effet n'en est que plus saisissant.

Les 425 clichés qu'il réalise de 1865 à 1868 sont le seul grand souvenir visuel qui nous reste d'un Paris *qui a complètement disparu*. Elles sont là avec tous leurs détails, ces rues de la Cité qui existaient déjà au temps des deux François, Rabelais et Villon. Ce sont elles que Victor Hugo arpentait à l'époque de *Notre-Dame de Paris*, celles de Charles Nodier, d'Aloysius Bertrand, de Gérard de Nerval. Rue de Perpignan, rue des Trois-Canettes, rue Cocatrix, rue des Deux-Ermites, rue des Marmousets, rue Saint-Landry, rue du Haut-Moulin, rue Saint-Christophe où, sur la boutique face à l'hospice des Enfants-Trouvés, un panonceau indique qu'« au 15 octobre prochain, l'atelier de taillanderie sera transféré 20 rue Zacarie ». Les démolitions vont commencer : les hautes bornes de pierre, les échoppes, le pavage d'une irrégularité façonnée par les siècles, les estaminets, les pans coupés en gueule de four, les lampadaires, les enseignes, les cours, tout cet univers va disparaître pour faire place à la Préfecture de police et à l'Hôtel-Dieu, le plus sinistre des hôpitaux de Paris, ce qui n'est pas peu dire.

On utilise parfois les images de Marville pour illustrer le Paris de Baudelaire. C'est concevable à condition d'interpréter le génitif comme *au temps de* sans plus. Baudelaire ne s'est jamais étendu sur le charme des vieilles pierres et si l'on cherche des images baudelairiennes de Paris – ce qui est bien légitime pour lui qui a dit : *glorifier le culte des images (ma grande, mon unique, ma primitive passion)* – ce n'est pas à Marville qu'il faut s'adresser, c'est à Manet. Mais en France l'histoire officielle de l'art du XIXe siècle est si compartimentée, si soucieuse de ne pas se compromettre avec l'histoire sociale et politique, que les relations entre Baudelaire et Manet sont le plus souvent

obscénités qui marquent la décadence finale d'un genre, on imagine l'effet produit par Victorine Meurent, son ruban de velours, sa négresse et son chat, et on comprend la fureur de ceux auxquels s'adresse Thoré dans son « Salon de 1865 » : « Qui encourage l'art mythologique et l'art mystique, les Œdipe et les Vénus, ou les madones et les saints en extase ? ceux qui ont intérêt à ce que l'art ne signifie rien et ne touche pas aux aspirations modernes. Qui encourage les nymphes et les galantes scènes Pompadour ? le Jockey-Club et le boulevard des Italiens. À qui vend-on ces tableaux ? aux courtisans et aux enrichis de la Bourse[1]. »

Théophile Gautier, tout dédicataire des *Fleurs du mal* qu'il est, se range parmi les critiques les plus virulents : « Olympia ne s'explique d'aucun point de vue, même en la prenant pour ce qu'elle est, un chétif modèle étendu sur un drap. Le ton des chairs est sale, le modelé nul. Les ombres s'indiquent par des rais de cirage plus ou moins larges. Que dire de la négresse qui apporte un bouquet dans un papier, et du chat noir qui laisse l'empreinte de ses pattes crottées sur le lit ? » Gautier est un proche des Goncourt, qui commencent *Manette Salomon* – roman sur l'influence dévastatrice d'un modèle juif sur le peintre Coriolis – au moment du scandale de l'*Olympia*. *Le Bain turc* de Coriolis, inspiré de Boucher, cette servante noire, cette « nudité *(qui)* dans l'atelier avait mis tout à coup le rayonnement d'un chef-d'œuvre », c'est sans doute une critique indirecte de l'*Olympia* de Manet, que les Goncourt tenaient pour un agent provocateur œuvrant, comme Baudelaire, pour le désastre de l'art[2].

Manet and his Followers, Princeton, Princeton University Press, 1984.

1. Thoré, républicain exilé sous le Second Empire, est célèbre sous le nom de Thoré-Bürger pour avoir « redécouvert » Johannes Vermeer pendant ses années passées aux Pays-Bas.

2. Gautier est un habitué des dîners Magny organisés par les Goncourt, en compagnie de Flaubert, Tourgueniev, Renan, Taine et Sainte-Beuve.

Manet, après les événements de 1870-1871 – le siège, où il sert avec Degas dans l'artillerie de la garde nationale, et la Commune –, sent qu'il ne peut plus peindre comme avant. Les massacres de la Semaine sanglante l'ont tellement choqué qu'il a même songé à tout arrêter. (Parenthèse : il n'est jamais question des opinions politiques de Manet, tout au plus de vagues allusions à des « sympathies républicaines » quand on en vient à *La Rue Mosnier aux drapeaux*. Il serait évidemment absurde de faire de Manet un révolutionnaire, mais on peut remarquer que : 1°) il n'est pas politiquement neutre de peindre en 1868 *L'Exécution de Maximilien*, exécution qui date de moins d'un an et qui, marquant la fin honteuse de l'expédition du Mexique, a secoué l'Empire. La gravure que Manet réalise pour la diffusion de l'œuvre est interdite d'impression par la censure. 2°) Pendant les années 1860, Manet a son atelier rue Guyot [Médéric] à la limite du quartier misérable de la Petite-Pologne que Haussmann commence à démolir pour percer le boulevard Malesherbes[1]. Dans ces parages, Manet côtoie le gitan Jean Lagrène qui vit dans un campement provisoire, harcelé par la police, et qui gagne sa vie en jouant de l'orgue de Barbarie. Il le prend pour modèle du *Vieux Musicien*. Derrière lui, assis sur le remblai, c'est le chiffonnier Collardet – le chiffonnier, personnage baudelairien entre tous – qui a servi de modèle pour *Le Buveur d'absinthe*, refusé au Salon de 1859. « Manet, écrit Meyer Shapiro, n'a choisi que des thèmes qui convenaient à sa nature *(congenial)* – pas simplement parce qu'ils étaient là, disponibles, ou parce qu'ils offraient des possibilités particulières en termes de lumière ou de couleur, mais parce qu'ils correspondaient à son univers, au sens premier ou de façon symbolique, et qu'ils étaient intimement liés à sa vision du monde », et il montre « son intérêt pour les réfractaires, les indépendants, les déclassés, et pour tout ce que la vie comporte en elle-même d'artistique *(and the artistic in life itself)* »[2].

1. Voir p. 198.
2. *In* « Review of Joseph C. Sloane's *French Painting between*

Cet intérêt pour les marginaux, pour la bohème de la rue, Antonin Proust (pour qui, « chez Manet, l'œil jouait un si grand rôle que Paris n'a jamais connu de flâneur semblable à lui et de flâneur flânant plus utilement ») en raconte un épisode dans ses Souvenirs : « Nous montions un jour ensemble ce qui a été depuis le boulevard Malesherbes, au milieu des démolitions coupées par les ouvertures béantes des terrains déjà nivelés.... Une femme sortit d'un cabaret louche, relevant sa robe, retenant sa guitare. Il alla droit à elle et lui demanda de venir poser chez lui. Elle se prit à rire. “Je la repincerai, dit-il, et puis si elle ne veut pas, j'ai Victorine”[1]. » 3°) Pendant la Commune, Manet part mettre sa famille à l'abri en province. Son nom figure pourtant sur la liste de la Commission des artistes, inscrit d'office en son absence, ce qui montre qu'on le considérait comme favorable au mouvement. Il est en très bons termes avec Courbet, qui préside la Commission et dont on retrouve à plusieurs reprises le nom dans les insultes au moment d'*Olympia*. Sur la Semaine sanglante, Manet fait deux lithographies, datées toutes deux de 1871 : *La Barricade* où, au milieu d'un carrefour parisien rapidement esquissé, un peloton de soldats versaillais – même groupement et mêmes attitudes que dans *L'Exécution de Maximilien* – fusille à bout portant un insurgé dont seul le visage horrifié se détache dans la fumée au-dessus des pavés ; et *La Guerre civile*, en aplats noirs et traits épais, deux cadavres d'insurgés au pied d'une barricade démantelée, un civil et un garde national dont on n'aperçoit que le bas du pantalon rayé.

Quand il se remet au travail, la peinture de Manet a complètement changé et sa nouvelle manière éclate par un

---

the Past and the Present : Artists, Critics and Tradition from 1848 to 1870 », *Art Bulletin*, 36 (juin 1954). Cité *in* Harry Rand, *Manet's Contemplation at the Gare Saint-Lazare*, Berkeley, University of California Press, 1987.

1. In *La Revue blanche*, vol. 44, 1er et 15 février, 1er mars 1897. *La Chanteuse de rues* est la première des nombreuses toiles où Victorine Meurent a posé pour Manet.

tableau-manifeste. Pour la première fois, une image de Paris est exposée au Salon : on l'appelle tantôt *Le Chemin de fer* et tantôt *La Gare Saint-Lazare*, ce qui est sans grande importance car on n'y voit ni l'un ni l'autre[1]. L'œuvre déclenche un nouveau tollé. Cham intitule un dessin – qui fait la couverture du numéro spécial du *Charivari* sur le Salon de 1874 – *La Dame au phoque*, avec pour légende : « Ces malheureuses se voyant peintes de la sorte ont voulu fuir ! mais lui, prévoyant, a placé une grille qui leur a coupé toute retraite. » Un autre : « Deux folles, atteintes de *Monomanétie* incurable, regardent passer les wagons à travers les barreaux de leur cabanon. » Burty, Duret, les soutiens habituels de Manet, sont décontenancés. Zola ne trouve à louer que « la gamme charmante », répétant sans guère de conviction que Manet est « l'un des rares artistes originaux dont notre école puisse se glorifier »[2].

C'est que l'on n'avait encore rien vu qui ressemblât à ce tableau. La scène est située dans le quartier de l'Europe où Manet vient de s'installer (son nouvel atelier est au 4, rue de Saint-Pétersbourg[3]). Mais ce n'est pas seulement la nou-

1. Quand le tableau est exposé au Salon de 1874, son titre est *Le Chemin de fer*. Il a déjà été acheté par le grand baryton Jean-Baptiste Faure, l'un des clients de Manet, qui fera plus tard son portrait dans le rôle de *Hamlet* d'Ambroise Thomas. Quand Durand-Ruel emporte le tableau aux États-Unis, il en change le titre pour lui donner une *French touch*.

2. *Le Sémaphore de Marseille*, 3-4 mai 1874.

3. Juliet Wilson-Bareau in *Manet, Monet, la gare Saint-Lazare* (cat. exp., Réunion des Musées nationaux et Yale University Press), a établi, au terme d'une enquête très approfondie, que le tableau a été peint ou au moins largement ébauché chez un peintre ami de Manet, Albert Hisch, dont la petite Suzanne a posé pour le tableau. On entrait dans son atelier par le 58, rue de Rome, mais il existait – il existe toujours – de l'autre côté de l'immeuble, un minuscule jardinet coincé entre le bâtiment et les grilles bordant la tranchée du chemin de fer. C'est là l'espace du premier plan du tableau, plat par choix du peintre, mais aussi dans la réalité. Juliet Wilson-Bareau a encore montré que la porte de l'immeuble que

veauté du cadre et du sujet – le train, aussi symbolique de la vie moderne que la place de l'Europe l'est du Paris moderne – qui rend ce tableau scandaleux. Sa technique elle-même suscite un sentiment d'étrangeté, elle transgresse les règles, elle est sous une influence extérieure, et c'est celle de la photographie. Non que Manet ait travaillé *sur* ou *d'après* un cliché – comme le fait son voisin Caillebotte, l'ingénieur, dont on a gardé les calques pour les impeccables perspectives de *Temps de pluie à Paris, au carrefour des rues de Turin et de Moscou* ou du *Pont de l'Europe*[1]. Le premier plan de *La Gare Saint-Lazare* est à la fois très proche et très net : de face, Victorine Meurent, portant autour du cou le ruban de velours qui dans l'*Olympia* était son seul vêtement, et de dos la petite Suzanne, regardant vers les voies, en profil perdu. Mais au-delà des grilles, l'arrière-plan n'est pas net, comme dans une photographie à faible profondeur de champ. Ce n'est pas seulement un effet de la fumée qui s'élève au-dessus des voies invisibles : délibérément Manet a choisi de placer un premier plan très peu profond devant un fond flou, procédé contraire à toutes les règles qui, depuis Léonard au moins, régissaient la perspective aérienne, mais qui est courant en photographie. Dans d'autres vues de Paris réalisées peu de temps auparavant par des peintres proches de Manet – celles de Monet, peintes du haut du deuxième étage du Louvre en 1867, *Saint-Germain-l'Auxerrois*, *Le Jardin de l'Infante*, *Le Quai du Louvre* ; ou encore l'*Homme nu-tête vu de dos à la fenêtre* de Caillebotte peint depuis son appartement de la rue de Miromesnil, ou *Le Pont-Neuf* de Renoir –, malgré la vibration « impressionniste » de la touche, les lointains sont aussi nets que chez Van Eyck. De plus, *La Gare Saint-Lazare* est peinte avec une seule cou-

---

l'on distingue au fond, au-dessus du chapeau de Victorine, est celle de l'atelier de Manet. Avant la construction des Messageries (aujourd'hui Garage de l'Europe), on pouvait voir les immeubles de la rue de Rome depuis le bas de la rue de Saint-Pétersbourg.

1. Pour garder trace du tableau vendu, Manet en fit une petite copie à l'aquarelle et à la gouache sur une épreuve photographique.

leur ou presque : bleue avec des rehauts de blanc, la robe de Victorine ; blanche avec un gros nœud et des broderies bleues, celle de la petite Suzanne ; bleu-noir la grille ; blanc bleuté le nuage de fumée qui est à la fois un signe de l'absence et comme un troisième personnage du tableau. Et surtout le personnage de Victorine, qui lève les yeux du livre où elle était plongée – ses doigts sont placés entre les pages comme des signets, ce qui indique qu'elle compare des passages ou qu'elle consulte les notes –, ce personnage qui n'exprime rien d'autre qu'une surprise vague est au plus haut point photographique par le rendu du soudain, du fortuit. C'est un instantané, il n'y a aucune anecdote (Duret est bien ennuyé : « En fait, il n'y a pas de sujet du tout »), aucune psychologie non plus au sens des portraits de Rembrandt ou même de Goya. Si Manet a choisi tant de fois Victorine Meurent comme modèle depuis *La Chanteuse de rues* jusqu'à *La Gare Saint-Lazare*, c'est qu'elle a ce regard *insondable* qui, sans rien exprimer de dicible, crée une attente, une inquiétude. Ce regard noir, frontal et mystérieux, qui était déjà celui de Victorine tournant la tête vers le regardeur avec une adorable gaucherie dans *Mlle V... en costume d'espada*, Manet l'a donné aux inoubliables femmes de son Paris, à Berthe Morisot dans *Le Balcon*, à Henriette Hauser dans *Nana*, jusqu'à la dernière, la blonde Suzon d'*Un bar aux Folies-Bergère*. Et quand les regards de ses modèles sont clairs et obliques – bourgeoise élégante de *La Serre* ou pauvre fille seule de *La Prune* – alors seulement s'y glisse peut-être quelque chose comme une légère mélancolie.

Manet a bien réussi à donner le change. À force d'être beau et généreux, de refuser les signes picturaux habituels de l'affect, de ne pas *composer* ses tableaux au sens habituel du terme – alors que dans la série des *Gare Saint-Lazare* de Monet, toute novatrice qu'elle est, chaque toile est structurée comme un paysage de Poussin –, il est tenu pour un artiste incomplet, un peintre sans idées, sans culture, surtout maintenant qu'il a si bien intériorisé l'héritage de Hals, de Goya et de Vélasquez qu'on ne le distingue plus. Désormais Zola n'y comprend rien. Mais pour Mallarmé, qui passe chaque

soir à l'atelier en revenant du lycée Fontane [Condorcet, rue du Havre devant la gare Saint-Lazare], Manet « est le peintre, entendez celui auquel nul autre ne se peut comparer[1] », et il le montre « en atelier, la furie qui le ruait sur la toile vide, comme si jamais il n'avait peint[2] ». Mallarmé était, il est vrai, mieux placé que Zola pour comprendre le Manet des dernières années, le Manet qui a sa place dans la lignée des peintres énigmatiques, *difficiles* comme on dit, dont les tableaux peuvent se dater, se décrire, se radiographier, se suivre de collection en collection, mais dont les intentions restent voilées et chez qui l'obscurité fait en quelque sorte partie du sens. Qui peut être sûr d'avoir vraiment compris *La Flagellation* d'Urbino, même depuis que Carlo Ginzburg a éclairci l'identité des trois personnages placés là par Piero della Francesca, au premier plan, dans un conciliabule éternellement mystérieux ?

Dans l'historiographie officielle, les années 1870 sont présentées comme l'époque où se fonde la démocratie parlementaire moderne, où se bâtit l'école laïque, où se reconstruit matériellement et moralement un pays secoué par la défaite et la guerre civile. On feint d'oublier qu'il s'agit d'une période de réaction comme il en survient après les échecs des révolutions. La nature même du régime n'est acquise qu'en 1875 lorsque, comme on sait, la république est votée presque par raccroc à une voix de majorité. Ces années-là, au 14 Juillet, Monet peint *La Rue Montorgueil pavoisée* et Manet *La Rue Mosnier aux drapeaux*, réapparitions du drapeau tricolore quasi absent de la peinture depuis la *Liberté* de Delacroix et qui a alors un

1. Thadée Natanson, *Peints à leur tour*, Paris, Albin Michel, 1948.
2. In *Quelques médaillons ou portraits en pied*. Manet et Mallarmé ont fait connaissance un an avant *La Gare*. Mallarmé habite alors rue de Moscou, à deux pas de chez Manet. Il emménagera au 87, rue de Rome en 1875. En 1885, il écrit à Verlaine : « Pendant dix ans, j'ai vu Manet tous les jours et son absence est pour moi aujourd'hui inconcevable. »

sens très précis, opposé au drapeau blanc du comte de Chambord dont on cherche à faire Henri V. Des dizaines de milliers de communards sont encore exilés, emprisonnés, déportés ou transportés[1].

Au cours de ces années apparaissent à la fois l'expression *ordre moral* et un phénomène que l'on peut tenir pour la révélation de sa face cachée. C'est le début d'une période brève – trente, quarante ans tout au plus – où Paris devient ce qu'il n'avait jamais encore été, le sujet principal de la peinture moderne. Non par les sites célèbres, les vieilles pierres, les jeux du soleil sur les monuments, les élégantes au Bois : ce que choisissent Degas et Manet – car au début, c'est d'eux et d'eux presque seuls qu'il s'agit –, c'est l'univers du plaisir, du divertissement nocturne, celui où se mêlent toutes les strates de la ville, celui où la vie continue sans que la police la plus vigilante parvienne à bien la contrôler. Il s'établit alors entre les deux peintres une sorte de dialogue, sans doute muet : ils s'observent avec plus que de l'intérêt, mais sans affinité ni même communauté de travail comme naguère entre Monet et Renoir à la Grenouillère.

Ils ont pourtant beaucoup en commun. Tous deux, c'est essentiel, sont *de vrais Parisiens*, les seuls parmi les grands peintres du moment. Degas, né rue Saint-Georges et mort boulevard de Clichy, ne s'est jamais beaucoup éloigné de Pigalle, comme Manet est toujours resté entre les Batignolles, le quartier de l'Europe et la place Clichy. Issus de la même bourgeoisie aisée, ils ont les mêmes goûts pour les vieux maîtres du Louvre, pour l'Italie, la même passion pour la musique. Mais quand Manet expose *Un bar aux Folies-Bergère* au Salon de 1882, Degas écrit à Henri Rouart : « Manet, bête et fin, carte à jouer sans impression, trompe-l'œil espagnol, peintre… enfin vous verrez. » Les passerelles entre eux, ce sont Berthe Morisot, disciple de Degas autant

1. Les déportés sont enfermés dans les territoires où ils sont envoyés, Guyane, Nouvelle-Calédonie, alors que les transportés – Louise Michel, Rochefort dont Manet peint *L'Évasion* en 1880 – y sont libres de leurs mouvements.

que de Manet, et Mallarmé, l'un des rares qui en imposait à Degas, lequel s'essayait régulièrement à la poésie. Tous deux ont exprimé un aspect différent de la personnalité de Mallarmé : dans son portrait par Manet – la main tenant le cigare qui fume au-dessus du papier blanc, le regard une fois encore insondable, concentré, perdu au loin –, c'est le génie ; dans la photographie de Degas où Mallarmé est debout, de profil, tourné en souriant légèrement vers Renoir assis, c'est sa si particulière bonté.

Femmes à la terrasse des cafés, clients et serveuses, musiciens dans la fosse du nouvel opéra de Garnier saisis par Degas à contre-jour dans un cadrage inouï, *Bal masqué à l'Opéra* de Manet – qui est comme une illustration du début de *Splendeurs et misères des courtisanes* –, chanteuses de beuglant, scènes de bordel, cirque Fernando où Degas peignant *Mademoiselle Lala* dans son numéro de trapèze volant à cheval prétendait, toujours pince-sans-rire, rivaliser avec les plafonds de Tiepolo : pendant plus de dix ans ce sont des centaines de croquis, de pastels, de toiles. Mais dans cet univers du plaisir il n'y a aucune gaieté. Les recherches de Degas sur les effets de la lumière électrique – qui remplace alors le gaz dans l'éclairage des spectacles –, si subtiles qu'elles sont comme un double urbain et nocturne des effets de soleil de Monet sur la cathédrale de Rouen, accentuent la « laideur » des chanteuses de café-concert. Les grosses serveuses des brasseries de Manet, les filles fatiguées, les clients en habit ou en blouse d'ouvrier, tous regardent ailleurs, ordinaires et lointains. Rien des orgies des Flamands ni de la mélancolie allègre des fêtes galantes. Certes ni Manet ni Degas – le réactionnaire, le misogyne, l'antisémite Degas – n'utilisent consciemment le thème du plaisir à Paris pour dévoiler les tares d'une société, mais ils sont tellement fulgurants dans l'ellipse, tellement forts pour montrer sans décrire, que les attitudes, les regards, les groupements font émerger de l'intérieur la vérité sur l'époque. Sans déchargeurs de charbon ni mendiantes faméliques, ils disent le règne de l'argent (ce chef-d'œuvre, *La Bourse* de Degas). Ils montrent la solitude dans la ville, solitude à deux dans

L'Absinthe de Degas, solitude tout court dans *La Prune* de Manet. Ils montrent l'exploitation de la femme, maigres gamines du corps de ballet de l'Opéra, vieilles prostituées attendant le client aux terrasses des boulevards, et ces pauvres petites Olympia, ces Nana en herbe dont le désarroi est à peine indiqué en quelques coups de pinceau, dans l'ombre des hauts-de-forme.

C'est par le thème du divertissement nocturne qu'après le sommet d'*Un bar aux Folies-Bergère* et la mort de Manet, la jonction se fait avec la génération suivante, celle de Seurat, qui consacre au café-concert les plus inquiétants de ses dessins au crayon Conté et qui peint *Chahut*, tableau grinçant sur une danse scandaleuse ; celle de Lautrec qui passe ses nuits au bordel et au music-hall, à dessiner ; celle de Bonnard dont *France-Champagne*, première affiche illustrée en lithographie, couvre les murs de Paris. Tous sont des peintres de *La Revue blanche* et c'est dans les locaux de la revue, rue Laffitte, que Fénéon montera la première rétrospective Seurat quelques mois après la mort du peintre. La série des *Place Clichy* de Bonnard, celle des *Jardins publics* de Vuillard sont les derniers grands moments de la peinture de Paris, dont la fin se situe à la même époque que celle de la *Revue*, dans les années 1900-1905.

Un bouleversement se produit alors, issu du symbolisme qui ne faisait aucune place à l'esthétique ni à la poétique-politique de la grande ville. Au tournant du siècle, Paris, presque soudainement, cesse d'être ce qu'il était depuis *La Comédie humaine*, *Les Misérables* et *Les Fleurs du mal*, depuis les débuts de la photographie, depuis l'*Olympia* et les *Femmes à la terrasse d'un café, le soir* : le grand sujet moderne. Le nouveau paradigme qui émerge et prend sa place est construit autour d'inventions qui relèguent la machine à vapeur du côté de l'archéologie et qui ont en commun ce qui va être la marque-frontière sans cesse reculée du nouveau siècle : la vitesse. Aucune autre capitale ne vient occuper la place de Paris car c'est l'imaginaire même de la ville qui change. Dans *Zone*, placé stratégiquement en tête

d'*Alcools*, la cité qu'évoque Apollinaire (« Tu en as assez de vivre dans l'antiquité grecque et romaine/Ici même les automobiles ont l'air d'être anciennes ») est proche des projets dessinés par Sant'Elia, El Lissitzky, Le Corbusier, villes fantastiques, aérodromes suspendus au haut de tours immenses, centrales électriques-cathédrales, grandes avenues désertes comme dans le Turin de De Chirico. Verlainien et futuriste à la fois, Apollinaire *le flâneur des deux rives* est à l'aise pour théoriser dans son grand écart entre deux mondes, et c'est son amie Sonia Delaunay qui marque ce qui est peut-être le point final de la peinture de Paris avec *Le Bal Bullier*, où elle a si souvent dansé et qu'elle montre comme une pluie de boules multicolores dans la nuit, magnifique tableau entre le Degas des *Ambassadeurs* et le premier Kandinsky[1].

Rien ne montre mieux ce changement de paradigme que la *Recherche du temps perdu*, livre de grande descendance balzacienne mais qui, sur Paris, raconte au fond peu de chose. Les innombrables passages où le Narrateur parle de peinture traitent de paysages, parfois de portraits, jamais de Paris. Souvent, par le jeu des comparaisons (qu'on appelle souvent, je ne sais pourquoi, ses *métaphores*), Proust glisse vers d'autres villes, plus propices au déroulement de ses images, plus colorées : « C'est à ses quartiers pauvres *(de Venise)* que font penser certains quartiers pauvres de Paris, le matin, avec leurs hautes cheminées évasées auxquelles le soleil donne les tons les plus vifs, les rouges les plus clairs ; c'est tout un jardin qui fleurit au-dessus des maisons, et qui fleurit en nuances si variées qu'on dirait, planté sur la ville, le jardin d'un amateur de tulipes de Delft ou de Harlem. » De tempérament, Proust n'est pas un flâneur. Peut-être l'asthme y est-il pour quelque chose, mais en réalité le moteur même de la

1. Par la suite il y aura évidemment les *Tour Eiffel* de Robert Delaunay, et *Notre-Dame* de Matisse, mais qui sont plutôt des recherches formelles sur des silhouettes célèbres. Il y aura aussi Utrillo, Chagall, Dufy, de Staël, mais là, ce n'est plus de la même peinture qu'il s'agit.

Recherche rend les rues de la grande ville impropres à nourrir le récit[1]. C'est à travers la fenêtre de sa chambre qu'il perçoit les bruits de Paris (le début de *La Prisonnière* où le Narrateur au réveil devine le temps qu'il fait, « selon qu'ils *(les premiers sons)* me parvenaient amortis et déviés par l'humidité ou vibrants comme des flèches dans l'aire résonnante et vide d'un matin spacieux, glacial et pur »), et qu'il en observe le spectacle (« Si, sortant de mon lit, j'allais écarter un instant le rideau de ma fenêtre.... c'était aussi pour apercevoir quelque blanchisseuse portant son panier à linge, une boulangère à tablier bleu, une laitière en bavette et manches de toile blanche tenant le crochet où sont suspendues les carafes de lait, quelque fière jeune fille blonde suivant son institutrice.... »). Il est rare que Proust cite le nom d'une rue parisienne ou y localise avec précision une rencontre ou un événement. Même l'hôtel de Guermantes, domicile du Narrateur et lieu central de l'œuvre, n'est pas situé de manière évidente : on pense souvent qu'il s'agit d'un hôtel du VIIe arrondissement alors qu'il est proche du parc Monceau, si bien que le classement du salon de la duchesse comme « le premier du faubourg Saint- Germain » est d'ordre (réellement cette fois) métaphorique. Dans la *Recherche*, les trous de temps – en comparaison desquels celui que Proust admire dans *L'Éducation sentimentale* fait figure de *peu profond ruisseau*[2] – font alterner des plages chronologiquement indéterminées et des moments parfaitement datés et caractérisés : la *Recherche* est sans égale sur l'affaire Dreyfus vue par l'aristocratie et la haute bourgeoisie parisienne, et sur l'atmosphère de Paris pendant la guerre

1. Avec l'exception des jardins des Champs-Élysées et du Bois, dont les descriptions sont parmi les passages les plus célèbres de la *Recherche*. Ce sont là des lieux retranchés de la ville, qui représentent le *côté de chez Lartigue* de Proust, qui n'est peut-être pas le meilleur.

2. « Un "blanc", un énorme "blanc" et, sans l'ombre d'une transition, soudain la mesure du temps devenant au lieu de quarts d'heure, des années, des décades... », « À propos du "style" de Flaubert », article paru dans la *Nouvelle Revue française* le 1er janvier 1920.

chéris de la grand-mère du Narrateur, Saint-Simon et Mme de Sévigné, et qu'Atget soit au contraire considéré comme un passeur, un chaînon entre la photographie pictorialiste et le surréalisme – rôle qu'il n'a du reste pas tenu et dont l'invention tient au besoin de fabriquer du linéaire historique, même avec du discontinu et du disparate. L'œuvre d'Atget et celle de Proust sont en France les deux derniers grands efforts pour atteindre à une totalité, non pas au sens d'œuvre d'art totale mais à celui d'exploration totale d'un monde.

Atget a beaucoup travaillé sur commande, ce qui peut sembler contradictoire avec une telle ambition. Mais chez lui, l'un des traits dont on est sûr est l'indépendance d'esprit, le mauvais caractère : il interprétait les commandes à sa façon, si bien que même les travaux les plus répétitifs en apparence – l'ensemble de ses heurtoirs, réalisé pour des décorateurs ornemanistes à la recherche de motifs « grand siècle », ou les détails des contreforts et des toitures de Saint-Séverin – ne forment pas des catalogues mais des *séries*, comme on le dit des *Peupliers au bord de l'Epte* de Monet ou des *Corridas* de Picasso. Il est vain de chercher une différence de qualité entre son travail personnel et les commandes[1]. Ses *Nus*, photographiés dans des maisons closes du quartier de la Chapelle, sur des couvre-lits à fleurs devant des papiers peints à fleurs, lisses, sans aucun modelé, pris dans toutes les postures sans qu'on voie jamais les visages, ces corps monumentaux et mystérieux qui renvoient les nus les plus célèbres de Weston ou d'Irving Penn au chapitre de l'anecdote, sont l'aboutissement d'une commande de Dignimont, peintre et décorateur de théâtre assez célèbre dans l'entre-deux-guerres.

Les classements d'Atget lui-même et les travaux qui lui sont consacrés présentent son œuvre en insistant tantôt sur la thématique (par exemple les *Albums*[2]) tantôt sur la topo-

1. Comme le fait John Szarkowski, *The Work of Atget*, *op. cit.*, vol. 1.

2. Les *Albums* sont : *L'Art dans le vieux Paris*, *Intérieurs parisiens*, *La Voiture à Paris*, *Métiers, boutiques et étalages de Paris*,

graphie. Le risque est de méconnaître l'évolution de cette œuvre avec le temps, de la considérer comme homogène alors qu'elle s'étale sur plus de trente ans. Pendant toute cette période, il est vrai, Atget est resté fidèle au matériel de ses débuts, la chambre à soufflet, les châssis chargés des plaques de verre 18 × 24 cm, le pied en bois, la trousse d'objectifs, tout ce lourd bric-à-brac qu'il transportait chaque matin depuis la rue Campagne-Première. Pourtant, il y a un monde entre ses *Petits Métiers* photographiés entre 1898 et 1900 – mitron, porteuse de pain, raccommodeur de porcelaine, joueur d'orgue, bitumiers, cardeurs, forts des Halles, pris d'assez loin, frontalement, très posés – et les *Zoniers* de 1912-1913, où il saisit en masse dans le désordre de leurs roulottes, de leurs cabanes de planches, de leurs cités, les chiffonniers, leurs femmes, leurs nuées d'enfants, leurs amoncellements, leurs chiens, leurs charrettes. En quinze ans, Atget est passé de *types pittoresques* comme on en voyait dans les gravures du XIXe siècle à la représentation de la misère aux portes de la grande ville [1].

Place de la Bastille près du bassin de l'Arsenal, le long d'une grille en fonte qui n'existe plus, une trentaine de personnes groupées autour d'un lampadaire observent le ciel, tous dans la même direction, à travers de petits rectangles qu'ils tiennent à la main. Cette photographie d'Atget illustre la couverture du n° 7 de *La Révolution surréaliste*. L'image porte comme légende *Dernières conversions*. Le nom du photographe n'est pas mentionné, soit qu'Atget n'ait pas

---

Enseignes et vieilles boutiques de Paris, *Zoniers*, *Fortifications de Paris*.

1. Sur les opinions politiques d'Atget, le meilleur indice est fourni par ses dons à la Bibliothèque historique de la Ville de Paris de numéros de *La Guerre sociale*, le journal anarcho-syndicaliste de Gustave Hervé, de *L'Avant-Garde*, journal d'extrême gauche, et de *La Bataille syndicaliste*, organe de la CGT qui était alors un syndicat de combat (Molly Nesbit, « La seconde nature d'Atget », in Actes du colloque Atget, numéro spécial de *Photographies*, mars 1986).

apprécié le détournement (la vraie légende est : *L'Éclipse, avril 1912*), soit plutôt qu'il ait refusé de personnaliser ce qu'il tenait toujours pour des documents. En feuilletant la collection de la *R. S.* on trouve trois autres photos, pas davantage créditées mais qui sont à coup sûr de lui : dans le même n° 7, la vitrine d'un magasin de corsets illustrant un rêve de Marcel Noll, et une prostituée attendant le client pour *Le Pont de la mort* de René Crevel. Dans le n° 8, une rampe d'escalier Louis XV en fer forgé, photographie sans doute recadrée, est reproduite dans *Les Dessous d'une vie ou la pyramide humaine* d'Éluard (« D'abord un grand désir m'était venu de solennité et d'apparat.... »). Les contacts certains entre Atget et le surréalisme s'arrêtent là. Ils sont dus, on le sait, à une relation de bon voisinage (au 17, rue Campagne-Première qui n'est pas un immeuble mais une allée entre la rue Campagne-Première et la rue Boissonnade, bordée de petites maisons) avec Man Ray qui faisait circuler les travaux d'Atget dans les ateliers de Montparnasse, et avec sa compagne du moment, Berenice Abbott, qui lui achetait de temps en temps un tirage. Elle fera de lui en 1927, l'année de sa mort, un portrait saisissant (*un* portrait bien qu'il existe deux vues, une face et un profil comme à l'Identité judiciaire, mais les deux ne font qu'un) où se lisent dans les yeux clairs, sans doute bleus, la fatigue de l'âge et l'effet cumulé de tout ce qu'il a regardé avec tant de concentration affectueuse pendant trente ans.

Atget n'a lié aucun contact direct avec le groupe surréaliste : les groupes n'étaient pas son fort et d'ailleurs il n'a jamais fait partie de rien. Parmi les photos que Breton choisit pour illustrer certains de ses livres, aucune n'est d'Atget et nulle part son nom n'est mentionné dans les publications du groupe. Que ses « photos parisiennes annoncent la photographie surréaliste, ce détachement précurseur de la seule importante colonne que le surréalisme ait réussi à mettre en branle », c'est évident[1]. On voit bien ce qui pouvait frapper

1. Walter Benjamin, *Petite Histoire de la photographie*, in *Essais 1922-1934*, trad. fr. Paris, Denoël-Gonthier, 1971.

les surréalistes dans ces rues vides comme un logis sans locataire, où les rares indices humains sont des silhouettes de garçons de café derrière des vitres ou la trace floue du passage, pendant la pose, d'un être ou d'un fantôme. De Chirico lui aussi habitait 17, rue Campagne-Première. Avec les vitrines qu'Atget photographie pendant ses dernières années – coiffeur boulevard de Strasbourg, naturaliste rue de l'École-de-Médecine, chapelier avenue des Gobelins, postichier au Palais-Royal –, avec ses extraordinaires *accumulations*, de bottines, de légumes, de casquettes, Atget a écrit *Le Paysan de Paris* avant Aragon [1]. Et il traverse le début du siècle à sa façon occulte, têtue, insaisissable, *city artist* comme Hamish Fulton ou Richard Long seront plus tard *land artists*, créant en chemin l'installation-inventaire avec des images bouleversantes, *Intérieur de M.C., décorateur d'appartements, rue du Montparnasse*, ou *Petite chambre d'une ouvrière, rue de Belleville.*

L'entre-deux-guerres est un nouvel âge d'or pour la photographie de Paris – pour la photographie française en général. Elle échappe à la tendance qui envahit la peinture, la sculpture, la littérature, la musique, l'architecture vers 1925 : le retour, après tant d'excès d'origine étrangère, au métier soigné, aux matériaux nobles, aux formes calmes, à la belle langue, aux valeurs de la terre et de la culture françaises. Ce ne sont pas seulement les disciples de Charles Maurras qui défendent ce néo-néoclassicisme : la ligne Derain-Chardonne-Cocteau-Maillol-De Chirico nouvelle manière-Valéry version Trocadéro 1937 l'emporte à Paris, sur fond de xénophobie et d'antisémitisme. Rien d'étonnant à ce que bon nombre des virtuoses du bronze et de l'imparfait du subjonctif se soient trouvés quelques années plus tard gentiment pétainistes, si ce n'est franchement nazis comme Vlaminck ou Brasillach.

1. Waldemar George, *Arts et Métiers graphiques*, numéro spécial sur la photographie, 1930. Il s'agit évidemment d'une allusion à la description des vitrines du passage de l'Opéra et en particulier du marchand de cannes.

Si la photographie sort indemne de cette passe, c'est grâce à deux interventions. Il y a d'abord le violent antagonisme de Dada puis du surréalisme – consubstantiel à la photographie – envers tout ce que représentait le *retour à l'ordre* de Cocteau, tenu par Breton pour « l'être le plus haïssable de ce temps [1] », et envers cet académisme généralisé où viennent se fondre, comme au Bœuf sur le Toit, diverses avant-gardes converties aux valeurs et aux charmes de la bourgeoisie (« les Valéry, les Derain, les Marinetti, au bout du fossé la culbute [2] »). L'autre élément protecteur, c'est l'afflux à Paris de photographes étrangers. C'est Man Ray, apportant de New York l'esprit dada contracté auprès de Marcel Duchamp. Son charme réunit autour de lui à Montparnasse des photographes et des plasticiennes de grand talent et de grande beauté, Berenice Abbott, Lee Miller, Meret Oppenheim, Dora Maar, « ces femmes qui exposent jour et nuit leurs cheveux aux terribles lumières de l'atelier de Man Ray [3] ». Il est le plus populaire d'une grande lignée anglaise et américaine de photographes de Paris : depuis Fox Talbot, il y avait eu Alfred Stieglitz, Edward Steichen, Alvin Langdon Coburn, Lewis Hine, et la série se poursuivra après 1945 avec William Klein, Bill Brandt, Irving Penn et surtout Robert Frank (cette ouverture naturelle des photographes anglo-saxons contraste avec le peu d'intérêt des écrits en langue anglaise sur Paris. Sans parler de *Jours tranquilles à Clichy* de Henry Miller, ni du consternant *Paris est une fête* de Hemingway, ni de la sympathique mais peu convaincante *Vache enragée* d'Orwell, *Les Ambassadeurs* de Henry James, ouvrage subtil d'un auteur subtil, rate son but dans l'évocation de ce qui devait être le moteur du livre, le charme de Paris en été. Même les adresses des personnages, même leurs noms sonnent faux – ces noms dont le choix est si

1. Lettre à Tzara, citée in *Œuvres complètes*, *op. cit.*, t. I, note p. 1294.

2. Breton, *Les Pas perdus*, *Clairement*.

3. Breton, « Le surréalisme et la peinture », *La Révolution surréaliste*, n° 9-10, 1er octobre 1927.

important que Balzac, on l'a vu, passait des jours entiers à les traquer à travers la ville et que Proust, entreprenant la *Recherche*, abandonnera les symbolismes de Jean Santeuil pour ces patronymes si extraordinairement justes, Swann, Charlus, Verdurin).

Man Ray mis à part, c'est de l'Est qu'arrivent presque tous les photographes qui s'installent à Paris entre les deux guerres, de ce grand Est qui n'a cessé depuis le XVIIIe siècle de fertiliser la vie parisienne. Juifs ou réfugiés politiques (ou les deux, comme Robert Capa ou Gisèle Freund), elles et eux ont quitté l'Allemagne (Ilse Bing, Joseph Breitenbach, Raoul Hausmann, Germaine Krull, Wols), la Pologne (David Seymour dit *Chim*, qui sera l'un des fondateurs de l'agence Magnum), la Lituanie (Izis, Moï Ver), la Hongrie (Brassaï, André Kertész, François Kollar, Rogi André, Éli Lotar). Ils apportent avec eux la technique de la photographie allemande et soviétique des années 1917-1922. Ils apportent aussi, et ce n'est pas le moindre des contenus de leurs valises, une faculté d'étonnement, une nouveauté de regard sur la métropole. Tzara écrit en 1922 – et ces phrases que cite Walter Benjamin dans la *Petite Histoire de la photographie* s'appliquent si bien à eux : « Lorsque tout ce qui se nommait art fut devenu paralytique, le photographe alluma son ampoule de mille bougies et peu à peu le papier sensible absorba la noirceur de quelques objets d'usage. Il avait découvert la portée d'un tendre et vierge éclair, plus important que toutes les constellations offertes au plaisir de nos yeux. »

« L'invention de la photographie a porté un coup mortel aux vieux modes d'expression, tant en peinture qu'en poésie où l'écriture automatique apparue à la fin du XIXe siècle est une véritable photographie de la pensée. » Ainsi débute le texte de Breton pour le catalogue de l'exposition Max Ernst de 1921 au *Sans-Pareil*, l'une des grandes manifestations de Dada à Paris. C'est aussi le début des rapports ambigus entre ce que sera le surréalisme et ce qu'est la photographie qui, même (surtout ?) avec l'appareil le plus automatique,

n'aboutit pas aisément à des images dictées par l'automatisme tel que défini par le *Premier Manifeste du surréalisme*. Les surréalistes ont inventé toutes sortes de procédés pour sortir la photographie de son *réalisme*, de son illusionnisme en trompe-l'œil : le rayogramme, la solarisation, les expositions multiples du même négatif (qu'on appelle souvent surimpression), parfois le photomontage (technique plutôt dadaïste et allemande), ou encore le brûlage, dont Raoul Ubac, son inventeur, expliquait que « c'était un automatisme de destruction, une dissolution complète de l'image vers l'informel absolu [1] ». Dans la photographie surréaliste, il existe un clivage entre image manipulée et image obtenue « naturellement », clivage aussi profond que celui qui sépare l'automatisme de Miró ou Masson de l'illusionnisme magique de Magritte ou Ernst. À de très rares exceptions près (une *Place Vendôme* solarisée de Tabard, ou le distordu *22 rue d'Astorg* de Dora Maar), les images surréalistes de Paris sont des photographies non manipulées. Man Ray, grand inventeur de trucs variés, a très peu photographié Paris, et quand Breton lui demanda de faire les photos pour illustrer *Nadja* il se déchargea des vues de la ville sur son assistant Jacques Boiffard, se réservant les portraits, d'Éluard, de Péret, de Desnos.

Pour *Nadja*, Breton obéit à sa propre exhortation (« Et quand donc tous les livres valables cesseront-ils d'être illustrés de dessins pour ne plus paraître qu'avec des photographies ? [2] ») avec une idée très précise de ce qu'il veut. En septembre 1927 il écrit à Lise Deharme : « Je vais publier l'histoire que vous connaissez en l'accompagnant d'une cinquantaine de photographies relatives à tous les éléments qu'elle met en jeu : l'hôtel des Grands Hommes, la statue d'Étienne Dolet, et celle de Becque, une enseigne

1. Le brûlage consistait à plonger le négatif dans l'eau chaude, ce qui faisait fondre partiellement l'émulsion. Le texte d'Ubac est cité in *Explosante Fixe, photographie et surréalisme*, cat. exp., Centre Georges-Pompidou-Hazan, Paris, 1985, note p. 42.

2. « Le Surréalisme et la peinture », *op. cit.*, à propos de Man Ray.

"Bois-Charbons", un portrait de Paul Éluard, de Desnos endormi, la porte Saint-Denis, une scène des *Détraqués*, le portrait de Blanche Derval, de Mme Sacco, un coin du marché aux puces, l'objet blanc en écrin, la librairie de *L'Humanité*, le marchand de vin de la place Dauphine, la fenêtre de la Conciergerie, la réclame de Mazda, le portrait du professeur Claude, la femme du musée Grévin. Il faut aussi que j'aille photographier l'enseigne "Maison Rouge" à Pourville, le manoir d'Ango.... [1]. » Dans un bref *Avant-dire* de 1962, il écrira que « l'abondante illustration photographique a pour objet d'éliminer toute description ». Ce n'est sans doute pas la seule raison. Le redoublement du texte par l'image produit le même décalage que la double exposition d'un cliché, que les deux paires d'yeux de *La Marquise Casati* de Man Ray, et cet effet troublant est souligné à dessein par la répétition de la phrase correspondante du texte comme légende de la photo, procédé repris des romans populaires dont se régalaient les surréalistes.

Réussite unique – les illustrations de *L'Amour fou* et des *Vases communicants*, trop hétéroclites, n'ont pas le même effet –, les images de Boiffard pour *Nadja*, souvent jugées banales, assimilées à des cartes postales [2], sont parmi les seules photographies surréalistes où se fasse sentir l'influence d'Atget, que Boiffard connaissait directement : assistant de Man Ray, il travaillait et habitait souvent rue Campagne-Première. Les lieux sont presque tous vides, et les cadrages, comme chez le dernier Atget, ne cherchent pas à saisir un ensemble mais à pointer le détail signifiant, la grande flèche à la librairie de *L'Humanité* (« *On signe ici* »),

1. Citée par Marguerite Bonnet dans la notice de *Nadja* in *Œuvres complètes*, *op. cit.*, t. I.

2. Voir par exemple Dawn Ades in *Explosante Fixe*, *op. cit.*, et R. Krauss, « Photographie et surréalisme », in *Le Photographique, pour une théorie des écarts*, Paris, Macula, 1990. Il suffit de comparer les photos de Boiffard aux quelques vues de Paris de *Nadja* qui ne sont pas de lui (la statue d'Étienne Dolet place Maubert, par exemple), pour voir ce qu'est vraiment une photographie banale.

l'enseigne du Sphinx Hôtel, la charrette et l'échelle sous l'ampoule immense de « l'affiche lumineuse de Mazda sur les grands boulevards ». Comme Breton, comme Aragon, comme Naville, comme Fraenkel, Boiffard venait de la médecine, et quand Breton affirmait que dans *Nadja* « le ton adopté pour le récit se calque sur celui de l'observation médicale », il pouvait l'entendre[1]. S'il est banal dans cette série de photos, c'est de façon clinique : dans l'examen clinique, tout est banal sauf le signe.

Depuis le Cyrano de la place Blanche jusqu'à la Promenade de Vénus de la rue de Viarmes, la vie collective du groupe surréaliste est passée par beaucoup de cafés. Les surréalistes ont été les premiers à faire entrer la photographie dans ces lieux si souvent montrés de l'extérieur par Atget (le matériel et les films font alors de grands progrès : le Leica, premier appareil 24 × 36, est contemporain de *Nadja*). Chez les plus grands – en matière de cafés, ce sont Brassaï et Kertész, et tant pis pour ceux qui objecteront qu'ils n'avaient pas leur carte du groupe –, on perçoit l'infinie distance qui sépare une image anecdotique d'une image littéraire. Les yeux baissés, une jeune femme lit le journal dans un café. Derrière elle, à travers des vitres, le gris uniforme de la rue vide. Devant elle, occupant toute la moitié droite de la photo, un poêle cylindrique en tôle perforée, et sur une petite table ronde cerclée de zinc, une tasse de café vide. À l'étroit entre l'énorme poêle et les vitres de la terrasse – et dans cette position elle est comme menacée et en tout cas fragile –, la jeune femme porte un manteau noir à col de fourrure et un chapeau cloche d'où s'échappent ses cheveux blonds. Cette photographie d'André Kertész, qui est comme le début d'une nouvelle, est datée de 1928 et porte en légende rêveuse *Un matin d'hiver au café du Dôme*. Ailleurs – c'est place d'Italie – un homme et une femme se regardent les yeux dans les yeux, à se toucher, dans le coin d'un café. Au-dessus des

1. Boiffard, lui, retourna à la médecine vers 1935 et exerça comme radiologue à l'hôpital Saint-Louis jusqu'à la fin des années 1950.

banquettes, les deux murs formant l'angle portent de grands miroirs qui viennent presque au contact au milieu de la photo, si bien que le visage de la femme se reflète de profil dans le miroir de droite et celui de l'homme de face dans le miroir de gauche. Les deux miroirs se reflètent l'un dans l'autre. On voit l'abîme entre ces deux êtres, la femme, bouche entrouverte, au bord de l'extase, et l'homme qui tourne presque le dos au photographe mais dont on détecte dans le miroir le regard calculateur. C'est une photographie de Brassaï datée de 1932 et intitulée avec une certaine cruauté *Couple d'amoureux dans un petit café parisien*.

Les photographes surréalistes ont photographié l'amour, tendre (l'*Autoportrait avec Élisabeth dans un café à Montparnasse* de Kertész, exceptionnelle image de joie amoureuse) ou vénal (les scènes de bordels de Brassaï, dans la tradition de Degas et de Lautrec). Ils ont été les premiers à photographier la nuit – non *de* nuit, mais *la* nuit, comme on dit photographier *la mer* –, la nuit parisienne, milieu de culture du surréalisme, de *La Révolution la nuit* de Max Ernst à *La Nuit du Tournesol* de *L'Amour fou* ou à ce double grinçant de *Nadja* que sont *Les Dernières Nuits de Paris* de Philippe Soupault. Avec les peintres et les sculpteurs, ils ont posé les marques d'un autre tropisme du mouvement, celui de l'objet, et singulièrement de l'objet trouvé, donnant une vie éternelle à des objets fétiches comme le masque de métal, « descendant très évolué du heaume », découvert par Breton et Giacometti aux Puces et photographié par Man Ray pour *L'Amour fou*, ou la machine à sous de l'Éden Casino des *Vases communicants*, ou le gant de bronze de *Nadja*. Et ils ont étendu l'idée d'objet trouvé à des fragments de rues parisiennes : les graffitis de Brassaï, les détails de caniveaux, de grilles d'arbres, de pavés et les affiches lacérées photographiées par Wols vingt ans avant que Hains et Villéglé les arrachent des murs pour en faire des *tableaux*.

Dans les années 1960, la vieille liaison entre Paris et la photographie commence à se défaire. Il y a pour l'expliquer l'essoufflement mondial de la photographie en noir et blanc,

la fin d'une génération de photographes formés au moment du Front populaire, de la guerre d'Espagne et des grands films de Jean Renoir. Il y a surtout le vacillement de Paris sous la brutalité des coups encaissés à l'ère de Gaulle-Pompidou : à quoi bon montrer ses plaies béantes, ses ulcères, ses bosses informes ? À la clôture de cette époque, la révolution de Mai 68 donnera lieu aux dernières photographies célèbres de Paris, celles de Gilles Caron, de Dityvon et d'un débutant, Raymond Depardon, qui inventera plus tard un nouveau genre de documentaire sur la ville dont le dernier exemple, intitulé *Paris*, peut se voir comme un hommage à la gare Saint-Lazare.

Comme toute rupture, ce dénouement porte à la nostalgie. S'il est vrai, comme l'a dit Michelet, que *chaque époque rêve la suivante*, il est encore plus évident que chaque époque vit dans la nostalgie de la précédente, surtout dans une période où ce sentiment, promu comme une lessive, s'intègre à merveille dans un échafaudage idéologique, celui de la stratégie des fins – de l'histoire, du livre, de l'art, des utopies. Le Paris des turbulences fait partie de la liste de ces fins programmées, ce qui n'empêche pas de prendre les mesures nécessaires pour conjurer les spectres dont on craint, non sans raisons, qu'ils reviennent hanter les rues.

« Chaque époque ne rêve pas seulement de la prochaine, mais en rêvant elle s'efforce de s'éveiller », écrivait Walter Benjamin dans les *Thèses sur le concept d'histoire*. Or, voici qu'après trente ans de torpeur, trente ans pendant lesquels son centre a été rénové-muséifié et sa périphérie ravagée en silence, Paris *s'efforce de s'éveiller*. L'entente tacite avec les générations passées commence à se renouer et un autre *Nouveau Paris* prend forme et grandit sous nos yeux pas toujours bien ouverts. Il laisse l'ouest aux publicitaires et aux pétroliers et pousse, comme toujours, vers le nord et vers l'est. Appuyé sur les *ramblas*, les boulevards de la Chapelle, de la Villette, de Belleville, de Ménilmontant, il déborde la ligne de crête de Montmartre à Charonne, il dépasse la terrible enceinte du périphérique en attendant que, comme les autres, elle disparaisse, qu'on l'enterre, qu'on la démolisse,

qu'on la transforme en promenade plantée, et il s'étend vers ce qui est déjà le XXIe arrondissement, vers Pantin, vers Le Pré-Saint-Gervais, Bagnolet, Montreuil et ce qui reste de ses murs à pêches. Comme d'habitude – et cette habitude remonte à Philippe Auguste – cette expansion, à la désastreuse exception près des « villes nouvelles », ne se fait pas à coups de mesures administratives ou de décisions gouvernementales. Ce qui la précipite, c'est l'organisme de la grande ville en perpétuelle croissance, c'est sa jeunesse qui, encore une fois, se sent à l'étroit dans un Paris qui pouvait sembler immuable et définitif, celui des vingt arrondissements dans l'enceinte bétonnée du boulevard périphérique.

L'une des marches parisiennes les plus chargées de sens et de souvenirs est l'ascension de la montagne Sainte-Geneviève à partir du Jardin des Plantes, depuis la statue de Lamarck – peut-on seulement imaginer ce qu'il fallait de génie pour concevoir à la fin du XVIIIe siècle l'idée de l'Évolution ? – ou depuis la maison de Cuvier, le cèdre de Jussieu, le belvédère de Verniquet ou le platane de Buffon. À flanc de coteau, les rues portent les noms de naturalistes et de botanistes, comme on disait à cette époque bénie où la science était encore innocente. Linné, le grand Suédois, Geoffroy Saint-Hilaire, le dédicataire du *Père Goriot*, et Cuvier, et Jussieu, Quatrefages, Thouin, Daubenton, Lacépède, Tournefort : magnifique cohorte assurément, dont les noms, illustres ou parfois quelque peu obscurs comme ceux des auteurs latins que cite Montaigne, sont des éclats brillant ici dans la ville comme là dans les *Essais*. Au sommet, sur une placette – en Y encore une fois, par la bifurcation de la rue de la Montagne-Sainte-Geneviève qui laisse partir la rue Descartes vers la rue Mouffetard, vers l'Italie –, s'ouvre l'entrée principale de l'ancienne École polytechnique. Au-dessus des portes latérales, deux grands cartouches symbolisent les carrières des premiers élèves de l'École, formés pour défendre la République contre les tyrans : les attributs de l'artillerie à gauche, et de la marine de guerre à droite. Le portail central en avant-corps est surmonté de cinq médaillons à l'antique

représentant les fondateurs de l'École. Leurs traits sont rongés par le temps et l'inscription qui les identifie est à peine lisible. Au milieu, la place d'honneur est donnée à Monge, organisateur des enseignements, fondateur de la géométrie descriptive et de la théorie des surfaces. De part et d'autre, Lagrange, professeur à l'école d'artillerie de Turin à dix-neuf ans et qui fut le premier à appliquer la trigonométrie à la mécanique céleste ; Berthollet, disciple et ami de Lavoisier ; Fourcroy, dont les leçons sur la chimie au Jardin des Plantes rappelaient ce que l'Antiquité eut de plus noble : « *on croyait* – dit Cuvier – *y retrouver ces assemblées où tout un peuple était suspendu à la parole d'un orateur* », et il fallut élargir deux fois le grand amphithéâtre du Jardin des Plantes pour faire place à la foule qui venait écouter ce professeur incomparable. Le cinquième homme est Laplace, qui a sa rue juste en face. Son principal titre de gloire est l'hypothèse sur la formation des mondes, qu'il soutint devant Napoléon. Mais il était aussi physicien, et on lui doit la loi qui, dans la sphère, régit la relation entre la force de rupture des parois ou *tension*, la pression régnant à l'intérieur, et le rayon. Par extrapolation, cette loi de Laplace est applicable au cylindre, et par extrapolation de l'extrapolation, on peut l'étendre à Paris. Elle indique qu'à pression constante *la tension augmente avec le rayon*. Ceux qui pensent qu'à Paris la partie est finie, ceux qui affirment n'avoir jamais vu d'explosion dans un musée, ceux qui chaque jour travaillent à ravaler la façade de la vieille caserne républicaine devraient réfléchir aux variations de cette grandeur qui n'a cessé, au fil des siècles, de surprendre tous leurs prédécesseurs : *la force de rupture de Paris*.

COMPOSITION : PAO ÉDITIONS DU SEUIL

Cet ouvrage a été imprimé en France par
CPI Bussière
à Saint-Amand-Montrond (Cher)
en octobre 2013.
N° d'édition : 68535-9. - N° d'impression : 2004603.
Dépôt légal : octobre 2004.